珍藏本
纪念版

汉译世界学术名著丛书

英国的家庭、性与婚姻 1500-1800

〔英〕劳伦斯·斯通 著

刁筱华 译

2017年·北京

Lawrence Stone
THE FAMILY, SEX AND MARRIAGE IN ENGLAND 1500—180

本书根据韦登菲尔德和尼科尔森出版社 1977 年版译出。

图 1　自寄宿学校潜逃，1798 年。

图 2　逃到格瑞特那绿地，被父亲追。托马斯·罗兰德森绘，1785 年。

图 3　格瑞特那绿地的婚礼。托马斯·罗兰德森绘，1811 年。

图 4　重婚者，1787 年。

图 5　死亡带走一妻和一孩。玛格丽特·雷夫人（Lady Margaret Leigh）和她小孩的墓，均死于产娩。富勒姆，中塞克斯（Fulham, Middlesex），约 1605 年。

图 6　用布包裹的小孩。利迪雅德爵士（Sir John St John Lydiard）之婴。崔果兹，威尔特郡（Tregoze, Wiltshire），约 1634 年。

图 7　饰有家系纹章的死者像，理查德·耐特利爵士（Sir Richard Knightley）。福斯利，北安普敦郡(Fawsley, Northamptonshire)，约 1535 年。

图 8　写实的肖像画，伊丽莎白，芬治爵士之妻（Elizabeth, Wife of Sir Moyle Finch）。东威尔，肯特郡（Eastwell, Kent），现藏于维多利亚与艾伯特博物馆（Victoria and Albert Museum），1623—1628 年。

图 9　求爱仪式，1785年。

图 10　婚姻不和，约翰·柯里特(John Collett)作，1782年。

图 11　中产阶级伴侣型家庭，约 1780 年。

图 12　餐后的男女隔离(男人),1814 年。

图 13　餐后的男女隔离(女人),1814 年。

图 14　被陪伴的妻子和无聊的丈夫，1789 年。

图 15　童书，《威尔·汪德之散步》（*Will Wander's Walk*），1806 年。

图 16　有教养的上层中产阶级孩子，赫斯特·斯拉夫人及其女儿昆妮。约书亚·雷诺兹爵士绘，1781 年。

图 17　有教养的下层中产阶级孩子；法默·吉尔斯（Farmer Giles）及其女儿，1809 年。

图 18　被宠坏的孩子。托马斯·罗兰德森绘，1808 年。

图 19　塞缪尔·佩皮斯。约翰·海尔斯（John Hayls）作，1667 年。

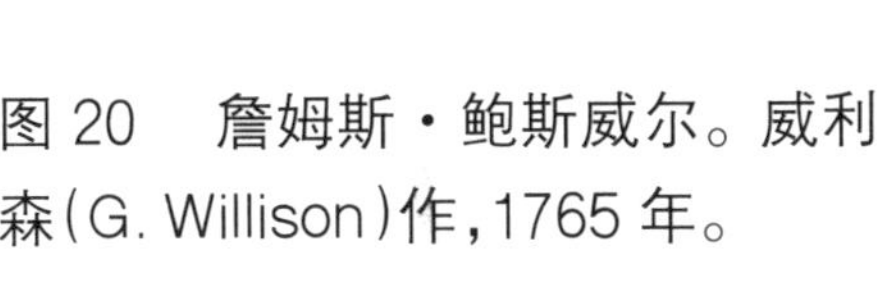

图 20　詹姆斯·鲍斯威尔。威利森(G. Willison)作,1765 年。

图 21　玛格丽特·鲍斯威尔。约 1769 年。

图 22　诱惑的形式，上空风格及母乳喂养。

图 23　性病及汞疗法，1784 年。

图 24　18 世纪末的性景观。待售的物品，除了女人外，还有保险套、桦枝条、色情书、避孕药及治疗性病手术器具及春药。托马斯·罗兰德森绘，1786 年。

图 25　性变态。鞭打，1752 年。

图 26　春宫图。托马斯·罗兰德森绘，约 1812 年。

图 27　供应上层阶级的妓院。托马斯·罗兰德森绘，1781 年。

图 28　供应下层阶级的妓院，1807 年。

图 29　未婚先孕。为怀孕所迫的结婚，1778 年。

图 30　未婚先孕。父子关系声明，1800 年。

汉译世界学术名著丛书
（120年纪念版·珍藏本）
出 版 说 明

2017年2月11日，商务印书馆迎来120岁的生日。120年前，商务印书馆前贤怀揣文化救国的理想，抱持“昌明教育，开启民智”的使命，立足本土，放眼寰宇，以出版为津梁，沟通中西，为中国、为世界提供最富智慧的思想文化成果。无论世事白云苍狗，潮流左右激荡，甚至战火硝烟弥漫，始终践行学术报国之志，无改初心。

迻译世界各国学术名著，即其一端。早在20世纪初年便出版《原富》《天演论》等影响至今的代表性著作，1950年代后更致力于外国哲学和社会科学经典的译介，及至1980年代，辑为“汉译世界学术名著丛书”，汇涓为流，蔚为大观。丛书自1981年开始出版，历时三十余年，迄今已推出七百种，是我国现代出版史上规模最大、最为重要的学术翻译工程。

丛书所选之书，立场观点不囿于一派，学科领域不限于一门，皆为文明开启以来，各时代、各国家、各民族的思想与文化精粹，代表着人类已经到达过的精神境界。丛书系统译介世界学术经典，引领时代思想，为本土原创学术的发展提供丰富的文化滋养，为推动中国现代学术和现代化进程做出了突出的贡献。

为纪念商务印书馆成立120周年，我们整体推出“汉译世界学术名著丛书”120年纪念版的珍藏本，寄望既利于文化积累，又便于研读查考，同时向长期支持丛书出版的译者、编者和读者致以敬意。

两甲子后的今天，商务印书馆又站在了一个新的历史时间节点上。我们不仅要铭记先辈的身影和足迹，更须让我们的步伐充满新的时代精神。这是商务人代代相传的事业，更是与国家和民族的命运始终紧密相连的事业。我们责无旁贷，必须做好我们这代人的传承与创造，让我们的努力和成果不仅凝聚成民族文化的记忆，还能成为后来人可以接续的事业。唯此，才能不负前贤，无愧来者。

商务印书馆编辑部

2017年10月

问题，是普遍性的；它们的解决方法有多种……通往科学之路蜿蜒过事实之草丛。

——葛兹（C. Geertz, *The Interpretation of Cultures*, New York, 1973, p. 363）

译　　序

读、译完劳伦斯·斯通的《英国的家庭、性与婚姻 1500—1800》，不禁疑惑：什么是婚姻？（与此而来的，“什么是离婚？”）甚至对家庭、性（爱）的看法也受了一番摇撼。原来，家庭、婚姻、性的存在并非那样自然自主，并非如我们以为的那样理所当然、不言自明，而是总难摆脱历史、人事的纠缠——终究事物的意义要从其所坐落的复杂时空、指涉（intertextul）网络中求得。

于是斯通将家庭、性、婚姻置于英国 16 至 18 世纪——置于一时一地之实际历史脉络——详加考察，既吟味思量一时一地政治、社会氛围，复探勘人类婚爱体制与社经政治、宗教、文化微妙的互动关系，剥除体制“自然”之面貌，还原其在历史流变中意涵之不断迁化、递嬗。在斯通辩证史观的观照下，历史是不断的变化、发展，冲突（conflict）亦是好的，因为冲突能推动变迁；求爱、缔缘、建立家庭、育儿亦不循一定之方式，方式间亦无绝对之好坏，而如钟摆，在摆动间体现其价值。且斯通不欲以条理井然、融通有致的结构来收束复杂、暧昧的人事，在这方面他以许多个人历史来补充宏观叙述之不足，我们在浸淫一则则故事之余，同时明白了故事之反逻辑、反理性、与“标准”之时时龃龉——“历史”之大名目下本是芸芸众生之实际生活，不显个别人物之言行謦欬、命运遭际，怎能明历史之鲜活、有血有肉？

或许因为斯通落笔如此照顾个人，译者在读、译此书时，也难免时时将个人俯映、照鉴于书中（相信每位本书的读者亦如是），而点滴滋味在心头。在慨叹家庭、婚爱总在个人生命上打上如此深的烙印之余，我不禁感激中年读史是这般幸福，因为历史告诉我一切都是变动的、暂时的，故而教会我对眼前人事持一分淡泊，而既然变化永远是可能的，人便该尽人事、求往好的发展。人事迁变诚然诡谲，但此既是“常”，何不在此常中谋事态之体贴、人情之隽永？

应该指出者，斯通此书固是有关英国历史，仿佛离我们较远，但一来事理本有超越时空共通之处，二来斯通以其研究方法无异树立一研究典范，吾人不妨斟酌损益取法之，将之付用于吾人社会，则研究成果不也应有可观处？再者，斯通文笔明白晓畅，能以清晰简易之文，曲尽事相幽微复杂，跨出学院之门墙，与广大读者交接，布施学识甘露，出俗而能入俗，不也有值得本地史家取式之处？

本译本按 Harper Torchbooks 出版劳伦斯・斯通所著 *The Family, Sex and Marriage in England 1500—1800* 删节本全数翻译而成。翻译过程中，遇见不少问题，幸有前人留下的不少有关人类学、历史、宗教之书籍、工具书等，使译者不致求教无门，而能在书海中体尝温故知新的乐趣。当然，更要感谢吴莉君小姐之资料提供与许珮甄小姐的编辑，虽步步为营，但舛误之处恐难避免，尚祈方家不吝赐正。

2000 年 8 月，台北

目　　录

第五部　性

第六部　结论

致　　谢

劳伦斯·斯通

本书中的若干基本概念，曾在哥伦比亚大学的人文讨论会、普林斯顿大学高等研究学院社会科学讨论会、伦敦的"过去与现在"讨论会及普林斯顿大学历史系讨论会上发表过，我感激这些会议的参加者曾给过我一些非常锐利的批评和有用的建议。没有这些批评与建议，我可能永远无法删除一些较为夸张的言论和难信的假说，也永远无法在我自己心中理出我非常复杂的论证的要点。我尤其感激来自罗伯·达恩顿（Robert Darnton）、古德（W. J. Goode）、玛格丽特·米德（Margaret Mead）、罗伯·墨顿（Robert K. Merton）、狄尔多·瑞伯（Theodore K. Rabb）及 E. P. 汤普森（Edward P. Thompson）的建设性建议。我也对基尔福·葛兹（Glifford Geertz）万分感激。他提供我珍贵的学术刺激及新视野，并引导我思考历史学家的技能和人类学家的技能其不同之处。本书的主要主题及若干证据，曾在 1975 年 11 月的崔弗莱恩讲座上发表给哥伦比亚大学的学生及教职员。从观众的反应，尤其普朗（J. H. Plumb）及莱格烈（E. A. Wrigley）的反应，我也学到很多。不过，这些人和团体无一应为我的言论负责，我的言论必须由我负完全责任。

我也感激麦克·麦克唐纳(Michael MacDonald),他惠准我利用若干他从李察·纳皮尔(Richard Napier)医生的档案处获得的若干发现;也感激牛津布拉斯诺斯大学的档案室主持人,他准许我查阅雷氏手稿(Legh MSS)抄本;更感激麦瑞安·史赖特(Miriam Slater),他准许我引用他未发表的论说;亦感激纳塔莉·戴维斯,她对“欧洲近代初期的社会与性”一题所撰的参考书目使我看到许多资料。安斯雷·科尔(Ansley Coale)非常慷慨地为我解答有关人口统计学的技术问题。至于对本计划的补助,我感激国家科学基金会(补助款GC 288 32 X和GS 39877 X)及普林斯顿大学研究委员会。本书第四章的初步版本是由宾州大学出版社出版,我感激该出版社准许我再制一增订本。莱斯雷特(P. Laslett)慷慨地从他的《家庭生活》及《古人的非婚性爱》二书提供我未婚先孕及私生的资料(见于本书中表十及十一)。雷森(R. B. Latham)惠准我阅读其佩皮斯《日记》限定版的最后一章的资料,它包含从前被删去的段落。我也感激艾莉特女士(Mrs V. B. Elliot)从她对17世纪初肯特郡婚姻记录的研究提供我若干资料。个人咨询与建议方面,我感谢克拉克(P. Clark)、克劳福(M. H. Crawford)、戴维斯(N. Z. Davis)、费契(D. H. Fischer)、吉里安(E. Gilliam)、考伯特(P. Goubert)、克莱夫顿(A. T. Grafton)、罗森班(L. H. Rosenband)、森雷(M. Shanley)、摩顿·史密斯(Morton Smith)、史密斯(S. R. Smith)、史慕兹(M. Smuts)、史伯克(S. E. Spock)、提利(L. A. Tilly)、华金斯(S. Watkins)、维纳(C. S. Weiner),及其他无数曾协助过我的人。

我非常感激我勤恳的秘书贝蒂·安·贝瑞(Betty Ann Berry),她针对一个又一个版本一次又一次打字,不但打得快,而且打得准确美观。最后,我要特别感谢我内人。自然地,我是从与她的互动,获得第一手的家庭生活起落的经验。她曾阅读手稿数次,提供我以出自肺腑的建议与批评,其中多数我已接受,一些则未接纳。她义无反顾地担当起校对注脚的繁琐任务,借由她的帮助,我得以删除几处由对资料的过度匆促阅读所造成的严重诠释错误。

为方便读者阅读,本书中所有拼字、大小写及标点均采现代拼写方式,虽牺牲了一些誊抄上的准确性,但换得阅读上的方便,笔者认为是值得的。

普林斯顿,新泽西

删节本序

劳伦斯·斯通

一本重三磅六盎司、篇幅多达800页、索价16镑或30美金的书，若要普及大众，显然需要删节。本版约是原版体积的一半。删节原则如下。所有与主题无关的论述，脱离论辩主线的部分，均已大体删去。处理下层阶级的多数章节已削去，因为，诚如评论者所指，此处证据相当薄弱。本版因此比原版更加密切关注社会上层阶级——富商与专业人员阶级，乡下大地主阶级与贵族。本版只留下众多例子中最动人心弦、最具启发性观点的例子。原版的参阅文及参考书目已删，约一半图表及三分之一插图亦删去。笔者也利用此机会修正论述上和文法上的错误及印刷上的误失，并加入些许有力的新引文。

毋须说，虽然此删节本是由对原作忠实转化而来，它无可避免地简化许多，且提供的证据是暗示性而非结论性的。任何希望测验论说的有效性或事实来源的人应参考原版。

在制作此删节本的过程中，我由我妻子的建议中得到许多帮助，在此谨表谢忱。

普林斯顿，新泽西

1978年5月

第 一 部

导　　言

第一章　问题、方法与定义

一个民族的公共生活相较于它的私生活是件非常小的事。

（G. d'Avenel, *Les Francais de mon Temps*, Paris 1904, p. 1）

为了对古人作正确的判断……我们应该抛弃我们这个时代的想法与观念……尽力采纳他们那个时代盛行的观念。

（Lady Louisa Stuart, c. 1827, *in Letters and Journals of*
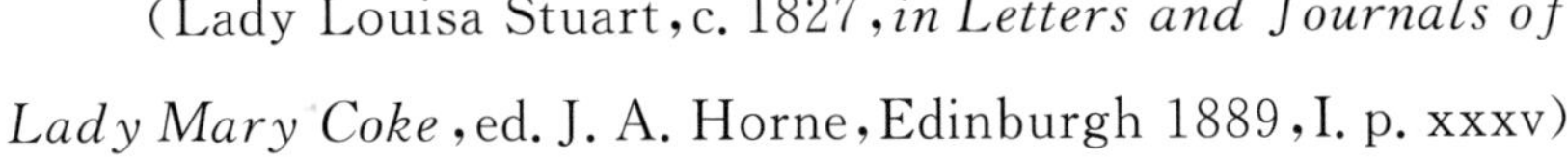
Lady Mary Coke, ed. J. A. Horne, Edinburgh 1889, I. p. xxxv）

我们非常缺乏记载翔实的家庭史，尤其是那种能让我们作比较的家庭史我们相当缺乏……

（*The Autobiography of Francis Place*, *c*, 1823—6 ed. M. Thale, Cambridge, 1972, p. 91）

1. 变化模式

本书的主题一言以蔽之，就是尝试图绘、记录、分析、解释从 7
1500 年到 1800 年大约三百年期间英国的世界观和价值体系上的

巨大变化。这些巨大而无从捉摸的文化变迁表现在家族成员彼此关系的改变上，这可从法律、社会结构、风俗、权力、情感及性等方面来谈。着重强调个人如何思考、彼此对待及利用，及他们如何看待自己与上帝的关系和与社会结构不同层级（从核心家庭到国家）的关系。家族的小宇宙是被用来打开一扇窗以观照广阔文化变迁风景。

最大变化是从疏远、服从及父权体制到我称为情感个人主义（affective individualism）的变化。我相信这可能是发生在近代初期人民心理状态上最重要变化，甚至可能是过去千年西方历史中人民心理状态上最重要变化。

现代家庭的四个关键特征——家庭核心成员情感联系增强，邻居和亲属重要性趋淡；个人自主意识增强，个人拥有追求幸福的自由的权利意识增强；性欢乐与罪愆的联系减弱；对身体隐私权的需求增强——1750 年时在英国社会的中、上阶层都已稳固建立。

8 此新家庭类型的进一步传播直到 19 世纪末才发生，中间经过将近一世纪的由新返旧阶段。当向前发展在 19 世纪末又开始，我们看到的是此新家庭类型向上传入宫廷贵族、向下传入包括工匠[1]和雇佣劳动者[2]在内的庶民大众。

家族类型变化问题不是到现在才被研究，早在 75 年前马克斯·韦伯（Max Weber）和雅各布·布克哈特（Jacob Burckhardt）[3]就曾研究过这方面问题。他们也深深着迷于复杂相互关系（多亏此复杂相互关系，文化变迁才能从宗教、社会结构、政治组织、经济、教育等等变迁中产生）。但韦伯和布克哈特对家庭变迁问题的研究未让人完全满意，而我无法期望做到像这些优秀学者所做不到的事。但我认为此问题须重新研究，而更缩小焦点，在一不同民族国家脉络并借助 75 年来的学术成绩，只因为这类议题在西方文明演进中居关键位置。

近代初期的英国社会是由许多身份团体和阶级构成：宫廷贵族、郡绅士阶级、教区绅士阶级[4]、商人/专业人员阶级[5]、城乡小资产拥有者、雇佣劳动者，及靠救济金过活的赤贫阶级。这些人各自组成文化单位，有自己的传播网络、价值体系及行为模式，社会团体间的文化差异比今日社会团体间的文化差异要来得深得多，代与代之间的差异也和阶级之间的差异一样深。随着时间流逝以及书写与印刷逐渐成为理念传播主要工具，不同社会团体利用此新表达工具或受此工具影响的程度更加深不同社会团体间的隔距。结果与其说是某种家庭模式及某套家庭价值取代另一模式，还不 9
如说是许多种不同模式并存。

不同的阶级（或社会阶层）往往有不同的观念和风格。变化有时只影响一阶级而不影响其他阶级；譬如说，上升的未婚先孕率和非婚生育率影响 18 世纪末的农民、工匠和贫民，却不影响上层中产阶级、绅士阶级和贵族。有些变化，例如转向一种以孩子为重的态度（more child oriented attitude），在不同时间影响不同团体，从一团体流向另一团体要花一世纪以上时间。有些影响局限于单一阶级。是以祖传财产的拥有对有产阶级的家庭结构与婚姻制度影响极大，却对无产大众不构成什么影响。相反地，都市化及工业化的压力影响贫民极大，却对贵族的生活不构成多少影响。即使拿宗教这个在 17 世纪初及 19 世纪那样强大的力量来说，它对较有教养的中等社会阶层的影响，也比追求享乐的宫廷贵族或不识字的贫民来得深得多。对巫术的信仰始终深深埋在组成多数人口的下层阶级心里，因此现代的宗教信仰产生的是感性的分裂而非价值及整体社会信仰的重建。再次，有一文化规范的分裂。新观念、做法的阶层化传播(stratified diffusion of new ideas and practices)是实际了解家庭变迁如何发生的关键。对家庭变迁的论断因此总是必须以对阶级或身份团体、识字或不识字阶层、善男信女或英国国教信仰者的审慎定义为前提。在价值变迁的领导阶层——专业人员阶级和绅士阶级——中发现的行为模式，未必适用于宫廷贵族、都市下层中产阶级、乡下小农或无产劳工。

10　家庭演化的简单模型可能十分适用于(未受印刷术影响，未受人口增长或资本主义兴起影响，未受贫富差距拉大及失业影响，未受清教主义、牛顿科学、启蒙运动影响的)原始/文化同质的社会。但17、18世纪英国是个相当成熟、多元、富于变化的社会，不但文化世界呈多元，家庭形式与价值也呈多元，于是家庭演化的简单模型就不适用了。此时此地呈现的是多种家庭类型并存的状况。

2. 证据与诠释

每一可能的证据类型均已被检验以找出有关价值变迁及个人行为变化的线索。最受倚重的证据类型是私人文件、日记、自传、回忆录、家庭通信及报纸的通讯栏。其他证据类型包括：家庭行为手册(这类手册相当受欢迎，也经常被重印，1660年前主要由道德神学家撰写，1660年后主要由俗人[6]撰写，1750年后则主要由医生撰写)；外国来访者的报告；虚构文学(主要指通俗小说、戏剧及诗)；艺术(尤其指对话录及讽刺画)；显示流通形态及空间利用的住宅建筑设计图；家人间，包括夫妻间和亲子间的称呼方式；诸如“bundling”[7]和鬻妻等民间风俗；诸如遗嘱、物品清单、婚姻契约、
离婚或外遇诉讼等法律文件；以及有关出生、婚姻、死亡、未婚先孕 11
及私生等人口统计数据。

为了验明、描述价值变化，众多证据业已被搜集、采集来试着创造一有条理的合成图像。此资料库的主要弱点不在于采样，因为多数易获得的现存私人文件和多数最通俗的手册、文学作品和艺术作品都已被检验。手册的保存率很差，且无疑保存下来的只是曾存在的东西的一部分。但无理由认为在保存下来的与被丢弃的东西之间有任何固有偏见，除了带有明显性意味或流露过分亲密特点的诸多通信无疑已遭到毁弃之外。因此可以说，我们今日有的东西在相当程度上可以再现已经失落的东西，而在印刷品里的东西可以再现仍留在手稿里的东西。一项采样上的弱点是18世纪的手写遗嘱和婚姻契约尚未被检视，尽管1660年前的这类材料业已被仔细过滤。

诠释是个较大的问题，因为像日记、回忆录、自传及信件这类材料，尽管十分有参考价值，却极难征验其确实性。譬如塞缪尔·佩皮斯(Samuel Pepys)[8]和詹姆斯·鲍斯威尔(James Boswell)[9]是英语世界两位最伟大的日记作者，他们写的日记脍炙人口，但我们没有佩皮斯太太或鲍斯威尔太太的手写记录来作为对其丈夫日记真确性的检验。日记这类材料需要以历史学家赋予政治史上文件那种明察秋毫的态度来处理。情书和外交信函一样重要，需要以完全相同的谨慎小心态度看待。但日记、信件等私人文件极端

12 难以诠释。就如 E. H. 卡尔(E. H. Carr)所警告的,“无一文件能告诉我们超过该文件作者所想的东西——他认为发生了什么,他认为什么该发生或会发生,或可能只是他希望别人认为他想的东西,或甚至只是他自己认为他想的东西。”不幸地,许多私人文件可能就是落在最后两个范畴。第二个困难是这些文件是高度个人化的文件,因此经常相当异质,既反映作者个人心绪的变化迁流,也反映他那社会阶级、教育与时代的人所共有的社会行为与道德行为标准。它们因此必须被大量检验,以确定我们没有把例外当通例,因为家庭形式种类繁多,即使在某固定时代某特定领域,单一阶级内也有许多种家庭形式。

自传这种证据形式尤其不可靠。部分因为有些人喜欢抄袭过往老一套的模范如圣奥古斯丁(St Augustine,罗马帝国北非希波教区主教,著有《上帝之城》、《忏悔录》)、普鲁塔克(Plutarch,古希腊传记作家、历史学家,著有《希腊罗马名人传》等书)、塞涅卡(Seneca,古罗马政治家、剧作家)或奥勒留(Marcus Aurelius)[10],有些人则发展新形态如教友派信徒[11]典型;部分因为,写自传的人经常抱着扬美抑恶的心理,他们写自传的目的是要留给子孙一个良好榜样、留给世界一些有用的道德教材;部分也因为,即使在他们显得最坦白无伪的时候(如卢梭〔Rousseau〕的《忏悔录》〔*Confessions*〕或卡萨诺瓦〔Casanova〕的《回想录》〔*Memoirs*〕),他们也经常卷入幻想或角色扮演中。

13 现存证据的性质无情地使本书成为对小众团体——即有教养的、在语言方面表达力强的阶级——的研究,对大多数英国人——乡下及都市小农、工匠、劳工与贫民——则讨论甚少。但由于每件事都显示前者是文化变迁的先导者，本书的偏食症应无大碍。只要能始终记得阶层文化传播原则及独特的、受阶级决定的次文化的存在，是正确理解像近代初期英国这般文化多元社会其家庭演化的复杂历史之关键，资料的曲解当能避免。

16 世纪、17 世纪初时，清教徒急于将他们的思想和信仰形于文字并付梓，使得上述证据偏于一端，问题更加复杂。印刷品的数量与形式大量增加，读写能力及操纵语言能力的大幅提升（尤其是女人在这方面的能力大幅提升），都造成问题益加复杂。所幸，尚有足够的来自规范手册和当代评论的独立证据，使得我们能够确定转变确实在发生，而不只是媒体造成的错觉。

任何通则，都不免落入"任何跨时间的行为变化模式，都是在一混乱不明现实上加诸一人工概论"的批评。家庭类型的调查亦然，任何时候的家庭类型调查都会流露和地质调查一样的复杂性。经由地壳运动的推挤，地层的层层累积，其中既有发展稳固的旧地层，也有最近才刚开始发展的新地层。家庭类型也是一样，在旧家庭类型屹立不摇的同时，新家庭类型正在发展。因此造成多种类型并存的状况，没有哪一种类型是在所有社会阶级间都取得优势，甚至在单一阶级内也未必有哪个家庭类型特别占优势。模式的建 14
立，因此牵涉的是试图从排山倒海的历史证据中找出韦伯式的标准类型，并凸显在某些社会团体似乎占优势（但在任何时刻皆绝非普遍）的特征。

家庭史学者面对的是"如何妥善结合事实与理论、轶事与分析"的寻常问题，但却是这问题最棘手的形式。正如列维-斯特劳斯（Lévi-Strauss）所云："传记与轶事的历史……是低功率的历史，这样的历史本来不易理解，唯有当它全部被转换成高功率的历史形式、它才变得易理解……历史学者的相对性选择……总是限于‘教得多、解释得少的历史’与‘教得少、解释得多的历史’间的选择。”本书摇摆在分析（试图解释）与轶事（试图教导）之间，希望因此能妥善结合两个世界，尽管知道可能徒劳无功。

就处理轶事材料而言，方法有二，一是从众多资料提供浓缩精华，二是利用精选的个案研究来详细解释一观点。本书采用的是第二个方法，因为在家庭关系这样一个敏感的范围里只有十分详尽的解释才能道尽状况的复杂。笔者完全明白不少人认为精选的个案研究不足以代表整个样本，但笔者仍然坚持作此选择。笔者仅能这样为自己辩护：为了找到典型的例子，避免特殊情况，笔者已作很大努力。

3. 名词的定义

为了了解以下内容，先必须对“family”（家庭、家族、家）、“household”（家户）、“lineage”（世系群）、“kin”（亲属）、“marriage”（结婚、婚姻）、“divorce”（离婚）等词的含义作审慎定义。这些字眼表面看似简单，但实际具有复杂而游移的含义，须仔细辨明。

“family”这个字可被用来指许多事物，从“conjugal pair”（夫妇）到“family of man”（人类家族），因此这个字在本书中是什么意思，有必要在一开始给个清楚的定义。在本书中它既不被视作与“household”同义，也不被视作与“kin”——有血缘或姻亲关系的人——同义。它被用来指一起住在一屋檐下的同族成员。

“household”（家户）则包含住在一屋檐下的所有人。多数家户包括非亲属同居人、寄居者、寄膳宿者或房客（占据由小孩或亲属空出的房间），以及以合约束缚的学徒和住在东家的佣工（被雇来做家务或当田里或店铺里的帮手）。这样一个包含各色分子的团体在 16 及 17 世纪令人困惑地被称为“family”。由于小孩、仆人、女人在法律和道德上均臣属于户长，没有人会认为选举权应被扩展到他们。他们不是自由人。

在一几乎没有警力的社会，家户就达成农村社会控制而言是 16
一最有效机制。它有助于牵制任何社会中最难控制的要素——浮游不定的大群年轻未婚男性；且它提供了基本的税收单位。无怪乎社会和国家都以首肯的态度看待婚姻，16 世纪的道德神学家甚至以赞扬的态度称家户为“由上帝本人指派成为国家及教会内所有异类生命的泉水及温床”。

近代初期，住在东家的佣工并不像今天这样稀罕，而是一正常现象，只有最穷的家户才雇不起佣工。从 16 世纪初第一次人口普查起到 19 世纪中叶，所有家户中约三分之一包含住在东家的佣工。

“lineage”（世系群）是有血缘或姻亲关系的亲属，死去的、活着的及尚未出生的都包括在内，他们集体地形成一“门”。“kin”（亲属）是世系群成员中目前在世者，他们由于亲属这层关系而被视为对忠诚、服从或支持有特殊的要求权。传统社会里的上层阶级男性之所以能拥有其身份，是拜他与他的世系群的关系所赐，没有这层关系他只是漂浮在空虚社会空间中的一个微尘粒子。

不过，随着此传统社会式微，在教会、国家及市场经济的压力下，不同价值取得领导地位。这些价值包括国家在取得有效率、诚实、善尽职责的佣工上所获得的利益；个人在取得追求经济收入的自由及追求个人目标的自由上所获得的利益；及中介组织，如教会
17 和职业团体的主张与利益。这些新价值逐渐损坏了亲属间的忠诚，结果是在贵族中产生了信心危机。

当一个人离苏格兰高地地区越来越远而离伦敦越来越近，并沿绅士阶级、中产阶级、农民[12]、工匠一路而下，亲属关系观念就负载越来越少的“献身‘荣誉’和‘忠诚’”的意识形态包袱。在这些贵族以下的阶层，世系群不意味什么，亲属关系与其说是情感投注的主要焦点，还不如说是为彼此交换经济利益而形成的联络。再往下走，到无产阶级间，朋友、邻居在情感和经济两方面扮演的角色可能都比亲属关系来得重要，尤其在都市地区更是如此。

近代初期，婚姻是一能以许多种不同方式进行的约定，要为婚姻下定义是件十分困难的事。直至 11 世纪，一夫多妻都似乎相当常见，离婚很容易，纳妾的情形也很多。中世纪初俗人眼中所见到的婚姻似乎都是一种关乎财产交换的两个家族间的私人契约，这份契约也对新娘提供若干经济保护，以防她遇到夫死或被夫遗弃或离异等状况。对那些没有财产的人而言，婚姻是两个个体间的私人契约，借社群的认同取得效力。教堂婚礼是一昂贵且不必要的奢侈，尤其因为两厢情愿离婚（及之后的再婚）仍相当常见。直到 13 世纪，教会才终于取得对婚姻法的控制权，至少肯定了一夫一妻、至死方离的婚姻原则，定义并禁止乱伦、惩罚通奸，并将私生子排除在财产继承之外。

尽管在 16 世纪之际婚姻已被定义得相当完善，1754 年前仍

有许多迈入婚姻的方式。对有产人士而言它牵涉一连串清楚步 18
骤。第一个步骤是双方父母就财产安排签署一份法律契约。第二个步骤是订婚,在证人前正式交换口头允诺。第三个步骤是在教会连续预告婚事三次,问人有无异议,以便有异议的人可以提出反对这桩婚事的理由(到17世纪几乎所有有钱人都借取得许可证来规避此一步骤)。第四个步骤是教堂婚礼,在其中双方同意被公开证实,新郎新娘接受教会的正式祝福。第五即最后一步是圆房。

在此必须强调的是,按照教会法,订婚作为一契约是和教堂婚礼一样具有法律上的约束力,尽管对于许多俗人它不过是一暂行契约。在证人面前进行誓言交换,继之以同居,在法律上就被认为是一有效婚姻。在偏远地区,尤其在苏格兰边境地区、威尔士及西南边境,订婚仪式本身,即所谓"handfast",持续被许多贫民视为足以作为一具约束力的婚姻,没有教会祝福也不影响此婚姻的有效性。若干证据显示,即使在苏格兰东南部的低地地方,也有相当多贫民直到17世纪末都不在教堂行婚礼。诚然教堂婚礼是直到1439年才被提升到神圣地位,而只有到1563年,宗教改革后,天主教会才首次要求有效、有约束力的婚礼必须有牧师在场。

英国国教教会自然不承认此一天主教会改革,但由于它并未采行自己的方式,情况便变得相当混乱。随着英国国教教会在16
及17世纪收紧它对社会的控制,俗人和教士都逐渐视教堂婚礼为 19
关键仪式,但掌理法院的民事律师依旧承认在证人面前的订婚。订婚能采两种形式,一是口头承诺在未来结婚。若未继之以圆房(圆房被认为暗示目前的应允),这订婚就是在后来能经由彼此同意而取消的约定。不过,若继之以圆房,这订婚就具有终身的法律约束力。不过，若情侣在证人面前交换的是诸如“我接受你为我的妻子”或“我接受你为我的丈夫”等誓词，这订婚就被教会法视为不能取消、不可反悔的约定，当事人若日后和别人行教堂婚礼，该婚礼无效。

使事态更复杂的是，1604 年的教会法明订教堂婚礼必须在婚事被预告达三周后，在新人之一的定居地的教堂，于早上八点到中午间举行。婚礼若在夜间举行，如在客栈或私人住宅等世俗地点举行，或在离居住地点很远的市镇或农村举行，主持婚礼的牧师将受严厉的惩罚。教会法也禁止 21 岁以下的人在没有父母或监护人同意的状况下结婚。不过，有趣的地方在于，尽管这类婚礼如今被宣布为非法，它们却是有效并具有终身的约束力：这是俗人认为难以理解的悖论。

此 1604 年后的状况，造成一项由不肖牧师所执的兴盛行业，这类牧师专门到不受教会法管辖的地区替人主持婚礼，这类地方的人只要肯交钱，可以爱和谁结婚就和谁结婚，不会被问任何问题。这项生意到 17 世纪末 18 世纪初变得越来越普遍也越来越受
20 人诟病，时值亲子关系在婚姻操控议题上变得越来越紧张，越来越多子女反抗父母、径行私奔（图 1）。托马斯·沙德韦尔（Thomas Shadwell）[13]曾经描述一位“愿意在任何时候为新人证婚、不理教会法那一套，也不理那些愚蠢的仪式”的牧师。如果剧作家说的话能够相信，某些牧师甚至更加尽责。在法夸尔（Farquhar，英国剧作家，1678—1707）1704 年的作品《驿马车》（*Stage Coach*）中，巴西尔（Captain Basil）说：“我们看见牧师卧室的灯光。我们走上前去，发现他正在抽烟斗。他先为我们祝福，而后又将他的床借给我

们。”许多借钻法律漏洞而豁免在教会法管辖之外的伦敦教会尤其擅长这类速成婚姻。在 1664 到 1691 年之间有四万桩婚礼在公爵广场(Duke Place)的圣詹姆士教堂举行,而在圣潘克拉斯教堂(St Pancras),配对的人太多,一对接一对的站着,好像是参加乡村舞会。伦敦舰队监狱(Fleet Prison)附近尤其流行不肖牧师为男女主持速成婚礼,尤其在 18 世纪上半叶,正式婚礼收费很高,而在弗利特监狱附近举行的婚礼不但在法律上有效而且非常便宜。当地的告示栏经常可见“入内结婚”字样,探子在门口招徕,以“先生,想进来结婚吗?”的邀请劝诱过路人。对伦敦附近的贫民而言,弗利特婚姻不啻为一省钱妙方,但许多迷糊、匆忙而具剥削性的婚姻也在此肮脏环境中结成,而这种婚姻一旦结成就不能取消。这类不肖牧师为了赚钱,也从事“将注册日期提前,好使已出生的小孩合法”的勾当,或甚至为急于寻觅丈夫的女人提供男人。

直到 1753 年,哈德威克勋爵(1st Ear of Hardwicke)的婚姻 21
法案通过,才终于为统辖婚姻的法律带来条理与逻辑。从 1754 年起只有教堂婚礼才有法律上的约束力,订婚则没有法律上的约束力,因此之前的订婚不再能作为取消后来的教堂婚礼的理由;其次,所有教堂婚礼必须在教区记录簿上获得注记,并有双方当事人的签名;再者,所有在(被 1604 年教会法定义为非法的)时间或地点举行的婚礼,如今也被宣布无效;此外,21 岁以下的人结婚必须经过父母或监护人的同意;最后,法律的执行从教会法庭的微弱控制移转到世俗法庭,后者被赋予“对不遵守法律的牧师加诸长达 14 年流刑”的权力。从今起,反抗父母的私奔情侣的唯一出路是逃到苏格兰,尤其到格瑞特那绿地(Gretna Green),当地新婚姻法并未实施，且在当地兴起一种“包办婚姻、随到随办、就地合法”的新行业。

就新婚姻法通过所进行的辩论提供了有产阶级当时对婚姻态度的鲜明证据。之所以提出新婚姻法，原因很清楚，就是“由于在不受教会法管辖的地方结婚很方便，品格最劣的男女很有机会糟蹋英国最伟大家庭的男女，且结婚已成为像任何工商业一样的行业”。解决办法就是否定宗教仪式的有效性，除非它符合若干条件，包括 21 岁以下的男女必须要取得父母的同意。此必然牵涉了对婚礼作为一神圣仪式——上帝面前牢不可破结合的拒斥。这项改革的倡导者志得意满地宣称“我们这个时代的人业已超越宗教
22 仪式的神圣性，并超越其他许多肤浅的看法……”因此“我们能把基督教变得与常识一致”。婚姻如今被视为是同于任何其他契约的约定，受制于法律规范，因为“对婚姻添加神圣性是与社会的福祉不一致的，与人类幸福亦不一致”。新婚姻法因此显然只在精英社会日益世俗化、“个人幸福能经由公共立法而获致”的观念被接受的情形下才可能产生。它的支持者会偏好将要求父母同意的条款限定于“有钱有地位”的人，但也明白“这在这国家是不可能的”。

新婚姻法的第二个目标是排除秘密婚约及秘密结婚，有这两样东西在，重婚太容易了（图 4）。婚姻的公开登记如今是仪式的绝对必要部分。有人信誓旦旦指出，在婚姻仅由口头订婚，或由某种浪荡的牧师在酒馆里福证，或私人牧师在私人住宅里证婚，以及由牧师媒婆在不受教会法管辖的伦敦教会加以收费服务即可达成的现状之下，一个男人可以爱娶多少就娶多少。“每个男人都可能拥有多位妻子，且安置巧妙，妻子间彼此不知道对方的存在。”另一

论者也同意“重婚罪如今相当普遍”。

此时在英国国教教会离婚是不准再婚的。对关系已败坏的婚
姻(通常由于外遇),只有分床与分食,再加上财产安排。这是当时
所谓“离婚”,但它不允许任一方再婚。此外,许多能造成婚姻无效
的中世纪障碍如今都被堵起来了。这些障碍曾如此之多,以致有
“一富人加上一好律师就可能取得一婚姻障碍”的说法,尽管教会
法庭的记录显示一般人并不采用此建议。他只消跟太太离婚或干 23
脆跑掉就行了。宗教改革后,婚姻无效的宣告只能在以下三种情
形上被取得:证明一方与第三者有婚约在先;丈夫和妻子具有圣经
旧约利未记律法所订亲等内的血亲关系;丈夫在三年间性无能(最
后一项不是件容易证明的事情)。配偶离家、下落不明达七年的男
人或女人也可自由再婚,理由是失踪的配偶应该已经死了。不过,
要是他(她)回来,不是头一个婚姻较第二个婚姻具有优先性,就是
女人获准选择她偏爱的丈夫。

因此,对多数英国人而言,婚姻是一种不能分离、唯有死亡才能将之瓦解的结合;此一观点曾被丹尼尔·笛福(Daniel Defoe)[14]在 1727 年强调。而尖刻的老小姐艾伦·薇顿(Ellen Weeton)也曾在一首 1808 年的讽刺诗里如是描述一位不满的丈夫:

> “快来吧,噢,死亡,让爱丽丝死,”
> 他大声呻吟、哭喊;
> 死亡来了——但犯了一个可悲的错误,因为死的是李察。

不同其他新教教会,英国国教教会大体由于创立时的历史因

素使然，未能为因极端无情或外遇而分居的无辜一方提供再婚机
24 会。这个问题在伊丽莎白一世统治时还不明显，但到1604年的教会法的第107号条文就相当明显了，它禁止被“离异”的人再婚。对贵族，这造成一种难以忍受的状况，因为它意味着若贵族的妻子在生儿子前犯下通奸罪，此位贵族不能再婚、生一个合法的男性继承人以延续香火并继承财产。为匡济此不合理，17世纪末，当婚姻是一神圣物的概念随着宗教热情的减退而衰微，有心人便通过国会法案（Act of Parliament），让富有的贵族和其他遭遇同样困境的人能经由此法案而取得离婚，不过经由此法案来离婚必须花很多钱，因此它几乎只为那些有非常大笔财产，急于需要借第二次婚姻传给一位男性继承人的人所采行，特别在1760年前是如此。1670至1799年间，只有131件这种申请，几乎全部由先生所提出，且在1750年前只有17件通过。因此在1715年，国会以49票对47票的些微票数之差，拒绝通过由乔治·唐宁爵士（Sir George Downing）提出的离婚申请。1701年当乔治·唐宁15岁时，他曾听从父母之命与一位15岁女孩结婚。然后他们很快分开了，乔治·唐宁爵士到国外待了四年，这个经由双方同意的婚姻从来不曾圆房过。国会以两者都已过了承诺年龄[15]（分别为14岁及12岁）而拒绝这项离婚申请。

在社会等级的另一端，在无产阶级中，也有除死亡之外来解决不愉快婚姻的方式。在一没有国家警力的社会，要逃走、不再被听
25 闻实在太容易了。这在贫民间必定是常有之事，此由1570年对诺里奇（Norwich）贫民所作人口普查中，被弃妻子占所有年龄在31到40之间的女性的8%以上的事实即可看出。重婚也是一个办

法，这似乎是既容易又普遍的。到 18 世纪，永久性的遗弃也被视作解决婚姻的合理方式。

18 世纪贫民解决不愉快婚姻的第三个方式是经由互相同意以“鬻妻”来取得离婚。这是一种非正式的民间风俗。依照 1772 年时的记载，先生“套一根缰绳到太太的脖子上，然后领太太到市场，在那儿将她公开拍卖，卖给出价最高的人，仿佛她是一匹传种雌马或一头乳牛。通常在拍卖前即已安排好一位购买者”。此一拍卖显然是仿照牛只拍卖的程序而来。它经常在牛市场（如史密斯非〔Smithfield〕）举行，且在当中可以见到一条象征性缰绳的使用，太太就被这样的缰绳套着由卖者领到市场，再由买者带走。买者有时还得付一笔钱给市场老板。一般人认为，此一仪式豁免了先生对妻子的所有未来责任，并允许双方再婚。一般而言，这项买卖是在妻子完全同意下于事前安排，买者和价钱都已事先议定。价钱的差距很大，从几便士到几畿尼[16]不等。

此一买卖似乎几乎只局限于下层阶级，且多数集中在大市镇和英格兰西部。它发轫于中世纪，但证据显示它到 18 世纪末才变得普遍，然后在 19 世纪渐息，最后一桩买卖据记载是在 1887 年。劳工阶级显然视此一仪式化过程为一种十分正当的完全离婚方式，之后还可再婚，尽管它在世俗和教会法庭都是非法，且在媒体 26
不断受到挞伐。事实上法庭会作时断时续、半真半假的努力以中止此买卖，例如：曼斯菲尔德勋爵（Lord William Mansfield）视此买卖为犯罪、图谋犯奸。

因此，在 17 世纪末、18 世纪，完全离婚和再婚对非常有钱的人是可能的（借由法律），对非常穷的人也是可能的（借由民间风俗），但对广大的中间地带的人们则是不可能的，这些人一来无法负担费用，二来无法负担离婚带来的社会污名和可能的起诉。

①工匠（artisan）又称技工、手艺人。

②雇佣劳动者（wage earner）即靠工资为生的人。注意 salary 与 wage 的差别在于：salary 指公务员、公司职员等的薪水，以月计；wage 指工人的工资，以时、日、周计。wage earner 换一个说法即劳工、靠劳动力换取生活的人，暗含工作辛苦、收入不稳定之意。

③布克哈特（1818—1897）为瑞士文化艺术史学家。

④贵族阶级以下是绅士阶级（gentry），包括英国所有贵族以下、自耕农以上的地主。绅士阶级经常区分为三个阶层：骑士（Knight）、士绅（esquire）及君子人（gentleman）。

27 ⑤专业人员阶级（professional class）又称劳心职业阶级，指由社会中受过教育的一批杰出人士或一批具有创造力的人士所代表的阶级，通常是在城市里，包含医生、律师、神职者等。

⑥俗人（laity）指非神职者的人，相对于僧侣或教士。

⑦bundling，指求偶期间男女不脱衣服共寝，为从前新英格兰地方的习俗。

⑧佩皮斯（1633—1703）为英国文学家、海军行政长官。

⑨鲍斯威尔（1740—1795）为苏格兰传记作家。

⑩奥勒留（121—180）为罗马皇帝，以体恤穷人、善待政治犯出名。著有《沉思录》。

⑪教友派（Quaker）又称贵格会、公谊会，为新教的一个宗派，强调信徒能直接受圣灵感动讲道，不设专职人员，反对固定的崇拜和圣事，倡导和平。

⑫农民（peasant），指从事农业者，其生产劳力一方面养活自己，另一方面支持了精英分子（尤其是城市中的）的生活。

⑬沙德韦尔（1642—1692）为英国剧作家、桂冠诗人。

⑭笛福（1660－1731）为英国小说家、报纸撰稿人，著有《维尔小姐还魂记》（*Apparition of Mrs. Veal*）、《辛格顿船长》（*Captain Singleton*）、《杰克上

校》(*Colonel Jacque*)、《大疫年记实》(*A Journal of the Plague Year*)、《鲁滨逊漂流记》(*Robinson Crusoe*)、《罗珊娜》(*Roxona*)等小说。

⑮承诺年龄(age of consent)指同意婚姻或同意性关系的法定年龄。

⑯畿尼(guinea),英国往昔的金币,1663 年以几内亚(Guinea)所产之金铸成,最后于 1813 年发行。相当于英国旧币制的 21 先令。

29 # 第二章 人口统计数据

出生、性交与死亡，

那是当你触及事实真相时碰到的所有事实，

出生、性交与死亡。

（T. S. Eliot,《斗士威尼斯》[①]）

我们生来都软弱，过着短暂、患难的生活。我们像花草一样生长、凋谢；我们像影儿一样消逝、不停留。

（*Emblems of Mortality*, London, 1789, p. 39 [quoting Job xiv, 1], illustrated in *Early Children's Books and their Illustration*, ed. G. Gottlieb, Pierpont Morgan Library, New York, 1975, no. 86）

31 着手一家庭结构分析的最好方式是建立人口统计数据，此数据忠实地记录家庭结构的诸多基本特征，包括像情感投注这类显然独立的变数。此数据不随时间而激烈变化，但随阶级而异，因此必须区分地主、专业人员、富商（社会金字塔顶端的3%到5%）与组成绝大部分人口，拥有中等、少量或微量财富的庶民[②]。

1. 婚姻

在宗教改革前的英国的地主阶级中，结婚率——结婚的子女的比率——是受家庭策略决定。家庭计划的三个目标是香火延续、祖传财产的维持及经由婚姻来取得更多的财产或有用的政治结盟。由于婴儿的死亡率高，第一项目标只能靠尽量多生小孩、希望至少有一个男孩能活到结婚年龄来获致香火延续。第二项目标则只能靠通过长子继承制(primogeniture)[3]来限制子女对世袭财产的要求权来达成。这意指将幼子[4]和女儿排除在财产继承的资格之外，这不仅造成他们婚姻的延迟，而在许多情形中更意味着完全剥夺他们结婚机会。第三项目标最能借由让儿女结婚、并使他们与富有而有势力的家庭联姻来达成，若是女儿则要求准备大笔的嫁妆，若是幼子则要求大笔的年金。第二项目标因此与第三项目标直接冲突，而若前者被赋予优先性(经常是这般情形)，它意味 32
着把女儿放入女修道院、让她们在那儿了此残生，或把幼子放逐，让他们去从事或僧侣或什么的以自谋生计。天主教会极为珍视的处女典型，为女修道院的存在提供了神学与道德基础，女修道院里有许多上层阶级女孩被他们的父亲搁在那儿以甩掉她们。这些女孩中许多人(但绝非全部)可能认为宗教生活是比父母之命、媒妁之言的婚姻(arranged marriages，以下称媒妁婚姻)更好的生涯选择。对那些寻求权力的女人而言，女大修道院院长的生活显然比贵族妻子的生活更令人羡慕。

随着女修道院在16世纪中叶的废止，女修道院此一使得多生

子女和避免昂贵婚姻成为可能的机制受到动摇。此一突然变化，恰好发生在“维持家庭世袭财产原封不动的欲望降到最低”及“把女儿嫁出去成为地主阶级在道德上不可规避的责任”的时期。婚姻市场挤满从前曾被送到女修道院的女孩，但这些女孩如今必须被嫁出去，以可观的费用，给和她们社会地位相同的人。尽管家庭经济越来越不易维持，16 世纪末出生在英国贵族家庭的所有活下来的女儿中，有逾 95％最后嫁出去。至于出生在英国贵族家庭的男孩，此时的长子继承人大多结婚，因为他的主要任务就是去制造一位男继承人以延续香火，但有约 1/5 的幼子终身保持独身。

17 世纪末、18 世纪，在三个样本郡的由中至大（medium to
33 large）乡下房屋的拥有者中，有一清晰的独身倾向（表一）。此现象的原因是个谜，尽管当中有些人可能是同性恋者，比较愿意在 18 世纪比较开明的气氛里承认自己的性倾向。同时，财产的安排显示，在地主家庭里有一“维持家庭世袭财产原封不动以传递给男继承人”愿望的深化。此意味着能分给幼子和女儿的金钱或财产更少，更多幼子和女儿因此被迫放弃婚姻。结果，到 50 岁而从未结婚的女儿的比例，从 16 世纪的 10％上升到 17 世纪初的 15％，1675 至 1799 年间则将近 25％（表二）。就幼子而言，从未结婚者的比例从 16 到 17 世纪有一类似的锐升，尽管 1600 年后有录可查的单身汉比例始终徘徊在 20％到 26％之间（表二）。18 世纪时，当时人确实认为单身汉比率在上升，而就是这单身汉比率的上升，使得笛福抱怨随之发生的老小姐和妓女人数的增加。是否都市贵族阶级的子女同样也有结婚率降低的现象，目前尚不清楚，但这不是不可能。

表一　乡下大地主阶级的结婚率(年龄 21 岁以上) 34

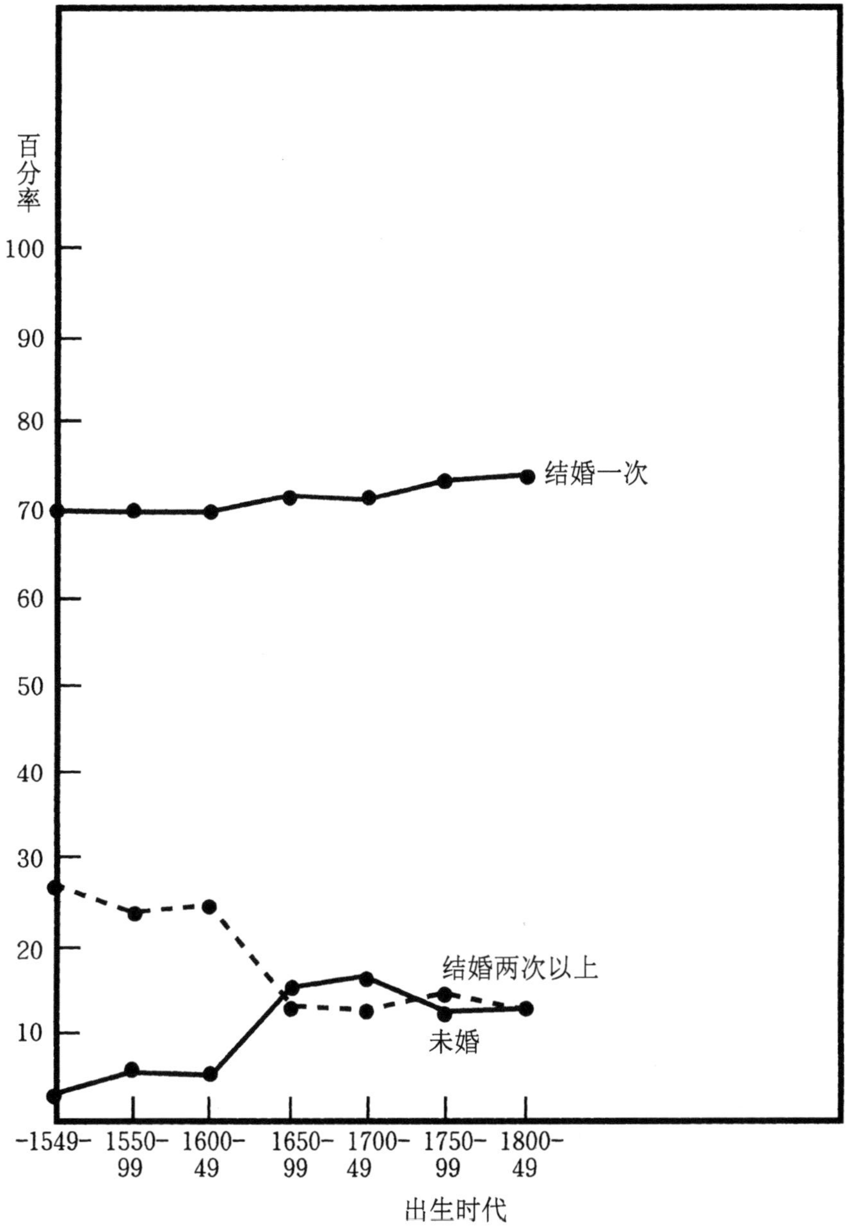

百分率

100
90
80
70
60
50
40
30
20
10

结婚一次

结婚两次以上

未婚

-1549- 1550-99 1600-49 1650-99 1700-49 1750-99 1800-49

出生时代

35 表二　从未结婚的贵族子女的比例(年龄 50 岁以上)

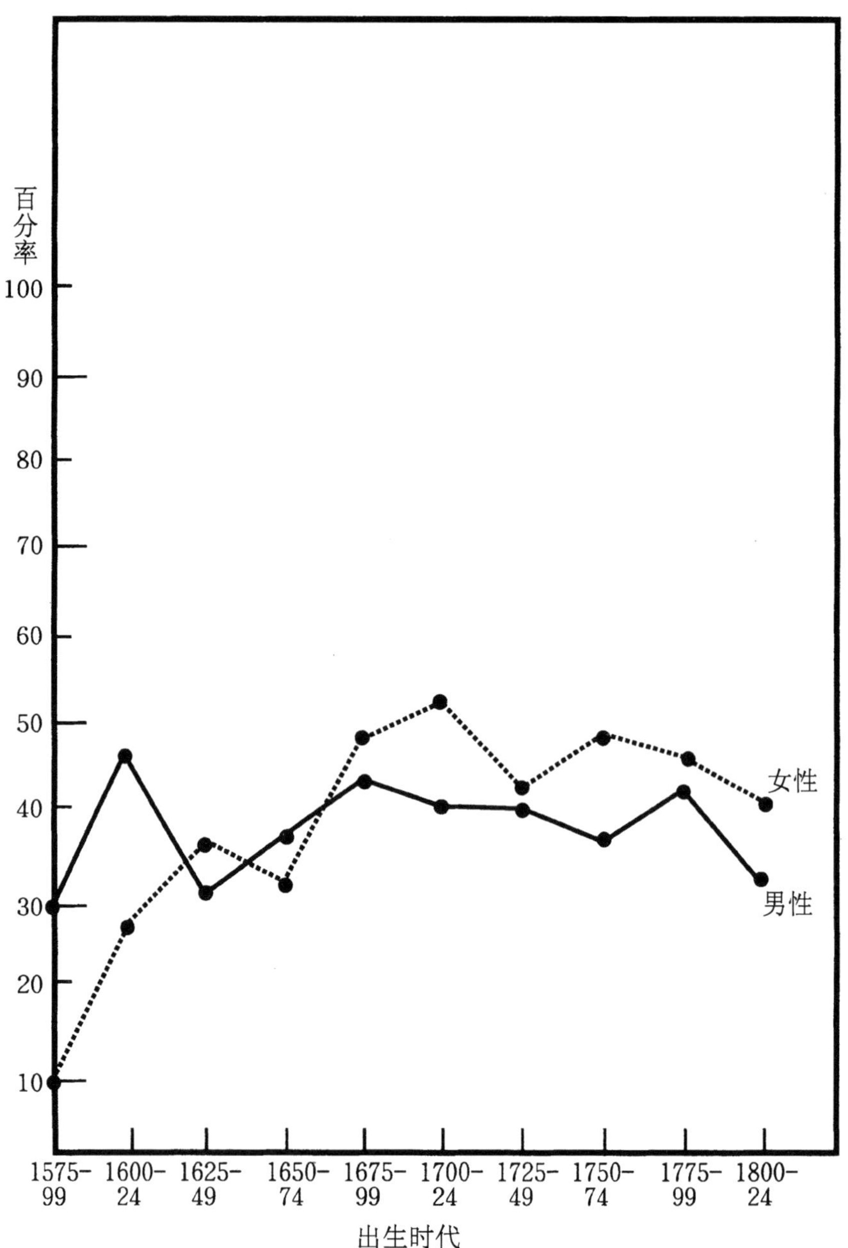

至于那些在乡下及都市精英阶级之下的人其独身比率，英国在这方面的证据仍然非常少，但在1695年对李奇非城(Lichfield)所作的一项人口普查显示，所有年逾30的女性中有9%仍是处女。这意味着每一代有大约10%的女性被排除在生育人口之外，意味着非婚生儿率是和我们从教区记录簿上所见的一样低。

上层地主阶级结婚年龄的证据不如下层阶级结婚年龄的证据那样多，但有足够证据能让我们看出一些事实和趋势。16世纪末 36
上层地主阶级的女儿平均在约20岁结婚，到17世纪末和18世纪则上升到约22至23岁。就男孩的情况而言则有必要在长子/继承人与他的弟弟们之间作一清楚区别，因为他们依循的是完全不同的模式。英国乡下大地主阶级[⑤]继承人的初婚年龄中位数(median age at first marriage)在16世纪初是约21岁，16世纪末是约22岁，17世纪、18世纪初是约24到26岁，18世纪末到19世纪初则约是27到29岁(表三)。此一缓慢上升的可能原因是父母较愿意给他们的小孩较大的配偶选择权(也就是给小孩多一点时间考虑婚姻之事)，以及医学观念的改变。托马斯·柯根(Thomas Cogan)认为上层阶级英国人的平均身高往下掉是因为父母身体不成熟所造成的，其他人则相信生产对非常年轻的女孩十分危险。

乡下大地主的继承人及其妻子的结婚年龄缓慢上升的另一原因是高等教育的持续时间变长，如今的高等教育是先在大学念几年书，然后在四法学院(Inns of Count)[⑥]受几年教育，再花二到三年时间作大旅行[⑦]。即使到18世纪，当大学和四法学院较少人念的时候，男孩也在学校待到一个较大的年纪，而大旅行则经常长达四年以上的时间。等这位年轻人回到英国过安定生活，通常已是

37 **表三 贵族子女及乡下大地主阶级继承人的初婚年龄中位数**

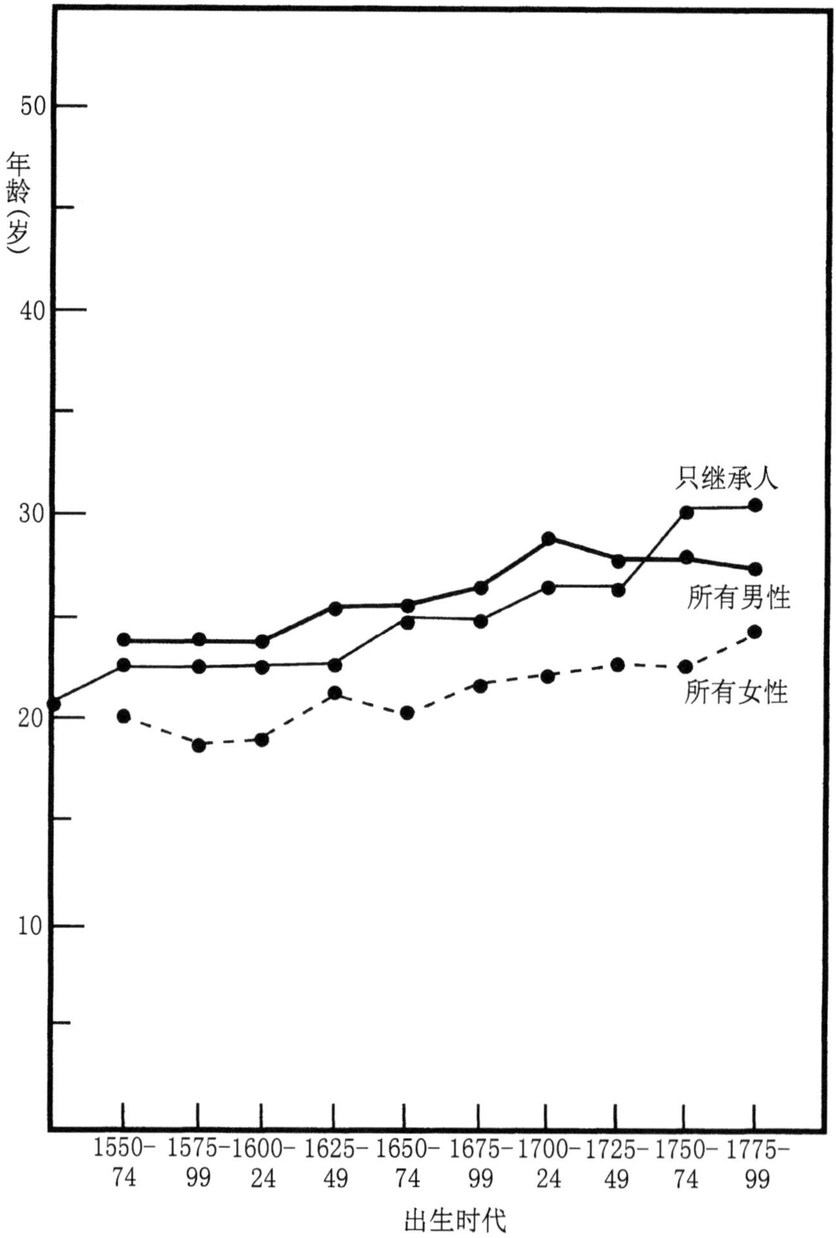

年龄(岁)

50

40

30

20

10

只继承人

所有男性

所有女性

1550-74 1575-99 1600-24 1625-49 1650-74 1675-99 1700-24 1725-49 1750-74 1775-99

出生时代

二十二三岁的年纪了。

那些结婚的幼子(他们在全体中所占的比例可能越来越小),要比他们的姐妹或兄弟结婚年龄晚得多。18 世纪时,他们平均在 38
30 出头到 35 岁之间结婚,这使他们成为整个社会最晚婚的两个团体之一,尽管他们选择的新娘比他们大约要年轻 10 岁。延迟的原因很明显,他们必须广事积蓄才能结婚,借由在某专业或职业付出个人努力,获得足够的收入与资本,这样他们才能维持他们所习惯的阔绰生活。早婚则意味着社会地位次级的伴侣和严重经济危机,婚后得花相当多努力才能重新整合进入婚前的精英世界。

在庶民中,结婚年龄依循的是一种相当不同的模式。如今已能毫无疑问地确定,在整个西北欧洲,除了一些无法解释的地域性例外,中产和下层阶级男女从 15 世纪起就结婚得相当迟。这个独特模式可以适用于大量人口,有足够证据能支持这个模式。譬如法国就存有非常大量证据,意大利亦存有一些证据,英国和美国也存在不少证据,证明在小资产阶级和劳工阶级中,初婚年龄中位数在 16 世纪就相当高,到 17 及 18 世纪部分时期甚至变得更高,男人从 27 岁上升到 28 岁,女人从 25 岁上升到 27 岁。

此一男女迟婚的习俗是西北欧洲文明的一个独特特征,截至目前它尚缺乏一个完全令人满意的解释。“把小孩寄托他人处当佣工”或“让小孩在城里当七年学徒”的习惯做法,似乎在造成晚婚上扮演了一个起作用的角色。1556 年伦敦市议会由于不满由“过度匆促的婚姻及年轻人过早成立家庭”所造成的贫穷,规定所有人都必须年满 24 岁才能被承认为伦敦的自由民。此一有效婚姻障 39
碍由于 1563 年的技工法令(Statute of Artificers)而被延伸到整

个国家，这个法令在乡下设下 21 岁的限制，在自治市则设下 24 岁的限制。

不过，最重要的原因，还是等待的需要(the need to wait)，或等存到足够的钱以买必需的家用品，或等继承农舍、店铺或田地，如此才能跻身足以支持一个家庭的经济地位。在女孩过青春期不久就结婚的社会，这个问题是靠新婚夫妇和夫(或妻)的父母同住若干年——即形成主干家庭(stem-family)——来解决。在西北欧洲，新婚夫妇在婚后立刻或很快成立自己的家庭是习俗。此成为习俗的时间和原因并不清楚，但在这般状况下，储蓄一段长时间，或父(母)的死亡或退休，就成了婚姻的必要条件。

鉴于前现代社会(pre-modern society)的成人的高死亡率，加上成立家庭需要一些资本，晚婚体系是有相当经济上的道理的，尤其在像英国这样父亲通常并不退休或交出田地以交换食宿的地方更是如此。

有人认为，宗教改革后的基督教业已借由鼓励禁欲主义和节约，而将晚婚和核心家庭扬举到亲属之上。尽管在东欧和巴尔干半岛，基督教和晚婚、伊斯兰教和早婚之间确实有显著关联存在，这个说法仍无法确切证实。

晚婚模式自 16 世纪起便在贫民和下层中产阶级中相当普遍，
40 而自 18 世纪起更在专业人员阶级与地主阶级的幼子之中相当寻常(这两个范畴在某个程度上已经重叠)，从这晚婚模式中产生几项重要影响。鉴于有记录可查的非婚生儿率很低，我们很有理由认为对许多年轻人而言，此一延迟意味着相当高程度的性压抑(尽管有一些非生殖的抒发管道存在)。若遵从弗洛伊德理论，这是会造成神经衰弱症的(而神经衰弱症确实在当时的牛津及剑桥大学相当普遍);它能有助于解释高频率的团体侵略,此时西方民族国家高频率的扩张侵略行动可以由此解释。它也可能刺激资本主义经济事业,因为它提供了廉价青年劳动力,刺激储蓄,并引起积极的社经动能。无疑晚婚在下层阶级中造成了严重的社会控制问题,而解决这个问题的方式,就是尽可能让年轻人住在家户里当家庭工人、学徒或仆佣,而非独居。

其次,同于相当低的结婚率,晚婚对人口成长起了相当的抑制作用,因为它让性成熟的女性在她们 25 年的生育岁月中有约十年不得生育。这是英国的人口成长(即使它于 1520 到 1620 年间及 1740 年后有激烈成长期),比起目前在 20 世纪末由欠发达国家所经验到的人口成长率,仍显得十分缓慢的部分原因。

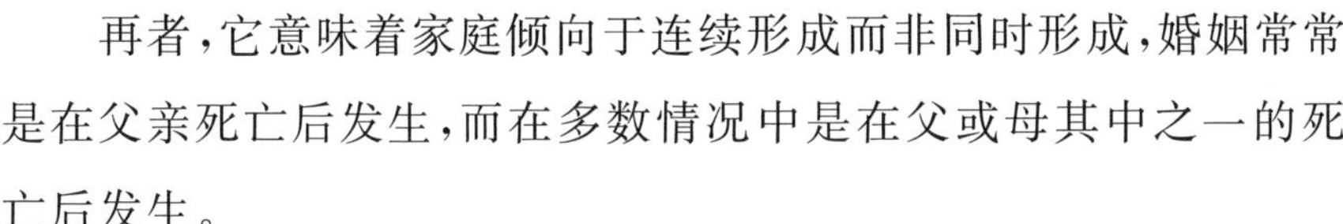

再者,它意味着家庭倾向于连续形成而非同时形成,婚姻常常是在父亲死亡后发生,而在多数情况中是在父或母其中之一的死亡后发生。

如果初婚年龄对地主阶级的男继承人和女儿以外的全部人是
非常迟晚,而婚姻的持续时间又非常短暂的情形下,若我们把婚姻 41
的持续时间当作判断婚姻稳定与否的一个标准,那么就会产生一个很奇怪的事实,那就是 20 世纪中叶的婚姻几乎比历史上任何其他时间的婚姻都要来得稳固,尽管 20 世纪中叶的离婚率很高。在 1955 年的美国,婚姻在因为夫妇当中一方的死亡或离婚而遭破坏(1/3 的婚姻是因为离婚而解体)前,通常能延续 31 年。然而,在 17、18 世纪,婚姻往往由于夫妻当中一人的早死而结束得相当早,因为所有前现代社会都有一相当高的年轻人死亡率。在英国迄今可得的唯一证据是有关一农村的证据。它显示贫民初次婚姻的持续时间中位数是约 17 到 19 年，到 18 世纪末上升到约 22 年。就乡下大地主阶级的子女而论，初次婚姻的持续时间中位数在 17 世纪初是 22 年，到 17 世纪末高死亡率时期下降到 19 年，但随着死亡率在 18 世纪末的下降而上升到 30 年（表四）。似乎可以说，在大多数人口中，近代初期英国的婚姻持续时间中位数可能是约在 17 到 20 年之间。

从这些数据可以得到一个有关前现代家庭的非常牢靠的结论，此结论即前现代家庭的夫妻之间和亲子之间，形成的大多是短暂、临时的关系。死亡和婚姻结束的关联如此大，以致现代离婚看来不过是死亡的实用代替物。成人死亡率在 18 世纪末后的降低，将婚姻的预期持续时间拉长到前所未有的长度，终于迫使西方社
43 会采纳离婚此一体制性的婚姻紧急出口。婚姻因此必定是在维多利亚时代持续最长，其时下降的死亡率尚未被上升的离婚率所抵消。

其次，在整个近代初期，一对夫妇在子女离家后只有不到 50％的统计学上的几率能在一起生活超过一二年。只有在 20 世纪，父母生最后一个小孩的年龄锐减，加上成人死亡率的锐降，才造成夫妻在子女离家后能期待长至 20 年的共同生活。

再其次，再婚是非常普通的，所有婚姻中约 1/4 是新郎或新娘再婚。在乡下大地主阶级以上的阶级中，在 16 世纪末及 17 世纪约有 25％再婚，在 18 世纪约有 15％，其中约 5％是结婚三次以上（表一）。再婚率在 18 世纪下降如此剧烈的原因始终是个谜，可能的解释是由下降的成人死亡率造成。同样的模式也适用于庶民。

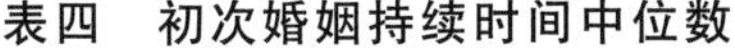

表四　初次婚姻持续时间中位数 42

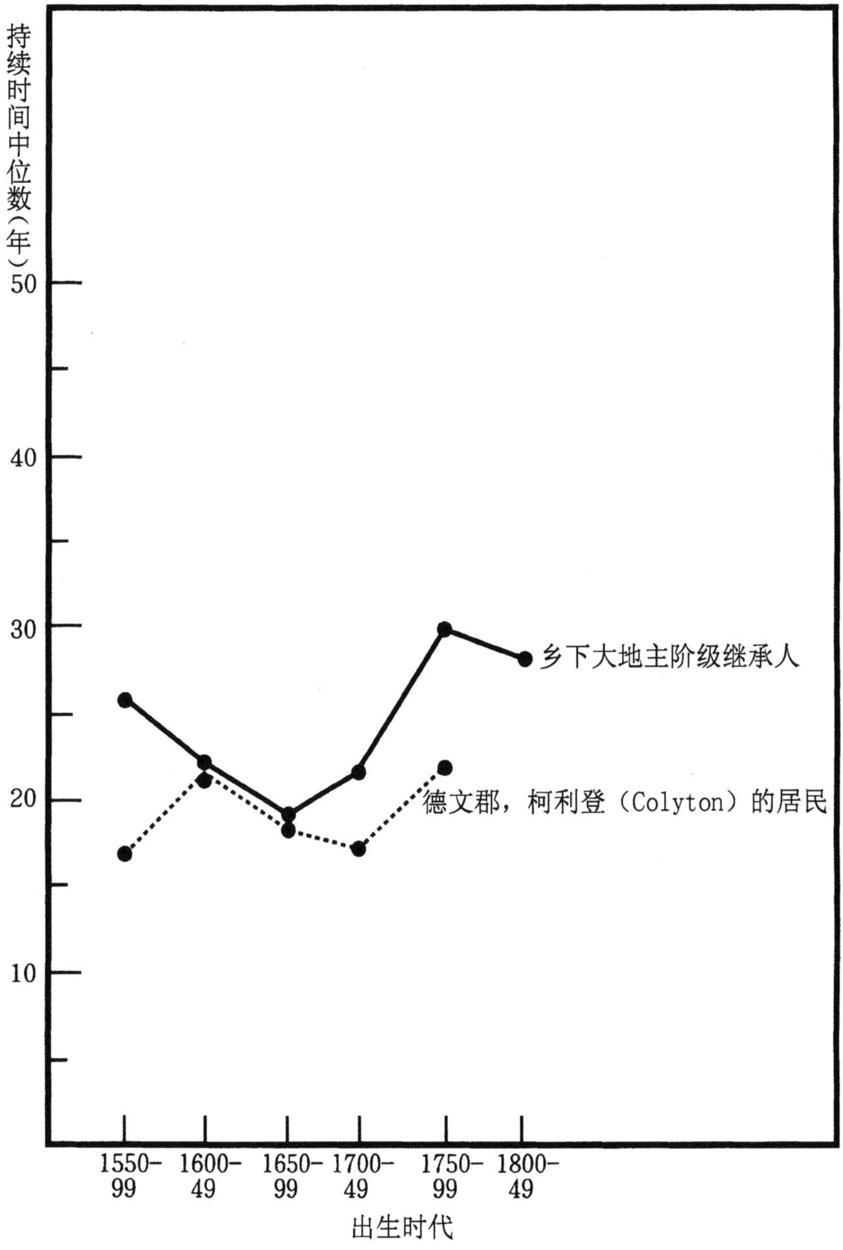

持续时间中位数（年）

50

40

30

20

10

乡下大地主阶级继承人

德文郡，柯利登（Colyton）的居民

1550–99　1600–49　1650–99　1700–49　1750–99　1800–49

出生时代

在1650年代的曼彻斯特，所有婚姻中的1/3是新郎或新娘以前曾结过婚。这意思是17世纪的高再婚率是由死亡促成，而我们这个时代的高再婚率则是由离婚促成。在这两个时期，连续的合法的一夫多妻均极其普通。

高儿童死亡率和成人死亡率，加上将小孩送往他处寄养的习惯做法，造成一个结果，就是亲子关系甚至比夫妻关系还要来得薄。这是一个有相当大批孤儿存在于其中的社会，且只有少数青春期孩童拥有两位在世的父母。在16、17世纪的英国贵族中，每三个小孩中有一个在14岁前就已失去父或母。照曼彻斯特1650
44 年代初次婚姻的记录来看，超过半数新娘和将近半数新郎已失去父亲。1696年布里斯托(Bristol)的所有儿童中，有1/3是孤儿。显然近代初期的大多数儿童在他们完全成人前父母中至少有一位已经去世。这对儿童造成多严重的心理创伤至今是个谜。不过，至少可以肯定的是，鳏夫(或孀妇)带着前妻(或前夫)所生子女再娶(或再嫁)的婚姻，或包括失怙的或被弃的侄(甥)或侄女的家庭绝不少。所有家庭中约1/4是带此混杂特点。

最后，从高成人死亡率可以推出，需要被照顾的年老父母相当少，即使在地主阶级中亦然(表五)。金(Gregory King)[8]在1695年对李奇非城所作的调查中显示，只有约5%的人口是在60岁以上，而在美国的今天60岁以上人口约占14%。在立遗嘱的这部分，失去配偶的父母必须由子女照顾。只要他们不再婚，多数孀妇拥有在其长子家中享受食宿并接近宗族火塘的合法权利。鳏夫似也是其子家中的“房客”。因此显然是高成人死亡率加上晚婚所造成的必然结果，就是一种与我们今日习见的家庭结构根本不同的

表五 乡下大地主阶级继承人 21 岁时的平均估计寿命 45

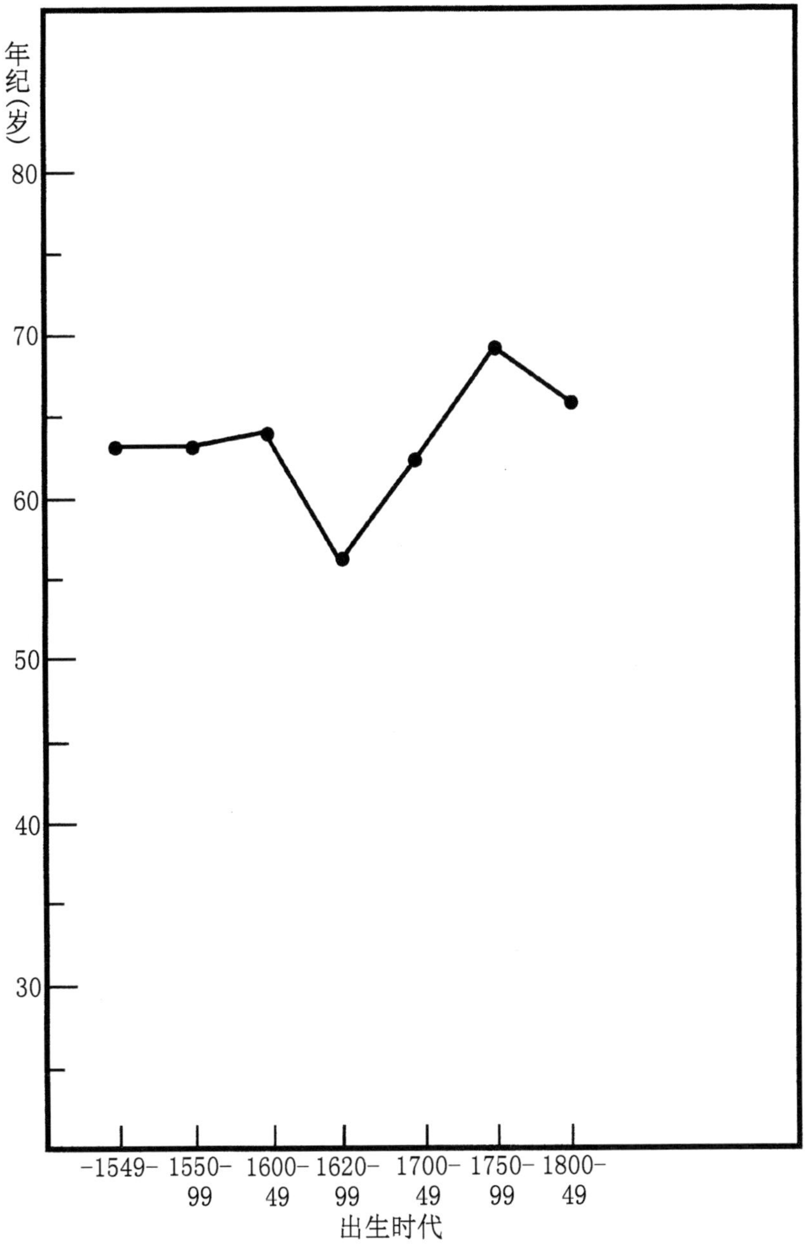

年纪(岁)

80

70

60

50

40

30

-1549- 1550-99 1600-49 1620-99 1700-49 1750-99 1800-49

出生时代

家庭结构。婚结得晚，却通常结束得早；夫妇在子女离家后很少能共同生活一段很长时间；再婚非常普通；到达成年而父母都尚健在的小孩不到一半；而只有一小部分父母能命长到足以在年老时成为子女的经济负担。在17世纪一般家庭，一个男人会是四、五或六个小孩中的一个，当中二或三个会在15岁前去世。在二十六七
46 岁他会娶一个二十三四岁的女孩，有四五或六个孩子。其中二或三个会早死，其余会在约12岁之龄被送离开家。不到17年，有50％的机会这个婚姻会因他自己的死或他妻子的死而瓦解。近代初期此一晚婚、低寿命及早早将小孩送往他人处寄养的结合产生在性质上非常短命且不稳定的家庭。家庭成员彼此间不负担多少义务，因此它是一个低调而松散的体制，这样一种体制倒也因此能轻易地挨过此不稳定。

读者必须铭记在心的最后一个有关近代初期的婚姻的事实是，所有社会阶层都只能从非常有限的社会或地理范围选择新娘。嫁奁习俗（按照此习俗，来自有产阶级所有阶层的新娘都应贡献一笔现金）加上对身份地位的敏感，意味着有一非常高度的同一社经阶级内的彼此通婚。这里仅举一例，在17世纪上半叶的肯特郡，所有骑士、绅士阶级、自耕农（yeoman）和农夫（husbandmen）[9]中，约半数迎娶来自同身份团体的女孩，约1/3的牧师和牧师的女儿结婚。同一职业内彼此通婚的情形，在工匠和工艺人中必然较不频密；但在较普通的行业，每五个布商、裁缝、屠夫、鞋匠和水手中，约有一个和同行的女儿结婚。

婚姻的地理范畴也非常狭窄，尽管一个人的社会等级越高，他的婚姻的地理范畴也就越宽。不过，只有对贵族，且只有在16世

纪初之时，才有一个真正的全国性的婚姻市场在此高阶层存在。乡下大地主阶级——拥有士绅、骑士或从男爵（baronet）头衔的人——婚姻选择范围则十分有限，直到1630年代（可能还要超过） 47
都是如此。17世纪初，60%的兰开夏郡（Lancashire）的乡下大地主阶级和50%的多塞特郡（Dorset）的乡下大地主阶级在郡内结婚。约到1700年，区域性的婚姻市场开始在乡下大地主阶级中发展，譬如由在伯里圣埃德蒙（Bury St Edmunds，在萨福克〔Suffolk〕）所举行的年度市集所提供的服务便是。这个市集有来自诺福克（Norfolk）、剑桥郡（Cambridgeshire）及萨福克无数骑士的女儿参与，而在实际上这是一个“把女人当淑女而非商品的市场”。到18世纪，一个为乡下大地主阶级而存在的全国性婚姻市场也在舞会、集会及宴会发展，这个市场在伦敦是在春天举行，在巴斯（Bath）则是在初夏举行。到1740年代这些市场已经是发展完善的体制，来自全国的男女精英青年都能在此自由遇合。

在北安普敦郡（Northamptonshire）的乡下大地主以上的阶级中，郡内结婚的比率从16世纪的约30%到40%锐降到其后的20%，再进一步在18世纪末降到15%。全国性婚姻市场在伦敦及巴斯发展的效应是十分明显的。

就农工、农夫及工匠阶层而言，几个村庄（六个在兰开夏郡，一个近约克〔York〕）的研究显示，迟至1800年，所有在出生地结婚的新郎中，还有约2/3是从村庄里挑选新娘，约90%从10里内挑选新娘，从20里内挑选新娘的比例则微不足道。那些移居到市镇的人自然与远地方的人结婚，但对那些留在农村的人而言，婚姻范 48
围就被限制在一位求婚者准备走路或骑马去拜访一个女孩的距

离，或被限制在多数男女生旅行去应聘为住在东家的佣工的有限范围。

2. 出生

许多人以为，前现代家庭挤满了小孩。这是从许多动人心弦但实际上异常的例子得到的错觉。曾知道18世纪初苏格兰建筑家詹姆斯·史密斯(James Smith)的家庭规模的人都没法轻易忘得了它。他的第一任妻子，在1699年生双胞胎时死于37岁之前，为他生了18个小孩。他然后再婚，又生了14个小孩，总共生了32个小孩，其中大多数都活了下来，当中一位他命名为"Climacteric Smith"，因为这小孩是在他70岁那年出生[10]。

这只是特例。由于女性的结婚年龄通常是在23到27岁之间，而约40岁开始停经，妇女能生育的时期是相当有限的。此外，许多婚姻由于夫妇当中一人早死的缘故，并未持续通过整个女性生育期。一位妻子所生的平均子女数因此在英国上层阶级约四名以下(表六)，而在新英格兰的自耕农和自由保有权所有人(freeholders)中则是六或八名。

50 生育间隔平均是在24个月到30个月之间。生育之所以间隔得这么长，一个解释是经由流产、死产和可能的手术堕胎造成的。至今发现的唯一记载死产的教区记录簿显示，在1581到1710年之间，死产占所有生产的4%到10%，这是一个相当高且持续上升的比率。死产的比率(这比率仅是最小值，因为它未包含未被命名的小孩)在17世纪末锐升，原因至今不明，可能的解释是手术堕胎

49

孩子数
6.0
5.0
4.0
3.0
贵族之子（所有婚姻）
乡下大地主阶级（仅初次婚姻）
1550–74
1575–99
1600–24
1625–49
1650–74
1675–99
1700–24
1725–49
1750–74
1775–99
1800–24
1825–49
1850–74
出生时代

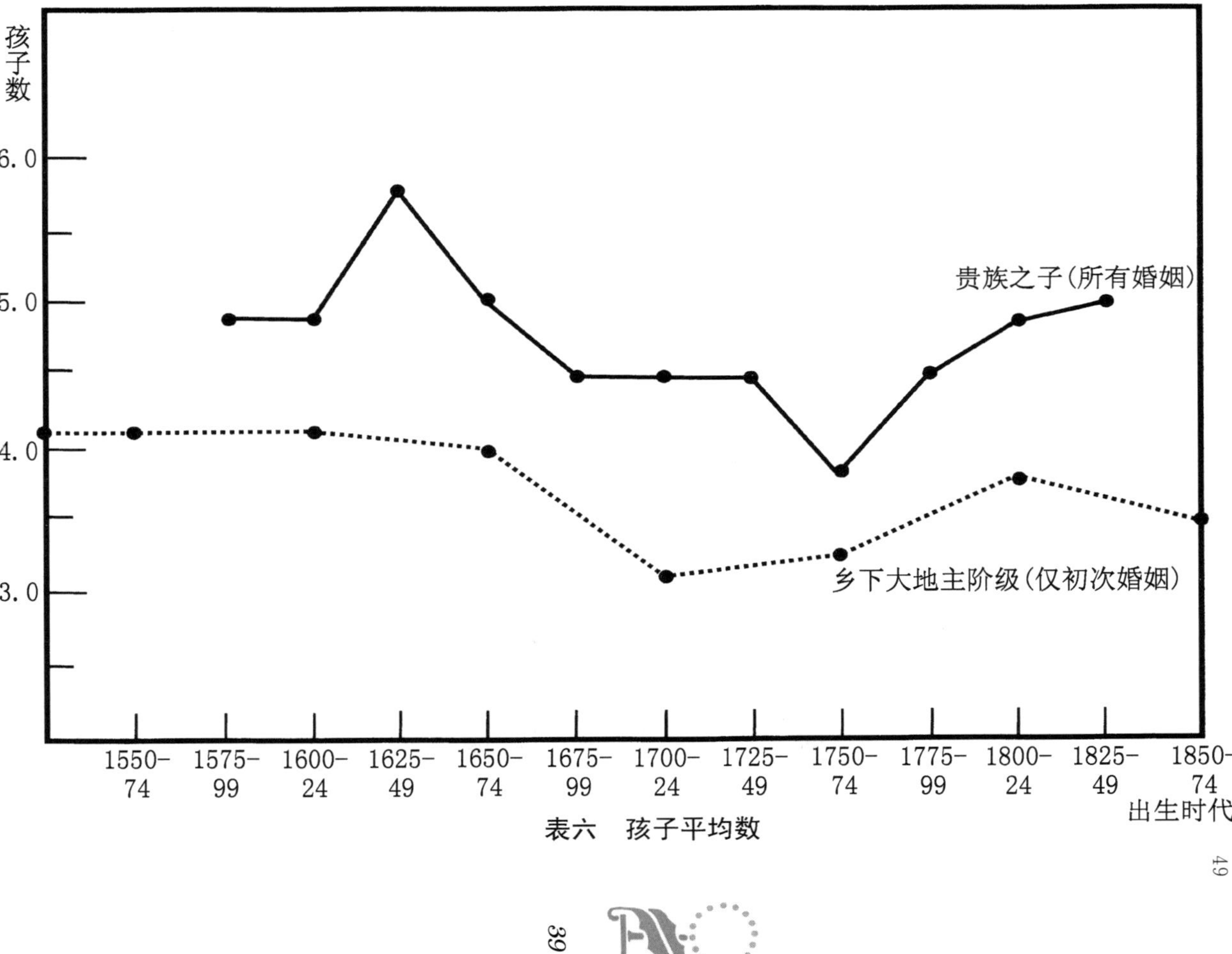

表六　孩子平均数

正在增加或母亲的营养不如从前。

不过，更可能的原因，是哺乳对多数女性造成的避孕效果，尤其对那些饮食不足以维持体重的女性效果更是显著。哺乳（它通常长达 18 个月以上）在多数情况下会对营养好的女性造成约八个月的无月经，而对患有营养不良的女性则会造成约 18 个月的无月经。它因此能作为一有效避孕法，而较有教养的阶级中的一些女性则可能听从医师建议，不在哺乳期间进行性交。不过，并无证据显示此时在贫民中有任何禁止哺乳妇女进行性交的禁忌。再者，生育间隔明显随着年龄增大而拉长，这或是女性生殖力或男性生殖力的降低所致，或由于从事避孕的动机与实践的意愿增高，或二者兼具。

另一有关家庭规模的应注意的重要事实是，不同于今天，富人比穷人有更多小孩。造成此现象的一个原因是富人娶较年轻妻子，而若他们的第一任妻子在生育期完结前即过世，他们往往会很快再娶。另一原因是富人的妻子在 18 世纪前较为多产，因为她们
51 缺乏哺乳的避孕保护，小孩往往交给奶妈而非由他们的母亲喂乳。再者，她们吃得较好、住得也较好。有理由认为，肮脏生活环境、恶劣卫生、腐坏食物及长期营养不良是穷人的低生殖率及婴儿高死亡率的主要原因。穷人夫妇中必有一位经常病弱得无法性交，而严重营养不良（这在勉强维持温饱的最低阶层的 1/3 人口中相当普及）如今据知是能降低男性性欲并严重影响女性生育力的。它不只减低疾病抵抗力，更提高小孩及年轻成人的死亡率，而且损害当事人的性功能。就女人而言是初潮被延迟；女孩要到很晚才获得生育能力；成人女性的月事循环不是不规则就是完全停止，因而

阻止排卵;经由流产造成相当高的生育浪费;而在哺乳期间一般会发生的无月经情况也延续得较长。就男人而言则是性欲的丧失,精子数目及运动性的减少。每人卡路里摄取量降低,因此既影响出生也影响死亡。在此等状况下,无怪乎富人总是比穷人有更多小孩,直到富人开始实行节育后情况才慢慢改观,最后的结果才转变成穷人比富人有更多小孩。

3. 死亡

近代初期家庭与今日家庭的最大不同之处不在于婚姻或出
生,而在于死亡的不断出现。死亡居于生命的中心,就像墓地居于 52
农村的中心一般。死亡在所有年龄中都是一寻常事件,并非主要发生在老年人身上。都市人口死亡率尤其高,主因乃是不洁的水供应。

有种说法是,死亡率在 16 世纪的后 2/3 下降了一段时间,时值古代的腺鼠疫(bubonic plague)威胁暂时缓解、而天花的肆虐尚未开始。此说法固可能属实,但此缓解只是相对性的,并未延续入 17 世纪,死亡率在 17 世纪再度上升到相当高的水平。此一上升的原因不明,但可能是由于世界贸易的扩展,将不明疾病和新病原体及细菌带到各地,而各地居民对此新肆虐尚无免疫力之故。此外,天花似已变得相当普及也相当危险。这能解释普遍的繁荣和较便宜的食物是伴随较高的死亡率而来的原因。

初生的人在 1640 年代的英国只可望活 32 岁。在所有小孩中,死亡率最高的要数新生婴儿。根据记录,一岁内婴儿的平均死亡率在法国是介于15%与30%之间,平均约21%,但真正的比率必定要高出许多,因为有许多在出生后头几天或头几周就死亡的婴儿,其出生根本未被记录下来。

婴儿有记录可查的死亡率(这可能比一岁内婴儿有记录可查的死亡率要精确得多),在一岁与五岁间约18%,因此我们可以说,一旦头一年过了之后,存活率就会显著(但非剧烈)提升。照现有资料来看,英国乡下的情形无疑比法国的情形要好,但即使如
53 此,英国贵族辈(peers)[11]和农民的所有小孩中,约有1/4到1/3在他们到达15岁前便已死亡(表七)。

有渐多的理由怀疑,贫民的婴儿死亡率之所以如此高,是因为照顾不周之故。近代初期的婴儿在关键性的头几星期并未受到母亲的良好照顾:过早断奶;与父母共睡一张床以致闷死;把婴儿交给奶妈照顾(因奶妈疏忽照顾而造成的婴儿死亡率很高);弃置在门口;或寄养在教区济贫院或弃儿医院。这对婴儿一样造成致命性的影响,尽管这比满街死婴的景象容易让公众接受。

即使英国的婴儿死亡率是较法国的婴儿死亡率很低,这并不改变"英国父母为维持自身的精神稳定,始终限制自己与年幼子女情感关涉的程度"的事实。即使在小孩确实被需要,也不被视为经济负担时,父母与预期寿命如此低的婴孩情感关涉得过于密切仍被视为卤莽之事。没有什么比"因料到两孩子中只一个能活,故给两孩子取同样名字"这种中世纪风俗更能说明父母对儿童高死亡率的认命接受。"给新生儿取一个和最近刚去世的婴儿同样名字",这种16至18世纪初风俗显示出父母缺乏"孩子是一独一无二的人"的意识。

百分率

50 40 30 20 10

柯利登的居民

贵族的子女

1550–69 1570–89 1590–1609 1610–29 1630–49 1650–69 1670–89 1690–1709 1710–29 1730–49 1750–69 1770–89 1790–1809 1810–29 1830–49 1850–69

出生时代

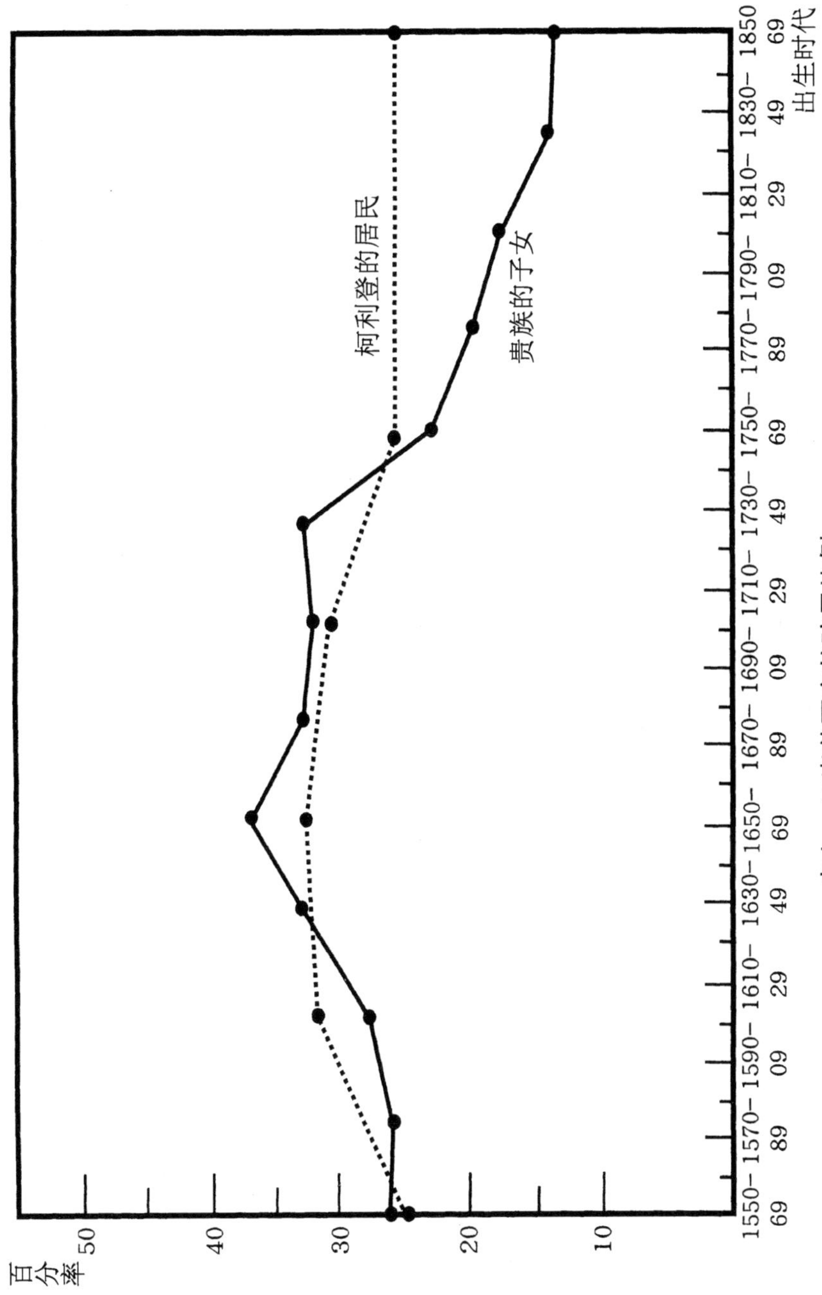

表七　15岁前死亡的孩子比例

55 **表八　贵族之子出生时的预期寿命**

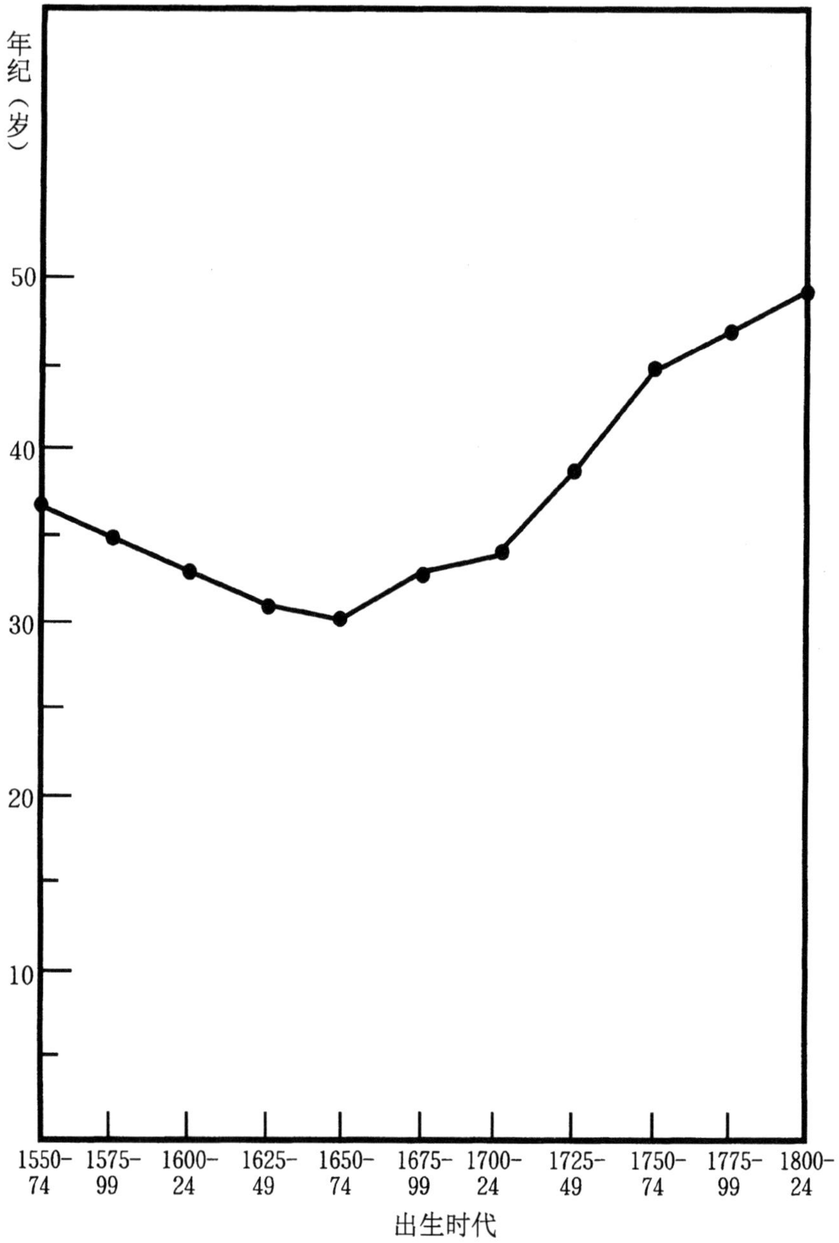

年纪（岁）

50

40

30

20

10

1550-74　1575-99　1600-24　1625-49　1650-74　1675-99　1700-24　1725-49　1750-74　1775-99　1800-24

出生时代

迟至1770年代，父母与小孩情感淡漠的情形依旧常见。以当
时一位佩内洛普·斯拉夫人（Mrs Penelope Thrale）为例，她在某
些方面是位相当疼爱子女的母亲，然而她并不为其年幼子女的病 56
容或早死所动，尽管年长子女的死曾令她哀恸万分。苏珊娜·阿
拉贝拉是位1770年的早产儿，当她早两个月出世时，她的母亲一
点也不指望她活，并立刻不喜欢她，因为“她是这样可怜的一个生
物，我简直没办法忍受看她”。当两年后她的另一个女儿佩内洛普
在出生10小时后死亡，她母亲冷酷地说：“我没法多为她哀悼，我还
有其他事情要想。”

近代初期的高死亡率不只影响小孩，也相当影响父母对小孩的态度。甚至影响年轻成人，他们在人生的精华期（20岁到50岁间）以快速的速度死亡。死亡与老年人的现代联系与之前任何时代的现实均无关联，就现代之前的任何时代而言，很少人在老年死亡。

不过，应指出的是，活到21岁的乡下精英阶级成员——富有的乡下大地主以上的阶级——能在除了致命的17世纪末之外的所有时间指望活到60出头，1750年后更能指望活到坐六望七之龄（表五）。死亡的发生是带有相当强烈的阶级色彩的，那些活在舒适中、主要住在城市以外的地方、能避开流行病的人，有比市镇居民或社会阶级比他们低的人更好的生存机会。不过，连他们也受命运支配，他们对生命的攀附是场永恒的赌博。幸运的生还者被视以很高的敬意，因为他们是极少数人，多数人都在生命的半途中殒落。

直到1750年后，英国的婴幼儿死亡率才开始下降，新生儿的

估计寿命开始上升(表七与表八)。此明显转变的原因完全不清
57 楚。一个可能原因是在对接生术的了解上有了进步。医学界终于开始认真看待接生术,男助产士已出现,他们拥有较强壮的手,主导两项极端重要的技术发展,这两项技术发展在1730到1770年之间传布很广。第一项是转位手术,将胎儿在子宫内的身体转过来,好让婴儿在出世时即使不是头先出来,至少也是臀部先出来。第二项是高效率的钳子的逐步发展,它的使用能夹出胎儿而不会在过程中弄死胎儿。这是对之前使用的有钩的器具的巨大改进,有钩的器具无疑会杀死婴儿,且也可能会刺穿母亲的子宫。

两项发展都是日渐兴盛的男助产士职业的产物,男助产士在数量和名气上的上升既被无知的女助产士投以怀疑的眼光(女助产士的生计受男助产士的出现影响很大),也被男助产士的医界同仁投以不信任的注目(他们将男助产士的行业与替人打胎的行业连在一起)。第一位获致骑士身份的男助产士是1703年的大卫·汉弥尔顿爵士(Sir David Hamilton),这桩事件极为激怒了一位保守派的同僚,他散播这样一个对句:

> 'Rise up, Sir David,' said the Queen
> The first cunt-knight that e'er was seen.
> “站起来,大卫爵士,”女王说
> 这是有史以来第一位阴户爵士。

58 幼儿死亡率在1770年代后的下降的另一解释是,它是由都市地区所获牛奶供应的增加所造成,牛奶供应的增加挽救了许多婴

儿生命。较好的个人卫生(受易洗棉布的传播推助)可能也有帮助。童工的雇用在工业革命初期特别普遍,可能也激发贫穷父母保护子女。儿童死亡率的下降可能在很大程度上可以归因于种痘的有效,它在18世纪下半叶的精英分子中获得相当普及。这项措施在较低的社会阶层间有多普遍则仍是个可争论的问题。

近代初期英国的高死亡率对家庭生活的心理与实际影响,几乎可轻易地从该时期的任何墓碑上看出。我们不妨以位于牛津郡雅尔恩顿(Yarnton)托马斯·斯宾塞(Thomas Spencer)先生及其家人的墓碑为例。托马斯先生于1685年死于46岁之龄,他的遗孀则比他多活了27年。但他在世的时候不仅埋藏了两个小儿子(都叫托马斯)和两个小女儿,而且埋藏了他的唯一成年的儿子/继承人,威廉,他死于26岁之龄。墓碑显示托马斯先生被他死去的继承人、遗孀及他的四个长大的女儿/共同继承人围绕。

高死亡率对家庭生活的影响可从当时任何记载翔实的家庭史看出。白金汉郡中克雷顿(Middle Claydon)的维尔尼家族(Verney family)这一大地主阶级家庭于17世纪中晚期的故事是个很好的例子。1625年时亚宾顿(Abingdon)市长及他的妻子双双死于瘟疫,留下一个七岁孤女,玛丽。亲戚从法院买来她的监护权,在她13岁的时候将她卖给埃德蒙·维尔尼爵士(Sir Edmund 59
Verney),她后来嫁给他16岁的儿子/继承人,拉尔夫·维尔尼爵士(Sir Ralph Verney)。拉尔夫活到83岁,但玛丽在34岁就去世,这时她已经生了六个孩子。六个孩子中,两个在襁褓时就过世,另两个分别死于四岁和八岁。拉尔夫的11个兄弟姐妹中有七个活到50岁以上(其中甚至有两位活到98及92的高龄),而有六

个结了婚，但这六个兄弟姐妹只生了两个活到成年的儿子。拉尔夫的长子，埃德蒙(Edmund Verney)，在 26 岁和一位实际是位终身忧郁症患者的女孩结婚，但她仍勉力生了三个小孩。他们的长子于 20 岁时死于热病，这时他未婚，埃德蒙仍在世(他死于 52 岁)；次子四年后以 22 岁之龄死于热病，亦未婚；女儿则在 21 岁时死于难产，婴儿也在一个月后死亡。随着全部三个孩子的死亡，拉尔夫的长子这一系因此结束。

拉尔夫的次子，约翰·维尔尼(John Verney)，曾是位土耳其商人且结婚得非常迟，在他于阿勒坡(Aleppo，叙利亚城市)发了财后才结婚。回到伦敦后六年，于 40 岁之龄，他娶了一个 16 岁女孩。她为他生了四个小孩(他们都活了下来)，然后在六年后以 22 岁之龄过世。又过了六年，约翰 52 岁，他娶了一个从男爵的 31 岁女儿来当他四个年幼无母的小孩的继母。她生了一个在出生后立即去世的小孩，一年后她又怀孕，却在这时染上了天花，在仅结婚两年后过世。因此他三度结婚，娶了一个 25 岁女孩，她活了下来，但未能生育子女。

60 在许多方面这些故事可以代表 17 世纪任何家庭的生活经验。另一方面，笔者必须强调这个案例中的妻子们是特别多产，且这似乎是个相当多疫病的时期。腺鼠疫肆虐了半世纪之久，在 1603、1625、1636 及 1665 年的伦敦有四次大爆发，在乡镇有多次更为严重的爆发，直到 1665 年，这个曾在受害者之中制造约 70%死亡率的英国大灾祸才逐渐平息。使得瘟疫如此骇人的一个因素是，对传染的恐惧破坏了家庭亲密："然后所有朋友离开我们，然后男人或女人独坐、独卧，成了他自己家人的陌生人……"因为即便是他最亲近的家人也不敢接近他。

仅次于瘟疫的是较新且极其普及的天花疾病，天花即使不那么常致人于死，却也让许多生还者要不是变得全盲就是留下终身的瘢痕及缺陷。我们得到的证据是，在18世纪初，天花是相当普遍的疾病，死亡率在它的受害者中达到约16%。有众多证据显示天花在17世纪末18世纪初确实造成相当高的死亡率，这般高死亡率的一个可能原因是，天花此一新瘟疫尚未被带到预防注射的控制之下。

身体隔离不是预防天花的保险之道。爱丽丝·桑顿(Alice Thornton)首先在1631年以六岁之龄有过一次轻微感染，然后在16岁之龄感染了第二次，那次她几乎死掉。这病也摧残她的孩
子。她的两个女儿，爱丽丝和凯瑟琳，在1666至1667年间都得了 61
天花，掉光了头发，最后还毁了容。第三个小孩，罗伯特·桑顿(Robert Thornton)，也得了天花，不过结果要好得多："他不曾恢复他面颊上的漂亮容貌及纯洁的颜色；但他的脸变长了；他的头发并未掉落。"如奥利佛·哥尔德斯密斯(Oliver Goldsmith)[12]于1760年所述：

> 看，天花带着怕人的闪光
> 将它的恐怖对准头发；
> 如此，掠夺所有青春光彩，
> 只留下一张麻脸。

这病如此可怕，以致有时要找到一个愿意埋藏死于此病者的

牧师十分困难，而在1760年代之后，没有一个谨慎家庭愿意雇用一个尚未生过天花或尚未种痘的佣人。1766年布列奇利(Bletchley)的汤姆·瓦兹(Tom Watts)让自己种痘“因为他打算到伦敦找个职位”，他知道种痘是在上流家庭找到工作的必备条件。到18世纪末，让家中所有小孩种痘“以避免得天花”已被认为是父母的责任。

62 除了像天花之类的地方性流行病，小孩子还会受到许多其他危险的侵扰。根据威廉·卡多更医生(Dr William Cadogan)[13] 1748年指出，幼儿死亡的最普通原因是长牙期间的热病及肠内的虫。其他原因包括母亲或奶妈的奶水供应不足、因白镴碟(pewter dishes)及铅奶头盾(lead nipple-shields)引起的中毒、缺乏新鲜空气及过度用布包住。襁褓时期的营养不良造成许多小孩得佝偻病，而富人的不均衡膳食，则使超过1/12的16世纪末17世纪初贵族辈成为肾结石及膀胱结石的长年患者。

对个人卫生和公共卫生的忽略意味着不洁的食物和水是一恒在的危险。个人卫生标准在社会金字塔的最高层与最低层同样不好。1665年查理二世的朝臣逃离伦敦大鼠疫，到牛津大学避难。他们直到第二年初才返回伦敦，“离开时在每个角落留下粪便，在烟囱、书房、煤房、地窖”。同年塞缪尔·佩皮斯某晚投宿在一处陌生人家，发现侍女忘记提供室内夜壶，这时他并未点蜡烛到厕所去，而只将粪便拉在火炉里——还拉了两次。

在18世纪的市镇，市里的沟渠(经常充满死水)通常用作厕所；屠夫在店里屠宰动物，将尸体不能吃的部分扔到街上；死兽在街上兀自腐坏、溃烂；粪坑被挖在近水井的地方，因此不免污染水源的供应。另外，教堂下方埋骨所里的富人其腐坏尸身发出令人难受的气味；都市墓地随着人口增加而变得过度拥挤，众多的腐烂尸身开始污染附近的空气。18 世纪初期伦敦的一个特殊问题是 63
“穷人的洞坑”(poor's holes)，大、深、开阔的洞坑里，穷人的尸体被一行行、一排排地堆在里面。唯当洞口堆满尸体后才被土覆盖。“从这些装满死尸的洞里飘散出的恶臭是多么难闻，尤其在闷热的季节和雨后。”

1742 年约翰逊博士(Dr Johnson)将伦敦描写成“堆满一堆堆的脏东西、连野蛮人看了都要瞠目结舌”的城市。有众多证据显示确实有相当大量的人粪“在晚上被丢到街上，当时居民都关紧门户”。人粪然后又被堆积在附近的公路和沟渠，以致进出伦敦城的人“都被迫停止呼吸，以避免吸入粪便所引起的恶臭”。直到 1750 年代，沟渠、道路及路灯管理法出炉，伦敦的卫生状况才终于获得改善。即使如此，1780 年代在贫民窟廉价公寓，依旧是多个家庭共用一间厕所的状况，因此“在公寓下层总有一秽物储藏处……但很少家庭有排水设备”。直到 18 世纪末，英国人才开始对他们国家的卫生状况感到自豪。一幅 1796 年的讽刺画描绘“各国厕所”——英国抽水马桶，苏格兰水桶，法国沟渠，荷兰湖泊。

此等原始卫生状况的结果是肠胃细菌感染的不断爆发，其中最可怕的是痢疾，它能在几小时或几天内卷走许多各个年纪的男女受害者。肠胃疾病是慢性的，在富人中是由于饮食不均衡所引起，在穷人中则是由于吃腐坏食物及营养不足所引起。肠内蛔虫的猖獗，使得当时的医生经常采用强烈泻药和呕吐剂来清洁肠胃。
譬如骑士桥(Knightsbridge)上有位叫伊凡斯先生(Mr Evans)的 64

治虫名人，在18世纪末的富人之间享有盛名。有时去他那儿去晚了，如卡特先生儿子的情形，“虫都已经穿入肠中，孩子就死了”。有些时候，他的治疗也不灵，如在赫斯特·斯拉夫人(Mrs Hester Thrale)的长女的情形，她在1771年被带到伊凡斯先生那儿时“已经深受虫害”，而在10年后她仍然由于虫害而“深深感到痛苦”。虫是一种慢性的、恶心且折磨人的疾病，在18世纪造成大量的人类不幸和恶劣健康。若干治疗法也相当危险，经常包含具有汞或锡的吞服药片。

在许多排水不良的沼泽区，疟疾引起的定期重复的发热是普遍且磨人的疾病，还有一种病，是多种细菌和滤过性病毒联合起来侵入人体，这种病很厉害，往往在数天内就能取人性命。或许更令人伤心的是肺结核慢性的、无情的、破坏的力量，这似乎是此时的死亡最普遍的原因之一，尤其在小孩和青春期男女之中。詹姆斯·鲍斯威尔的太太在被肺结核夺命前忍受了11年的吐血和身体逐渐衰弱之苦。

对女人而言，生育是非常危险的经验，因为产婆是无知、训练差且不敬业的，而卫生措施的缺乏则意味着产褥热是个经常的结果。像以下这则由奥立佛·海伍德(Oliver Heywood)在1684年所记录的故事，在当时可谓太寻常：“约克郡的厄恩萧太太得了产褥热，别人逐渐不让孩子接近她，她最后死亡，留下一个悲伤的丈
65 夫。”由于此一由生产造成的高死亡率造成在16到19世纪的所有时期，乡下大地主阶级的所有初次婚姻的3/4是由10年内的死亡所摧毁，原因是妻子的死(图5)。

还有因疏忽或不慎或骑马(马和汽车一样危险)或水所造成的

意外死亡的不断威胁。17 世纪初一富有律师之子西蒙德·迪尤斯（Simonds D'Ewes）曾对意外与疾病做了一连串实验，结果一点也不让人意外，在熬过如此多灾难之后，他变得相信自己是上帝选民。

医学界对处理人类疾病几乎束手无策，因为科学理论（治疗是建立在科学理论之上）错得离谱，且因为当时人对个人和公共卫生的重要性几乎一无所知。标准治疗法是经由放血、催吐、不断使用泻药和呕吐剂来清洁肠胃以达成驱逐恶灵的目的。除了腺鼠疫和天花，没有一种疾病曾被正确诊断，且无正确分类系统。著名医生所开的许多方子和巫医所开的偏方没有什么不同：例如，对中风所开的药方是喝下一杯健康的人的尿，尿中掺盐，用以催吐；对痛风所开的药方是放活的蚯蚓到不舒服的部位直到那儿开始肿胀为止。伦敦名家和皇家学会的会员是和任何乡下医生一样无助、易受骗。波义耳（Robert Boyle）[14] 建议把干燥、粉状的人粪塞进眼睛作为对青光眼的治疗，而罗伯特·虎克（Robert Hooke）[15] 则采用由粉状人骨混合其他材料制成的药剂。

婴幼儿死亡的最后一个原因是许多父母的冷漠和疏忽。有钱
人不顾奶妈的不敬业之名而将小孩送到奶妈那儿，结果造成比母 66
亲喂养的婴儿的死亡率高出一倍。穷人有时被迫在他们外出工作时置小孩于襁褓中不顾；贫穷也迫使他们把小孩放在自己的床上和他们一起睡，结果他们有时在睡梦中压过孩子、使孩子窒息；与父母一样，幼儿得不到良好、充足的营养；要是状况变得几乎不可能改善，父母可能宁可将小孩抛到街上也不愿看他们挨饿。极高的婴儿死亡率部分必须归因于贫穷和无知所造成的疏忽。但同时

这疏忽部分是由高死亡率造成，因为花时间心力照顾像小婴儿这般脆弱物是得不到什么报酬的。这是个恶性循环。

4. 结语

在近代初期的社会及技术状况下，土地与食物的可取得性(availability)对人口数量起了限制作用，人口数量受自然、社会、文化常规抑制，影响出生及死亡。

结果是20岁以下人口约占一半、60岁以上人口仅占一小部分；其中婚姻比在任何其他社会都拖延更久；其中相当多婴儿死亡以致婴儿只能被视为消耗品；其中家庭是一松散结合，不断被父母或小孩的死或小孩的早早离家所弄破。前现代家庭的暂时性是怎么强调也不会过分，无论从夫妻或亲子的角度来看都是如此。夫
67 妻和亲子都没法期望一起生活很长时间，这个事实从根本上影响所有人际关系。死亡实际上被当成生活的一部分。

不过，要是采取化约论立场，认为在死亡率与历史上某时刻的情感质量间有一简单而直接的关联，那可就大谬不然。英国的死亡率在15世纪是异常地高，在16世纪是异常地低，到17世纪末18世纪初又变高，而在约18世纪中叶开始长期的下降。此一跷跷板式的摆荡并不与我们对情感关系的理解一致，后者似乎在死亡率特别高时(1650至1750年间)开始改善。显然有一重要的介于其间的变数：文化规范与社会期望。另一方面，显然，对婴儿的缺乏关爱与婴儿的低存活率密切相关，在高死亡率与情感疏离间有一关联。在小孩与年轻成人死亡率下降之前，及在小孩数目被

避孕减少之前，现代西方社会的深切情感特征不太可能大规模发展。

①《斗士斯威尼》(*Sweeney Agonistes*)为英国诗人艾略特的剧本。

②庶民(plebs)，又称平民、老百姓，即一般民众，占人口中大部分，约包含小资产阶级和劳工阶级。

③“长子继承制”一词，是指由头胎所生之子或女继承遗产的制度。

④幼子(younger sons)指次子(second son)以下所有儿子，即长子的所有弟 68
弟们。

⑤乡下大地主阶级(squirarchy)指乡下绅士阶级(country gentry)或大地主，相当于上层地主阶级。

⑥四法学院(Inns of Court)即Inner Temple、Middle Temple、Lincoln's Inn及Gray's Inn，指在伦敦具有检定律师资格的四个协会。

⑦大旅行(grand tour)指昔时英国富有青年学生赴欧旅行以完成其教育。

⑧金是威廉三世治下最伟大的政治数学家，他是李奇非城土地测量员之子、一个高超的数学家、天才统计学家、公务员，喜欢奇事异闻。

⑨绅士阶级以下是自耕农，他是乔叟时代非出身贵族的中等阶级小地主的后裔。一般来说，一个自耕农拥有或租100英亩到200英亩的农场，并且租用更多的地方以为牧场，而农夫(husbandmen)耕种10到30英亩的田地。

⑩climacteric，指人生的转变期、危机期，尤其指女人月经闭止期。有些人认为所谓危机期指的是七与三、五、七、九等奇数相乘所得的年份，而63岁被认为是大厄运年(grand Climacteric)。70岁为人生古稀之年，詹姆斯·史密斯可能据此而将儿子命名为Climacteric Smith。

⑪贵族辈(peers)这个字最早可以追溯到11世纪撒克逊国王和宗教领袖、贵族大公，以及国王自己的大臣们聚集一堂讨论民生国事开始。英国的上院议员泛称为“peer”，这个字是由拉丁文而来，意思是“平等”。举凡参与上院议事者，虽有公、侯、伯、子、男不同的称谓，但其地位和权利、义务应一律平等。

⑫奥利佛·哥尔德斯密斯(1730—1774)为英国散文家、诗人、小说家和戏剧家。

⑬卡多更为英国名医,他的《论看护与管理儿童》(*Oh the Nursing and Management of Children*)呼吁清洁、暖和的衣服及充分的食物。这本书1750年代出版了二十版。

⑭波义耳(1627—1691)为英国物理学家暨化学家,穷毕生之力于科学研究。他作打气筒实验,建立气体体积、压力及温度间的关系,这一关系今日曰波义耳定律。1661年,他发表了《多疑的化学家》(*The Sceptical Chemist*),这一著作打破古代希腊人四元素的说法及烦琐学者本质与性质的说法。

69 ⑮虎克(1635—1703)为英国物理学家、数学家及发明家。他在1662年成为皇家学院小组成员,在1665年成为格里山学院(Gresham College)几何学教授,1667年成为伦敦市测量员,毕生在天文学仪器及钟表仪器的改良上贡献良多。著名的虎克定律就是他的发明。

第 二 部

开放的世系家庭

第三章 家庭特征 73

婚姻的目的不是让男人和他妻子始终彼此亲密，而是合起来履行公民社会的任务，谨慎地管理他们的家庭，审慎地教育他们的子女。

(Restatement of the traditional position in *The Lady's Magazine*, V, 1774, p. 240)

1. 结构与价值

中世纪末、16 世纪初家庭的最显著特征，是门户对外部影响 75
相当开放，此一多孔性(porosity)与在 17、18 世纪发展的较为封闭、私密的核心家庭类型形成对照。不仅核心家庭的个别成员，就连核心家庭本身都是他者导向。主要的外部影响随阶级而异：在有产精英中主要是亲属和“好领主”；而在农民、工匠和劳工之中则主要是邻居。在这两个情形下，核心家庭都只有微弱的界限以将自己与社会空间分开。

中世纪末有产精英的核心家庭不过是一个(在一由世系群和亲属关系构成的紧密网络的中心)松散的核心。亲属与家族核心互动的程度视社会阶层而定。在大贵族(great aristocracy)中此互动程度相当大，在乡下大地主阶级中此互动程度也不小，而在教区绅士阶级中此互动程度也算不错。造成此现象的原因，是对透过继承及婚姻来取得财产及世系地位的保存、增加与传递的执迷。财产与地位越多、越高，家族在祖先遗留下来的土地住得越久，对世系群的执迷也就越强烈，亲属对夫妇式家庭(conjugal family)[1]的形式与日常生活的参与也就越大。许多现在由核心家庭执行的功能，以及以核心家庭为辐辏点的情感，那时都是由亲属与核心家
76 庭共同分担。此时期的家庭因此不能被孤立来看，因为在每一环节它都受与亲属互动影响。由于亲属形成一个社群，婚姻与其说是意味着与一个个体的亲密连结，还不如说是进入一个由配偶亲属构成的新世界。“我是嫁给我先生的家族”，渥里克女伯爵玛丽(Mary，Countess of Warwick)在 17 世纪初这样忆起，话中之意溢于言表。

为了解这样一个社会所立基的道德前提，我们有必要摆脱三种现代西方社会特有的偏见。第一项偏见是在为利益的婚姻(marriage for interest，利益指钱、地位或权力)与为情感的婚姻(marriage for affect，情感指爱、友谊或性吸引)之间有一清晰界线；而前者在道德上是可詈议的。实际上在 16 世纪，无这种二分法的存在；即使有这种二分法存在，情感在重要性上也次于利益，浪漫爱情及色欲甚至被强烈斥责为婚姻的短暂、非理性基础。第二项现代偏见是无情感关系伴随的性交是不道德的，为利益的婚姻因此也是一种卖淫形式。第三项偏见是个人独立自主性，个人对他(她)自身快乐的追求，是至高无上的，这个主张由于“个人独立自主性事实上有益于团体的福祉”的理论而获得合理化。对伊

丽莎白时代的观众而言，罗密欧与朱丽叶的悲剧，一如奥塞罗(Othello)的悲剧，与其说是在于他们命运多舛的爱情，还不如说是在于他们破坏了他们所处的社会规范而为他们自己带来了毁灭，这个规范在罗密欧与朱丽叶的例子里，是指对传统友谊及家族仇敌抱着完全的恭顺与忠诚。这倒也不是说，一位伊丽莎白时代 77
的朝臣完全不识爱情为何物、完全不对这对年轻情侣感到同情，而是说他能十分清楚地看到责任在哪里。

16 世纪英国有产阶级的婚姻因此是一家庭与亲属的集体决定，而非一个人决定。过往世系联合、政治庇护、世系关系的扩张，及财产保存和累积都是主要考虑。财产和权力是主导婚姻谈判的两项主要因素，而在一个对身份和阶层如此敏感的社会，最大的恐惧便是社会地位在婚姻中堕落，和一个身份地位比自己低的家族联姻。中世纪末，大地主家庭的家长被认为不过是家族产业的暂时保管人，家族产业是世系群的永恒资产且被束缚在牢不可破的限嗣继承(entails)里。在限嗣继承下，大部分家族产业是借长嗣继承制传统传给长子。其他小孩，包括女儿和幼子，在经济上是任他们的父亲或兄长摆布，这位父亲或兄长能从自己的产业中拨出一部分给他们，也能从未列入限嗣继承的产业里拨出部分给他们，但不能从限嗣继承的地产中拨出任何部分给他们继承。

影响所有有产家庭的主要因素是长子继承制原则，限嗣继承之所以被设计出来就是为了长子继承制原则的维持与保护。除非长子继承制的原则与实行能时时被牢记在心，否则英国地主家庭的研究全无任何意义。它是那样重要，以至于决定双亲与小孩行为与个性的是它，支配兄弟姐妹间关系的也是它。由于高死亡率

78 威胁所有家庭，做父亲的总是设法使财产继承人能够早早结婚。这是每一代人最重要的策略性决定，而它是由父亲及家中长者所决定，他们直接与新娘家的同等代表商议。

在这样的体系下，年长及年幼的子女都感到痛苦。后者通常继承不到头衔也继承不到财产，除非其中一人碰巧成为他母亲财产的继产人，所以他们无可避免地向下流动，直到他们在某专业或职业里挣得自己的财产。有些被留在财产附近徘徊，作为活动的精子银行，以防长子无子而逝、需要有人替代。至于长子，他们的事业进取心被财产继承的必然性给冲销了，直到继承财产的时日到来，他们都过的是一种影子般的生活，等待父亲去世，这时他们才能独立、过自己的生活。多年在此状况下的詹姆斯·鲍斯威尔，曾痛苦地谈起他的“狭窄而依赖的生活”。继承人和幼子都如此这般不由分说地被推入“等待某事发生”之懒惰乐天状态，这事就是父亲或兄长的早死。

在限嗣继承和长子继承制这两项从16世纪起一直到19世纪都对英国有产阶级所有阶层的家庭结构起了支配作用的因素之外，还有一项相互关联的因素，就是嫁奁制度。在英国，由于长子继承制使然，非土地继承人的新娘是无法提供地产的，因此夫家希望她能带进来一笔相当的现金作为妆奁。在16世纪、17世纪初，这笔钱会直接到新郎的父亲那儿，他经常用这笔钱作为自己女儿出嫁时的嫁奁。为了回报，新郎的父亲保证给新娘一笔养老金，叫
79 “寡妇所得财产”(jointure)，意思是要是新娘比丈夫活得长、成了寡妇，她在丈夫死后可终身继承这笔财产。婚姻因此总是牵涉一大笔动产或不动产从新娘家到新郎家的转移，新郎家对新娘的回

报则是保证在未来提供一笔相当数额的年金收入。

数项重要影响由此产生。第一项影响是有一同一阶级内彼此通婚的高几率，女性倾向于与来自类似经济阶层的配偶结婚，因为只有他们是奁资的适当接受者且能保证回报适当寡妇所得财产。第二，嫁奁制度赋予家长很大的“控制子女婚姻”的能力，因为只有他一人能提供必需的奁资给他的女儿，并提供必需的寡妇所得财产给他儿子的未亡人。不只男继承人和女儿，就连幼子也在他的摆布之下。第三，在这种状况下婚姻倾向于由父母安排而非由子女自己安排。第四，富有妻子是珍贵的——富有寡妇更加珍贵（尤其是超过育儿年龄的寡妇）——她们甚至成为男人竞相争取的对象。为了获得适当新娘，一个 16 世纪的家庭经常依赖媒婆来作初次提议与接触，而财产安排经常在一对年轻人看到彼此前即已在双方父母间议定。相反地，嫁奁制度，与必须把女儿嫁出去的社会压力，意味着女儿对家庭经济构成沉重负担，尽管她们在接合政治关系上很有用。在这般状况下，要不是为生育取得一健全基因种是件重要的事，个人因素是无法列入婚姻策略的考量。

应该强调者，对 15 世纪、16 世纪初的地主阶级而言，世系群
与亲属关系只是效忠的三个目标之一。第二个相当受珍视的是 80
“好主属关系”(good lordship)的价值——领主对隶属表庇护、支持及款待，隶属对领主则回报以服侍、顺从、尊重、建议与忠诚，如此形成互惠的交换关系。此一“主属关系”不只包括亲属各个分枝，亦包含家臣和家仆、食客、租地人，所有人组成一集体的“同族关系”。亲属因此只是此一大整体的一个因子，在这个大整体下还包含所有其他因子。它的物质特征是门户洞开的大房子，缺乏隐

私，随员、扈从、仆人、食客与求婚者在此不断进出。它的心理特征则是一套特殊（particularistic）的价值系统，就这套价值系统而言，个人化忠诚及主属关系是所有特质中最高、最受珍视者，相较于对十诫的服从、对法律规范的顺从及对国王的个人权威的服从都来得优先。它是一封闭的、地方化的、高度个人化的世界，尚未受“效忠于普遍主义（universalistic）的法则与标准”的宽阔观念影响。

此一庇护网络不仅是结合 16 世纪社会的接合剂；它也决定了每个在其中的个人的生存机会。因为这是一个由“世袭官僚”（依韦伯定义）所管理的社会，在其中的官职、好处及报酬不是按功绩或需要来进行分配，而是按偏袒来进行分配。长子继承制和父权体制意味着权力倾向于流向最年长男性手中，而在每个家庭、农村、郡乃至在宫廷，都有一“要赢得某位——经常是位老人——控制权力杠杆的人的认同，或与他建立某种互惠关系”的奋斗目标。在这样的社会，婚姻除了涉及两家的财务安排，也在庇护关系网络
81 的扩展上扮演了重要角色，因此是受两家长者所严密控制。

第三个相当受珍视的价值不是集体性的世系群或主属关系，而是个人性的：荣誉的价值。荣誉无疑部分出自世系群及主属关系，但荣誉还有其他的内容。荣誉是中世纪晚期有关骑士精神的概念的遗产，它要求个人价值的公共承认，在同侪中享有作为一值得尊敬和“崇拜”的人的高名声。此一荣誉最能经由强烈自我肯定、战场上军事荣光、对信实的认真维持（加上好的家世背景和婚姻状况）来取得、维持。个人荣誉是值得争取，甚至是拼死保护的事物，这解释了决斗规则（code of the duel）。它是一持续到 18 世纪的价值，彼时它与个人主义的新意识合并。结果，许多绅士会继

续为“面责说谎”而进行决斗殊死战。

由于这三项因素担负这样重要的社经政治功能，因此很自然的，世系忠诚、亲属网络及“好主属关系”能在另类支持体系（即国家与法律）最弱的地方维持最久，且它们容易在国家政经危机时代繁荣、扩张。因此，不足为奇的，世系群/主属关系文化在 16 世纪初是在混乱不靖的英格兰北部地区取得最大繁荣，尤其是在尼维尔家族（Nevilles）、裴西家族（Percys）、克利福德家族（Cliffords）及戴克斯家族（Dacres）等“名门巨室”之间取得最大繁荣。1569 年一位戴克斯家族的随从告诉伦纳德·戴克斯（Leonard Dacres）说“穷人……喜欢你及家族，哭着要求你及你家族去统治他们”。他补充说戴克斯的弟弟愿意“忍受死亡……好让……你及你家在名
义上能延续你祖先的传统”。但在那年最后对决发生在此古老、排 82
他主义的世系群/主属关系文化与新的普遍主义的民族国家文化之间。北部伯爵叛乱终于证明古老文化已经架空，不再能承受彻底反叛君主的挑战。

至于那些在贵族与绅士阶级之下的阶级（这些阶级为了方便可以笼统置于“庶民”的身份范畴之下，他们组成绝大部分人口，其中大多数是农村或小城的居民），我们可以说对那些拥有地产（无论多么小）的人而言，通过婚姻及继承策略来保存财产并扩展世系影响力仍是有必要的。我们也可以说他们也和有钱人一样受到亲属的影响，但程度较小，因为与亲属来往涉及旅行与请客，而庶民比较没有这方面经济能力，信件沟通则受到普遍缺乏识字能力的限制。

但由于对英国农民的继承制度至今尚缺乏有系统的研究，我

们不知道长子继承制在16世纪及之前的英国农民中被实行的程度。就我们所知道的范围，长子继承制对农民有非常重要影响。它有助造成低结婚率，因为许多幼子负担不起结婚费用；结婚的人也倾向于晚婚，因为长子经常得靠其父亲的死或退休才能负担得起结婚，而幼子则先必须在社会谋生；移居到市镇或新大陆的情形很多，因为只有一个儿子能留在老家；人口密度低，因为田地始终很大；婚姻内生殖率相当高，因为没有很强动机去限制子女数目。在农民阶层，关键问题在于父亲是否愿意退休、交出田地给儿子或
83 女婿，以为他自己及他妻子换得规定的终身养老金权利。这在中欧是一种常见的做法，但在近代初期的英国显然不那样寻常。

根据16世纪末17世纪初英国牛津郡的遗嘱进行的一项详实研究显示，这些父亲在做法上采取了很大的回旋。长子继承制占有优势，但有一个普遍趋势就是，父亲拨出一部分租地以提供幼子生计。此一分割过程减低了小农的经济力量，并有助于迫使他在歉收的危机时期（17世纪初就发生这样的状况）破产。如果这些发现能在别处被证实，那么我们可以说，英国小地主的没落是既与来自贵族与绅士阶级的经济压力有关，也与继承的文化模式有关。

在农民之下，无产贫民既缺乏世系群观念也无身份意识，既不拥有家屋空间也不拥有多余的食物以能在危机时期提供亲戚食宿。对子女婚姻的支配力薄弱，因为子女多数在7岁到14岁之间离家，去当住在东家的佣工，帮忙家务或农活，或去当一段时间学徒，也住在主人家。他们因此在年幼时就脱离父母的直接掌控，而当他们在离家后约10年或15年准备结婚，他们很自然地能自由地为自己选择伴侣。无论如何，无产者婚姻中的家庭与亲属利益

是低的，因为无金钱或土地转手牵涉在内，干涉婚姻的动机因此有限。我们因此可以说，贫民的婚姻与其说是家庭与亲属事件还不如说是个人事件。另一方面，亲属对经济提升及工作安排十分有用，叔(伯)在贫民生活中的角色不应被低估。此外，在有产农民及工匠之中，婚姻操控始终很强，因为分出财产(以给年轻夫妇生活起步)的需要始终存在。

不过，对庶民中核心家庭的事务的干涉，主要不是来自亲属， 84
而是来自农村社群内的邻居。每一个实行敞田制的农村(open-field village)的经济生活都受庄园法庭内的决定所严密操控，而公簿持有的占地条件(copyhold tenure 指地政机关清册登记的不动产所有权)中，常在保留寡妇的土地拥有权之同时妨碍寡妇的再婚自由。家庭经济计划的所有面向——谁能在何时耕耘、谁能在哪里播种或收割什么、何种类型的多少牛能获准在哪里吃草——都归于敞田制内的集体控制之下。

其次，村中家庭生活在频繁的邻居监控的阴影下，无法长期发展。16 世纪末 17 世纪初时，此种干涉性监视更为加强，因为清教伦理兴起，教会法庭对个人道德的控制活动增加。人人自由地谈论他人家庭关系的最隐私细节部分，且毫不犹豫在副主教前来从事访问调查时公然抨击社群规范的被破坏，以致在法院对邻居的小瑕疵作证之事亦不断发生。

2. 情感关系

社会

85 情感关系的讨论一般而言必然地是一项最危险工作，因为证据是如此稀少、模棱两可且分歧，以致现在的“借实例来呈现”的历史方法学比平常更不可信。以下所述的因此仅仅是一相当印象主义式的叙述。

留存下来的私人通信和日记显示，15 世纪到 17 世纪的社会关系倾向于冷淡，甚至不友善。在法律文件中记载相当大量的人际之间身体及语言的暴力，清楚地显示，就所有阶层而言，男人和女人脾气都相当坏。一点点不和谐就要动武，多数人身怀武器（即使只是一把切肉刀）。因此造成的结果是法院堆满了攻击与殴打的案例。当时的通信充满了在餐桌或在酒店发生的暴力攻击（经常致死）的叙述。在上层阶级中，决斗（它在 16 世纪末传入英国）在 1640 年前由于清教徒及国王的联合压力而多少受到拘束，但在复辟后成为严重的社会威胁。朋友相识只要有一点点不和就大动干戈，一句无心话或一时高兴或喝酒时讲的话也能惹得好友反目。来自陌生人的暴力也是一种日常威胁。富家（如莫霍克家族〔Mohawks〕）恶少成群结伙向人施加暴力攻击，在 18 世纪英国街道上是家常便饭；而年轻的约翰·克尼威顿（John Knyveton）在他于 1750 年来到时髦的伦敦西郊时所接受的第一个劝告就是替自己买一支棍棒或小刀，携之以自卫，尤其在天黑后。

必须指出的是，对14世纪初英国的犯罪所作的一项大规模研究显示，发生在家庭外的暴力比发生在家庭内的暴力要来得频繁 86
得多。例如，只有8%的杀人事件发生在家庭内，相较于英国今日的逾50%低了许多。然而，最惊人的还是，家庭是图谋策划犯罪的地方（在所有团体犯罪中有1/3是由家庭成员所犯）而非发生犯罪的现场。我们很容易为这现象辩护，因为家人都一致对外，哪有精神来对付自己人呢。从这证据可以得到的另一个结论是：家人情感联系弱极了，所以他们并未产生足以导致家庭内谋杀及伤害的深厚情感。因此无论奥塞罗或俄狄浦斯（Oedipus）或该隐（Cain）在14世纪英国都不是家喻户晓的人物，而且据所知，他们在16世纪也不是。

暴力的习惯与冷漠、冷淡的习惯并非不相合，情感证据的相对缺乏可能比暴力证据的充分更能显示社会的内在性格。日常生活暴力似乎由许多相互猜疑及低量情感互动与承诺伴随。对同胞的疏离与不信任是伊丽莎白时代及斯图亚特王朝早期，人对人的性格与行为观点的主要特征。此一态度的一个并非不典型、但或许有些极端的例子，是由威廉·温特渥斯爵士（Sir William Wentworth）在1607年对他的儿子托马斯·温特渥斯（未来的斯塔福德郡伯爵〔Earl of Stafford〕）所写的“忠告”所提供。该忠告的基本假定是没有人能被信任，因为所有每个人——妻子、佣人、小孩、朋友、邻居或庇护人——都只在乎自我利益，因此可能在任何时刻变成敌人。处世的唯一安全方式是靠运用自制、自持、保密，乃至阳奉阴违。“小心控制你的舌头，绝不在公开场合说出你心中想法……但对你妻子，如果她能保密（很少女人能），或对一位忠实密 87

友，或某位把他所有生计和信誉都依托在你之下的老佣人，你可以比较坦诚。”法官、陪审团、郡治安官及有权势的人是要以阿谀及好礼加以奉承；但“事先只给一点点钱或不给任何钱”以防收受者把钱收到自己口袋里。至于贵族，“小心不要让他们恨你”、“会在他的家乡被尊敬与畏惧的人必定带着沉着与尊贵的气度。对卑屈的人，不要大方。一定是因畏惧而尊敬人，而不要因爱他们的美德而尊敬人”、“只有对报仇或官司的恐惧才能使人免于做坏事”。甚至亲属，“假如其中有人与你有土地或财产上的牵扯，绝不要太信任他们”、“总存防备之心”、“来与你说话的人必定是有求于你的人”、“无论如何，对任何看起来比其他良心要高贵、圣洁的良心一定要保持怀疑”。在与人有长时期的来往之前，“绝不要相信会有人是诚实的”。至于对佣人，“只有在对你性命攸关的事情发生时才信任他们”。为了控制佣人，绝不以固定年金酬赏他们，而酬赏他们一些能被撤回的东西，如随意的租借。对“靠官司及别人的争斗谋生”的律师的忠告务必保持怀疑。租户“尽管表现出一副奉承谄媚的样子……其实很少打心里爱他们的房东”。因此，不要给予长期租约，而让他们成为凭房东意思处置的租户。甚至妻子也应受到相同待遇，只须保证一小笔寡妇所得财产，并以“若行为持续保持良好则予以增加”的承诺让妻子听话。所有这些都反映出人们对
88 人间状况及社会关系相当愤世嫉俗的观点。

此一对人生的基本态度在此“忠告”范畴的许多其他例子也可看出。“朋友”一字在 16 世纪、17 世纪初的使用便很能揭示这种人生态度。当用作单数时，此字确实经常意指亲爱的人，就像在 1628 年时富尔克·格瑞维尔爵士（Sir Fulke Greville）认为他墓碑

上的刻字应记录他曾是“菲力普·席德尼爵士(Sir Philip Sidney)的朋友”。如果此字被用在“一上品特殊朋友”、“我亲爱的朋友”等用法中，它确实有“亲爱的人”的含义。但它也经常不用来指与某人有某些情感的牵系，而用来指某个能在人生中有帮助的人，有了朋友一个人便能安全地做生意，或在朋友身上能取得某些方面的依靠。更重要的是，直到18世纪中叶此字才十分明确地取得它的原义及它的现代含义，被约翰生博士定义为“会在别人不安慰、支持你的时候安慰、支持你的人”，“与他一起砥砺心志、切磋品德”的人。

当用作复数，如“我的朋友们”时，此字在18世纪前总指的不过是“我的顾问、合伙人和赞助者”。此范畴经常意指亲属，尤其一位有血缘或姻亲关系的父（母）或叔（伯）。但它也能包括家户成员，诸如管家、礼拜堂牧师或家庭教师；或邻居；或属于同党派的政治盟友；或相识的、从他那儿可望获得支援的高地位、有势力的人。迟至1820年代，在浪漫时代鼎盛时期，露易莎·斯图亚特夫人(Lady Louisa Stuart)还指出“一个年轻人的朋友们，在此意义上是指父母、监护人及叔（伯）等等，很少是适合爱的人”。诚然他们 89
不是，但朋友们这词的老用法确实维持了很久，从这词在19世纪依旧指的不过是保守而冷酷的、依婚姻而来的顾问们（时当单数的“朋友”取得其现代意义很久之后）的事实可以看出。

我们可以假定16世纪、17世纪初的英国社会，组成这个社会的大多数人都认为，在英国社会要与人建立亲密情感关系是相当困难。小孩经常受忽略、被虐待，甚至被杀死；许多成人以怀疑及敌意对待彼此；感情很淡漠，甚至难寻。对一位人类学家而言，这样的社会并没什么特别惊人之处，譬如玛格丽特·米德就曾描述过一个与此非常相似的 20 世纪新几内亚的孟都古摩人（Mundugumor）社会。生命的头两年缺乏母亲在旁照顾，在短暂生命里不断经历失去近亲、手足、父母、奶妈与朋友之痛，婴儿被紧紧囚禁在襁褓里，及对孩童意志的有意摧折都有助于“爱无能”的形成，这造成许多成人对其他人的主要反应，最好也不过是经过算计的冷淡，最坏则是一种混合怀疑、敌意、专制、顺从、疏离与愤怒的情绪。

这倒也不是说，16 世纪、17 世纪初的每个人都受苦于这种“爱无能”，这是可笑而不实在的。在现实生活及在莎士比亚的作品里，无疑有许多乐天而充满感情的妻子类型。但很明显的，在 18 世纪的书信及回忆录里极为常见的那种安适与温暖，在 16 世纪、17 世纪初的书信与回忆录里很难见到。照现存证据来看，1500 至
90 1660 年间的英国是相当冷淡、多疑且有暴力倾向的社会。应指出的是这是一相对判断，而非绝对判断，且它可能因“1640 年前的证据相当少”、“现存证据多数是由清教徒留下的证据”、“用文字表达情感较容易流于笨拙、不利落”而受到扭曲。但有足够的法律证据及其他证据留存下来，显示时代间差异确实存在。

家庭

16 世纪时，富有家庭中的夫妇关系经常是相当冷淡的。住在大房子里，各带着自己的佣人在自己的卧房，夫妻基本上是大家户社会的一部分而很少私下相处。前文已指出，他们的婚姻通常是父母之命、媒妁之言而非两情相悦的结果，基本上是两家庭间一项经济交易或政治连结的产物。交易由婚礼及两个体的结合锁定，

而情感联系则留待日后发展。倘若情感联系并未产生，且如果先生能通过偷情找到性欲的出路，婚姻中的情感满足对先生和妻子便大体不存在。

无论如何，“自婚姻获得快乐”的期望是很低的，并有许多理由能解释为什么对婚姻的不满很少。首先一个理由是夫妻并不需要经常见到彼此，无论在精英圈（在这里他们能够各行其是），或在庶民中（在这里休闲活动是分开的，男人到酒馆休闲，女人则彼此串门子）皆然。

这样的体系被广为接受的一个原因是成人高死亡率，它大大 91
减少了婚姻中情感成分而增加了婚姻纯粹的生殖及养育功能。夫妻在最后一个小孩离家后还能共同生活超过一两年的不到50%，因此情感几乎是不必要的。威廉·斯托特（William Stout）对1699年一桩婚姻的评论可作为许多16、17世纪夫妇的墓铭：“他们过得非常不和谐但有许多小孩。”

此种对一冷漠无情社会十分悲观的观点，如果要能正确地反映事实，必须作两方面的修正。浪漫爱情及性吸引无疑是16世纪、17世纪初许多诗的主题，也是许多莎士比亚戏剧的主题。它也存在于一非常有限的社会团体的现实：在这社会团体里，浪漫爱情自12世纪起就始终存在，那便是王子和大贵族的家户。在这里，且只在这里，出身良好的男女青年远离父母监护，在一相当自由状况中履行他们作为朝臣、侍女男仆、小孩的男家庭教师女家庭教师的职责。他们也有许多闲暇，而在这些大宅封闭的温室气氛里，爱情比其他地方都滋长得厉害。在这些圈子里日日上演的是情诗和伊丽莎白时代剧场的内容，爱情简直就是他们生活的背景。

第二项修正牵涉一个大得多的团体，包括许多受制于无爱的媒妁婚姻的人，这在有产阶级中相当寻常。从许多案例中的通信和遗嘱可以看出，某种程度的感情，或一运作良好的合伙关系，在婚后发展。实际上，正如人类学家在各处所发现的，媒妁婚姻远不
92 如那些在浪漫文化里受教育的人所想的那样坏，部分因为从婚姻得到快乐的期望并未设得不切实际地高，部分因为“感情能相当容易地适应社会要求”是一事实。无论如何，爱情很少是盲目的，因为它倾向沿着社会能接受的路线发展，寻求类似背景的另一性别的人。如此大大增加了媒妁婚姻的可行性，只要它不是纯粹为了图利的考量而被议定，且在年龄、性吸引力或性情方面没有太大的隔距，就可能运作得不致太坏。这在休闲被分开、因此夫妇无需共度太多时间的情形，以及夫妻双方都有许多外在兴趣、有朋友以解闷的情形下尤为真切。在“低情感”的社会里，“低情感”的婚姻经常十分令人满意。

上层阶级父母与子女之间的关系通常在16世纪也相当疏远。造成这现象的一个原因是非常高的婴幼儿死亡率，这使对婴幼儿投资太多情感资本成为愚蠢的事。结果，在16世纪、17世纪初，许多父亲看待他们年幼子女的态度就和今日男人看待家庭宠物的态度差不多。蒙田说道：“我失去了两三个襁褓儿，不无遗憾，但没有很大悲伤。”“两三个”的用法显示某种程度的冷淡与稀少的关怀，这在今日来看是不可思议的。

孩子活得越久，就越有可能与父母产生较深厚的情感关系。因此当富有古物商西蒙德·迪尤斯和他的妻子在1636年失去他们22个月大的独子时（这时他们已失去了三个只活了几天或几周

的儿子），他道出了他们的哀恸。这反应部分显然是由迪尤斯热切盼望有个男继承人以继承姓氏与香火，他害怕这孩子是他最后机 93
会，以及他对自己感情非常清楚的表达所产生，但其中有一部分走得更深："我们都为这小孩的死感到悲伤，在他身上我们已放置了如此多的照顾与感情，他细致的容颜及明亮的灰眼睛是如此深深地烙印在我们的心上，远远超过我们对他的三个哥哥的死所感到的悲伤，他们几乎一生下来就死了，我们对他们的感情不像对这小孩这么多。"且莫说由幼儿高死亡率所造成对情感投注的强烈阻碍，许多上层阶级父母，及许多中产阶级及下层阶级父母，根本因"将小孩送往他人处寄养"的常见做法而很少见到他们的孩子。在上层阶级，婴儿一出生就被送到奶妈处（通常远离家）约 12 到 18 个月。史蒂芬·瓜佐（Stephen Guazzo）在其 1581 年《平民对话录》（*Civile Conversation*）中道出一个对母亲说话尖刻的小孩的故事："你只在你的肚子里养了我九个月，但我的奶妈在她的奶头间养了我两年……我一出生，你就离开我，跑得无影无踪。"

此一"将新生婴儿送到图利的奶妈处过第一年"的方式之所以能被接受的原因之一，是它使得可怕的婴儿死亡率变得容易忍受。无可否认，由雇来的奶妈喂养的婴儿的死亡率似乎比由小孩的母亲喂养的婴儿的死亡率高出约一倍，但至少父母看不见他们或不知道有关他们的事。孩子因此要在别处熬过生命最危险的头几个月后才进入家门，而他的父母要到这时才开始认识他。

16、17 世纪的地主阶级、上层中产阶级及专业人员阶级的婴 94
儿不只被送到奶妈那儿度过最初的 12 到 18 个月，而且其后他们主要是由保姆、女家庭教师及男家庭教师养育。此外他们似乎经常在很小的时候(约在 7 岁到 13 岁之间,最普遍的年龄约是 10 岁),为了进入寄宿学校就离家。在较低的社会阶层里小孩也在 10 岁到 17 岁之间就离家去应聘当家庭佣人、劳工或学徒,但大都是住在他们主人家而非住在自己家或租住的房间。我们在这些中产阶级及下层中产阶级阶层看到的是一巨大交换体系,在这样的体系中,父母将他们的孩子送离家中——通常送到不很远的地方——而富有家庭则收留别人的小孩当佣人及劳工。由于此习俗之故,若干人口普查资料显示从青春期前直到他们在约十年后结婚,每三个男孩中约两个、每四个女孩中约三个是住在家以外的地方。所有农夫家户中将近一半,工匠和零售商家户中将近 1/4,包含了住在东家的佣人或学徒。此青春期孩童的庞大交换(这似乎是英国独有的现象)的原因完全不清楚。我们确实知道的只是这是中世纪的一种习俗。

“将青春期孩童送往他人处寄养”的普遍做法,对其中的“输出”家庭而言,产生了数项重要影响。首先,它大大减弱了在父母与子女(力图肯定自我、主宰自己初萌的性问题)间必然产生的俄狄浦斯冲突。结果,婚姻伴侣的选择成了此时亲子间冲突的一个主要议题。其次,它减少了乱伦在住屋条件不良、无足够卧房的社
95 会阶级里发生的机会。再者,它意味着无论上层阶级或劳工、工匠阶级父母都不常看见他们的子女,因为后者只在家中待很短的一段时间,可能不过是两岁(这时他们从奶妈那儿回来)到 10 岁或 17 岁之间的一段时间。一旦孩子结婚,即使他(她)的配偶是由父母挑选,这对夫妇通常也建立自己的家,经常在稍远的地方。此一将小孩送往他人处寄养的做法的第四项结果是,16、17 世纪的人

强烈以为青春期是介于性成熟(在约 15 岁)与结婚(在约 26 岁)之间的明显人生阶段。

西蒙德·迪尤斯爵士的自传,为发生在 17 世纪初一上层阶级亲属取向的父权家庭内的童年,提供了一则动人叙述。他的父亲是保罗·迪尤斯(Paul D'Ewes),一位成功的中殿法学协会(Middle Temple)律师,后来是大法官厅六书记室中一业务兴隆的办公室主理人,他的母亲是西西莉亚(Cecilia),富有的多塞特郡地主理查德·西蒙德(Richard Simonds)的女儿。西西莉亚是一万英镑的继承人,她与保罗·迪尤斯在 1594 年的婚姻(当时她只有 14 岁)是她父亲与她未来的丈夫之间安排的结果,双方都带有极高的经济意图。由于两家都没有旁系亲属,保罗和西西莉亚所生的男继承人将成为迪尤斯和西蒙德两家的唯一代表,因此这个孩子极度为两位父母及外祖父母所盼望。17 世纪的十多岁女性似乎没有很高的生育力,因此无足为奇的,直到六年后西西莉亚才怀孕,时当她在 1602 年 3 月到她父母在查尔德史塔克的寇克斯登(Coxden in Chardstock,在多塞特郡)的家去拜访。保罗然后回到伦敦去从事他的律师业,直到仲夏才回返,而西西莉亚则一直跟着她父 96
母。当他抵达,她告诉他“她父亲有意带走孩子……因为婴孩是在他家产生的,且如今很可能出生在他家,因此他认为这婴孩是他的孩子”。依他的外祖父母的姓而取名为西蒙德的孩子,在 12 月于一次艰难分娩后出生,这次分娩伤害了他的右眼,以致他一辈子无法用右眼来读书。他前几个月是在寇克斯登度过,在那儿西蒙德的母亲亲自哺育他、他的父亲则趁工作闲暇来探望。他的父亲担心自家及在萨福克的地产,因此决定让妻子回到那儿照顾地产。

因此当西蒙德五个月大时，他们乘着一辆弹性很差的马车跋涉过泥泞村路；颠簸的路程十分影响孩子，以致他在抵达多切斯特(Dorchester)后几乎濒临死亡。由于孩子显然不能再被移动，他的母亲在城里找了一位奶妈，奶妈照顾数周后，他的母亲离开他，继续前往萨福克。在与奶妈共度数月后，西蒙德回到他外祖父在寇克斯登的家，在那儿他待了七年，在这段时间中他的父母只探望过他两次。他的祖父花很多时间在伦敦处理法律业务，他的祖母老而多病，因此他多数时间都被扔给一群教他喝酒、赌咒和说脏话的无教养佣人。部分时间他与一位当地牧师住在一起，这位牧师管理一所小学校并教他读写英文及读圣经。

当他八岁时他的外祖父沮丧地将他送回他父母那儿，这时他几乎不认识他父母。尽管他母亲在她再度看到孩子时显出一副高兴的神色，她事实上并未与他相处多久时间，因为她立刻就把他送
97 到位于拉文纳姆(Lavenham)的寄宿学校去。八个月内，他的外祖父母相继过世，留下西蒙德作为一笔大财产的继承人，他的父亲则作为代表儿子的受托人。男孩突然被从学校唤去参加他外祖父在寇克斯登的葬礼。由于这是他熟悉且深爱的地方，加上他仍然不大认识他的父母，他说服他们让他留在那儿、向另一位当地牧师学习知识，结果他在那儿待了三年学习拉丁文。他的母亲留他的父亲在伦敦，在寇克斯登待了六个月以便亲近他，在这段时间他经常见她，以致深深爱上她、改宗她虔诚信仰的清教。三年后，他离开寇克斯登，回到伦敦。在那儿他进入另一所学校当寄宿生两年。但因不满意老师的学识，他要他父母把他转学到伯里(Bury，近家庭别墅，他在那儿度寒暑假)的文法学校。1619年，在16岁之龄，他

离开学校，到剑桥的圣约翰大学。不过，就在他抵达那儿后不久，他突然被召唤回家，探望他即将不久于人世的母亲，他的母亲是他双亲中唯一让他有深深依恋的人，她38岁的早死令他相当难以接受。

笔者无论如何都不能说西蒙德·迪尤斯在他那个时代具有典型性。光说一件事情就够了，他是他父亲的财产暨他外祖父的财产的唯一男继承人，因此两个家庭都在争取他，这在当时来说是很少见的。不过，笔者还是要说，这是一个只有在17世纪初才能发生的故事，且有几个有趣结论能从这故事得出。作为一个孩子，他的主要依恋是对他的外祖父母而非对他的父母，且他既不经常见 98
到他的父亲，也不很挂虑他。他几乎所有的童年和青春期都在家庭以外的地方度过——在他的奶妈家，在他的外祖父母家，在五个寄宿学校，最后在大学。这是种零散、断裂的生活，缺乏任何稳定的地理或情感基地，像这样的生活可能不会太不像16、17世纪初许多上层阶级儿童所经历的童年经验。后来当他写自传时，他表现出了他清教信仰无所不在的影响及对家庭关系细节的强烈敏感。他是过渡时期的人物，介于昔时“亲属取向的无名者”(kin-oriented anonymity)与未来“情感个人主义”(affective individualism)之间。

幼子以及女儿，经常不被需要且可能被认为是家庭经济的沉重负担。17世纪中叶一贫穷的兰开夏郡天主教绅士威廉·布伦代尔(William Blundell)的女儿所受的待遇提供当时父母态度的一个好例子。1653年他以冷嘲的敌意讲述他第六个女儿暨第九个孩子的出生及几乎立刻的死：“我的妻子生了个女儿，使我很感失望。这个孩子发现自己在世界上不如一个儿子一样受欢迎，已贤明地做了较好的选择。”当他两个活下来的女儿在1670年代逐渐长大，他以每位每年10镑及15镑（终身）的代价，瞒着她们的母亲，将两个女儿送到海外的女修道院去。当她们从国外的女修道院抱怨她们几乎从未获得家里的来信时，他冷淡地反驳说：“当生意不是太忙的时候，我和你们的母亲大概不到一年会给子女写一封信。不会比这个更多。我们希望你们乐意接受这一点，因为我
99 们在这世上有太多事务和太多责任，没办法符合我们所有亲属的要求，对他们表达我们的爱。”

至于上层阶级中的兄弟姊妹关系，长子继承制无可避免地在长子/继承人与他的弟弟们间制造出一道鸿沟，弟弟们由于出生次序的关系，注定被抛掷到社会中就业，且社会地位并可能渐趋下移。17世纪中叶克里斯托弗·季斯爵士（Sir Christopher Guise）曾对“弟弟们的敌意”有所评论，指出“弟弟们经常是自家内最不自然的敌人，由于所受的待遇不如哥哥，做弟弟的往往心怀嫉妒、怨恨，对哥哥怀着敌意”。不过，在兄（弟）与姊（妹）间，此一尖锐妒羡感并不存在，且有证据显示在他们之间确实经常发展出非常紧密的联系。由于上层阶级男孩经常被留在家与私人家庭教师在一起直到他们在十六七岁出门念大学，有时间让这些关系得以成熟、深化。当约翰·旺德斯福（John Wandesford）在1642年染上天花，他的16岁妹妹爱丽丝·旺德斯福（Alice Wandesford）由于深爱哥哥，所以打破父母订下的严格隔离规定，和哥哥交换系在家犬脖子上的讯息，结果她自己也染上天花。而当11年后他的大哥乔治·旺德斯福（George Wandesford）在过史威尔河（river Swale）时意外淹死，她几乎悲伤欲绝。

3. 结语

就16世纪、17世纪初所有社会阶层的家庭内情感关系而论，大致归纳出的有以下数点：有一充满距离、利用及顺从的普遍心理气氛；高死亡率使深度关系非常困难；婚姻是由父母与亲属基于经济及社会原因而安排、很少征求子女的意见；亲子间亲密关系的证据不易记录，但不是不可能记录；夫妻间亲密情感的证据是不清楚且稀少。此外，由失去子女、配偶或父（母）所引起的悲伤，往往能经由对灵魂不朽的信仰及对救赎的盼望而冲淡。 100

家庭关系具有"可交换性"（interchangeability）（一妻〔或孩〕取代另一妻〔或孩〕是容易的）及"服从外在行为规范"的特征。家庭团体是由共有的经济地位与政治利益，及规范（norms）和威权扈从价值（values of authority and deference）结合。这是完全适合于16世纪的社经世界家庭类型，其中财产是对抗赤贫的唯一防护手段，关系（connections）和庇护（patronage）是成功之钥，权力在长子继承制下流向最年长男性。而女性的唯一职业出路是在婚姻。在此等状况下家庭结构具有"权力呈阶序式分布"、"婚姻由父母安排"及"把子女送往他人处寄养"等特征。这是一个不由情感关系而由双方经济利益结合的结构。

此外，这是一缺乏稳固疆界的结构，是广阔关系网络的一部分，借依赖、忠诚、互惠及互相帮忙等联系与亲属连结，借忠诚于"好主属关系"原则而与庇护人连结。这些因素的重要性在最高社会阶层（贵族与上层绅士阶级）达到极大值，而随社会阶层下降而 101

减少。但它们适用于所有财产拥有者到包括小块土地自由持有人(small freeholders)、工匠和店老板在内的下层中产阶级，与既缺乏财产又缺乏影响力的赤贫者无关。

最后，必须强调的是，在此对一今已消失的家庭世界的描述中并无现代价值判断牵涉在内。本书的中心主题是发生在1660到1800年间对个人及对情感看法上的重大变化，若16世纪显得有些荒凉与非个人，它是与18世纪的温暖与自主性比较之下才显得如此。此一变化无疑部分是语言形式与文化表达的变化，但有足够的具体变化能证明这也是一种历史现实。

①夫妇式家庭是指家庭的一种类型，即夫妻及其尚不能独立生活之子女组成的家庭。

第三部

有限的父权核心家庭

第四章　亲属关系、扈从关系与共同体的衰微 105

亲属之间的联系比较温暖，而建立在血亲之上的义务能扩展至较广范围。连远亲关系也被视为构成“交换爱与好职务”(reciprocity of love and good offices)的义务，为使同盟关系活络，所有情形下的亲属都彼此称呼以亲族姓名，诸如“叔(伯)”、“姨(姑)”、“侄女”、“堂(表)兄弟姊妹[①]”。

(T. Somerville，思考 18 世纪苏格兰
——它比英格兰足足晚了一世纪才变化
——见于 *My Own Life and Time 1741—1814*，
Edinburgh，1861，p. 368)

1. 导言

1500 到 1700 年间，英国上层阶级的家庭结构开始一缓慢的 107
演化过程，这演化可以两方面来说。首先，家族核心的重要性增加：随着家族核心的边界变得更清楚，亲属与扈从关系的影响力相对减少。其次，将夫妻连结一起的情感关系的重要性开始增加。此二种演化是下列三种同时发生、彼此关联的变化的产物：亲属关

系与扈从关系作为地主社会主要组织原则的衰微；国家的权力和要求权的兴起（受新教改革家鼓励），新教改革家和国家接收了一些以前由家庭、亲属及扈从执行的社经功能，并使亲属和扈从的忠诚隶属在爱国主义和服从于君主的较高义务之下；新教（尤其清教）在将基督教道德带入广大家庭（尤其带到绅士阶级与都市中产阶级中）的事业上取得极大宣教上的成功，在神圣化婚姻、使家庭成为教区的部分代替上卓有功劳。

同时，上述力量又合力带来第三项重要发展：在地主阶级中，家庭内在权力关系中先前存在的父权面向逐渐增强。此之所以发生，部分因为核心家庭变得较不受亲属（尤其妻子的亲属）干涉，部分因为宗教、法律、政治变迁促进了户长的权力。

108 因此，16、17 世纪是两部分相叠的家庭类型能被看到在中、上阶层并存的时期。

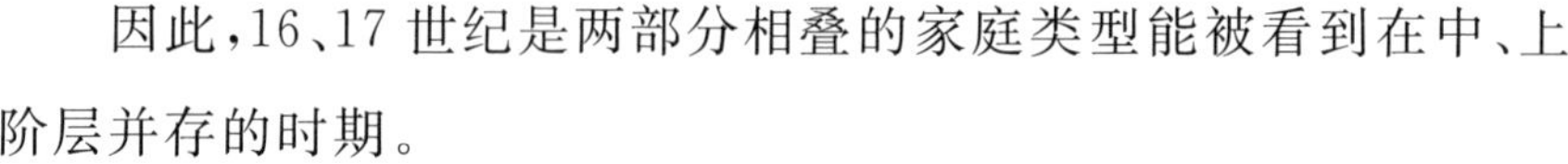

2. 地主阶级：亲属关系与扈从关系的衰微

1500 到 1750 年间，很清楚的，亲属关系与扈从关系在地主社会扮演的角色出现衰退。一个指标是，信件签名栏中对“cousinhood”（堂〔表〕兄/弟/姊/妹）关系的声明出现在 17 世纪末 18 世纪的，要比在 16 世纪或 17 世纪初的少得多，想必因为它已不像过去那样容易在领受者心中激起美好感觉。例如，要在 18 世纪找到像由托马斯·温特渥斯在 17 世纪初给亨利·史林斯毕爵士（Sir Henry Slingsby）的一封信里所提出的那样对“cousinhood”的声明就很不容易。“cousinhood”是无可置疑的，但这关系太普通了。

亲属关系无疑继续在许多方面（尤其在经济帮助与工作安排方面）扮演重要角色，但逐渐限于近亲。叔（伯）与姨（姑），公公（岳父），连襟与女婿依旧被召唤担任与核心家庭成员来往的角色。

亲属关系与扈从关系发生变化的另一重要指标是，“好客精神”在贵族及上层绅士阶级中的衰微，这在17世纪是个常见的抱怨事由。当伯利勋爵（Lord Burghley）在16世纪末劝他儿子，“让你的亲属与盟友在你家受到欢迎，用你的奖励荣耀他们，并经常以一切诚实的行为赞助他们。”他是在给已经逐渐过时的忠告。殷勤 109
待客的实践是项值得在个人墓碑上大书特书的事情，它显示墓主生前必然获得了亲属、食客与盟友的忠诚随侍，但殷勤待客的理想所涉及的绝不只限于由获得随侍所定义出的个人荣耀，因为它牵涉的是一整套生活方式，包括保留大群懒惰佣人及对所有来者保持亲切欢迎的态度。这些习惯在16世纪末17世纪初的衰微，牵涉的是消费模式的改易，这是由贵族家庭中较精神取向、较私密且都市化的生活方式之成长所造成。它具有“家庭从大厅撤退到私密餐室”及“越来越喜欢到伦敦度长假以享受‘季节’”等特征。

有数百亲族、堂（表）兄弟姊妹、家臣、家仆与家人参加的庞大且极端昂贵的葬礼仪式的衰微，是社会精英分子脱去家庭与家庭外扈从关系外在束缚，逐渐退入一较私密的家庭生活的另一象征。这些封建后期习俗的衰微代表了传统好主属关系的衰微，大家户作为亲属、食客、家臣、佣人及佃户的庇护中心的功能衰微。但此一好主属关系的衰微也带来亲属关系的衰退、关怀焦点窄化至家族核心的利益与欢乐。

亲属关系及扈从关系衰微的另一更为具体的证据，是由“亲属应为个人犯罪行为负责的观念出现非常明确的衰退”所提供。16世纪初、中期，至少在苏格兰高地地区，王家令状与王家法庭作为法律执行机构的重要性不如“blood feud”(血仇，起于杀人的两族
110 间的宿仇)与“vendetta”(血斗，两家族间的仇杀)。“vendetta”的观念下是“亲属应为个人行为负责”的集体观念，恰与“个人行为应由个人负责”的法律观念形成对立：法律只惩罚个人罪犯而不惩罚其他人；“vendetta”则是以“惩罚罪犯的兄(弟)、父、叔(伯)或侄(甥)”为行事原则，这是可交换性原则的一个标准例子。16世纪末时，此一习俗几乎已在英国消失。亨利七世是最后一位以一人之叛国而惩罚整个家族(如德拉波家族〔De La Poles〕)的英国国王。

亲属关系、扈从关系乃至家族忠诚服膺于政治宗教意识形态的选择自主原则(principle of autonomy of choice of political and religious ideology)的程度，在1640年代的英国革命时变得明朗，时1/7的贵族家庭是陷于父子反目、兄弟相争的局面中。如果家族核心内分裂是如此频繁，很明显的，“cousinhood”是分裂得更加厉害，且扈从关系也是同样无力。

17世纪末，英国政界分裂为两个政党，分别为辉格党(Whigs，即维新派)和托利党(Tories，即保皇派)。就形成政治联盟而言，有四主要因素：扈从关系(指对政治庇护人的倚赖)；亲属关系；职业联系；以及个人友谊。亲属关系无疑是个帮助，且被政客用来增加其影响力。但负载明确政治联系的家庭关系与无明确政治联系为人所知的家庭关系之对比为一比三或四。可能没有政治联系，也可能亲属各有各的支持。因此在安妮女王(Queen Anne，1702—

1714 在位）治下的伯提家族（Bertie Kin）的 10 名国会议员及国会议员候选人中，有七名是托利党员，三名辉格党员，及一名辉格党 111
支持者。亲属关系在 18 世纪辉格党支派（如华尔波派系〔Walpole group〕、裴伦辉格党〔Pelham Whigs〕或罗金汉辉格党〔Rockingham Whigs〕）的形成中经常扮演有用的角色，但它不过是数个因素中的一个，且未必是最重要的因素或最持久的因素。

在地方事务上，亲属关系无疑一直到 18 世纪中叶都很重要。随着英国精英分子在 16 世纪末 17 世纪沿着宗教线分裂，同一宗教内彼此通婚的情形在天主教徒和清教徒之间发展，但在此情况下是亲属关系追随并加强宗教关系，而非宗教关系追随、加强亲属关系。17 世纪中叶之后，社会流动量大幅缩小，因此相当少新血注入乡下大地主阶级使该体系活络。同时在每郡多世纪以来大地主与彼此近亲通婚，直到交表亲关系（cross-cousinhood）[2] 网络变得浓密、普遍到失去意义。如果每个人都是另外每个人的堂（表）兄/弟/姊/妹，堂（表）兄/弟/姊/妹关系便不再要紧，这就是为什么最近"查理一世是约翰·汉普登（John Hampden）[3] 的远房亲戚"的发现无助于增进我们对 17 世纪英国革命的了解。

亲属关系的衰退角色的另一检验是，裙带关系作为国家、私人职务征募新手中一因素所获得的道德合法性。当然，无可否认，血缘关系及扈从关系到 19 世纪中叶为止，一直是教会、国家官职任命中相当重要的成分。一代一代的幼子或私生子被发现在公职中任高位，或在母国或在殖民地。但要安插亲属任职并不容易，且在 112
血缘或姻亲关系外往往还有来自金钱与功绩等另类原则的竞争。此外，影响的发挥主要是由父为子运作，或有时是叔（伯）为侄运

作，只有很少的时候是为远亲运作。它因此是核心家庭连结的产物而非世系群连结的产物。

总之，每件事都显示亲属关系的重要性在地主阶级中有一缓慢衰退，但也有好理由认为亲属关系到 19 世纪中叶为止一直在家庭策略及地方、国家政治上扮演重要角色。亲属关系的衰退毕竟是缓慢进行。此外，随着意识形态的热情在 1720 年后的国家政治上的衰退，庇护网络和扈从主义的力量积极复苏，直到意识形态的冲突在将近 18 世纪末之际再兴起。

3. 中等阶层：亲属关系的变更

在较低的社会阶层，亲属关系的变化较难断定。一方面，影响精英分子的那些因素——尤其是宗教情感——也影响社会的中等阶层。就如精英分子的情形一样，有充分证据显示较近的亲属，尤其叔、伯、舅、姑丈、姨丈，持续在家庭决定上扮演重要角色，尤其当父母死亡、小孩必须找工作或找丈夫的时候。1637 至 1640 年间，一位年轻剑桥毕业生，拉尔夫·约瑟林牧师（Reverend Ralph Josselin），用叔叔的信用状去借钱以资助自己渡过难关，当他失业时
113 他和另一叔叔住一起，并靠大伯的帮忙找到他的第一份教会工作，他一年 44 英镑的收入当中，事实上有 10 镑是这位大伯付的。另一方面，约瑟林与较远的亲属诸如堂（表）兄弟姊妹的联系，就十分遥远而生疏。他的三十余个第一代堂（表）兄弟姊妹中，在他逾 42 年的详密日记中只提到其中三位超过五次，且总共只提过 14 位。

在农民中，同一模式也取得优势。以 16、17 世纪一莱斯特郡

(Leicestershire)农村来说,农民遗嘱显示,只有那些没有核心家庭责任的人,或那些已经借由别的方式履行责任的人,才会留动产或不动产给亲属。此证据获得对 1676 至 1775 年间伍斯特郡(Worcestershire)农民遗嘱的检查的支持,这些遗嘱显示逾半的立遗嘱者是将财产遗赠给核心家庭。只有 1/4 遗赠给亲属。就此来看,亲属在农村小资产阶级中的经济角色如今非常有限。

不过,若干团体持续在亲属关系上施加相当的压力以达成社经政治目的。近亲通婚非常普遍地被用作 17 世纪初郡内教区绅士阶级家庭的社会结合物。它也被用作伦敦等大城市新富商人精英的经济结合物。在新富商人精英中,是经济状况——对资本及对可靠的生意来往的需要——刺激对婚姻及亲属关系的寻求,婚姻及亲属关系在新富商人精英中比在其他社会团体中要更受到珍视。它们在无雄心将子女转化成绅士的成功富裕的中产阶级中尤其普及。这些向上流动的团体可能切断他们与家乡穷亲戚的血缘
关系,却会借一套新的亲属关系与和他们经济地位相同或更优的 114
人巩固生意关系。许多与亲属的共同投资,及许多向亲属的借贷,继续在整个 18 世纪发生,尽管乡村银行与合资公司的成长提供重要另类选择。

几个例子将能说明此观点。一个十分紧密的家庭关系网连结了在 1580 年组成高级市政官法庭(Court of Aldermen)——伦敦市的统治精英——的 28 人。这 28 人中,三名是高级市政官之子,九位是高级市政官的女婿,两名是高级市政官的兄(弟),六位是高级市政官的连襟,而有一位娶了一高级市政官的遗孀。其中许多人也借其子女的婚姻与其他高级市政官家庭联系。有大约 15 个

丛结家庭因其在血缘或姻亲方面的联系，拥抱了整个伊丽莎白时代任英国大都市的市长职及市长助理职的 64 人中的 2/3。当然，笔者必须指出，这些丛结并未在商业利益、财富或政治联系上形成紧密团体，因此此一关于伦敦商业精英的家庭联系的证据不应被过分推论。它也无论如何不是一封闭世界，因为丛结家庭并未主导整个场面，局外人随时可攻入。但家庭联系（尤其相当近的家庭联系）无疑有助于巩固先前存在的友谊关系及彼此的政经利益，且亦有助于松开局外人进入精英世界的通路。新来者容易经由婚姻被整合、吸纳。

此一在都市贵族阶级中“借婚姻关系来发展或巩固商业同盟”的做法，是一种盛行于 16、17 世纪，到 18 世纪才开始衰退的做法。
115 在 18 世纪利兹（Leeds）及赫尔（Hull）的商人中，家庭公司占优势，
罗伯特·皮斯（Robert Pease）能解释“我们保持紧密团结以协助彼此”。不过，在赫尔，有清晰证据显示到 18 世纪末有越来越多合伙关系、借贷等等是在家庭外被议定。即使在都市贵族阶级中，亲属关系也在衰退。

4. 变化之因

现代国家敌视上层阶级的氏族（clan）、亲属关系、好主属关系、扈从联系等价值，因上层阶级的这些价值是对国家对忠诚要求的直接威胁。贵族的亲属关系和扈从主义导致内讧与叛变（诸如玫瑰战争〔War of the Roses〕[④] 或投石党运动〔War of the Fronde〕[⑤]），造成被围攻的地方统治者利用亲属忠诚及扈从网络

来创造独立权力中心，并使司法体系的运作由于客观判断臣服于血缘关系或主属关系而变得不可能。16 世纪时，英国政府逐渐取得司法/刑罚、军事保护、社会福利及财产管理的独占权。在此攫取进行的同时，关于忠诚的宣传活动（教授“每位公民的首要义务是服从君主”、“人的最高责任是对他的国家，所有其他考量及忠诚，甚至生命本身，都应臣服于对国家的义务之下”等观点）也一并进行。

此一在 1560 到 1640 年间发生在价值观及社会体系上的大幅转变，曾被一位历史学家适切地描述为从“世系社会”（具有封闭的 116
视域及特殊化的思想模式等特征）到“公民社会”（当中道德标准较普遍化）的过渡。此一巨大改变的肇因是很明显的：宗教改革带来社会的基督教化的强大驱力，以及对绝对的道德忠诚的要求；文法学校及大学教育借由人文主义的教导带出它对忠于君主的强调；四法学院教育强调对习惯法的尊重优于对个人的效忠；人与人之间逐渐走向较商业化的关系；经济个人主义（possessive market individualism）兴起，逐渐侵蚀旧有的宗教联系。最后有民族国家的体制化扩张：随着俗人的识字能力及资料保存能力提高，民族国家的官僚政治的规模、组织及权力变大；民族国家对君主的绝对忠诚的要求权扩大；中央政府对地方政府、地方司法权及地方庇护网络展开长期的、不断的侵入。这些不是自主的过程，而是受有关“较高的忠诚应置于何处”的概念的巨大转换所推动。官僚主义的民族国家的扩张，起初是受对安全的普遍热望推动，但它很快取得自己的独立生命。随之发生的亲属关系及扈从关系的衰微是核心家庭兴起的一个主要原因。

此一向核心家庭的重心转移受到宗教改革神学/实践的强力支持。中世纪天主教的禁欲理想,作为神父、僧侣及修女的法定义务及让社区全体成员向往的理想,已被夫妻情感的理想所取代。已婚状态如今成为有道德的基督教徒的伦理标准,它的目的超过约翰・弥尔顿(John Milton)所轻蔑地描述的(引用使徒保罗的观
117 点),"是不理性热情的规范化满足"。伟大的清教牧师威廉・柏金斯(William Perkins)如今将婚姻描述成"一种比单身生活状态优越得多的状态"这与当时贝拉明枢机主教(Cardinal Bellarmine)所提出"婚姻是人的事情,童贞是天使的事情"(易言之婚姻不过是应付人性弱点的不幸必需品)的天主教观点形成明显对照。此一婚姻的神圣化——"神圣婚姻"——是16世纪的新教布道的一个恒常主题,它被教导给社会所有阶级,且能见于17世纪初从威廉・高奇(William Gouge)到杰里米・泰勒(Jeremy Taylor)[6]的清教及英国国教的道德神学中。

在英国首先正式将情感加入结婚的两个理由(避免私通与繁衍合法子女)的,是克兰麦大主教(Archbishop Cranmer)。在其1549年的祈祷书里,他加入"无论贫富,一人都应从另人那儿得到协助与安慰、形成相依互赖的关系"的结婚动机。后来在16世纪,罗伯特・卡德利(Robert Cawdrey)也强调婚姻的目的包括精神亲密,这个意见得到罗伯特・克利佛(Robert Cleaver)、约翰・多德(John Dod)、托马斯・加塔克(Thomas Gataker)、威廉・柏金斯及威廉・高奇等当日最受欢迎的家庭手册作者的认同。

击退"合法化受妻子通奸或遗弃之苦的无辜一方其离异与再婚权利"的努力后,都铎王朝(Tudor)的新教徒们除了"在旧有的

使徒保罗的论辩外，强调情感联系作为婚姻的必需品的重要性”外别无选择。尽管他们对社会平等和经济稳定作为配偶选择中主要因素的必要性仍像过去那样尊敬，他们却必须反对盛行于中世纪 118
末、16 世纪初对婚姻的强烈商业态度（在这样的态度下，父母往往在未得子女同意的情形下对子女进行婚姻买卖）。由于清教道德神学家同样对顺从父母期望的必要相当坚持，结果是经常将孝顺的子女置于难堪的角色冲突中。他们必须设法调和“顺从父母期望”与“期盼婚姻中有感情”此二种不相容的事。清教徒以主张“情感能在婚后发展，只要在初次见面时无强烈反感产生”来解决此难局。

在 1630 年代的英国此种对婚姻的态度造成一些夸张的说法，深受俗人及英国国教神学家所使用。1638 年罗伯特·克罗斯（Robert Crosse）将婚姻说成是“尘世的快乐天堂”，尽管他要大家提防“过于愚蠢、沉溺的情感”及“非法的、狂放的色欲”。1642 年丹尼尔·罗杰斯（Daniel Rogers）指出“夫妻应如两位密友”，而杰罗姆·泰勒则宣称“夫妇爱是种如光般纯洁、如庙宇般神圣、与世长存的事物”。无怪查理一世与亨利耶塔·玛丽亚（Henrietta Maria）是“第一对被歌颂为柴米夫妻的英国王家夫妇”，纵使此一发展得力于宫廷中流行的新柏拉图式爱情之处和它得力于当时英国国教道德神学家的态度之处一样多。

值得注意的是，这些新教或清教作家中几乎没有人愿意将他们对婚姻的精神面的看法带到“赋予它在所有其他考量之上的优先性”的程度。会将婚姻所有其他目的——繁衍子女、性操控，带来法律及秩序上的公共利益、受教会祝福的婚礼替牧师带来利

119 益——置于情感的考量之下的，是约翰·弥尔顿(受苦于不快乐婚姻并受文艺复兴思想及先前清教神学家影响)。对他而言婚姻的主要目的是“男与女的惬意而快活的对话，让他在孤寂人生中获得安慰、鼓励”。这句话的自然结论便是提倡——如弥尔顿所提倡，早了三百年且几乎没有得到任何同时代人的支持——夫妻万一性格实在不相容时的离婚与再婚。道理很简单，因为“爱若不存在，婚姻便除了一副空壳外什么也不剩下”。借着将婚姻的性功能与生殖功能降到最小，他轻易获致“常怀恨意在婚姻中是项比出轨还大的罪恶”的结论。另一方面，弥尔顿对女性的次等地位有非常强烈的意见——“谁能忽略‘女人为男人而生，而非男人为女人而生’的事实?”——他因此要求只有在“不合适”是在妻子这方(而非先生这方)时才能离婚。离婚能由双方提出或由先生一方提出，但不可由妻子一方提出。弥尔顿因此在不放弃男性的性优越的情况下，将新教的神圣婚姻观带到它能走的最远处。17 世纪清教一派的情感个人主义的根源清楚地呈现在此等文论中。

由对神圣婚姻的强调所带来的夫妇爱的深化，在从亲属取向的家庭到核心家庭的过渡中扮演了重要角色。在情感脆弱且相当分散的开放的世系家庭，隐私的缺乏及亲属的自我利益在深挚的夫妇情感关系上加诸了一制动器。但随着教会如今充斥鼓励夫妇情感的讲道，亲属的影响趋向衰微，而已婚夫妇对外在世界采取了
120 较为一致的态度。夫妇爱的上升和亲属影响的衰退因此是相互加强的趋势。前者也相当有助于使夫妇在精神上和他们的父母分开。此一在道德忠诚上的巨大转变当为倡导夫妇爱的牧师们所理解，其中一位坦率地指出“男人抛弃父母、置父母于不顾……比起

他对他合法的结发妻子做同样的行为是较小的犯行”。父母与亲属之所以反对夫妇爱的原则与实践，是因为夫妇爱的原则与实践对他们的权力与利益构成威胁。

从宗教改革前的天主教义到英国国教的新教教义，家庭生活还产生了一些更为深入，但是较不容易描述的变化。有时缓慢，更常是快速而激烈地，宗教改革摧毁了社群和个人赖以为慰藉和生命的象征意义的社会和心理支持。圣像和神圣的遗物被污损、摧毁，弥撒的献祭性质被否认，神圣人员告解被禁止，神圣人员的涤罪权力被宣布为方便的谎言。五朔节庆典、祝圣的酒、宗教仪式、圣人纪念日的庆祝都被贬损为异教迷信的遗迹，要连着崇拜物——五月柱或圣像——一起被压制。人如今是单独站在他的造物主面前，除了他的良心、圣经及引领他的传道者外没有别的，剥除了一切旧心理束缚、集体仪式、膨胀仪式的机会。

此一由新教狂热分子所进行的神圣仪式的大幅删减只有两个受益者。第一个受益者是对那些迄今流向乡村社区、城市、教区或兄弟会的忠诚有要求权的民族国家，第二个受益者是家户及其首领，它（他）们填补了由教会及教会神职人员作为道德、宗教教导的中心体制的衰微所留下的空白。

参加教会礼拜仪式仍然是正式星期日义务，但敬神方式转向 121
每日参加家庭祈祷；神职人员进行的道德操控部分由户长进行的道德教诲取代；教会的教义问答书部分被家户的教义问答书取代，光在 1550 到 1600 年间就有约百本家庭的教义问答书出版。爱德华・德林（Edward Dering）的受欢迎的《教义问答书》（*Catechism*），被其作者描述为“所有家长必备，家长们凭此书，能对他们的家人在基督教义的问答上有较好的教导和指引”。清教牧师约翰·斯托翰(John Stalham)督促他的1644年《儿童教义问答书》(*Catechism for Children*)的读者“让你的家户变得像小教会一样”。婚礼讲道强调新婚夫妇“必不可忽视家庭祈祷”。在较虔诚的家户,夫妇会在家向彼此坦承罪恶,而非向教会神职人员坦承罪恶。在许多其他情形下私人日记是告解的代用品,尽管后者的宽宥性对人性弱点的抚慰是比前者的自我凌虐多得多。在17世纪初之际的英国南部市镇,圣经可见于多数上、中乃至下层中产阶级家庭,户长每日向家人读圣经,加上星期日在教堂举行的礼拜仪式,取代了神圣仪式作为宗教表达主要工具。

不论在英国国教或清教家户,都有对家及家庭价值的新强调,而这可能是宗教改革在英国最深远的影响。家户是教区及教会许多责任的继承者;家长是神职人员许多权力及许多权威的继承者。因此神道被搬离教区教会,转移到私人家庭:圣灵被家庭化。

5. 农民、工匠与贫民:乡村社群的衰微

122 尽管证据十分零碎,很清楚的,亲属关系和扈从关系在农民、工匠和贫民中扮演的角色不像它们在中、上阶级扮演的角色那样大。在农民、工匠和贫民,邻居对家庭生活的影响和操控取得最大的重要性。此一影响与操控在某些领域增强或变得更加体制化,在某些领域则变弱乃至几乎消失。公众对家庭生活干预明显增强的一个领域是道德领域。基督教在整个世纪的稳定前进,及伴随此稳定前进、对罪恶的日增检查,导致教会当局渐增的干预,加上

邻居及教区行政人员也进行干预，使所有居民服膺于新社群规范。家庭生活在农村是在众目睽睽下进行。

教士极力说服下层阶级完全放弃“不经教会祝福的两愿结婚”的传统习惯。教士极尽努力想确保所有性结合，无论是教士与他们宗教改革前的“女管家”的性结合或是贫民的性结合，如今都有受到一正式基督教圣礼仪式的认可。此一对下层阶级的压力有收到效果，证据之一是落后的北部及西北部地区的非婚生儿率从1590年代（有教养的新教牧师初次大量出现在这些区域之前）的约4％，明显下降到17世纪中叶清教霸权达于最高时的约1.5％。

将公共道德标准强加在家庭生活上的一个有力方式是透过在 123
领班神父面前告状，无论后者在惩罚逾越者上可能是多么无效。私通和通奸都不易在像农村这样公开的地方发生，但是无疑仍有许多这类情事。邻居闲聊家庭关系最亲密的细节，且毫不犹豫向教会法庭投诉有违社群规范的任何事情。花心男子的艳闻是一定会被邻居七嘴八舌地传颂。男孩超过17岁还继续与母亲同床而眠会被视为不正当。包含夫、妻、一位男仆及一位女仆的家户会十分遭人怀疑，因为这类家户只包含两张床，因此先生与妻子和女仆睡在一张床上。夫妻间非常热情或异常的性行为也会被知晓，甚至被抱怨。先生要是对妻子外遇不闻不问会遭人议论，二重婚或三重婚的状况肯定遭人唾弃。牧师与少女同床一定会被逮到。先生的驯悍权力获得认可，但要是过分使用暴力（无论是身体暴力或语言暴力）、扰及邻居安宁，别人可就要反对了，女人喜欢骂人，但打人则一定遭人非议。

领班神父的权力只限于让逾越者受诸如“穿件白袍站在教会

的会众前”等羞辱刑，在领班神父的权力之外的，是地方世俗权威对道德规范的执行。在伊丽莎白时代末期，任何治安官都有权闯入任何他怀疑有私通或通奸情形发生的房屋，如果他的怀疑获得证实，他就能把犯罪者带到监狱或一位治安推事面前。这个权力
124 一直被用到约 1660 年，但在宗教改革后渐息，虽则它仍存在于地方治安标准手册里。被定罪的犯罪者在 16 世纪、17 世纪初经常被处以鞭刑。

在贫民中农民亲属关系的功能能被看出在 17 世纪趋于衰微的领域，多是对无依无靠者、病患及贫乏者帮助和救济的领域。在传统社会这些问题是靠配偶家庭、亲属及邻居来处理，加上得自教会的一些小帮助。在 16 世纪英国，农村中快速的人口成长、都市移民、市镇的贫穷化，及物价飞快上涨意味着从亲属网络及社群中的邻居获得的支持，对大群孤儿、寡妇、伤残人、病患、老年人变得不足够，而有能力工作者的结构性失业问题也初次成为一个问题。16 世纪时，给无能自力更生者的福利开始逐渐为公共体系接收。16 世纪初，若干市镇被迫组织自己的济贫体系（自税收中支出），而到 16 世纪下半叶这项措施更扩展到乡村（以随意乐捐的方式进行并只对急难者救助）。到约 1600 年，一个建基于地方强制性税收/支出的全国性组织成立，而在 17 世纪期间它成为一由教区管理的功能完整的组织，这有效地将亲属、配偶家庭及邻居从他们之前“提供济助给老弱伤残以使他们免于饥饿”的责任感中解放出来。除了这些公共制度，来自有钱人的私人遗产建造且补助了不少孤儿院、医院及养老院，并在不少农村设立了济贫补充基金。一类似责任转移发生在儿童的社会化，部分儿童社会化逐渐从家庭

移转到学校。

总之，在庶民中社群对家庭的控制程度在某些方面减少，而在 125
某些方面于 1540 到 1640 年间增加。在社会精英阶层，趋势则确然无疑；在对亲属关系及扈从主义的忠诚上有一明显下降，对国家、宗教、家庭的忠诚则相对增加。亲属的退出对家庭生活的影响可能不完全是好的影响。被先生虐待的妻子如今较无法向亲属寻求支持与保护。家中长辈出面摆平婚姻纷争如今较不容易也较不受欢迎。当父母和子女在配偶选择的问题上发生直接冲突，亲属不再那样容易在父母与子女间扮演调停者的角色。外在支持与干预的部分撤出，因此使得家庭生活较易产生夫妻间与亲子间的爆炸性冲突。另一方面，亲属的部分撤出是一重要的预备步骤，以为继起的核心家庭的发展及以情感为基础、以个人选择为优先的配偶选择权开路。但这不会马上发生，而要到 17 世纪末、18 世纪才发生。亲属关系不是在一夜间消失，而是缓慢地、不规则地消失，在逐渐变得较不受欢迎、较不必要的过程中历经数个世纪的衰退。因此，当绅士商人约翰·维尔尼在 1671 年考虑结婚，他的选择之一是一位爱德华小姐。他的父亲特别告诉约翰“这女孩没有亲戚，既没有需要应酬的大人物亲戚，也没有需要照顾的穷亲戚”。亲属关系现在显然较被视为一潜在负担而非潜在机会。

①现代英语之“cousin”，乃对同辈亲戚之指称，一级 cousin，乃指父母之一的 126
同胞兄弟或姊妹之子女。

②交表亲是父亲的姊妹或母亲的兄弟的小孩，为可婚之最近亲属，平表亲

(parallel cousin)即与父母同性的同胞之子女间常为禁婚范围。

③汉普登(1549—1643)为英国国会领袖,他是被查理一世意图逮捕的五名国会下院议员领袖之一(1642),此事有助于促成英国内战。

④玫瑰战争为英史上约克家族(白玫瑰)和兰开斯特家族(红玫瑰)为争王位的内战(1455—1485)。

⑤投石党运动为 1648—1653 年法国反专制的政治运动。

⑥泰勒(1613—1667)是英国教会最能言善道的传教士,以《善生》(*Holy Living*)和《善死》(*Holy Dying*)垂名。

第五章　父权体制的增强 127

> 如果你打算做个好妻子，过舒适的生活，请记住这点：我的先生是比我出众、比我优秀的人；他有统治我的权威；大自然业已赋予他此等权威……上帝业已赋予他此等权威。
>
> （W. Whately，*The Bride Bush*，London，1617，p. 36）

1. 一般原因

社会上层阶级的夫妇式家庭的重要性的增加，是伴随着丈夫 129
与父亲的专制权威——即父权体制的专制权威——的增强。教会与国家都提供了有力的新的理论上和实践上的支持，而父权权力的两外在牵制亦随着亲属关系及扈从关系变弱而衰退。同时，对子女的新的兴趣，加上加尔文教派对原罪的强调，给父亲一额外的动机去确保孩子的服从。“在最受到原罪理论影响的中、上阶层，父亲对子女的权力及丈夫对妻子的权力变得比在中世纪时大”的说法无法被确切证明。但这似是一可信的假说，因为父权体制要获得有效运作不可只倚赖粗糙权力或法律权威，还必须倚赖与其合法性有关的所有体制的认同，借古代传统、道德哲学、政治理论取得神圣地位。父权体制只有在它不受质疑及挑战、只有在男家长及他们的下属完全接受父权体制的自然正义及父权体制赖以运作的规范才得以生存、繁荣。对权威的合法性的心甘情愿的接受，加上其他权力焦点的积弱不振，是父权体制昌盛的关键。

父权体制的成长是受新文艺复兴国家（以“家庭对其首领的臣服是与臣民对君主的臣服类似、且前者是后者的直接肇因”为理
130 由）刻意鼓励。1609 年詹姆士一世告诉他有点不服的臣民“君主政体国家是地球上最最重要的事物”，他的一个说法是：“君主好比家中的父亲：盖君主是真正的国家之父，人民的政治父亲。”当大约 25 年后罗伯特·费尔默（Robert Filmer）为专制君主制说项，他使用完全一样的逻辑：“我们在十诫中发现，责成服从君主的法律是以这样的话说的：‘敬你的父’。”（作为一位强硬的反女性主义者，他故意省略“和母”。）

1618 年理查德·莫奇特（Richard Mocket）出版一本名为《上帝与君主》（*God and the King*）的书，其中他将上帝与君主的关系铺陈得更为明确。所有臣民都是君主的子女，且受“敬事、服从君主”的第五诫约束。詹姆士一世相当喜欢这本书，因此他令这本书在学校及大学被阅读并令所有家长购买，于是乎使它大为畅销。印刷所的产品和教会的布道及教义问答都被要求致力于传播“服从君主”讯息的工作。

有充分的理由认为，国家给父权体制原则的支持，在产生“侍君如父”的内化的责任感上起了很大作用。尽管查理一世作奸犯科的记录甚多，很多人到最后仍然无法甩脱他们长久以来习惯的意识形态锁链。像爱德华·海德（Edward Hyde）这样的人曾在

1640 至 1641 年间宣称要摧毁君主政体，但在 1642 年却无力揭竿
反抗国王。更惊人的是大批群众 1649 年在白厅(Whitehall，伦敦
的政府机关所在地区)的反应，时查理一世的头被切断在地。70
年后，一位老妇人仍能惊恐地忆起她在童年时从群众中所听到的
那声“使人害怕的呻吟”，而一男孩则始终记得“这样一声是我从前 131
从未听过，且希望我再也不要听到的呻吟”。这群人目睹的必然是
一国家级弑父行动——人民之父在公众前被谋杀——否则是不会
有这样的反应的。

发生于 17 世纪的，是一承袭自中世纪、采“好主属关系”——意指对亲属和扈从的统御——形式的父权体制扩大概念，被国家猛烈攻击为对国家权威的威胁。国家如今是以“丈夫与父亲对核心家庭内女性与小孩的威权统治”的修正形式来加强父权体制。以前对政治秩序构成实际威胁的东西因此被巧妙地转化成政治秩序的有力支持。

1528 年马丁·路德(Martin Luther)自诩为家庭及整体社会带来秩序、纪律与服从。“在我们之中”，他写道，如今既有圣经的知识也有“婚姻，公民守则，父/母、父/子、主/仆的职责”的知识。路德派以对父权体制的强调作为讲道重点在此确然无疑。所有改革教会都强调妻子对丈夫的服从，这在约翰·弥尔顿对男女义务的简明描写中昭然若揭：“他只敬事上帝，她则敬事他内里的神。”这还不是全部。转向新教意味着妻子不再对宗教斋戒的家庭仪式及某些日子的庆典享有控制权。再者，新教“无须神职人员做神人之间的中介，信徒皆可为祭司”的看法意味着实际上丈夫/父亲成为家户的精神及世俗领袖。被虐待或被压迫的妻子不再能依赖神

职人员来提供对产生自此丈夫新权威的潜在家庭暴政的反制。

并非所有户长都能完成这些沉重责任，也并非所有妻子都愿
132 意如此谦卑地臣服于丈夫的意志。不过，丈夫/父亲与家庭牧师地位的等同在许多妻子儿女身上置放了沉重压力，他们发现自己陷身在一孤立无援之境。在17世纪许多虔诚的上层阶级家户，户长的权力具有相当的压迫性。乔治·桑德斯爵士（Sir George Sondes）就曾明确指出他的家人和佣人在星期天参加教会礼拜仪式两次。但“星期天过后，和家人共同祈祷是我不变的课程，每日一、二次；而如没有礼拜堂牧师在我家，我便自己主持仪式”。至于那坦尼尔·巴那尔迪斯顿爵士（Sir Nathaniel Barnardiston），“他对子女善尽一位严格父亲的教导义务……许多次他带他们进私室，在那儿为他们祈祷。”1630年代肯特郡（Kent）清教绅士托马斯·史考特（Thomas Scott）“与妻子、女儿及家人在虔诚的祈祷中度过夜晚”。晚餐由读圣经前导，之后“我妻子读普雷斯顿博士的第六回讲道。我媳妇逐行诵读，她和我的所有其他家人……合唱《圣经旧约·诗篇》第五章”。这些家庭仪式绝不只限于清教徒，在克里斯多福·旺德斯福爵士（Sir Christopher Wandesford）的英国国教高教会派（high Arglican）家庭，尤其当他在1630年代在爱尔兰任（英国上诉法院）保管案卷的法官时，每天有三次家庭祈祷，分别在早上六点、早上十点和晚上九点。在他死后，他的遗孀会在每天早饭前召集子女一同祷告并诵读赞美诗及圣经篇章，之后孩子们跪下来接受母亲祝福。在此家庭祈祷的祥和喜乐的气氛里，在许多绅士阶级及中产阶级家庭不只家户已取代教区，连父亲也已
133 取代神职人员。新教与家庭父权体制之间的联系在1646年长老

教会员托马斯·爱德华兹(Thomas Edwards)的一句话里被说得很清楚,当时他激烈反对授予宗教自由,因为“这样一来他们在家里再也没有平静了,对妻子、小孩、佣人也再也没有支配力”。

财产继承的法律规定的一项改变(这在最初可能与教会或国家的动机都无关),大大促进核心家庭内父权体制发展。中世纪时经由限嗣继承对地产达成的操控,意味着家长只不过是多数地产的终身佃户,是不能爱怎么处理地产就怎么处理地产的。到 15 世纪末,律师们轻易找到一个打破限嗣继承的方式,而 1530 年代一些令人困惑的立法更产生进一步打破的效果。此大大强化了家长凭己意处理地产的能力,尽管这也大大削弱了他防止他的后代做同样事情的能力。他如今能相当轻易的买地或卖地以因应当前需要或按他认为合适的方式将地产分给子女。地产现任拥有者行动自由的提高,意味着他处罚或奖赏他的子女或兄弟姊妹的能力提高。是以它意味着子女(包括继承人)对父亲的进一步臣属,以及幼子和女儿对其兄长(若他在他们结婚前继承了地产)的进一步臣属。地产的现任拥有者现在不仅能以更多的承诺贿赂他的孩子;他也能以“完全不分给他们任何财产”威胁他们。他拥有决定财产分配的权力,或满足他自己的私利或透过长子继承制保存并增加家庭地位及财产,或就两项最重要的人生决定来操控、指导子女:配偶的选择或职业的选择。到后来此一权力才逐渐被视为容易造成挥霍财产(而这对世袭财产是个威胁),且对女儿和幼子的利益 134
有害(他们完全在父亲或哥哥的控制之下)。

在贫民中,“将子女送往他人处寄养”的习惯做法,及由此社会习俗及经济弱势造成的高度地理流动,意味着父亲对子女的控制

只限于子女离家前的短暂时光。过了这段时间之后，对小孩的父权操控就不再是由小孩的生身父亲行使，而是由小孩的主人行使。因此，在下层阶级中父权原则及实践始终有力，但主要是行使在别人的子女身上（在他们到达约 10 至 17 岁的年龄后）。

2. 父母与子女

自由区

我们有的所有证据都显示近代初期的婴儿有受到喂奶的待遇，直到一岁或 18 个月大才断奶，且经常断奶得相当慢。在 18 世纪中叶前，在富裕阶级中将小孩送到职业奶妈处是寻常之事，这些奶妈不一定会给婴儿他们需要的奶及关心。因此，此时期的孩子
135 在何种程度上经验到弗洛伊德理论描述的那种断奶所引起的口腔创伤，是十分难以断定之事。

我们可以肯定的是，整个近代初期的孩子并未受到严格的大小便训练，而大小便训练在 19、20 世纪的子女养育中占据相当重要的位置。近代初期是个个人和公共卫生大致上受忽略的时期。男女很少洗澡，且住在不断看到、闻到人粪及人尿的环境里。许多房子，甚至宫殿，都没有厕所，而街上或公共场合的公厕更大致不存在。当佩皮斯夫人（Elizabeth Pepys）在 1667 年于戏院突然得了痢疾，她除了到林肯客栈走道的一个角落、在那儿泻肚外别无选择。至于富有家庭则摆有马桶及夜壶任人利用，然后直接倾倒到街上。塞缪尔·佩皮斯是个有钱人，他在 1660 年代于伦敦西辛巷

(Seething Lane)的家有间厕所，这间厕所将秽物排放至地窖里的一个大桶。粪夫不时要挑着水桶来处理这个大桶，他们把大桶抬过厨房到门外一辆马车，这个过程佩皮斯认为恶心极了，但佩皮斯和他的有钱朋友们绝非吹毛求疵。某日他突然打开餐室门，发现他的庇护人的妻子，杰米玛·桑威奇女伯爵(Countess of Sandwich)，“正在壶上大小便”。

在这样的社会，幼儿的大小便训练显然不可能是一件受人关注的事情。当时育儿手册中完全缺乏对此问题的教导，更加深了“小孩可以自行学会控制括约肌”的假设。不过，年长时尿床会受到如鞭笞等严厉处分，因为它让成人感到很不方便。当尤金，威廉·伯德(William Byrd)[1]的一位仆人，一礼拜尿床两次，他的主 136

人命令他每尿床一次喝一品脱尿。尤金便再也不敢尿床了。另外对幼儿肠胃的主要控制方法，在那些能请得起医生的阶级里，是不断使用泻药、栓剂及灌肠剂来确保孩子的排便。

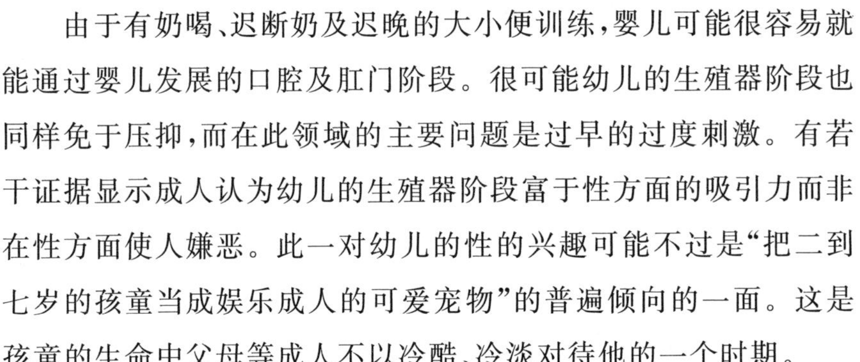
由于有奶喝、迟断奶及迟晚的大小便训练，婴儿可能很容易就能通过婴儿发展的口腔及肛门阶段。很可能幼儿的生殖器阶段也同样免于压抑，而在此领域的主要问题是过早的过度刺激。有若干证据显示成人认为幼儿的生殖器阶段富于性方面的吸引力而非在性方面使人嫌恶。此一对幼儿的性的兴趣可能不过是“把二到七岁的孩童当成娱乐成人的可爱宠物”的普遍倾向的一面。这是孩童的生命中父母等成人不以冷酷、冷淡对待他的一个时期。

必须强调的是，得自近代初期的此一历史证据并未抵触弗洛伊德有关“在不同幼儿发展阶段不同发情区如何成为性刺激焦点，于焉为口腔、肛门、生殖器欢乐之间的后来关系提供一合理解释”

的理论。此历史证据也丝毫未减损升华或潜意识的重要性。不过，它确实引起对“弗洛伊德如此强调的那些种幼儿创伤，业已为所有时、地的全体人类所遭受”的假定的怀疑。如今很清楚的，弗洛伊德在他的病人间找到、因此便认为是普遍的四种主要创伤（口腔、肛门、生殖器及俄狄浦斯创伤），是依存于他的病人所来自的维多利亚时代晚期欧洲中产阶级社会所特有的经验。如我们将看到的，近代初期的孩子遭受的是一不同的甚或更干扰精神的创伤经
137 验过程。

压抑区

17 世纪的孩子尽管断奶非常迟且未受到严格大小便训练，而在性欲上也未遭到很大的压抑，但在其他方面他们却受到相当严苛的待遇。例如，他们的体能活动受到严格限制。因在出生后头四个月，他们被紧紧包裹在襁褓里以致无法移动身躯。他们完全不能移动（图六）。要到四个月后他们才能活动手膀，但依旧无法活动腿部。之所以用襁褓包裹婴儿，背后的医学理由是“要是婴儿太舒服，它的四肢很容易弯掉、长成不好的形状”。也有一普遍恐惧是，除非限制婴儿，否则婴儿会撕掉耳朵、挖出眼睛或折断双腿。还有一原因是，用襁褓包裹婴儿对成人极其方便，因为现代调查显示用襁褓包裹婴儿事实上减缓了婴儿的心跳并造成长得多的睡眠及较少的啼哭。用襁褓包裹婴儿也让婴儿得以像个包裹般移动、被任意抛在角落或挂在墙上的挂钉上而不伤及婴儿，也不引起抗议。

一旦脱离襁褓，男孩就自由了，但女孩则被包在用铁及鲸鱼骨

支撑的紧身围腰及紧身胸衣里，以确保她们的身体被塑造成流行的成人体型。穿迷你型成人衣服，她们被期望符合标准成人女性体态及姿势，尤其要维持直立的姿势及缓慢、优雅的步态。被用来达到这些目的的装置经常使她们感到沮丧，导致扭曲或器官移位， 138
有时甚至导致死亡。当乔治·伊夫林(George Evelyn)的两岁女儿伊丽莎白(Elizabeth Evelyn)于1665年死亡，医生告诉他“紧身围腰是她的致命伤，这东西阻碍了肺部成长；检查身体的外科医师发现她的胸骨凹陷得非常深，他说她的两根肋骨折断了，而紧身围腰对肺部的压力更造成呼吸困难及她的死亡”。

在1540到1660年期间有大量证据(尤其得自清教徒的证据)显示，在成人中有一挫杀孩子的势气、强迫儿童完全臣服于长者权威的坚定决心。约翰·罗宾逊(John Robinson)，荷兰的“Pilgrim Fathers”② 的第一位牧师，轻描淡写地谈道：“在所有小孩中无疑有一种……与生俱来的固执和倔脾气，这首先必须被摧折、打倒。”“能不让孩子知道就不要让孩子知道他们有他们自己的意志，他们该知道他们的意志是在父母的掌控中。”17世纪孩童的早期训练是直接与驯鹰、驯幼马或驯猎犬有关。这些都是在当时社会相当受重视、珍爱的动物，故而很自然的，同样的“驯”的原则被应用到儿童教育，尤其彼时正当父母开始多关心子女的时候。

中世纪时，学校业已使用体罚来执行管教，校长的典型装备与其说是一本书还不如说是一把尺或一束桦枝条。夏特勒大教堂(Chartres Cathedral)长廊上的《文法》(*Grammar*)一书的标志，是个校长在用一支鞭威胁两孩子：在牛津大学，文法硕士学位的颁授是由授予一桦枝条作为学位的象征。 139

到16世纪初，有不少重大转变：其一，鞭笞成为所有学童（无论阶层或年纪）学业成绩不佳时的标准处罚方式；其二，上学人口比例大增，因此有很多人易受鞭笞；其三，随着教育从少数人的特权转变成普及的社会义务，更多学童跟不上学校进度，因此创造出最容易由体罚来解决的管教问题。结果学校中的体罚成为适用于贫富、长幼、各种阶层的标准做法。16世纪末、17世纪，社会精英送男孩到学校而非让他们在家由私人家庭教师教导乃普遍之事。精英分子喜欢送弟子到公立学校的理由，是借由让孩子与其他的孩子（贫与富、善与恶、友与敌）交往，“他们获得世界的免疫通行证”，这是罗杰·诺斯（Roger North）的说法。

因此，无疑，在16世纪、17世纪初有比过去任何时候更多的孩子被打，挨打的年龄跨幅也比过去任何时候来得长。16世纪家庭及学校暴力的证据如此多，我们不得不怀疑这些证据是一残酷现实的反映，而不只是一庞大文字资料体的反映。挨打如今是相当普遍的儿童经验的一部分，以致当一位17世纪道德神学家想要传达某种地狱观念给孩子时，他能想到的最佳描述方式是“地狱是个可怕的地方，比挨打还要可怕千倍”。至于天堂，它是一个儿童“能不再挨打”的地方。

体罚通常采用两种形式。第一种也是最普遍的一种是，把小
140 孩搁在条长凳上或让他骑在一个同伴的背上，然后用一束桦枝条抽他的光屁股直到流血。第二种是用一根戒尺（末端伸展成梨形、有个洞在中间的一种竹片）打孩子的手或嘴。挨这玩意一击足以造成一最痛的水泡。

无疑，严厉鞭笞在16、17世纪文法学校里是寻常、日常事件，

而当日最优秀学校的一些最著名校长，如威斯敏斯特学校（Westminsrer School）的理查德·巴斯比博士（Dr Richard Busby）或圣保罗公学（St Paul's school）的吉尔博士（Dr Gill），都是出了名的严厉人物。诚然，其中若干似乎是病态的虐待狂者，约翰·奥柏瑞（John Aubrey）[③]对吉尔博士“以打人为乐”的描述便暗示吉尔博士可能是个受苦于变态性欲的人。别的校长有更奇特的习惯。1725 年在威特尼自由学校（Free School at Witney）校长“有些怪行为，如让学童彼此追打，而他自己也经常追打孩子”。但最重要的还是精英父母愿意赋予残暴人全权管教他们儿子的权力，因为鞭笞在当时被认为是控制成人和小孩的唯一可靠方式。1622 年亨利·皮查姆（Henry Peacham）指出“学生被拉耳朵、掴耳光、用戒尺凸出的一端打头，只要稍有反抗便被掌嘴”。皮查姆厌恶这类虐待狂行为，但为其解释说校长相信“除打人之外无其他方法可造就学者”。鞭打之如家常便饭，使得本·强森（Ben Jonson）将某校长描述成一“习惯靠小孩子臀部讨生活”的人。

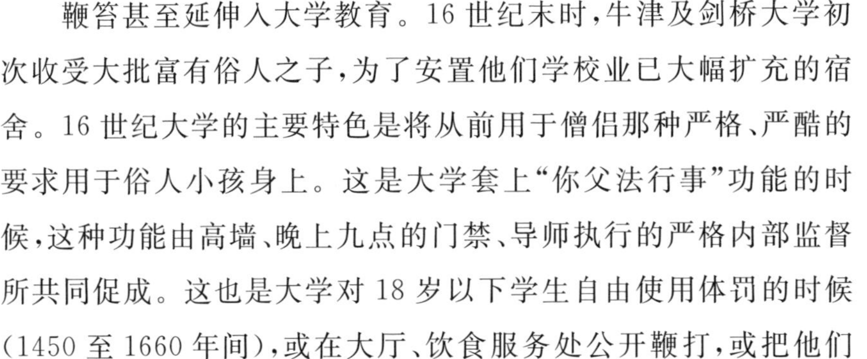

鞭笞甚至延伸入大学教育。16 世纪末时，牛津及剑桥大学初次收受大批富有俗人之子，为了安置他们学校业已大幅扩充的宿舍。16 世纪大学的主要特色是将从前用于僧侣那种严格、严酷的
要求用于俗人小孩身上。这是大学套上“你父法行事”功能的时 141
候，这种功能由高墙、晚上九点的门禁、导师执行的严格内部监督所共同促成。这也是大学对 18 岁以下学生自由使用体罚的时候（1450 至 1660 年间），或在大厅、饮食服务处公开鞭打，或把他们放在大厅的示众台上。从中世纪巴利欧大学及林肯大学（Balliol and Lincoln Colleges）的法规来看，大学校长有体罚的权力，但在

16 世纪此一权威获得很大的扩张，并延伸到院长甚至导师。1642 年进牛津大学的约翰·奥柏瑞，指出在牛津大学“戒尺经常被导师及院长用在学生身上，直到学生拿到文学士为止”。

必须强调的是，此一将鞭笞当作传播古典语知识的主要方法，是人文主义教育改革者在要求欧洲精英分子受古典训练时最不放在心上的事情。从瓜里诺(Guarino da Verona)到比韦斯(Ludovicus Vives)到伊拉斯谟(Erasmus)，从伊利奥特(Sir Thomas Elyot)到阿斯卡姆(Roger Ascham)到穆卡斯特(Richard Mulcaster)④，他们都一致反对滥用严厉体罚。他们都认为孩子不打不成器，但他们也相信孩子可以且应被循循善诱进入古典语世界，而不是像牛一样被赶入，且应只为道德上的瑕疵而被惩罚，不应因愚蠢而被惩罚。但能遵守这样的教导的，实际上只有像穆卡斯特这样的人，他在伊丽莎白时代连续出任商人泰勒学校(Merchant Taylor's school)及圣保罗公学校长，不但行于所当行，且以典型
142 人文主义方针治理学校。至于多数懒惰又不致力办学的校长，则随着古典语教育扩张而将中世纪鞭笞传统不断发扬光大，因为鞭笞是将拉丁文法输入大群笨拙脑袋最容易且最不麻烦的方式。文艺复兴时期学校教育方式因此最终与文艺复兴时期教育理论几乎背道而驰：学校中的教材强调文法，学习方法强调机械性的背诵，管教严格。实际上，后文艺复兴时期教育，由于其相当沉闷的内容及教导方式，是需要对意志、想象力、情感乃至知识好奇心作有效压抑。因此，我们可以说体罚的使用增加，多少与古典语学习在学校及家庭作为一学习科目的堕落有关。此一关联曾由洛克(John Locke)提出，他问，“为什么……拉丁文和希腊文的学习需要棍

子，而法文和意大利文不需要？小孩不需鞭笞就能学会跳舞、击剑，甚至还能学会算术、画画等等，他们无需鞭笞就能把这些事物学好。”

当然，也不是所有家庭都以体罚来进行古典语教育。人文主义者托马斯·莫尔爵士（Sir Thomas More）就告诉他的孩子说：“我决不能忍受听见你哭。你知道我多么爱你、多么疼你、多么舍不得打你。我的鞭子就像孔雀尾巴一样少见。我很少挥动鞭子，不忍让鞭痕玷污你柔软臀部。忍心让孩子哭的父亲是最残忍卑鄙的父亲。”但莫尔这样的父亲毕竟是少数，这从他的话里就能看得出来。他的同侪维瓦斯便曾忆起“我最想趋避、不想亲近的人，就是小时候我的母亲”，他忠告父母“别宠爱孩子，对儿子女儿都别宠爱”。此种严酷受新教教义影响而大大增强，珍·格雷女爵（Lady 143
Jane Grey）[5]便曾自述她虔诚父母让她在1530、1540年代过悲惨生活：“我在父亲或母亲面前，无论说话、保持缄默、坐、站或走、吃、喝、高兴或悲伤、缝纫、游戏、跳舞或做其他任何事，都必须做得方方正正、一丝不苟，甚至做得像上帝创造世界那样完美，否则我会受到严厉处分和残酷对待，父母有时掐、捏、拧我，有时还有其他更残酷的方式，因此我说我在地狱里可是一点也没说错。”

“将孩子送往他人处寄养、让孩子在别人家当佣人或住在东家的学徒”的习惯做法，意味着每三个家户中约有两个包含一非家人的青年居住者。师徒契约通常将学徒的学艺年龄定在14岁到21岁，因此在伦敦有众多学徒形成鲜明的青少年次文化。他们暴露于主人几乎无度的虐待行径，倘非因为主人害怕学徒中有大胆者会控告主人殴击罪（的确有人这样做），他们受到的虐待恐怕会更严重。告官的学徒中有被剥光、吊起、连挨 21 下鞭笞的女学徒；有被打到没法站直、连续吐血两周的男学徒；还有一位男学徒，他被鞭打、抹盐，然后被脱光放到火上烤；尚有一位男学徒，他被钩竿痛打到屁股开花；如此等等。

只有精神不正常的父母才会用这种狂暴方式对待自己子女，但鞭笞在 16、17 世纪家庭确实是管教子女的正常方式，当然，父母也不光责打，子女乖巧温顺时他们会相当爱子女。直到七岁，小孩都多半在女人（主要是小孩的母亲、保姆及女家庭教师）照顾之下。
144 许多这些女性都相当慈爱，但她们都深信“有必要挫杀小孩的势气”的当代学说。罗杰·诺斯，这位达德利·诺斯爵士（Sir Dudley North）之子，在老年时曾忆起他在 17 世纪中叶所受的养育“大体是严中带柔”。如果孩子不听话，他们的母亲“会把我们管教得掉出泪；她用的方法很聪明，能让我们哭着离开，还一边感激她所用的鞭子，她说这鞭子能挫杀我们的势气，她说得一点不错”。作为体系的成功产品，罗杰·诺斯相信体系，并认为他在 17 世纪末老年时观察到社会纪律松弛导致恣纵放荡。

但不是所有孩子都有如此正面的反应，不足为奇的，体罚意味着许多孩子怀着对父母的恐惧甚至怨恨到长大，尤其在 17 世纪，当时压制的意识形态支柱正在瓦解。出生在 1630 年的吉尔伯特·伯内特（Gilbert Burnet）在他老年时忆起他曾受过“许多严格管教；……对体罚的恐惧将我带到极不愉快的情绪之下，我有时甚至憎恨我的父亲。这种感觉可能在我教育我的孩子时将我带到另一个过度宠溺孩子的极端”。理查德·诺伍德（Richard Norwood）经常梦到被父母拒斥：“经常在梦里我看见我父亲对我大发

脾气。”约瑟夫·李斯特（Joseph Lister）经常被母亲打，而托马
斯·雷蒙德（Thomas Raymond）则有对父亲的痛苦回忆：“任何时
候都能感受到他坏脾气的效应，这对我来说实在很痛苦，因为我是
个性格温柔胆怯的人。”波义耳忆起乃父“对亲近儿女有种天生厌
恶”，而性善夸张的约翰·奥柏瑞宣称在他年轻时，父母“对小孩的 145
严厉不逊校长；校长对小孩的严厉不逊感化院院长”。“父母挥鞭
猛打女儿……即使她们已是成年女性。”结果，“小孩完全视父母为
其痛苦来源”。奥柏瑞的话当然不能完全当真，但他的话仍有一定
程度的意义，因为他，就像罗杰·诺斯及吉尔伯特·伯内特，是在
比较 1640 年前状况与他认为在 17 世纪末写作时盛行的较为亲和
的亲子关系。这三人都认为自己度过了一段子女养育上的巨大变
化时期。

如所预料的，在 17 世纪初还有不少今日所知的“受虐儿症候群”实例，其中母亲或父亲对子女的恨到达病态的程度。亚伯加文尼夫人（Lady Abergavenny）“在盛怒中杀死她七岁的孩子。她已经打她有好一段时间，我的老爷听到她痛哭流涕感到悲伤，到房里求她不要打了，她却把小孩用力一摔，让小孩摔破头骨，女孩后来只活了四小时”。

体罚在整个家庭及学校教育体系的使用日增无疑反映了体罚在整个社会（自然包括家庭）作为社会控制手段的利用日增。一位 16 世纪末叫巴蒂（Batty）的荷兰人发展出“上帝的神意和智慧业已将人的臀部塑造成特殊形状，因此人的臀部可被严厉鞭打而不致招来严重身体伤害”的理论。16 世纪末、17 世纪初对英国而言是鞭笞的时代：每个城和每个村都有自己的鞭笞站，鞭笞不断被用

作维持社会秩序的手段。

此一对家庭纪律及孩童的绝对服从的强调，在16世纪、17世
146 纪初英国小孩所受到的"敬事父母"的期望上可以看出。英国小孩在家时习惯每天早上向父母跪地请安，大人抵家时及离家时也习惯如此做。这是约翰·邓恩(John Donne)[⑥]认为独属于欧洲的服从的象征姿势。孀居的爱丽丝·旺德斯福夫人(Lady Alice Wandesford)的孩子在1640年代每日向她跪地请安，1651年她的28岁长子在出发旅行前向她跪地请安。即使当长大成人，儿子也被指望在父母面前保持不戴帽，而女儿被指望在母亲面前保持跪或站。"三四十岁的绅士"，约翰·奥柏瑞忆起，"在父母面前应站得像驴或不戴帽的傻子；而女儿(成年女性)该在母亲来访时全程站在碗橱旁，除非有人要她离开，当然，会有人递给她一张席子让她跪在上面，……在她受够罚站罪之后。"直到中年达德利·诺斯爵士"从不在父亲面前戴帽或坐下，除非被要求戴帽或坐下"。福克兰女伯爵伊丽莎白(Elizabeth, Countess of Falkland)在母亲面前总跪着，有时一跪一小时，尽管她已嫁入贵族，且她"身体欠佳不适宜长跪"。17世纪上半叶一儿子，即使当长大成人，也会在信中称他父亲为"老爷"，而自署为"你谦卑顺从的儿子"、"你始终恭敬的儿子"或"你最乖巧可爱的儿子"。1680年代埃德蒙·维尔尼作为牛津大学生，总在家书开头小心翼翼写上"父亲大人"，而他收到的家书开头仅简单"孩子"二字。

此一极端孝敬父母的家中行为模式是和整个社会的行为规范完全一致。因此脱帽、行礼和对长者使用敬称都是16世纪末17
147 世纪初大学行为规范的一部分。牛津大学1636年校规规范"低年

级生应在公共和私人场合向高年级生表达适当敬意，亦即，大学肄业生应向学士表达敬意，文学士应向硕士表达敬意，而硕士应向博士表达敬意；亦即，开会时应让位，相遇时应让路，在适当距离敬礼，使用虔诚的欢迎辞及称呼”。

要是认为在16世纪、17世纪初遵守上述行为模式会引起普遍不满，那可就大谬不然。人——尤其是小孩——能相当轻易适应许多种规范（从压迫性规范到授权当事人自行斟酌执行的规范），只要规范能被清楚理解且被普遍接受。在人人了解、接受自己位置的状况下，尊卑体系能为所有社会关系提供一舒适框架，至少和今日美国社会之平等主义规范一样舒适。它们只在它们所立基的前提遭遇挑战时才停止和谐运作。这些规范因此代表16世纪、17世纪初英国家庭、社会普遍奉行的标准。这些显示顺服的象征姿势与词汇的意义只在这些姿势与词汇和17世纪末、18世纪的非常不同的方式比较时才变得明显。

17世纪被用来社会化孩子的最有效方法之一，是在孩子年幼时就教他们害怕死亡及罚入地狱的可能性。要孩子多想死亡是16、17世纪的标准劝告；而既然死亡是当时小孩很容易遭受的命运，要孩子死亡多作准备是合理之事。波士顿的塞缪尔·西沃尔（Samuel Sewall）的日记能说明此一非常普通（尤其为大西洋两岸清教徒所采用）心理控制手段的运用。西沃尔是位睿智、慈爱的父亲，1690年一位九岁小男孩死于天花，西沃尔逮住机会告诉他的八岁儿子塞缪尔有关死亡，并警告他“他多么需要为死亡作准备”。148
塞缪尔当时似不在意，但当天后来“他突然痛哭，说他害怕他会死”。神经质的小孩会被这种待遇一时吓疯的。1696年一个下

午，西沃尔的15岁女儿贝蒂(Betty Sewall)“晚饭过后突然放声大哭，这使得全家都哭起来”。她解释说“她害怕她会下地狱，她的罪得不到赦免”，这是她从她爸爸读给她的一段讲道及从她自己对卡顿·马瑟(Cotton Mather)[7]的阅读所得到的结论。五周后她仍然心神不宁，一醒来后就去找她父亲，告诉他“她害怕她会下地狱，如未被选的斯碧拉(Spira，not Elected)”。十周后她仍然在同样的深沉的悲哀里，几乎没法读她受指定读的圣经篇章。六个月后，她仍然心神怔忡，经常放声大哭，说“她是为上帝所遗弃的人，得不到上帝的爱”。

这些证据都暗示16世纪的小孩有多么服从父母、父母对小孩的教育有多严峻。吊诡的是，这是对小孩的较大关注的第一个结果。要是没有人很在意他们，他们会被放任不管，或被交到奶妈、佣人、家庭教师手中。但宗教改革——及在天主教欧洲的反宗教改革(Counter-Reformation)——对道德新生的追求造成对压制儿童罪性的日益关注。一世纪前随意大利文艺复兴开始的教育改革，原是强调孩童纯洁天真的发扬，在16世纪末、17世纪初随着清教徒的向北拓展而被转化成对儿童易于堕落、犯罪(尤其犯骄傲、不服从之罪)的深深恐惧。宗教改革引起的宗教、知识、政治混乱的威胁使得道德神学家——他们是明智观点的最有力领导
149 者——同意维持社会秩序的唯一希望是在于强调儿童的正确训练及教育。此在相当程度上解释了在1510、1520年代突然兴起的对教育学的兴趣，及人文主义者较温和、情深意念的崩溃。

原罪说法大大鼓励了对“压制而非奖励是教育理论核心”的强调。“用棍子打他，你就能救他的灵魂出地狱”是一句引自圣经、清

教徒对之非常认真的名言。奥立佛·海伍德回忆乃母“尽管她对我们非常疼爱，但她极端反对罪恶”。许多16世纪末、17世纪母亲都是关爱与压制兼具，只因为这两者本来就是并行的。清教徒尤其十分关心子女，疼爱他们，抚育他们，为他们祈祷，以无边的道德压力加诸他们。同时他们也害怕、甚至憎恶他们，视他们为家户内罪恶力量，故而无情地责打他们。连温和的约翰·班扬(John Bunyan)也对小孩很严厉。

不只多数最受欢迎的育儿手册是由清教徒所写，而且清教徒似乎在1700年前出版的儿童书作者中是特别有名的一群，在宗教见解能被认出的作者中，清教徒或不信奉国教者的人数是英国国教徒人数的两倍。这可能是因为不信奉国教者被记录得较妥善，故而较英国国教徒容易被认出，但还有其他原因能解释此差异：清教徒异常关心小孩及小孩的教养，因为唯有借着年轻一代的大量改宗，他们才能期望创造他们所热望的神的社会。

此时小孩获得严峻对待的另一原因是圣经知识的快速传布，
及新教徒把这部书当作一切知识的权威来源。《圣经旧约·伪书》150
及《圣经旧约·箴言书》包含一些有关如何养育小孩的极端严峻的指示。《圣经旧约·伪书》里的西拉(Sirach)尤其严酷，然而他的教导在16世纪父母中却激起一阵意气相投的和音。“如果你同他玩，他会让你哭笑不得。别同他笑，否则他会和你一起哭，最后他还会让你恨得牙痒痒的……”，这个忠告是要父母和子女保持一段心理距离。别对子女表现任何温柔，因为这会减损权威、破坏服从。在近来神圣化的婚姻里，妻与母的职责是去协助她的先生进行对孩子的压制。她“不拉回先生打人的手，却高兴地脱下孩子的衣服让先生打”。此时孩子受到严苛待遇的又一理由是，未成年孩子被视为是缺乏推理能力的动物，因此必须被驯服。

16 世纪末、17 世纪初英国子女养育的情感冷漠及体罚等特征因此可以按照当时所特有的特殊因素来解释。它们是当时的传统文化包袱——一套被深深内化且与社会组织相和谐的价值——的一部分。它们可能被孩子接受为事物自然秩序的一部分，就好像整个社会的严酷父权及威权性格被成人接受一样。把 16 世纪孩童所受待遇放入此宽广脉络，它就变得易理解甚至合理。

一不同理论指出，恭谦的社会本身是自我的防卫机制，在它发现在它自身对自主性的冲动与由父母无情加诸的严格服从规范
151 间，有一基本冲突存在时的一种反映。因此孩童的服从行为是对自我遭压制的一种本能反应，也是唯一生存之道，而父母的威权及冷淡行为是对自主性的原始欲望的一种表达，这种欲望如今终于在欺凌自己孩子中得到满足。此理论也很有道理，且也能用来解释英国公立学校一项传统经验持续如此久的原因，该项传统经验即学童在入学的第一年必须任凭学长摆布，不可稍有违抗，等到第一年过去，他就能扭转情势、当家作主，对他的学弟妹行使残忍而专横的暴力。

职业与婚姻的控制

家庭中的父母专制主义不只是整个社会秩序的基础，它也在当时的家庭体系内起了一定的影响作用。父母从采取“挫杀年幼小孩的势气”措施中所能得到的好处是，日后小孩会认命地接受父母对他人生两个最重要的选择所作的决定，这两个选择是职业的

选择和婚姻伴侣的选择。

职业的选择不影响女性，因为对女性而言唯一的选择是婚姻。但婚姻是由父母决定，父母是以家庭利益为婚姻的主要考量，考虑不外乎男方是否已准备好履行乡绅的责任，或是否已接受从事教士职、律师职、商人职的专门训练。

17 世纪之际教育已在支配职业选择，这是父母在子女不专心
向学时十分愤怒的原因。1685 年埃德蒙·维尔尼写了一封愤怒 152
的信给他 19 岁长子拉尔夫："我听说你厌恶学习、专好嬉戏。你别以为你年纪大到可以爬到我头上了；你要是敢这么以为那你就太厚颜无耻了。"几个月后，年轻的拉尔夫因热病突然死亡，儿子不好好求学的事实依然令埃德蒙心痛。埃德蒙在这悲剧里看到上帝的手，因此急忙对他的次子，如今的独子，谆谆教诲："我……劝你完全听我的话，在有关你本分的所有事情上完全遵从我的意见……因为假若你另有意见，采其他做法，……我怕你会落入英年早逝的悲惨命运，如你可怜的哥哥上周之所遭遇。"我们不知道当这男孩四年后去世时埃德蒙是否记得此一警告。

婚姻伴侣的选择关涉男女，且在婚姻内有经济及政治赌注、且离婚是几乎不可能的社会中尤其重要。几乎所有小孩直到 16 世纪末都被出身制约，且经济孤弱到对父母为他们安排的婚姻不敢违抗的程度。如前文所述，父母操控的道德理由自社会的社会价值及第五诫而来。"敬你的父母"是新教传道者及国家宣传者反复述说、要人民严格遵守的神圣训诫。当此论调在 17 世纪中叶后开始衰退，一位传统行为的守护者在 1663 年试图将孝顺建基在私有财产的神圣性上："小孩是父母的财产，因此他们不能在未得父母

允许的情况下将自己卖掉。”这是借着使用新的经济理论来撑起古老但衰微的权威模式的巧妙尝试，但它不是很有说服力。

153 家庭利益的务实盘算是 16 世纪众所公认的观点，一般人对婚姻的态度是建立在这样的观点上面。不过，精英分子也受制于诗人及剧作家对一完全相反的浪漫爱情理想的宣传。在浪漫主义在 18 世纪末暂时取得胜利之前，在一些诗人、剧作家、罗曼史作者对爱的理想化与所有神学者、道德家、行为手册作者、父母以及成人将浪漫爱情斥为愚蠢疯狂行径间一直有一明显的价值冲突存在。人人知道浪漫爱情，一些人体验到浪漫爱情，但只有少数年轻朝臣将浪漫爱情当作一种生活方式，而连他们也未必认为浪漫爱情是终身婚姻的合适基础。

当时的常识是建基在个人选择，因而必然地受到诸如性吸引或浪漫爱情等短暂因素影响的婚姻，是不像由成熟明智的父母所安排的婚姻那样能创造长久的幸福。此一观点在对许多社会的人类学研究里得到证实，在这些社会，爱情不被认为是婚姻的合理基础，且所有女性一样好，只要她是个好管家、生育者及诚心的性伴侣。约翰生博士在他于 18 世纪末坚持采取此一现已过时的观点时，并不只是个脾气扭拧的怪人而已。他认为“婚姻如果是由大法官基于对性格及环境的合适考量而促成，两者对婚姻都无选择权，婚姻幸福快乐的机会会大很多”。当赫维勋爵（John，Lord Hervey）在 1734 年要卡洛琳王后别担心她女婿的冷淡样子时，他只是在重述传统智慧：“夫人，半年内所有人都一样。你对另一半的身形会熟悉到视而不见、看不见他身上任何优缺点的程度。”在 16 世纪初，这些是不会引起任何评论或争议的观点。

无论如何，多数孩子到头来都采取和他们父母相同的对婚姻算计的态度，于是代沟、冲突减少，这是因为父母和子女共有相同目标。1639年克里斯多福·季斯是一格洛斯特郡(Gloucestershire)中富绅士阶级家庭的22岁继承人，靠每年80英镑的收入过活。他不愿意结婚，“因为看到了些年轻夫妇过非常狭窄的生活”。不过，三年后，在父母的催促下，他娶了劳伦斯·华盛顿爵士(Sir Lawrence Washington)之女，她显然是个好的经济匹配。他之所以愿意结婚，完全只是为了让家族遗产稳当地落在自己身上，并从他父母处获得一年400英镑的现有收入(及为妻取得未来的寡妇所得财产)。“我终于愿意过安稳生活，放弃我珍爱的自由”。不过，他并未困在婚姻枷锁很久，因为他的妻子在七周内死亡“而使我再度自由”，尽管有些悲伤。1645年从内战回来，负了一身债，“我发现自己急于再找一位伴侣”，并终于逮着一富有伦敦人之女。当她在1659年去世，他搬回去和早年情妇住，她照顾他直到他11年后去世，得到的回报是一笔相当数目的现金，她自己获得一年100英镑的终身年金，她儿子(这人想必是克里斯多福爵士的私生子)获得一年50英镑的终身年金。这个故事很清楚地告诉我们完全着眼于实利的婚姻体系的好处及坏处，及情妇作为情感出路的角色。 154

必须指出的是，直到1640年地主阶级一直忍耐(尽管有越来越多不满)监护制度(wardship)的实施，在监护制度下，地产的年 155
轻无父继承人和女继承人的婚姻是由最高法院拿出拍卖。只要监护庭所在的社会对个人选择自由没有多少敬意、且以残酷方式对待孩子的话，监护庭就会被容忍。因此1567年时第一任瑞奇勋爵

(1st Lord Rich)在他的遗嘱里为他的私生子理查德立了条款。他要他的遗嘱执行人以每年200英镑整的财产，从最高法院购买“一位女性被监护人或某其他女性”“为理查德谋个婚姻”。要是理查德拒绝这位女孩，他就一点财产都继承不到，遗嘱执行人然后会把这位被监护人“以高价卖出去”。这位女性被监护人可能拒绝理查德的可能性显然未浮上瑞奇勋爵心头。直到一世纪后，到复辟时代，监护庭才终于被废止，部分由于有关个人自主的新概念的成长，部分为了将对婚姻的控制权交还家庭，并移去此一对精英分子征收的遗产税形式。

在16世纪末前只有少数孩童抵抗父母专政，且他们的反抗立刻被镇压。15世纪中叶时，阿格尼丝·帕斯顿(Agnes Paston)的女儿伊丽莎白·帕斯顿(Elizabeth Paston)固执地坚持自选丈夫。为了让她服从，她母亲将她单独监禁，不准她对访客或男仆说话。此外，“她自复活节以来经常一周被打一或二次，有时一天被打两次，她的头被打破两三处”。无足为奇的，很少小孩有意志力抵抗这种对待。

16世纪时，暴力没有那样必要，因为孝顺义务已被更顺利内
156 化。子女若敢威胁要与自己中意的对象结婚，父母会很快强调“考量世系利益”的传统必要及“服从父母”的义务。1658年蒙加勒特勋爵(4th Viscount Mountgarret)的长子理查德·巴特勒(Richard Butler)与一贫穷绅士之女埃米莉亚·布伦代尔(Emilia Blundell)坠入爱河。当蒙加勒特勋爵知道这件事情，他写了一封措辞严厉的信给他儿子。

> 我晓得你在婚姻上十分盲目，你这样差劲的作为会毁掉那位女士和你自己，并摧毁我为我自己和家族设想的一切计划。儿子，我命令你看在血缘关系和孝顺义务的分上，不要继续进行这样危险的恋爱，这事我是相当反对的。因此请务必记住我这些话，读出我话中的严厉意思，并把它设想成严厉千倍……这倒也不是说，你不孝顺的事情和我为我及家族设想的计划一样重要；而是说我希望我为我及家族设想的计划能让你悬崖勒马……若它不能，我将下令让拳头落在它该落的地方，让你饱受一顿打。

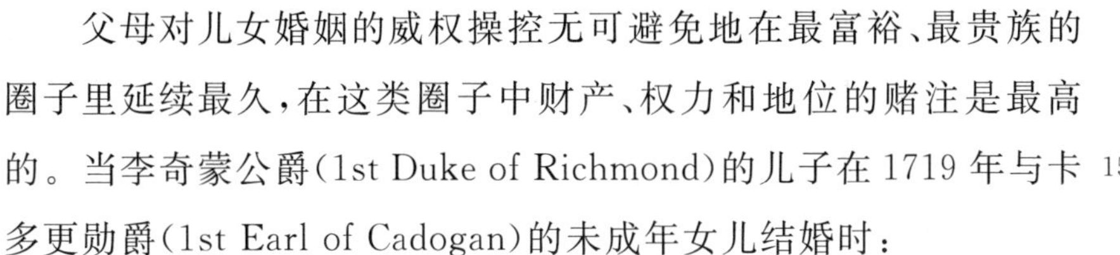

此一对道德及家庭义务位于何处的坚定提醒，加上措辞强烈的威胁，足以使姻缘破灭。

父母对儿女婚姻的威权操控无可避免地在最富裕、最贵族的圈子里延续最久，在这类圈子中财产、权力和地位的赌注是最高的。当李奇蒙公爵(1st Duke of Richmond)的儿子在1719年与卡 157
多更勋爵(1st Earl of Cadogan)的未成年女儿结婚时：

> 这婚姻是被缔结来取消一笔赌债；年轻人的同意则是最不被想到的事：马奇伯爵(Earl of March)从学校被接来，年轻小姐从儿童室被接来；一位牧师到场，他们被告知他们立刻要成为夫妇。年轻小姐没说一个字；男士则大喊道："他们不是真要我娶这个懒散的女人吧。"

这桩婚姻还是结了，但夫妇立刻分开，新郎和他的家庭教师一同去进行大旅行，新娘则回到母亲身边。夫妻分居的状况在当时是会引起批评的。不过必须指出的是，出乎意料地，这婚姻最后变成童话般成功。年轻人数年后从大旅行回来，看到一漂亮年轻女人在戏院坐在他旁边，他发现那是自己的妻子。根据记载，他们此后过着快乐的生活。但这是神的恩赐，加诸在一无情安排、完全着眼于实利的最旧式婚姻上。

在较下的社会阶层，17 世纪初的乡下大地主和富有律师中，父权权威必须努力维持。此一新事况的一个典型例子是由西蒙德·迪尤斯对他自己婚姻的叙述所提供。1626 年时他是 24 岁的中殿法学协会律师，且由于作为他已故的外祖父的遗产的共同继

158 承人，他在经济上已经独立。只要他不是在找一女继承人，他可以自由地结婚，在该情形下他倚赖父亲为他作稳当财产安排。但西蒙德是个势利鬼，他希望与老家族成亲，也希望与一有土地的女继承人联姻。他因此需要父亲同意作一（能为新娘供合适的寡妇所得财产，并为自己取得迪尤斯家族的财产继承权）安排。另一方面，他的父亲是个贪财的人，他要的不是一个有土地的女继承人，而是一个有大笔奁资的新娘，这笔钱在现行制度下是归他自己而非归他儿子所有。

西蒙德向他父亲提议两个老家族的共同女继承人，但就这两人而言谈判皆未曾落实，他的父亲然后提议了一些有大笔奁资的大城市商人的女儿，但遭西蒙德拒绝。然后他的叔叔作一建议，要西蒙德和已故的威廉·克洛普顿爵士（Sir William Clopton）的女儿结婚，克洛普顿家族是萨福克一古老富裕的家族。此导致西蒙德的父亲和安妮·克洛普顿（Anne Clopton）的祖母兼监护人之间

冗长而复杂的谈判。好不容易每件事都谈妥了，他父亲却又突然变卦，因为又有人来提亲，愿带来5000英镑奁资。西蒙德得知这女孩是谁后，告诉他父亲他已经见过她，但“觉得她的脸难看而不讨人喜欢，我一点也不可能喜欢她”。他的父亲然后让步，与克洛普顿家族的财产协定终于敲定。

在这时候，西蒙德家族尚未见过即将做新娘的人（她毕竟仅只有十三岁半）。七年前当她只是个孩子时他曾见过她两三回，但之后一直没见过。他因此与安妮会面以看清她容貌。“当我看到她，我感到十分满意、愉快”。她是个挺漂亮的小姑娘，他很满意；她想 159
必对他亦无异议（毕竟她仍只是个孩子），婚姻因此终于被签署。

其后，他经常见安妮，她很快对他忠心不二，而他对他的娃娃新娘的感情也日益加深。但她的祖母不愿同意立刻结婚，据说为了两个理由。第一个理由是这女孩还太年轻不宜性交，性交可能妨碍她的发育并危害她的健康。第二个理由是她担心西蒙德的“善意及爱意不是建立在判断上的稳固、真实的爱，因此可能在婚后改变、减弱”。此处可见“爱情是短暂热病”的传统恐惧。不过，西蒙德担心他父亲或她祖母可能在任何时刻改变心意（若有更好的提议提出），终于以承诺婚后保持贞洁一段时间克服他们的反对，结果他守贞了八个月。他很快忠心于他年轻妻子就像她忠心于他一般。他说服她参与他的私人斋戒和祷告，要确定她和他能被列在选民中。

这是一复杂故事，有许多不同社会行为线索卷入当中。它显示父母在17世纪初对婚姻的控制（连对成年儿子的婚姻也控制），及父母拿女继承人当作物物交换的方式（这些女继承人还完全是孩子、性征尚未成熟）。另一方面，它也显示儿子可基于不喜父亲所推荐的新娘的外貌（这说法父亲接受）而行使拒绝权。它也显示在财产事宜被议定后，婚约要到新郎看过新娘、认为她外貌令人满意后才被签署。其后在新郎与新娘间发展的、由共同的加尔文教
160 信仰所接合的彼此爱恋与深情则是意外，这引起新娘祖母的怀疑，她对男女爱恋的持久性可是没什么信心。这故事因此相当能说明17世纪初英国地主阶级中变迁的婚姻模式，彼时英国地主阶级男女不自在地移动于一套（基于亲属利益及由他人着眼于经济利益而安排的婚姻的）价值，及另一套（基于给小孩否决权以提供更好的婚姻和谐机会的）价值之间。

这些婚姻安排的说明非常清楚地显示事情如何在缓慢变化。首先，在16世纪初，小孩像牛一样被买卖，且没有人认为婚事中的两者有任何权利抱怨。但新教道德神学因着它对“神圣婚姻”的强调逐渐造成此极端态势的变更，此极端态势在整个17世纪只在财产和权力赌注最大的贵族阶层中维持其纯粹状态。为保有“神圣婚姻”（神学家认为神圣婚姻是值得想望的，且是减少通奸的一个方式），夫妇能对彼此发展感情是必要的。因此“给与小孩否决权，让小孩能基于会面时留下过分不佳印象、未来无可能发展情感而拒绝由父母挑选的伴侣”被认为是必要的。此一否决权只能被慎重使用但可能只能被使用一二次，而对女人而言总是有因“要是她们的父母未能提供别的求婚者，否决权的运用可能让她们嫁不出去”的危机。

大众对婚姻议题态度逐渐改变，改变的速度随家庭而异，亦随阶级而异，但总之速度很慢，而法律改变的速度更慢。1706年一

位绅士死时留下一份完全剥夺儿子继承权的遗嘱，因为后者的婚姻违背他的期望。虽然儿子抗议这份遗嘱，陪审团却投票支持。在精英父母与子女间显然有一非常长的冲突时期，持续整个 17 世 161
纪，直到对婚姻的古老父权态度终于被推翻。

由于媒妁婚姻体系的关键是财产交换，理论上自然得出，较低的经济阶层的小孩能享有较大选择自由。情况是否如此目前并不确知。詹姆斯·哈林顿(James Harrington)[8]认为媒妁婚姻体系“对较能自我调整的较低阶层的压迫不如对贵族和绅士阶级那样大”。另一方面，人口中一大比例拥有一些财产，而有许多证据显示在 16 世纪的自耕农中有媒妁婚姻的存在。例如，1514 年一位兰开夏郡女孩被她的叔叔和她的“朋友们”强迫嫁给一位她十分不喜欢的男人。她一个月后因不堪毒打而逃走，并提出请求分居的诉讼，解释说“要不是因为害怕失去地产，我一小时都不愿和他在一起”。威廉·沙夫托(William Shaftoe)在他 1599 年遗嘱里简略地公告:“给我的女儿玛格利·沙夫托(Margery Shaftoe)60 只羊，我让她与托克林顿的雷诺·沙夫托(Reynold Shaftoe of Thockerington)的儿子爱德华·沙夫托(Edward Shaftoe)成亲。”当亚当·马丁戴尔(Adam Martindale)的工匠的长子在 1632 年准备结婚，他的父亲期望他娶一个有至少 120 英镑嫁妆的女孩，并在他选择一位只有 40 英镑嫁妆的女孩时感到十分愤怒。理查德·纳皮尔医生(Dr Richard Napier)的个案记录簿显示婚姻伴侣的选择，是在 17 世纪初赤贫阶层之上所有社会阶层隔开父母与子女的主要议题。

不过，在社会最低阶层的无产者中，孩子甚至在16世纪可能已 162

比阶级比他们高的人更能自由地选择配偶，更不要说到了18世纪。首先，他们的父母对子女只有很少经济权力，因为他们只有很少或根本没有东西能给或遗赠子女。其次，多数小孩在10到17岁时就离家以成为学徒、家佣或住在东家的劳工。此住在家庭外的大群流动青少年人口因此能免于父母监督，也因此能一俟学徒生涯结束就自选婚姻伴侣。唯一阻挡他们的事是累积足够资本以建立家庭、开展事业的必要，这是婚龄推迟到二十四五岁的主要原因。

不过，穷人子女比富人子女更能自由地自作选择的事实，并不意味情感考量在穷人子女婚姻选择中所占的分量比经济考量大。1660 年代一穷学徒罗杰·洛威(Roger Lowe)的日记显示男女间很大沟通自由，及建基在情感与经济考量上的很大选择自由。一项以近代初期欧洲农民社会的婚姻为研究对象、以对所有证据的仔细调查为蓝本的翔实研究，业已下结论："在农民社会，婚姻的缔结可能没有两情人间的亲密、私密了解牵涉在内。在一农民婚约中，经济因素是主要考量。个人偏好不居最重要位置。"目前能得到的有关英国的资料非常少，但没有理由认为英国人的态度完全不同。

3. 夫妻

163 **妻子的顺从**

有证据显示丈夫对妻子日增的权威也在 16 世纪发展。但，就像父亲对孩子的权威那样，强烈的抵消力量在 16 世纪末、17 世纪开始发展，因此这图像绝不清晰。有好一段时间，两对立趋向同时运作，丈夫日增的权威只在16世纪上半叶期间以相当纯粹形式出现。

此时一位女性持有、处理自己财产的法律权利是限于婚约中所载她能宣称属己的东西。借由婚姻，夫妻成为法律中的一人——而那人是丈夫。他获得对妻子所有个人财产的绝对操控权，妻子的个人财产他能随意出售。依据司法解释，丈夫的债务依法优先由妻子的珠宝及其他个人财产抵偿。丈夫在他有生之年始终对妻子的不动产拥有完全权利，而靠着1540年的一条法案他获得提供长期租赁、私吞租金的权力。

正如布莱克尔寡妇在威丘里（Willaim Wycherley）[9]的《率直的人》（*Plain Dealer*）中所述，“婚姻在剥夺女人的法律权利上比开除教籍还坏。”笛福的《罗珊娜》（*Roxana*）对妇女法律权利的遭剥夺严词批评：“婚约的本质，不过是把自由、财产、权威和一切事 164
物交给一个男人，而女人此后就只是一个女人——也就是说是个奴隶”。

16世纪，寡妇之于不动产的权利实际上被“成为采邑承受人”的法律建议的兴起所削弱；此外，直到17世纪末，女性“有权获得个人应得财产”的中世纪习惯法权利只在威尔士、约克郡和伦敦市有效，要是女人进入农业或服务业劳动市场（他们在十六七世纪大量进入），她们无论哪里所得的酬劳最多只有男人的一半。

在某些方面，妇女的地位，和她们的法律权利，似乎在16世纪衰退，尽管当时有许多宫廷贵族女性由于系谱缘故而成为女王。一些伊丽莎白时代的人重提柏拉图“女人是否能被视为理性动物”

的怀疑；有些人则质疑女人是否有灵魂。尽管赞美女人的书籍如涓流般点滴出现了一世纪之久，许多16世纪末、17世纪的俗人评论者始终对女人存着爱恨交加的态度。在一次对伊丽莎白女王的讲道里，约翰·艾尔默主教（Bishop John Aylmer）小心地回旋于两对立意见之间：

> 女人有两种：某些女人比较聪明、比较有学识、比较谨慎，且比一些男人更有恒心；但另一种较差的女人就很自私、愚
> 165 蠢、放荡，是轻浮的人、饶舌的人、喜欢闲话的人，拿不定主意，没有才智、愚笨、浮浅、轻率、卤莽、骄傲、挑剔，喜欢背后讲人坏话、搬弄是非、传播诡言，嘴巴毒，心肠坏，可以说每一面都为魔鬼的粪堆渣滓所沾染。

观诸上文后半段语汇的汪洋恣肆，主教对女人的真正想法可谓昭然若揭，尽管他小心不触怒他相当敏感的女王。有些人表达想法就没有这么技巧。尼布利的约翰·史密斯（John Smith of Nibley）曾记录一格洛斯特郡当地民民说：“女人、走狗及胡桃树，它们被打得越多，就越好，”但怀疑地加上一句：但我们这里的情形好像不是这样。”有些人则堕落入完全犬儒主义（cynicism）。在一部由乔治·威尔金斯（George Wilkins）所写的剧本里，伊尔福建议“女人是男人皮包的肃清者，男人身体的天堂，男人心智的地狱：千万别娶她们。”约瑟夫·史维曼（Joseph Swetman）《对于淫荡、懒惰、乖僻、善变妇女的责难》（*The Arraignment of Lewd, Idle, Froward and Unconstant Women*）这本残酷、反男女平权主义的

论辩作品，在它初次出版的 1616 年到 1634 年之间，发行了不下 10 版，可以显示 17 世纪初大众对女性的态度，尽管他也引起了一些猛烈的反驳。

新教传道者及道德神学家也和俗人一样热心宣扬妇女的完全顺从。在 1537 年的《马太圣经》(Matthew's Bible)里有对《圣经新
约・彼得前书》第三章第一节的恶意曲解："一个作丈夫的，要是他 166
的妻子不服从于他、不帮助他，他应设法将对上帝的恐惧敲到她脑袋里去，由此她可能学会她的责任并履行它。"[10] 威廉・高奇在他于 1622 及 1634 年出版的受欢迎的《论家事责任》(*Of Domesticall Duties*)手册里，搬出"尽管一位丈夫就邪恶性质而言可能携带魔鬼形象，然而就他的地位及职位而言，他携带上帝形象"。圣经上的古老论辩也被挖出、重述以支持他的立场："我们只能认为女人是在堕落前被造、男人可能有统治她的权力。"很有可能"女人既先诱男人入罪，如今便应臣服于男人，以免由于同样的女性弱点再次堕落"。即使当倡导夫妇爱时，罗伯特・卡德利(Robert Cawdrey)也从未忘记男性统治的必要："我们希望男人在他爱时应记住他的优越性。"

影响最大、最久的，是《婚姻布道》(*Homily on Marriage*)，它是受最高法院指定自 1562 年起每周日在教会阅读的众多读物中之第 18 种。它让读者完全相信妇女的次等地位、权利及个性："女性是不具备心之力量及坚贞的脆弱生物；因此，她们很容易情绪骚动，比男人容易受到脆弱情感及心灵波动的影响；她们比较肤浅，思想和意念都比较浅薄。"不过，为了家庭和睦的缘故，丈夫最好不要打太太，而不妨考虑"女人是较弱的性别，有副脆弱的心灵，善

变，且很容易生气”的心理学事实。16、17 世纪的理想女性是脆
弱、柔顺、仁慈、贞淑而谦和的，就像 1630 年代的马萨诸塞州
167 (Massachusetts)牧师之妻，牧师由于妻子的“灵魂无比温顺，尤其
对我如是”而公开赞美妻子。她的功能是持家及生养小孩。她在教会和在家都行为乖巧，且无论何时都对男人十分恭敬。如当代人所十分了然的，称谓方式是社会现实的重要指标。女人习惯在给先生的信上自署为“你忠实而顺从的妻子”。1622 年清教徒道德神学家威廉·高奇坚称妻子应恭敬地称呼她们的配偶为“先生”，并避免像“爱人、亲爱的人、心、甜心、情人、宝贝、亲爱的、小鸭、小鸡、小猪”这类贬低身份的昵称，以及名字这类平等主义的称呼。某些女人显然在用亲昵称呼，而若干男性沙文主义宣传可能是被设计来扭转趋势。另一方面，得自全欧洲的 18 世纪、19 世纪初证据显示，农妇以恭敬称谓称呼丈夫，绝不和男性同桌吃饭，并总走在先生后方一两步。这类家庭内父权体制的具备象征想必在 16、17 世纪英国也十分普及。

但若认为私人现实完全符合公共修辞那可就大谬不然，且有许多统治丈夫的伊丽莎白时代女性的例子。她们对某些工作责任的独占，她们给予(或收回)性恩惠的能力，她们对小孩的操控，她们的责骂能力，凡此种种都给与她们家庭内有用的潜在权力杠杆。这里要说的是，当时的理论和法律学说十分强调女人对男人(尤其对丈夫)的顺从，且有许多女性接受这些概念。笛福笔下的罗珊娜难过地想着“妻子不过让人当高级仆佣看待”。丈夫对妻子的待遇
自然因人而异，但我们的印象是：兰开夏郡绅士尼古拉斯·布伦代
168 尔(Nicholas Blundell)在 1706 年 9 月 24 日的日记中对妻子所表

达的漫不经心、无忧无惧绝非不寻常："我妻开始感到分娩的阵痛。法查克雷上尉(Captain Robert Fazakerley)和我出去打猎。"

妻子对丈夫的顺从在上层及上层中产阶级中是确然无疑的状况，但这状况在工匠、店老板、小农及非技术劳工中没有那么明显。这些阶级在前工业社会的任何时期，丈夫、妻子与小孩倾向于形成一经济单位，像船上的船员，其中妻子的角色居最主要。当先生不在家，她为他照看他的事务。在一小农地(指 50 英亩程度)，她有有限的但定义非常清楚的责任，对这责任她有完全操控权：她处理业务包括牛奶房和家禽部分，并为产品行销。若有家庭手工业，她还得负责纺纱、织布、缝手套及编结缎带。另一方面，若她的先生是位按日计酬的零工，则太太和小孩可能必须帮他做田里的粗活。她可能也在家设置一酒馆，或沿家挨户卖易腐烂物。在织布区域，家庭更是一相互依存的经济单位，因为生产体系盛行且织布完全由妇女和小孩负责。18 世纪初期，笛福注意到在约克郡西区(West Riding of Yorkshire)的棉布制造区，布料在每个家庭被制造，"女人和小孩梳棉、纺织；从最年少到最年老都受雇，连四岁娃儿都参加工作呢！"之后在 18 世纪，类似织布业在曼彻斯特附近盛行。在城里，妇女帮忙看管店面，或帮忙技工处理业务。她也借着缝衣、制衣或编结缎带来帮忙家庭经济。在最低层次，她会当洗衣妇或当打杂工、马车夫、清道夫、妓女、乞丐或小偷。从证据得知，在 18 世纪、19 世纪初，下层阶级妇女管理家庭经济，家庭收入的 169
支出是由她负责。在这般状况下，无论当时的法律或道德理论为何，无论她丈夫如何对待她，她至少是一重要的经济资产。

不过，这并不意味妻子对家计的经济贡献必然赋予她较高的

地位及较大的权力，她在资本主义慢慢将繁荣向下传播时，逐渐远离劳动力是她社会地位下降的原因。这是恩格斯（Friedrich Engels）的理论，但历史证据显示这不确实。劳动妇女的命运可能像今日在欠发达国家许多妇女的命运一样，这从 19 世纪初一位到苏格兰高地地区视察的访问者的描述可以看出："这儿，如同在所有半开化的地区一样，妇女似乎被看成是丈夫的下女而非丈夫的伴侣……我希望你能看见这些可怜的女性是以怎样的耐性从事这类卑微工作，大半个长长的夏日都是如此。"由于工作辛苦之故，"在盖尔拉克（Gairlock）地区，我很少看见不是瘦弱、苍白、早衰的 30 岁下层阶级女性。"贫穷是腐蚀肉体美及情感关系的酸性物。

16 世纪末妇女所展现的独立感（彼时许多妇女从事支薪工作）的一项测试，是她们犯的罪是否在规模与类型上与男人犯的罪类似。证据显示并不类似，已婚、未婚妇女是和行为手册认为她们该有的样子那样顺从、依赖。她们很少犯偷窃、商业欺诈及暴力，而当男人犯罪时她们常协助男人。她们只是常犯诽谤罪，尤其是
170 控告性放荡女性。她们显出独立精神的唯二领域，是领导粮食暴动（food riots）及维护持异议者（无论是清教徒或天主教徒）的宗教观点，但在两种情形她们都依赖公平价格及真实信仰的较高道德来刺激她们反抗法律。

16 世纪、17 世纪初妇女在地位和权利上的明显下降的原因并不完全清楚。一个明显原因是亲属关系的衰退，这使妇女暴露于丈夫的剥削，因为她们失去自己亲属的持续保护。其次，天主教义的终结引致女性对圣母马利亚宗教崇拜消失，独身的神职人员消失（他们经由告解室迄今对遭逢家庭挫折的女性提供了相当的支

持)，女性在修道院生活的生涯选择关闭。清教教义无法填补天主教义留下的位置，而宗教改革后的英国社会对未婚女子只有鄙夷。第三个重要因素是国家和法律将妻子对户长的顺从，强调为统一的政治体中法律和秩序的主要保证。

最后，我们可以说，新教对婚姻的神圣化及对夫妇爱的要求促进了妻子的顺从。女人如今被期望婚后爱护、珍惜她们的先生，而且被教导这么做是她们的神圣职责。夫妇爱恋得内化而实在，使得妻子较容易接受传道者所强调的顺从丈夫意志的立场。吊诡的是，神圣婚姻论的结果之一是丈夫对妻子权威的加强，以及后者更加愿意听从前者命令。狄格比爵士(Sir Kenelm Digby)[11]在1630年代末自鸣得意地指出人在应仔细选择一位顺从的妻子："顺从的妻子可不是说得就得的……并不是靠先生爱的力量就能获得。"这就好像对小孩的关注增加，产生的第一个结果是父母更加决心要 171
借着鞭笞孩子来击垮孩子的罪性一样吊诡。

女性教育

"识字能力和古典文学教育拉大了男女间的距离"的规则有一范围很有限、短命且吊诡的例外。在1517年左右，有一短暂时间，文艺复兴时期人文学者如比韦斯及伊拉斯谟热烈倡导女性受古典文学教育。或许是受到阿拉冈的凯萨琳王后(Queen Catherine of Aragon)的鼓励，1523至1538年间至少有七篇论女性教育的论文在英国出现。托马斯·莫尔爵士这位人文学者便曾写道："如果女土生来顽固，较易生杂草而不易生果实，我认为它应勤被耕耘。""我看不出男女两性……为何不能有受教育的同等机会。"

拜此一由有影响的英国人文主义教育家所进行的积极宣传之赐，一时出现了几位在古典文法和语言方面和男人一样专精的贵族女性：如珍·格雷女爵、安东尼·库克爵士（Sir Anthony Cooke）的女儿们及伊丽莎白女王等女性，她们十分娴熟且能读、说拉丁文、希腊文、法文和意大利文。1580 年中学校长理查德·穆卡斯特仍能这样夸耀：

> 君未见在我们国家有些女性在语言和文法上表现那样优
> 172 异、杰出，她们能与希腊或罗马最受崇敬的典范相匹配甚或有
> 过之？

穆卡斯特所谱的是时代的挽歌。贵族女性受古典文学教育的时代不超过 40 年，约从 1520 到 1560 年。1561 年出现了卡斯帝利奥内（Baldassare Castiglione）[⑫]《廷臣》（*The Courtier*）译本，这本书对女性特质提出了一不同理想，认为理想女性除了熟谙文字外，还必须擅长美术——音乐、绘画、素描、舞蹈及刺绣等方面的技巧。此一新女性典型，以及新教（尤其清教）将理想女性定为温顺的家庭主妇、神圣婚姻的勤劳支持者，带来女学者的终局。1694 年威廉·沃顿（William Wotton）[⑬]总结此变化。16 世纪时，学识“是相当时髦的，以致女性似乎相信希腊文和拉丁文能增添她们的魅力；而未经翻译的柏拉图和亚里士多德是她们衣橱的经常装饰品”。但到 17 世纪“两性对学识的兴致逐渐消退”。17 世纪末剧作家把像纽卡斯尔公爵夫人（Duchess of Newcastle）这样的准女学者当成滑稽人物，对她的学究气质及不美外貌大加嘲笑。“穿裙

子的柏拉图(Plato in petticoats,即女学者)在复辟时代戏剧或复辟时代社会不是受欢迎的人物。

17 世纪时,贵族女性所受的古典文学教育被传统的女性成就与技艺(诸如音乐、唱歌、跳舞、裁缝及刺绣,和英文及法文的读写)所取代。上层阶级英国女性数世纪来所受教育的最明显特征是她 173
们在法文上所受训练。1652 年拉尔夫・维尔尼爵士如此劝他 12 岁的教女:"学习法文你不可能太诡诈,因为法文提供许多适合你的好书,如罗曼史、戏剧、诗、优秀女性的故事……及处理好家政的一切技能。"对她父亲他写道:"别让你的女儿学拉丁文或速记;前者的困难会让她学不下去,因为这样的缘故,我倒也尊敬学得会拉丁文的女性。"他对速记的反对则是基于"作讲道笔记的骄傲已使许多女性陷入最大不幸",这句话想必是针对当时许多女性对意见偏激的宗教传道者的热情而发。

连女性也同意这类降低了的教育理想,1662 年伊丽莎白・乔斯林夫人(Mrs Elizabeth Josseline)在她第一个孩子出生前,告诉她丈夫若这孩子是个女儿且若她自己难产而死,她要这孩子受怎样的教育(母女事实上在九天内皆死亡):"我希望她能像我的姊妹那样学习圣经、学习家政、学习写字和手艺,女性学习这些就够了。"当 8 岁的莫莉・维尔尼(Molly Verney)在 1682 年被送到切尔西(Chelsea)的学校去学跳舞等等美艺,并要求学漆盒(japanning boxes)这项昂贵技巧,她父亲立刻同意,并说"我支持你学会让你在上帝和男人眼中显得善良美丽的一切技艺"。他为她定的进一步教育计划是训练她成为名门淑女、为嫁给一富有乡绅作准备。如埃德蒙・维尔尼这样的仁慈和蔼的父亲,他能为女儿设想的目标，就是取得美艺成就。

如果这是17世纪上层阶级女性的情形，不难想像低社会阶层
174 的状况。自耕农的女儿所受的教育局限于非常少的读和写（就宗教和实际用途而言勉强足够），加上缝纫和家事管理。在此阶级读和写几乎不必要；许多人处在如同萨福克自耕农爱德华·杜菲尔德（Edward Duffield）之妻的状况。她"无法写或读一字"。在平民中，仅1/3女性能在1754年的婚姻登记簿上签名，且很有可能此比例在17世纪还要更低。社会所有阶层的女性相较于男性都是教育权受剥夺的一群。

4. 结语

16、17世纪时在英国中、上阶级家庭的结构发生一连串重要变化，包括家庭社经功能的转变、家庭内情感关系的转变及对家庭外团体态度的改变。在来自国家及新教道德神学的压力下，家庭从一相当开放的结构转变成一核心结构。此一核心家庭的功能如今越来越局限于婴儿幼儿的养育及社会化，及夫妻的经济、情感及性满足。在此功能较有限、较特殊化的核心内，情感日益流向丈夫（对妻子）和父亲（对儿女）。尽管无法证明丈夫/父亲的权力是比中世纪末的丈夫/父亲权力更专权、独裁，确有理论上的理由说明情形应是如此。他现在较少受亲属（无论是他自己的亲属或他妻子的亲属）干预、阻扰，教会和国家一致加强他的权威并派新任务
175 给他，他现在较关注子女的正确教育，并因此更可能在子女年幼时就干预子女自由。

有好几个原因能解释家庭内父亲/丈夫权威的增强。国家欲建立威权政府、故而强调威权家庭；新教改革强调家户（而非教会）作为道德和宗教操控机构的角色；加尔文教派强调原罪及“责打孩子、压制恶性”的必要；古典文学教育的传播使得越来越多孩子在学校挨打；妇女的财产权发生法律变化，家长能随己意处理地产；家长急于操控子女的婚姻伴侣、教育、职业选择；父母急于挫杀子女的锐气，因为自己在童年也经历相同的事情。

所有这些都是实在而必要的肇因，但它们并不足够解释威权的形成。有若干较深基础力量在社会运作，在新教与天主教地区皆然。16 世纪、17 世纪初的欧洲目睹旧价值及秩序感的崩溃。基督教世界的统一业已被宗教改革打碎，碎片再也无法拼在一起。结果是从那时起在宗教意识形态、信仰及实践上就有许多选择，没有人能完全确定何种是对何种为错。此不确定的第一个结果是极端的狂热、盲信。内在的怀疑只能借对异议者的最残忍对待来获得平息。威权家庭和权威民族国家是因应不堪忍受的焦虑感和对秩序的深深渴望而产生的。

在作了上述有关家庭内父权体制的成长的概述之后，这里有必要加入一条防止误解的说明。就任何家庭关系而言，情感联系的程度和决策权力的分配最终仍倚赖的是夫妇的个人性格。这里要说的只是，在 16、17 世纪的英国，法律、风俗、国家宣传、道德神学及家庭传统协力创造出一套内化的价值与期望。这些价值强调 176
核心家庭而不强调亲属，坚持家族核心内人际关系的冷淡与距离，并创造对丈夫及父亲的权威、妻子和小孩须顺从的期望。因此推测大多数现实服膺于典范是合理的。

①威廉·伯德(1674—1744)为美洲殖民地作家、耕作者及政府官员;著有 *A History of the Dividing Line*, *A Journey to the Land of Eden* 及 *A Progress to the Mines* 等书。

②16 世纪末到 17 世纪初,清教徒人数激增,其中一部分人因不满足于国教会内的工作而主张脱离国教会,这些人即形成了独立派,其活动一开始是分散的,但因迫害而受限制。在迫害中有的逃往荷兰,继而移民去美洲,这一百余位清教徒便称为 Pilgrim Fathers。

③奥柏瑞(1626—1697)为英国文物学家,著有《威尔特郡的自然史》(*Natural History of Wiltshire*)及《萨里的自然史及古迹》(*Natural History and Antiquities of Surrey*)等。

④瓜里诺(1374—1460)为意大利人文主义者;比韦斯(1492—1540)为西班牙人文主义者兼哲学家;伊利奥特(约 1490—1546)英国作家;阿斯卡姆(1515—1568)为英国人文主义者及学者;穆卡斯特为 16 世纪英国教育学家。

⑤格雷女爵(1537—1554)为多塞特侯爵亨利·格雷与亨利八世侄女法兰西
177 斯·布兰顿之女,曾接任爱德华六世为英国女王,但仅在位九天,便被玛丽一世取代。

⑥邓恩(1572—1631)为英国玄学派诗人、散文作家。

⑦卡顿(1663—1728)为美国清教徒牧师及作家。

⑧哈林顿(1611—1677)为英国政治作家,毕生倡导土地改革、废除长子继承制、限制个人所能拥有的土地量,并倡导政府分权、一部分成文的宪法及政党交替原则。其理念可见于美国革命及法国革命的信条中。

⑨威丘里(1640—1716)为英国剧作家。

⑩该段的原意应为:"同样,作妻子的,你们也应该顺服自己的丈夫,好使没有接受真道的丈夫能因你们的好品性受感化。你们用不着多说话,因为他们会看见你们的纯洁和端庄的品行。"

⑪狄格比(1603—1665)为英国作家暨实务管理者。

⑫卡斯帝利奥内(1478—1529)为意大利作家。

⑬沃顿(1666—1727)为英国学者。

第四部

封闭的核心家庭

第六章　情感个人主义的成长 181

大自然中每人都被大自然赋予一个人的属性，不受任何人侵犯或篡夺；因每人作为他自己都是一个团体，因此他有一自我属性，否则他无法做他自己……盖所有人都生来喜爱自适、自由、自主。

(R. Overton, *An Arrow against all Tyrants*, London, 1646, in G. E. Aylmer (ed.), *The Levellers in the English Revolution*, London, 1975, pp. 68—69)

所以人都生存来在……一能按己意安排自身行动、处理自身财产、容貌的完全自由状态，在自然法范围内，毋须顾忌或倚赖任何他人的愿望。

(J. Locke, *Two Treatises of Government*, London, 1689, Second Treatise, sect. 4)

1.　导言

16 世纪中、上阶级家庭内日渐威权的关系到 17 世纪末、18 世 183

纪逐渐被子女的较大自由及夫妇间相当平等的合伙关系所取代。这个发展是由核心家庭自亲属干预(或支持)的进一步撤离、自社群的进一步撤离而伴随的。再者,在夫妇间和亲子间发展出相当温暖的情感关系,这在本身就是亲属及社群影响力衰微的一个重要原因。第四项特征是儿童被定位为一特殊身份团体,不同于成人,有他自己的特殊机构(诸如学校),有他自己的消息通路,成人如今日益设法不让有关性与死的知识进入该通路。

另一(只在有产精英中出现而很少影响中产阶级及专业人员阶级的)发展,是对性欲的日益开放的承认与接纳。一个结果是性欲被收纳到婚姻关系及婚外关系中,而在这两个领域的性欲,以前无论在理论或在实践上都相当不受重视。不过,此发展的进一步讨论将延缓到本书第五部讨论性问题的部分再进行。

除了性欲,上述趋向首先在1665年至17世纪末间于城市富商及专业人员家户中变得明显。从那儿它们扩散到大地主阶级,在18世纪初快速聚积力量,而在将近1800年之际趋于顶点。

184 这些家庭内人际关系上的转变,除了根据整个文化体系内的转变解释外无法被解释。既然如此,我们必须到家庭外的领域去寻求解释,因为此处所牵涉的是个人如何定义自己在社会中的位置,与他如何对待他人(尤其是他的妻子、小孩、父母、亲属)的变化。前者指个人主义的成长,后者指情感的成长。在开始讨论此甚复杂主题之前,我们应明白了解此处所检视的是一个次要(但相当重要)发展,这发展在一建基于历史悠久的阶序/服从原则的恭谦社会内运作。此等原则在“在长者面前脱帽”、“通过街道时让路”、“细心安排葬礼等正式场合”、“教堂中的座次依社会等级安排”等细微仪式中可以清楚看见。十六七世纪英国教区教会的高坛上常见的大家族墓行列，一如掌礼官所绘的精巧系谱，是一广布的、讲究的祖先崇拜证据，它支持了家庭中长者对家庭的年轻成员的权威。

此等细致仪式及象征有深刻的精神意义，它们的目的是去支撑社会秩序及保护社会秩序免于混乱（宗教改革及教会财产的重新分配及贫富的日益不均使社会不宁）。最终，这些努力顺利封锁了社会崩解的威胁，在 18 世纪初之际开始一平静时期。上流社会人士再次在基本议题上取得共识。

正由于精英分子的团结，加上精英分子以下的人的服从习惯，
国家机器能在 18 世纪保持相当弱却不带来社会秩序的崩溃。当 185
时社会是封闭物，骚乱只在表面下进行，精英分子的权威由于对群众暴乱的恐惧而减弱。但权威依旧屹立不移，因为，诚如爱德蒙·柏克（Edmund Burke）[1] 所指出，政治自由过去是——现在也是——以对社会秩序的内化的尊重（internalized respect for social discilpine）为代价所购得。个人自主性——当时人称它为“freedom”或“liberty”——因此是一新奢侈品，现在能被富裕人士享用，且它缓和、减轻了社会的严峻，该社会的秩序是由对合法权威的服从习惯所维持，这个习惯的最重要面向之二是小孩对父母的顺从和女人对男人的顺从。

个人主义是一非常难处理的概念。这里所说的个人主义是两个相当明显的事：其一是对个人人格日益加深的内省与关注；其二是对个人自主性的要求及对个人之于隐私、自我表达及因社会秩序的需要而设定的范围内自由行使意志的权利的尊重：即承认过

度要求服从，或操纵、胁迫人以达社会、政治目的，在道德上是不对的。这些如今是西方社会令人耳熟能详的信条，但它们不应被视为理所当然。它们是受文化决定的价值，世界史上多数社会都鄙视这类价值，多数社会至今也仍旧鄙视。经常，个人主义是被等同于自恋及自我中心，一种把自己的个人方便置于整个社会的需要（或如亲属或家庭这类次单位的需要）之上的自私欲望。一套将个人置于亲属、家庭、社会乃至国家之上的价值在17世纪末、18世
186 纪英国出现，因此是一非常不寻常的现象，需要非常仔细的论证与解释。

笔者要指出，个人内省的发展及宽容精神的成长起自在某些方面正相反的心理冲动。头一种冲动背后最有力的影响是强烈的罪恶感及对个人救赎的执迷，这是17世纪清教人格的特点，受识字能力及私下阅读、冥想的习惯刺激而成。对自我的关注起自规训自我的强烈需要——弗洛伊德将它描述为“括约肌道德”(sphincter morality)。清教主义、内省、识字能力及隐私形成一彼此关联的特征群。不过，它们未必导致尊重他人自由（或隐私）的意愿。相反，在英国及新英格兰，它们直接导致多疑的、好讯问的(inquisitorial)社会的产生。

“容忍他人自主性”的精神得自冷淡与得自原则的一样多。此精神强调他人的自由及他们追求个人目标的自由，它是（与清教人格相反的）“随和、外向、愿容忍多元”人格类型的一个特征。我们似可做如下推断。在16世纪末、17世纪初，两不同世界景观——清教禁欲与世俗肉欲，在争夺统治阶级的青睐。1640到1660年间是由前者获胜，它试图借蛮力推销它的信念，故而转盛为衰，然

后瓦解。结果是一般人强烈倾向快乐主义，而清教主义则持续以作为少数人执守的观点而存在。

因此在17世纪英国有一介乎两个显著人格类型间的摆荡。两种类型以不同方式作出自己的贡献，前一类型有助于内省的成长而后一类型有助于“尊重他人自主性”的成长。清教主义在其垂 187
死挣扎中留给后世若干相当重要遗产。尽管有威权倾向，它也强调个人良心的重要性和对上帝进行私人祈祷的重要性，而在1660年后的不振中，它除了请求多数人的宗教容忍外别无选择。此外，它对神圣婚姻——指由彼此情感联结的婚姻——的重要性的强调，有助于削弱它对“绝不可违抗父母”的强调。但大力宣扬神圣婚姻以改变中、上社会阶级内对权威、情感与性的态度的，则是1660年后的反清教人格类型文化霸权。

2. 社会中的情感个人主义

在17世纪有清晰的图像和文字证据显示人们对自我的新关注，及对个人的独特性的承认。这是一普及于全欧的发展，而其根源显然是在两股不同思想：见于切利尼(Benvenuto Cellini)[②]的自传或蒙田随笔中世俗的文艺复兴时期个人英雄典型；及起自加尔文教派的罪疚意识及对救赎的焦虑的宗教内省。在英国，两种影响都在运作，尽管第二种似乎是最重要(至少在1660年前)。

富人墓碑的流行形式变化提供态度变化一重要线索。16世纪、17世纪初墓碑几乎都是去个人化(dispersonalized)的家庭纪念碑。墓碑承包合约中指定一代表死者的无特色死者石像须被置 188

入一精巧框架，这框架最引人注意之处，是凸显家族古老及地位不凡的彩绘纹饰（图 7）。它是家族地位及权势的呈现，不是对死者个体性的纪念物。1620 年代肖像画法被尼古拉斯·斯通（Nicholas Stone）从国外引进，到 17 世纪末最普及的死者石像类型因此变成个人化的胸像（立基于模特儿坐着供人画像或一死亡面具），尽管仍被有家族纹饰的框架围住（图 8）。因此 17 世纪末，多塞特伯爵之墓的承包契约指定死者石像，应是让宫廷画家彼得·雷利（Sir Peter Lely）觉得满意的肖像。一个类似发展是个人肖像画（油画或水彩），最初是由希里亚德（Nicholas Hilliard）、凡代克（Sir Anthony Van Dyck）、多布森（William Dobson）及雷利等人在宫廷附近作画，后来经由伦敦的巡回画家的访问传播到乡下。当然，没错，此一变化部分起因于文艺复兴艺术风格与样式的传播，但“这类风格十分强调个人”这个事实无疑也很重要。那些委托制作这些墓碑和肖像画的人，如今希望为后世创造的是一个人化的形象，而非一宗谱上的无面目条款。

同时，发展出一连串几近全新的写作类型——袒露自我的日记、传记与情书。当然，这类产品部分是俗人中产生从口语文化到书写文化的过渡的结果。识字能力可能是内省成长的必要先决条件。但识字能力的意义尚有其他。首先，写与读，不同于在炉火旁说故事，是种孤独的活动。除非他大声朗读（这在 17、18 世纪经常
189 发生），个人是在进行一场自身与纸上文字间的会晤，而纸张此无生命的物体，覆满墨水字的纸张，提供了新感性的传播媒介。此外，识字能力的成长还创造了自我探究的文学，从小说到情书。其次，有极多证据显示探究自我的欲望受到加尔文教神学及道德激

励。多数写就于1700年前的英文日记与自传富含宗教意义，它们的数目远超过发现在天主教国家的日记与自传，且其中有相当大的比例是清教徒的作品。清教徒不断在寻找他的灵魂，履践道德与精神的实绩调查以看出他是否是上帝的选民。如果读写能力和加尔文教前定论神学是推动力量，那这些新的、相当个人的文学类型的兴起，显示的便是一新的、较内在导向的人格发展。

新书写类型的第一项是日记。正如大卫·李斯曼(David Riesman)所云，“写日记是新人格类型极为重要的一个表征，它可被视为一种内在时间、动态的研究，个人借着这样的方式逐日记载、鉴定他的心灵活动。它是行为的自我与记录的自我间有所分隔的证据。”

第二种新书写类型是内省的自传。“我写的不是我的功勋，而是我自己和我的本质。”蒙田如是解释。此一特殊形式随托马斯·威索恩(Thomas Wythorne)的自传而于1576年初现于英国，只比第一幅自画像(希里亚德作)早一年。这类作品的背后动机很难一语道尽。绝大部分16世纪末、17世纪自传受“记录深刻的宗教经验”的想望激励，因此主要是由不信仰国教的清教徒所写，其中许多是教友派信徒，逾220件这类作品(许多由女性所写)留存逾一
世纪。直到17世纪末，自传才普遍变得既世俗又富内省性，是个 190
人情感的记录而非外在事件或宗教经验的记录。安·霍尔凯特(Lady Anne Halkett)是第一位自传主要描写她动荡不安的爱情生活故事的英国女性，而就在这个时候，情书数量出现大幅度跳跃，像桃乐丝·奥斯本(Dorothy Osborne)就写给威廉·坦普尔(William Temple)[3]不少情书。

这些是从1660年后的宗教狂热灰烬中冒出的世俗个人主义精神之征兆，而此“有一对个人自我表达的欲望在17世纪末、18世纪兴起”的证据的重要性是再怎么强调也不为过。它显示对自我的关注出现一全新的规模和深度。自传不再是由杰出宗教人物如圣奥古斯丁或马丁·路德所写那种孤立作品；从17世纪起许多相当平凡的英国男女在纸上投注了大量有关内心思想与情感的文字，多数文字在性质上相当世俗。据所知约有逾360本英文日记及逾200本自传（都写于1700年前）留存了下来。由于这些自传中只有12本写于1660年前，其中只有一本是个人类型，显然以抒发个人情感为目的的自传是17世纪的现象，在18世纪渐受欢迎，并在动机和内容上逐渐减少宗教性。

无疑，这些发展的一大刺激是由内战及战败者的流亡所提供。战争拆散了许多家庭，而连结他们的唯一生命线是信。许多女性发现自己不仅突然为不寻常的责任所困，而且倚赖书写艺术来维系家庭于不坠。

191 这些趋向无可避免地被反映在当时的虚构文学中，小说从歹徒冒险故事（如《鲁滨逊漂流记》），演化到对个人心理的深入探索（如《呼啸山庄》），无疑部分拜此类趋向所赐。这是一历经长时间发展的过程，直到18世纪中叶的理查森（Samuel Richardson）[4]，小说才变成主要关注在情感方面。理查森是位先锋，他借由书信述说故事，因为没有比书信更好的传达情感工具。但对自我表达的关注很久以前就存在，例如在笛福的《罗珊娜》中。而18世纪晚期更是浪漫小说发展鼎盛时期，浪漫小说的中心主题是围绕在爱的奋斗与个人自主性和家庭利益与父母操控之间。

此一小说内容的变化与量的变化同时发生。18 世纪末有大量小说出版，这是因书价的降低造成，而书价的降低是由便宜的纸张及较大的销售量所造成。书籍销售量之所以变大，是因为有闲有学问的妇女人数增加，提供了新的需求，这些人的需求因巡回图书馆的发明与流布而获得满足。第一家这类图书馆是在 1725 年于巴斯设立，第二家是在 1739 年于伦敦设立，而到 1780 年代时在英国所有大市镇都能找到这种图书馆。当时一本书若印行 1000 本，其中就有 400 本被这类图书馆买走。就像一本小说的一位女主角在 1785 年所说："我光顾一家巡回图书馆，一周狼吞虎咽 10 到 14 本小说。"

个人主义的第二面向是自主性需要量提高，这从对"置强大压力在个人身体和灵魂"企图的渐增的抵抗可以看出。16 世纪初主 192
权国家的兴起与宗教改革造成的宗教分裂，业已增加了这些压力的规模与深度，因此最终发展出两价值体系间正面冲突：其中一体系要求在行为、言语乃至内心思想上完全服从国家和教会表达的集体意志；另一体系坚持个人拥有某种程度的行动自由权与内在信仰权。16 世纪时，第一种趋向可见于全欧，持议异者和异常的人在当时会遭到被审问、凌虐乃至被杀的命运。口说叛国而无行动也触犯叛国罪，而异端法（heresy laws）则要求内心与官方教条一致，而官方教条不仅每年更改，也随议题而异，如圣礼仪式中的"圣体实在论"（real presence，指举行圣餐时吃的面包与酒确实是耶稣的身体和血），就被官方教条所严格认定。英国和荷兰是最早正式发展"反对过分要求信仰服从"这观念的两个国家，不过它们反对再洗礼教徒（Anabaptists）等宗派的"激进改革"（Radical Re-

formation)。

官方圈内新态度的第一个明显征兆出现在16世纪末，当时伯利勋爵抗议惠特吉福大主教(Archbishop John Whitgift)调查私人宗教见解的审问程序，因为这类程序“在窥探人的灵魂”，他认为这是对个人隐私的不法侵入。17世纪中叶，英国政府由奥立弗·克伦威尔(Oliver Cromwell)领导了一段时间，克伦威尔是位真诚相信“将管理良心的责任交给每个个人”之必要的人。在1640年代末革命气氛高涨时，激进分子忙于贬斥一切对个人宗教信仰自由的侵害。“为什么我们要仇恨、摧毁彼此?”平等论者理查德·奥
193 维顿(Richard Overton)问:“我们不全都是上帝的子民，受到上主耶稣基督的敬重?”迫害“是一切心灵知识的最高敌人，心灵知识成长的妨碍者”。

1640年代末平等派(Levellers)的此等自由意志主义思想部分源自宗教宗派主义(religious sectarianism)及宗教宗派主义对个人良心的强调;部分源自有关自然法及人的天赋权利的世俗概念;部分源自有关基于对《大宪章》含义的误解的习惯法的概念;部分源自英国史的诠释——此指“诺曼人的奴役”(the Norman yoke)这一错误理论，按照该理论，在国王、领主及一切暴政机器于1066年因诺曼征服[5]被加诸英国之前，在盎格鲁-撒克逊时代曾出现过草根民主黄金时代。

平等派被镇压，但他们对宗教自由的信仰的若干痕迹留下来作为一少数人观点，如弥尔顿对政治、宗教检查的废止的大胆呼吁:“让真理和假说搏斗。谁说真理在一自由而公开的搏斗里一定落于败方?”此外，平等派有关人的天赋权利的观念，及随之发生的

政府应立于契约基础的观念，最终均被整合入传统政治思想，成为18世纪辉格党正统说法的一部分。

不过，在个人权利方面更重要的，无疑是“忠于一能保护资产家个人、财产权利免于受国家侵犯的古老‘均衡宪法’”其根深蒂固的“乡间”意识形态，此一意识形态在国会1628年草拟权利请愿书并获得查理一世法律上充分的同意，并在内战的考验及1600到1720年政治斗争中明确成形，继而强力掌握住乡绅的心，成为他 194
们在整个18世纪政治行为的准则。此意识形态发展至完全成熟之时，是承载如下的思想：“乡间由资产家组成：所有其他人都是仆人。国会的职责是去维持财产的独立，所有人类自由及人类尊严都建立在财产的独立上面。政府的职责是去治理，此乃合法权威；但治理是发挥权力，而权力有造成损害的自然倾向。监督政府比支持政府更重要，因为财产独立的维持是终极的政治目标。”

1689年，国会通过《宽容法案》(Toleration Act)，下令不可将刑罚法规强加于不尊奉英国国教的基督新教徒；1695年，《许可法案》(Licensing Act)终结，报纸及小册子等出版品得到了新的自由，作家可以在诽谤及叛乱法律的范围之内，随心所欲地写作。1688到1714年间，大群托利党传道者及政客被迫食言，迅速扬弃两代以来人们对“君权神授”及“对神权帝王的意志不可违抗”信条的热烈服膺。变化发生得如此之快，且几乎不带什么挣扎，显示君权神授的说法如今只是一个空壳子。1741年，托利党员休谟(David Hume)⑥说“把国王描述得像上帝在世上的副摄政一样，只会激起每个人的笑声”。1540、1640年时公认的政治真理，到1740年时成了全然的笑话。新价值体系置个人道德于宗教教条之上，如教宗 1733 年的著名对句中所说：

195 不知耻的狂热者为信仰形式战斗，
自命为正义一方，不可能犯错。

特拉普牧师(Rev. Joseph Trapp)1739 年反循道宗的论文之标题，十分清楚地显示出民心已大大不同于 17 世纪初、中期的狂信：〈盲信的本质、愚蠢、罪恶与危险〉(The Nature, Folly, Sin and Danger of being Righteous Overmuch)——这个讯息在 1760 年由于霍加斯(William Hogarth)⑦一幅题为《宗教狂热现形记》(*Enthusiasm Delineated*)的流行版画而获得视觉呈现。

在 17 世纪末、18 世纪一切最重要变化的根部，存在一对于追求现世欢乐(而非将欢乐延迟到来生)兴趣的渐增。一方面是对人的主宰环境、利用环境的能力信心渐增。此一人类目标的重新定位由于对疾病、剥削、贫穷、苦难面前的消极认命态度(视苦难为神的旨意，人只能借死后得偿的承诺获得安慰)撤离而成为可能。人如今获得追求此世个人欢乐的自由，不再被道德神学或传统习惯设下的狭窄范围束缚。此一新态度能导向任何事，从特殊品种的狗、马、牛的实验性养殖，到借采取避孕措施来将性用来达成欢乐而非生殖，到挑战父母操控子女配偶选择的愿望。

196 世俗化(secularization)的证据多至不可胜数，此处不赘。在宗教上，重要的与其说是在于自然神教与无神论的成长，还不如说是在于对神职人员、圣经及道德神学的权威冷淡态度的成长。此变化的一件相当具有暗示性的证据是圣经在英国出版的版数于

1650 至 1740 年间的猛然下降，尽管识字率不断提升。这不是说圣经及《天路历程》已不再是英国阅读人口的主要书目，而是说它们如今必须和小说及大批教科书竞争，争夺自然、物理知识的主导权。

是在 17 世纪末，英国物理科学家及天文学家推毁了有关“有一阶序井然宇宙存在”的传统概念。尽管许多科学家（如莱布尼茨〔Leibniz〕）强烈否认他们的发现颠覆了阶序原则，事实上他们的发现仍引起对“存有大链”(Great Chain of Being)理论——这理论将所有男人、女人、小孩连结在一倚赖及顺从网络，不只倚赖、顺从他人意志，也倚赖、顺从宇宙意志——的怀疑。牛顿或许是“最后一位袄教僧侣”，迷信的怪人，但他无疑也是人类心灵的伟大解放者。在他钟表装置般的宇宙中，人是个孤立的、原子般的个人，获得随心所欲行动的自由。不过，牛顿力学对社会的影响中较重要的可能是透过皇家学会散布“科学能提供使人征服自然的科技”的培根式希望。一旦有逃离不可测的灾难的希望，“决定、计划自己未来”的权利也就变成可能且合理的了。这方面的第一项医学突破是挽救了许多小孩生命、容貌及美丽的天花预防接种大成功。此显示了对命运的消极接受不再是今世生命问题的唯一反应，甚 197
至不再是最佳反应。当然，还是有人对命运持消极接受态度，笔者并无意否定这类人的存在。亦应记得清教是一非常实际取向的宗教，因此，举例来说，18 世纪初波士顿的首席清教牧师卡顿・马瑟也是第一位引进天花预防接种的人。故 18 世纪自立独立的根源在于宗教，也在于科学。

此种对环境的操控感，尤其是对动物养殖的操控感，无可避免

地使得男人选择妻子就像选择一匹传种母马一样，挑选女人着重的是她们个人的基因遗传，及她们能以多年来奉献给马、狗或鹰的那种耐心与关注来训练子女。18 世纪的男人常是拥有许多休闲时间的男人，他们能花费许多时间在教育家里的孩子。洛克将小孩比喻为一张白纸，恰好符合当时“仔细看顾能有效促进家畜品质”的科学观点。

其他影响在作用以促进经济事务上的经济个人主义的成长。商业、工业及农业的扩展，加上个人企业家使用新技术以增加生产，都是促进文化变迁的重要因素。经济个人主义概念日益被接受的证据可见于以下三者：18 世纪习惯法及政治理论家（如洛克）对私有财产的神圣性再三强调；国会废除了星室法院法庭（Court of Star Chamber），因而政府不能再以法律限制圈地；政府放弃许多限制自由贸易的措施，中世纪公正价格及认为高利贷为邪恶等观念，为经济上的经济个人主义所取代。

198 17 世纪末、18 世纪最重要的知识创新之一，是将个人追求现世欢乐置于人的心理动机的中心。当托马斯·杰斐逊（Thomas Jefferson）在 1776 年的《独立宣言》中以“生命、自由与快乐的追求”取代以前的“生命、自由与财产”作为人的三种不能让与的权利、保障这三种权利是政府的职责，他是在思考由洛克在 1690 年定义作为自由的基础的快乐，而与神学家如巴斯卡（Blaise Pascal）及巴特勒（Joseph Butler）形成强烈对比，对后者而言，此世是泪与不幸之谷，对他们而言快乐只能在来世被寻找。18 世纪英、美神学家修正他们从前对苦修的强调，斯多噶哲学及伊壁鸠鲁学说享受一新流行。当时流行的概念是，个人追求快乐（这里的快乐是指道德快乐，但也可被解释作包含所有快乐形式）本身即是对公共福祉的贡献。此一论辩与亚当·斯密（Adam Smith）对经济的论辩十分类似，亚当·斯密宣称对于利益的个人追求，如果能自由进行，将能制造一自我调节的市场经济，而这市场经济能极大化集体的经济利益。“最大多数人的最大幸福”早在 1725 年即被定义成政治目标，但距它被边沁（Bentham）及功利主义者接纳还有一段长时间。

另一在 18 世纪中晚期蓄积力量的哲学趋势，是对暴力渐增的反感。此一情绪的根源可被追溯至英国清教思想某模糊地带，它的初次清楚表达可见于 1641 年为马萨诸塞州议会所采纳的《马萨诸塞殖民地的自由》（The Liberties of the Massachusetts Colo-
ny）。这份文件对使用严刑峻法逼供的手段施加严格限制，禁止 199
丈夫殴打妻子（或虐待仆人或学徒）。它甚至（有史以来首次）立法保护家畜：“没有人能对任何兽类施加暴力。”1641 年是英国政府采用暴力手段对付政治犯的最后一年，国会领袖及克伦威尔立法对囚犯的待遇施加限制，即使残酷内战所激发的恨意也无法改变此一立法。

清教思想中的反暴力趋向的 17 世纪末证据不易找到，而反暴力思想在 18 世纪的传播似乎与启蒙思想在整个欧洲的传播同时发生，且两者间有一定的关联。即便当时，它也只是局限于相当小部分人口的一种心态。但它是种相当明晰且最终非常有影响力的思想。此一思想在急速求变化的社会中发生，改革者遂能利用报纸、小册子、讲道、小说、卡通及版画，去影响群众，而后动员该批群众经请愿管道对国会施加压力。最后他们造成诸如奴隶买卖的废

止、多数残酷运动的禁止、监狱改革及精神病患待遇的改革等事。可以说，这些努力中最成功者影响了许多人，英国精英分子轻易地将慈善概念整合到他们信守的文化规范里去。这运动是一真正的道德运动，涉及新态度与新感情的涌起，它之所以能蔚为潮流，是因为在18世纪中叶兴起了一种新的理想典型，即"伤感的人"(Man of Sentiment)，18世纪末浪漫主义运动的原型。服从此新典型绝对地增强统治阶级的合法性。

虐待动物与虐待(或谋杀)人之间的关联是霍加斯很受欢迎的
200 一套宣传版画——刊行于1751年的《暴力四阶段》(*The Four Stages of Cruelty*)的主题。数年后，霍加斯指出他认为"它们的刊载业已阻遏了虐待动物的残忍精神，这种精神，我很难过地说，曾一度在这国家相当流行。"十年后有本给青少年阅读的最成功的书——汤姆·泰勒史科普(Tom Telescope)写的《青年男女版牛顿式哲学体系》(*The Newtonian System of Philosophy adapted to the Capacities of Young Gentlemen and Ladies*)——出版。这本书将不可虐待动物(乃至不可虐待奴隶等人)的观念灌输给年轻人，"没错，对待动物要仁慈，但汤姆训诲的最终目的是对人仁慈。"

此一教诲经常被包裹在一对现代品味而言似乎过分滥情的包装里，但讯息新且清楚。一个人必须硬起心肠，才能读这种无趣、道德主义且又滥情的当时畅销书如理查森的《帕美乐》(*Pamela*)，或浪漫主义的原型——亨利·麦肯齐(Henry Mackenzie)1770年的《伤感的人》(*The Man of Feeling*)，其中平均每十页半就有一阵大哭(男女都有)。但在泪流背后是一种对人的不仁的新态度。约有半世纪，从1770到1820年，表达对暴力的愤怒蔚为时髦，此一愤怒最终开启通往补救性立法及体制改革的路。

动物与小孩都是反暴力的受益者，而奴隶、妇女、重犯及精神病患亦都是立法保护无依无靠者的受益人。同时，浪漫主义运动鼓励对家庭关系作情感涉入。从此改善人类命运、减少世上暴力渐增的欲望中产生一项副产品，即中、上阶级的妇女和小孩所受的待遇较前为改善，尤其在18世纪下半叶是如此。为何此一运动会 201
在历史上此刻以这样大的力量发生始终是个谜，但它的成功无疑得助于其领导者传福音式的热情及他们对新兴的大众传播媒体的娴熟运用。

3. 家庭内的情感个人主义

对父权体制的抨击

政治理论与家庭生活之间最直接而明确的联系出现在洛克写于1679年、刊行于1689年的《政府论》（*Two Treatises of Government*）。第一论攻击罗伯特·费尔默的《男家长》（*Patriarcha*），《男家长》一书将国王的权威类比于家父的权威，在此过程中它将前者和后者重新定义。婚姻在洛克笔下被陈述为赋予“共同利益与财产”的契约关系，但并不赋予丈夫统治妻子的权力。洛克认为父亲对子女的权力只是他养育子女（直到子女能照顾自己）的责任的一项副产品。它因此只是有限的、暂时的权威，当儿女成人便自动结束。无论如何，父母权威与国王权威无关，对国王权威而言，成人是在“国王为人民谋福利”的条件下自愿地服从。17世纪

202 末“重塑国家权力政治理论”的实际需要因此产生一有关家庭内父权权力和个人权利的理论的大幅修正。

这个议题在1697年的舞台上已被讨论，彼时在范勃勒(Sir John Vanbrugh)[8]的剧作《被惹恼的妻子》(*The Provoked Wife*)里布鲁特夫人将洛克的“政府是受人民委托而履行责任”的理论应用到她自己状况：“国王与人民间的契约说法是好的，何以在夫妻间不也能应用同样说法？”1701年楚德雷夫人(Lady Mary Chudleigh)也批评男人，因为

> 你们对我们灌输服从之理
>
> ……
>
> 却否认那古老学说是自己的，
>
> 现在我们要责备你们，我们这么做可是应该的。

1706年玛丽·阿斯特尔(Mary Astell)[9]问：“如果绝对的统治权在国家内不必要？为何它在家庭内如此必要？或如果它在家庭内必要，为何它在国家内便不必要？……男人要是反对国家内的专制统治，却主张、实践家庭内的专制统治，那他们不是自私到
203 极点吗？……如果所有男人生来自由，何以所有女人生来是奴隶？”

家庭中父权体制与“政府是受人民委托而履行责任”政治理论间的不相容变得那么明确，以致道德神学家被迫修正他们的立场。1705年弗利特伍德主教(Bishop Fleetwood)提出新教理，这教理减损了父亲、丈夫的传统专制权威：“这世上没有自然的关系或法

律规定而获同意的关系，只有相互的义务迫使……我提这一点只是要点明，子女是有义务要爱、尊敬、关心、服从父母，但这项义务是建立在父母对子女的爱与照顾上。”婚姻如今同样是一种契约，基于彼此的权利与义务而订立，这些权利、义务的性质能被无限地讨论。妻子是有义务要“服从、敬事丈夫”，但丈夫也有义务要“爱妻子”，这项义务含有情感、忠实、照顾种种责任。

另一产生在追求个人快乐蔚为理想之际的哲学趋向，也对有关家庭内权力关系的概念有深刻影响。在此新价值体系下，婚姻不再是加诸男人色欲的抑制，而成为个人情感欢乐和性欢乐的主要来源。那些希望减少通奸量的人期望使婚姻成为伙伴关系，好让性激情能更加被局限于婚姻之床。此一新实用主义意图使个人对快乐的自私欲望能为公共利益起一份作用。照此，它是一种“侵蚀地主阶级中婚姻安排的父权操控的合法性”的强大力量。此一新态度对有产阶级思维的穿透，由“哈德威克勋爵的婚姻法案中

‘所有 21 岁以下男女结婚必须获得父母同意’一条在 1753 年于国 204
会进行讨论时，曾招致不少人基于伦理与私利理由反对”可见一斑。据说该条款意图“借老年人蓬勃的贪欲野心来操控年轻人所有爱的情感和真诚情感”。结果是造成“华丽而悲惨的合法卖淫状态，其中儿女的快乐被牺牲给家庭荣耀”。这句话背后明显存在一对于个人福祉的热情，这种热情过去从未获得广泛接受。哈利法克斯勋爵(Lord William Halifax)1688 年犬儒而悲观的《给女儿的劝诫》(*Advice to a Daughter*)老早是过时之书。罗密欧与朱丽叶的见解如今已出自父母之口。

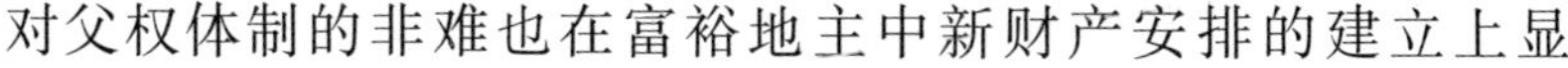

对父权体制的非难也在富裕地主中新财产安排的建立上显

现。读者应还记得，1500 到 1660 年间，当时地主能相当自由地按己意处理地产，此赋予他一强大武器以助他将意志加诸孩子身上。要是孩子不听话，父亲大可将孩子的财产继承权部分取消或全部取消来作为惩罚。17 世纪初，当时地主作了一连串努力以再次收紧法律安排以便维持家族世袭财产，并减少继承者让渡财产的自由。这些努力最终造成一项名为“严格继承”(strict settlement)的法律措施在 17 世纪中叶发展。在其条款下，当时地主的权力再度被降到一位终身受托人的权力，因为他在婚前起草的财产授予文书中已将他的权利让渡给他未出世的孩子。

此产生第三套家庭财产安排，在这套家庭财产安排下地主再次不过是一终身佃户，但所有小孩的年金和嫁妆的设定如今在小孩出生前即已经由缜密条款作出。地主既不能让渡财产也不能剥
205 夺任何子女的继承权。他可以借着多给财产来酬赏他喜爱的子女，但不能借着少给财产来惩罚那些他不喜爱的子女。家庭的每个成员的权利因此是被清楚地定义，且被小心地保护不受其他成员的侵害。“严格继承”法规所造成的差别与其说是改变了财产在孩子间的分配，还不如说是减低了父亲对分配的专横控制，从而减低了父亲在婚姻这类重要议题上以自己意志加诸儿女的权力。家庭内父权的衰微是当时人清楚地意识到的事，1715 年笛福便将“父母不再对财产分配拥有绝对的控制权”描述为“父母权威的致命障碍”。此语内容或夸张，但并非无的放矢，家庭内父权的衰微确为当时之新现实。不过，较贤明的父母并不排拒这个趋势，而逐渐视借运用经济权力来控制子女为道德过失。这里可举赫斯特·斯拉夫人为例，她在 1775 年由丈夫授权将她个人的遗产按她自己

的意思分配给子女。赫斯特·斯拉夫人是位专制、独裁的母亲，但她最后仍然决定："我有权利将遗产留给任何我喜欢的子女，或保留这样的权利以让他们更加服从、关心我。但我不屑创造这种不足取的倚赖，决定只按照出生顺序分配遗产，我无意对子女不公平，也不希望让他们怀疑我不公平。"

17 世纪末、18 世纪婚姻协定的另一特征是对妻子的财产权利的保护采取了大得多的照应。不仅零用金发放在婚约中被指定，而且逐渐地妻子能保有更多自己财产在她个人的控制下。此部分起因于法庭内一连串司法判决——法庭致力保护已婚妇女的财产已有一段长时间。部分则是因为有越来越多妇女，尤其寡妇，采取 206
婚前将财产交与数位保管人的预防措施，好让先生碰不到财产。发现自己的权力被这样阻挡的男人常常很不能接受。当约翰·季斯爵士(Sir John Guise)在 1710 年结第二次婚，当时社会是在财产分离的新体系之下。他认为这样的体系实在坏透了，让他过了八年生不如死的生活，因此他劝他的后代："所有男女都不应搞财产分离这类事。"

粗看，"对长子继承制原则的再肯定以维持家庭财产的永恒性"似乎与个人主义精神相违，个人主义精神似乎偏好的是可分的财产继承(partible inheritance)。不过，事实上，为幼子、女儿及寡妇的审慎筹谋保障了所有人的权利，故而削弱了父权权力原则。借此方式，长子继承制顺利与个人主义融合，尽管，无可否认，它维持了家庭资源的相当不平等的分配。而父亲权威遭压抑的另一征象可见于对家庭祈祷的态度，及对个人及身体隐私的态度。

家庭祈祷的衰微

17 世纪末、18 世纪宗教狂热的普遍衰退连带造成丈夫、父亲作为家户宗教领袖角色——此角色由家庭所有成员的例行聚会(经常一天两次,听户长带领全家祈祷并获得他的祝福)的象征而出——的衰微。分离派教会信徒的激进概念孕育了个人宗教良
207 心,此一良心破坏家庭祈祷的力量在初期卫理公会教徒劳伦斯·克拉克森(Laurence Clarkson)的自传里可以清楚看见。他的宗教生涯开始于 1630 年代他十多岁时,彼时他反抗他父亲阿米尼乌斯派(Arminius)[10]的观点。他发现自己无法接受共同祈祷书,因此他必须反抗他的父亲。

> 我踌躇的第二件事是请求我父母的祝福;许多个冬天的早晨,我起床后,在楼上站得打冷颤,直到我父亲外出我才敢下楼。而原因呢,我喜欢一位上帝不愿倾听的坏人的祝福,因此若请求上帝祝福是会触怒上帝的。为着这两点理由我必须跪下来,说"父亲,请上帝祝福我",或"看在上帝的份上,给我您的祝福",这两句话我都说不出口。

此一(由宗教激进主义所引起的)对个人良心的诉诸是破坏家庭祈祷的一个因素,但远更重要的是宗教狂热及宗教仪式的普遍衰微。1660年代,对宗教仪式存有相当尊重的塞缪尔·佩皮斯只一周举行一次家庭祈祷(星期天晚上,女仆念圣经上一段话,佩皮斯带领家庭祈祷)。1692年约翰·当顿(John Dunton)在《雅典信使报》

(*Athenian Mercury*)中力劝他的中产阶级读者保持家庭祈祷旧俗,一个理由是"它维系了对家长的尊敬尊重"——这是对家庭祈祷在促进父权体制上所扮演角色的坦白承认。1700年一位无名的小册子作者及1715年的笛福重申了"家庭祈祷和宗教教导在消逝" 208
的怨言。75年后家庭祈祷成了稀有物:1778年詹姆斯·鲍斯威尔感叹说:"今日已无家庭祈祷存在了,甚至连读经都不存在。这和我祖父那个年代或我母亲那个年代的做法是多么不同啊!"

家庭祈祷此例常性、集体性的正式仪式在16世纪与父权制(patriarchalism)一同发展,这并非巧合;但在18世纪随一较平等主义、个人主义及友善和乐的家庭类型发展而衰微;在19世纪则随维多利亚时代父权家庭而再兴;而在20世纪则因较平等主义、自由开放的家庭类型的再兴而再次衰微。家庭祈祷的兴衰不仅与宗教狂热的兴衰恰好重合,也与家庭内父权制的兴衰恰好重合。

个人与身体隐私

17、18世纪上层阶级生活方式上最显著转变是对个人隐私的日益强调。15、16世纪的大家宅是由无走廊的连锁套房构成,因此穿行的唯一方式是借通过他人的卧房。然而,到了17世纪末18世纪,家宅增添了走廊空间,走廊如今使得人能在不侵犯他人隐私的情况下于家宅内游走。财产盘点显示到处放推拉床(truckle bed)的做法不像从前那样多。大多数卧室移转到楼上,留下一楼做客厅。尽管客厅依旧很大,小房间却也越来越多,日常生活越来越常在小房间进行。 209

上述现象的原因部分可归诸家中每位成员都需要隐私,尤其家仆——家仆在每一中、上阶级家户都是必要之恶的来源——的耳目最让人受不了，谁都想逃避。多年后约翰逊博士这样尖刻地警告道：

> 他们先侵入你的桌子后侵入你的胸，
> 以奸猾诡计刺探你的秘密，
> 观看你的弱点、搜索你的心事，
> 然后很快你决定惩罚这些佣人，
> 端起老爷的架子，统治或出卖。

约翰逊博士说的是事实，这从 18 世纪贵族通奸的审判即能看出。这类审判的关键证人总是仆人，他们的刺探本事显然使所有希望在自己家进行私密情事的贵族都难以得偿宿愿。仆人总是不停地透过壁板上的裂缝刺探，透过钥匙孔偷窥，在门边窃听床上的呢喃细语，并仔细查看床单以找出可疑痕迹。18 世纪的建筑革新
210 是一件佳事，但它们未能提供足够保护以免窃听偷窥。对居家隐私的日益讲求主要是富人阶级，但在 17、18 世纪从富人直到自耕农、零售商阶级的所有阶级的住家都变得更多样、更细分、更功能分化，也因此给与更多隐私。

农人、店老板及工匠需要更多居家隐私的一件证据是，学徒和未婚雇佣劳动者逐渐搬离主人家。结果，雇主对青少年劳动力的操控减弱，报酬的非金钱成分——免费的食物及免费的住宿——被金钱工资取代。此显示劳资关系中家长作用的衰退，及核心家庭的日益孤立。就证据来看，此状况并非由（不顾主人的反对）追

寻个人自由的佣工所争取到的发展，而是一在各方面适合关于劳资双方家庭生活新概念的发展。此变化为佣人带来较大自由也为主人带来较大隐私。

至于贫民，他们一直到19世纪中叶住的都是一或二房式住家。在此等状况下，隐私不但在实际上甚至连理论上的可能都不存在。诚如乔治·格雷布(George Grabbe)在1897年清晰而坚定地指出：

> 看哪！成群的床在那些相邻的房间，
> 由板条或垂下的帘子隔开的床。
> 儿女睡在那儿的隔间，
> 父母睡在这里与子女的卧房相邻。
> 你们这些有权力的人，不会接近这些笨人，
> 也不会住在这样嘈杂的环境。

17世纪末、18世纪个人主义和隐私的发展是与文艺复兴时期人文主义者对“礼仪”(civility)的强调息息相关，这里所说的礼仪，是指将文明人与非文明人区分开的一套外在行为特征。自欧洲贵族宫廷向外、向下传播，礼仪尤其为伊拉斯谟所强调。此一新“礼仪”的特征之一是个人身体及身体排出物避免与他人接触。并非巧合：刀叉、手帕及睡衣是在17世纪末18世纪初来临并慢慢传播。大量盘、刀、叉及汤匙如今由主人提供，以在每道菜替换。它们只被拿来供个人使用，且被放在嘴里之后，就不再被放置在公用的盘。餐桌旁不同的人的唾液不再有任何混合机会。个人主义与

隐私的发展也带动个人卫生的发展。吐痰被反对。薙发、使用假发(在17世纪末精英分子中相当普及),虽无疑是赶流行的做法,却也是避免虱子的一个方式。终于,洗身的习惯、洗脸盆和可移动澡盆被引入浴室,在18世纪末开始在富有家户中发展。

212 这些新礼仪背后的动机相当清楚。它是种“不让自己的身体与体液与他人接触”、“在个人活动许多方面获得隐私”、“避免干扰他人隐私”的愿望。精英分子——绅士与淑女——之所以会有这种想望,是想创造一种文化,借一套立即可辨识的外在行为特征而将自己与他人分开。连人们的语言如今也开始沿着阶级线划分。16世纪人们讲的是地方方言而非国语,但到18世纪有一流行语言在学校被教授且在上层阶级家庭中被使用,这种语言凌驾了未受教育者的地方方言。一新字被精英阶级发明而出:“quality”(素质),这是一意义十分明显的字。

4. 结语:变化之因

在16世纪及之前,标准世界观是社会上所有人都被一起绑在“存有大链”里,所有人彼此间都是可交换的。一妻(或一子)能取代另一,就像军队里的军人一样。生活的目的是确保家族、氏族、农村或国家的延续,而非极大化个人幸福。个人偏好、野心及贪欲应总服从公共利益。在16、17世纪发展的第二个世界观,是每人都认为自己是独一无二的,并努力将自己的意志加诸他人以达成个人目的。结果形成霍布斯式自然状态[11],所有人对所有人的战争,这种状态只能借将严格父权权力置于家庭和国家来获得改善。

在 17 世纪末、18 世纪初发展的第三个世界观，是所有人都是独一 213
无二的。每人都有权利追求自己的快乐，只要他也尊重别人追求自身快乐的权利，利己主义就能变得与公共利益同义。

第三种观点的演化之因已见于前述。它们牵涉一连串进行逾一世纪的半独立发展。结果是整个价值体系的转变。

不难列出有助于创造较大的个人及家庭自主性（及社区风纪的松动）的经济变化。圈地制破坏了合作式农村耕作；行会(guild，即同业公会)对产销的控制变弱；市场经济的成长促进新经济阶层和新经济组织——尤其是家庭贸易、工匠店及自由雇佣劳动者——的兴起；人口压力及伦敦市的巨大发展产生了地理流动，并给与越来越多人伦敦生活的经验：在伦敦，薪水收入比身份地位重要；生产比消费重要；而在伦敦主要联系是与店里同事的联系；对财产的新态度在发展，在这样的态度下人们拥有与社会责任分离的经济权利；人际关系越来越以经济的角度来看待，受到自由市场原则支配。所有这些趋势都有助于刺激“经济个人主义”的成长。“需求的弹性”(elasticity of demand，指人对物资的无限欲望)此一新观念即是立基于“人心贪婪”之理。人是自我本位的、虚荣的、嫉妒的、贪心的、奢侈的、野心勃勃的。他的大欲是将他自己与他的邻人区分开来。诚如尼古拉斯·巴邦(Nicholas Barbon)在1690 年指出，“人心的欲望是无限的。人自然会有渴望，而当他的
心灵膨胀，他的感官也变得越细致，且越加能感受欢乐。他的欲望 214
膨胀，他的需要随他的愿望而增加，他希望获得各种稀奇，能满足他的感官，装饰他的身体，促进舒适、欢乐、生命荣耀的东西。”

此一追寻欢乐的经济个人主义的理论，在何种程度上刺激了

其他生命领域的个人主义自然无法被证明。但“有些影响”似是合理的推测。当约翰逊博士向鲍斯威尔指出市场经济对主属关系和亲属关系网络的侵蚀性影响，他的看法无疑是正确的。苏格兰和英格兰之间的文化落差是此基本经济因素重要性的充分证明：

> 鲍斯威尔谈及存在于近亲间的疏淡关系，约翰逊说，先生，在像伦敦这样商业、人人独力谋生的地方，根本没有多少亲属关系存在的必要。没有人会因为他的哥哥被吊死而被认为是这里的坏人。在非商业地方许多家族分枝必须倚赖家系；因此，为了使家长照顾他们，他们摆出一副与他的名誉休戚相关的样子，也就是说，他们要家长明白光自爱是不够的，他得努力促进他们的利益才行。起先氏族扮演的角色很重要；但随着商业发展，关系限于近亲。逐渐地，近亲关系也消失，因它变得不必要且很少有近亲通婚的机会。

215　一关键发展，是富商中产阶级跃升到社经政治优越位置。有许多原因可以解释为什么这个背景的人比其他人更易于接纳情感个人主义原则。首先，他们的生活方式是立基于严格个人行为法则，强调撙节、辛勤工作及道德上的自我规范。此一阶级中许多人在17世纪末与不从国教（nonconformity）的关联，及在18世纪末、19世纪初与福音主义（Evangelicalism）的关联并非偶然，因为在此等宗教信仰与在经济上向上流动的社会群体其勤劳苦干的务实态度间有一精神上的和谐性。在他们努力取得成就的过程中，他们十分容易受到有关宗教及世俗道德的通俗说教作品影响，尤其在家庭生活领域更是如此。经济、职业的成功使他们与他们所来自的阶级文化联系逐渐断裂，他们采纳最适合于他们新生活状况的教理。由于他们的高识字率及他们的道德目的感，他们是当时说教文学的热心读者。在向上流动之余，他们关心小孩、急于给小孩他们自己可能未受过的精英教育。经常深富教育精神，在17世纪他们强烈地受到当时对神圣婚姻及夫妇情感的强调影响。他们的商业经验使得他们视独立自主为在此世迈向成功之路的不二法门。他们因此是第一批卸下亲属关系（尽管他们利用婚姻关系来巩固商业关系），强调契约的优点及神圣性，发展家庭内亲密情感关系且十分关照疼爱孩子的人。

第二个十分重要的社会事实是英国乡下大地主阶级在政治、
社会、文化上的优势地位，这起因自它对地方政府的稳固控制，及 216
它对高威望及地位的几近独占。在此有产精英的利益上及有产精英与上层中产阶级的同盟上，“有限的、受人民委托而履行责任的政府”、“宗教自由”、“权利法案”（Bill of Rights）等新概念一一被发明出。有产精英的个人自由及个人财产权的概念与现实，在18世纪受到习惯法与文化成规的妥善滋养与保护。

由于英国精英社会惊人的同质性，及地主阶级与上层中产阶级间自17世纪末起建立的社会与文化联系，后者关于家庭行为的观念很快传播到乡下大地主阶级里，洛克《有关教育的思想》（*Some Thoughts upon Education*）及乔瑟夫·艾迪生（Joseph Addison）[12]《观察者报》（*The Spectator*）是主要传播工具。上层中产阶级与乡下大地主阶级因此形成（不只支配18世纪政经社会生活，也担任个人、家庭生活中新文化价值的承载者的）精英阶级。

之前，别处也有中产阶级文化，但只有在英国中产阶级将他们的价值传遍有产精英阶级中。

纯社经变化提供个人主义兴起的一个必要（但绝非充分）肇因，1778 年约翰逊博士指出另一肇因。他指出社会服从普遍衰退的明显事实：

> 服从在这个时代完全瓦解。没有人拥有他父亲拥有的那种权威——除了狱卒。没有人对仆人拥有权威；权威在大学里减少，在文法学校则归于零……有许多肇因，我认为其中最
> 217 大的肇因是金钱的大量增加……金钱破坏了主属关系。而且敬意的表达也大不如前。没有儿子像从前那样倚赖父亲。父子关系过去被视为大事、相当重要，但父子关系如今缩为非常小的关系。

约翰逊博士未尝试解释此一变化，也未将它与复杂但辐辏的一套观念联系——这些观念中有些承袭自由英国革命所产生之平等主义、个人主义运动，这运动自 17 世纪末起流行。

17 世纪末之所以会产生此一对自主性的热望，最重要的肇因是心理平衡的恢复，16 世纪末、17 世纪初的偏执心理（它视人人居心叵测、意图不轨）渐息。在此较放松的气氛中，要求在家庭、社会内表现绝对服从的压力自然减轻。

17 世纪末，此一精神放松及清教徒在 1640 到 1660 年间从事的道德再生实验的失败，造成清教主义作为英国人生活中一主要宗教及道德力量（暂时）瓦解。不过，清教主义在退入孤立的反国

教主义之际,也遗留了数项重要遗产给继之较世俗化的社会。节俭、节制及辛勤工作等“清教伦理”熬过了清教主义的衰退而在本杰明·富兰克林(Benjamin Franklin)及塞缪尔·史迈尔斯(Samuel Smiles)身上获得最佳体现,并在18世纪中产阶级家庭中被内化。其次,对由上帝指导的个人良心的尊重是清教主义之一要素(清教主义在许多其他方面是压迫而专制的),这要素留存下来不 218
仅有助创造提供宗教自由的欲望,而且有助引起对生活其他层面中个人自主性的尊重。再者,清教徒对神圣婚姻的强调减损了他们对父权权威的强调。如果情侣是以爱情或情感关系联结时,父母对子女配偶选择的控制如何能维持?释出若干选择权是不可避免的结果,且毫不意外的,在呼吁子女配偶选择自由上领头的,是17世纪末不从国教者。

其他宗教观点也导致完全未预见到的结果。逐渐地,新教教会开始视双方舒适为夫妇性结合的主要目的之一——有时甚至是最重要目的,而不再视夫妇性结合为一主要限于生殖目的的本能。此立刻引起对从前“怀孕期间不应从事性行为,因为它无法导致生殖”看法的怀疑。另一引起争议的领域是对职业奶妈的看法。医学界的普遍看法(此一看法获得现代统计数字的支持)是,奶妈哺乳对孩子较母亲哺乳危险得多。也有人认为哺乳母亲的性兴奋会损害奶质,而若她要是怀孕,奶会完全枯竭而吮奶的孩子会因此死亡。由于哺乳一般持续一年至18个月,道德神学家因着他们对神圣婚姻及避免“不自然做法”(及通奸)的关注,被迫在建议与哺乳母亲发生性关系从而危害幼儿生命,或禁止与哺乳母亲发生性关系,而冒性饥渴的丈夫发生外遇的危险之间抉择。他们通常选择前者。

另一重要发展是自我意识的成长，这似是清教神学及其附随
219 的罪疚意识的副产品。这由17世纪许多日记、自传是由清教徒所写的事实可以看出。

是以16世纪末、17世纪初大群人口的基督教化对家庭生活有深刻影响，此影响在宗教热情衰退后仍然延续很久。不过，对清教主义偏激极端（excesses of puritanism）的反动，也对向个人自主性的发展提供重要贡献。一项贡献是18世纪对各种“宗教狂热”的敌意及随之发展的“容忍多数基督教宗派形式，只要它们不打扰公共安宁”的意愿的成长。当容忍最终成为正面德行，从自主性的发展便跨了一大步。17世纪末自然科学的发展亦在未被料到的状况下大大促进了自由主义乃至自然神论的成长，从而促进了宗教宽容气氛的成长。“这个时代，我相信，是嘲笑宗教狂热的第一个时代”，在亨利·费尔丁（Henry Fielding）1732年《现代丈夫》（*The Modern Husband*）中，一位女性如是说。

清教主义衰微的另一结果是对原罪概念（“小孩生来是魔鬼代理人”概念）的拒斥。原罪概念被“婴儿是张白纸”的概念（由洛克1693年《有关教育的思想》一书所提出）所取代。此未能大幅减轻塑造孩子的愿望，但它十分有助于刺激家庭中爱和情感的产生，并有助于减少学校中的体罚。

国家内专制君主制的衰微与家庭内父权威权主义的衰微的关联在1680年代罗伯特·费尔默与洛克的辩论中被勾勒得很清楚。
220 在对君权与父权问题思考40年后，洛克终于在其《政府论》的第一论中申述理念。他明白他必须摧毁费尔默在其1680年出版的《男

家长》一书中再三申述的“君权和父权是由圣经权和层级体系的自然法〔natural laws of hierarchy〕所直接连接”的旧论式。他因此放弃圣经，而只倚赖自然法（自然法此时成为哲学讨论的一般基础）。他认为配偶家庭是为了生、养子女而依自愿的契约形成。无必要为了达成这些有限的目的而在婚姻中实行独裁统治，而只要由夫妇中较强壮、聪明者——即丈夫——实行领导即成。婚约因此能包含有关妻子财产的处理，且在理论上一旦婚姻的目的达成（那是当小孩离家时）即可解除。

精神紧张缓解、宗教狂热衰退、新政治理论诞生，是在这三者所创造的气氛中，若干启蒙运动概念得以在18世纪中叶扎根。于是家庭关系强烈地受“追求个人快乐是基本自然法之一”概念影响，也强烈地受“对人仁慈、对动物仁慈”此一日渐普及的概念影响。

18世纪初时，完全的等同已在个人追求快乐与公共福祉间形成。1733年蒲柏（Alexander Pope）以下面这句话来结束其《论人》（*Essay on Man*）[13]的一个段落：“于是上帝和自然连结框架/并命令自爱和社会爱成为同一。”（Thus God and Nature link′d the General frame/And bade self-love and Social be the Same.）他然后更进一步，以这般声明来结束下一段落：“理智、感情呼应一大目标/真正的自爱和社会爱乃是同一。”（That reason, passion answer one great aim/That true self-love and social are the same.） 221
在此二对句中蒲柏拉进上帝、自然、理智与感情来支持一能被描述为“人的良心的转换”（transformation of human consciousness）的命题。头一次，若干人开始相信个人追求自我利益是对公共利益

的贡献而非破坏。其次，蒲柏的“将感情与理智等同为致力同一目标而非对立的两极”的概念调和了感情与理智。它因此为“浪漫爱情跃升为婚姻策略及婚姻生活的重要成分”铺路。

笔者在此想追究的问题，不是个人主义为何在此时兴起，而是英国为何在个人主义的发展上取得了领先欧洲大陆的地位，而为回答这个问题，有必要将独属于英国的发展，与普及于整个西欧的发展分开。

世俗主义、识字能力、追求快乐、人道主义、性/身体隐私，是普及于整个西方文化。但使经济个人主义理论成为可能、必要的，是市场经济在英国的高度发展；清教主义遗留下来的“尊重个人良心”、“神圣婚姻的理想”等遗产，及新教神学承认性能达成生殖以外的目的，也是只限于在英国发展的概念；一大规模的、富裕的、有权力的、有教养的上层中产阶级的发展局限于荷兰、英国及法国；绅士阶级在一血腥内战后获得权力，及立基于契约论（政府是由一项全民间的社会契约形式）而缔造国家是纯英国现象；此等历史经验及如此微妙平衡的政体所引起的审慎务实（cautious pragma-
222 tism）心态是非常英国的；上层中产阶级及绅士阶级文化霸权也是英国独有的现象，检查制度的缺乏及量大质佳的文字作品市场的形成亦然；伦敦作为英国的唯一政经文化中心的角色是独一无二的；情感小说的发展，及（由于巡回图书馆的普遍设立而形成的）阅读小说人口的大幅成长也是独特英国现象。我们因此能从全欧洲共有的现象中指出一些英国独有的现象，这能充分解释新的家庭类型在英国社会整个中、上阶层广泛而早的传播。结果，就我们所知，只有在英国，地主阶级才如此欣然接受个人主义意识形态、“自

我利益与公共福祉一致”的观念的广泛分布。

“人的可交换性”原则的扬弃，及“每人都是独特的、不能被复制或替代”概念的兴起，可被上述辐辏的力量所充分解释。不过，情感的兴起，只部分是个人主义的产物，其根源似也在于人格改变。在 16 世纪、17 世纪初，彼时占优势的是有“低坡度”情感的人格类型，这种人格类型不大有能力经营温暖关系，因此情感疏远的气氛弥漫于家人、亲属、邻居中。到 18 世纪，在上层中产阶级与乡下大地主阶级中占优势的是一种有“高坡度”情感的人格类型，这种人格类型较有能力经营亲密关系，夫妇间与亲子间的情感联系因此大为增强。此一人格变迁的肇因不明，但这样猜测似乎合理：它可能不只与当时广泛的社会、知识变化有关，也与一连串幼儿养育的变化相关。还有两个概念有助于刺激 18 世纪的情感。一是“追求快乐（最能由家庭情感获致）是人生的主要目标”的新信念。
二是“伤感的人”的新典型，这种人容易因残酷流下激愤之泪，也容 223
易因慈善流下同情之泪。最终有缓慢结构改变，这改变先削弱亲属的权力，然后削弱父母的权力。随此权力改变而来的是责任及义务概念的改变。

向个人主义及向情感的发展合流形成情感个人主义，它在 17 世纪末、18 世纪于中产阶级及乡下大地主阶级家庭生活中的发展是下三章的主题。

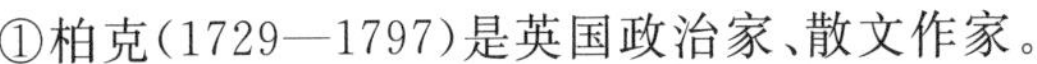

①柏克（1729—1797）是英国政治家、散文作家。

②切利尼（1500—1571）为意大利雕塑家、金属匠及作家。他的写于 1588 至

1562年间的著名自传读来像本歹徒故事(picaresque novel),作者在其中尽情吐露他的任意妄为。这部日记后来成为16世纪最重要的文献之一。

③坦普尔(1628—1699)为美国外交家、作家,于1655年娶桃乐丝·奥斯本。坦普尔除以情书名世外,还著有数本政治著作及多篇随笔。他的随笔〈论古代与现代学识〉(*Of Ancient and Modern Learning*)开启17世纪著名的“古今之争”。

④理查森(1689—1761),英国小说家,著有《帕美乐》(*Pamela*)、《柯瑞莎》(*Clarissa*)、《葛兰狄森爵士》(*Sir Charles Grandson*)等小说,为英国小说鼻祖。

⑤诺曼征服(Norman Conquest),指1066年诺曼底公爵威廉之征服英国。

224 ⑥休谟(1711—1776)为苏格兰哲学家、历史学家,其哲学著作包括《人性论》(*A Treatise of Human Nature*)、《人类悟性研究》(*Enguiry Concerning Human Understanding*)及《道德原理研究》(*Enguiry Concerning the Principles of Morals*)等,所撰《英国史》长期以来成为英国标准历史。

⑦霍加斯(1697—1764)为英国画家、讽刺诗作者、雕刻师及艺术理论家。

⑧范勃勒(1664—1726)另著有喜剧《故态复萌》(*The Relapse*)。他除了扬名剧坛之外,同时也是巴洛克派建筑师。

⑨阿斯特尔(1666—1731)为英国作家暨女性主义者,她的《对女性的严肃提议》(*Serious Proposal to the Ladies*)提供一女子大学计划,这超前时代太多的计划并未被实现。

⑩阿米尼乌斯(Arminius)派为新教一派,由荷兰新教神学家阿米尼乌斯(Jacobus Arminius, 1560—1609)所创立。主张自由意志、善功,以及教士在人与神之间的代求者身份等观念。

⑪霍布斯(1588—1679)以为人的创立政府是为了避免自然状态的痛苦;在自然状态中,没有工业、艺术及文学。人的生活是“孤独的、贫穷的、污秽的、野蛮的、为时短促的”。只有共同同意形成一个政府,并将绝对而且不能取消的权力授予一个最高统治者——一个人也好、一个会议也好,人乃可以避免自然状态的痛苦。

⑫亚迪森(1672—1719)除为期刊随笔作家之外,也有其他方面的成就,如诗作《远征》(*The Campaign*)、悲剧《伽图》(*Cato*),均脍炙人口。

⑬《论人》(*Essay on Man*)一诗是以书信体表达哲学观点。

第七章　婚姻安排 225

为爱而不为钱结婚的人有美好的夜晚和难过的白日。

（J. Ray, *A Collection of English Proverbs*, Cambridge, 1670, p. 17）

名叫爱的现代婚姻，实无多少道理。

（D. Defoe, *Review*, 1704 [Fascimile edn, ed. A. W. Secord], Vol. 3, *Supplementary Journal*, No. 1, p. 9）

父母要求男人有钱有地位，认为这是婚姻幸福美满的要件。年轻女人要求个人成就和温柔，认为这是婚姻和谐的要件。

（*The Lady's Magazine*, V. 1774, p. 82）

1. 理论

上层阶级中婚姻安排的转变系于两理论上分开，但实际上相 227
关的议题的转变。一是决策权在父母与子女间的分配；二是对婚姻决定中各项因素所赋予的比重。

就撮合婚姻权而言，社会里有四种基本形态。第一种形态是选择完全由父母、亲属、家庭等“友人”来作，而不考虑新郎或新娘的意见。第二种形态是选择是由父母、亲属、家庭等“友人”来作，但子女被赋予否决权（双方父母、亲属同意婚配后会举行一两次会面，当事人若不喜欢对方则可否决父母的决定）。否决权只能行使一两次，且倾向于让新郎而非新娘行使。否决权背后的概念是情感就维系一婚姻而言是重要的，而情感能在任何未在初见面时显出对对方反感的情侣间慢慢发展。在一谦恭社会里，此是一合理假定。第三种（应个人主义兴起而生的）形态的选择是由孩子本人来决定，但这选择必须考虑到双方门当户对，而父母则保有否决权。第四种（到本世纪才出现的）选择是子女自己作决定，只把决定的结果告诉父母。

在此形态范围内，家庭越有钱、越有势力，权力越可能由父母来行使。再者，当时长子尤其暴露于父母压力，因为在长子继承制
228 下他们继承大部分财产，他们的婚姻因此对家族未来很重要。女儿也处于弱势，因为她们唯一可靠的未来在于婚姻。一位评论家在 1703 年抱怨：“女人……已被教会认为婚姻是她唯一出路，她努力的目标，她希望之所寄。”这样的抱怨没什么用。现实毕竟胜过一切。事实就是这样，最自由的是幼子。

决策权之分配有四种基本形态，结婚动机也有四种基本形态。第一种也是最传统的结婚动机是家族的社经政治巩固。如果这是目的，婚姻便主要是两个家族间为交换具体好处而达成的约定，与其说是为了子女还不如说是为了父母和亲属——其中的一切考虑都是为了“利益”。这容易是社会最上层的人最主要的结婚动机，也容易是接近社会最低阶层的人最主要的结婚动机。1786 年玛丽·沃斯通克拉夫特（Mary Wollstonecraft）正确地指出：“大人物和小人物在许多方面类似，最大的类似是结婚动机。”

第二个动机是个人情感、伴侣关系及友谊，双方在长时期相处后，基于对对方的道德、知识、心理素质的了解，认为彼此有机会长相厮守。第三个动机是（由婚前某种程度的相互实验刺激而出的）性吸引，这种可能性整体来说只对（涉足贵族家庭或王室的）离家的高阶层年轻人或（习于婚前交欢的）低阶层人士开放。结果可能是相当强烈的色欲，对某特定人士的身体产生执迷。18 世纪将受此强烈情感影响的人描述为“cuntstruck”（意为“被女阴冲昏头”）。不过，多半，此强烈情感被认为是在婚姻束缚外运作的力量，受到这种力量掌握的人准备放弃所有责任、义务和利益——包 229
括工作、家庭、孩子、朋友、名誉及一切事物。第四种可能的个人动机是小说中及舞台上描述的那种浪漫爱情，当事人爱得如痴如狂，对另一人的优点切切执迷，对他（她）所有缺点则看不见，且拒绝考虑爱情以外的事，尤其不考虑金钱之类的俗事。

1660 年时决策权之分配上自第一种形态往第二种形态的推移，已在除贵族阶层外所有阶层里发生：当时许多人承认，为了子女婚姻幸福，子女应被赋予对父母所选子女未来配偶的否决权。不过，1660 到 1800 年间，发生了从第二种形态到第三种形态远更激烈的转变，子女如今通常自作选择，父母则有对门不当户不对的候选人的否决权。同时无可避免地产生从家庭利益往个人情感的婚事着眼点上的推移。不过，几乎人人都同意，性欲和浪漫爱情都不是持久婚姻的可靠基础，因为此二者都是激烈的精神不安，这无可避免地只能维持一段短时间。1703 年有位评论家指出：“为钱结婚和为美貌结婚间并没有太大差异；人在这两种情况都不是依据理智行事。”显然，在婚事决策权及结婚动机上的转变的根部存在一深刻的意识转变，一种对“个人自主性之必要”的新体认，及一种对个人追求快乐的新尊重。

除了从服从到独立自主的基本态度的改变外，“配偶选择权归于子女个人”的发展尚需三个社会条件。第一个条件是核心家庭
230 已大体独立于亲属，因此婚姻决定不再由一群家中长者来决定（这群人主要的关心必然是去保护、增进氏族的利益而非去满足个人的私人愿望）。第二个条件是紧密的亲子关系已经发展，因此父母相当满意他们自己的价值观已在子女身上被内化，后者因此会从门当户对的家庭中选择伴侣。第三，父母必须愿意授予青春期子女相当大的约会自由，发展他们自身的求爱仪式，如谈话、跳舞等等。

此等意识转变及社会变化的主要证据来自将近 17 世纪末之际上层中产阶级及专业人员阶级。但同方向的思想趋势曾出现于阿米尼乌斯派神职人员及 1630、1640 年代宫廷周遭的“骑士[1]”诗人（Cavalier）中。之后不久，1645 年，达德利·诺士勋爵（Lord Dudley North，3rd Baron）成了英国历史上第一位采取极端激进立场的人，公开怂恿“父母让子女完全自由处理他们的婚姻大事”。1700 年时理查德·纽第盖特爵士（Sir Richard Newdigate）只在乎他在他儿子婚姻中的经济利益：“我只让他娶让我有大笔嫁妆的人。”因此，显然有一小群贵族、绅士阶级支持给小孩配偶选择权、

置伴侣关系于利益之上，这股潮流在1630、1640年代达于最盛，而在之后趋于衰退。但这股潮流或许能解释为何当类似的中产阶级概念在18世纪初被亚迪森等人传到地主阶级，地主阶级很快就能接受这些概念。他们已作好接受这些概念的准备。

当玛丽·阿斯特尔在1706年抱怨：“一个女人，说实在的，实在不能说有选择的权利，她有的只是拒绝或接受被提供(refuse or 231
accept what is offered)的权利。”她似不了解拒绝或接受被提供的权利在两三代前是怎样的进步。她能接受的唯一婚姻动机是稳定、妥适的情感。她拒斥金钱和美貌的影响，因为“人无论是为钱结婚或为美貌结婚都非依据理智行事，而是受混乱欲望所支配”。1710年代，典型的中产阶级宣传者笛福表达最进步的男性立场：“父母在儿女婚姻大事上的权限，我认为是这样的：否决权，我想，是在父母，尤其对女儿的婚姻能行使否决权；但我想，决定权是在子女。”这是一口吻敛抑温和的声明，但发话者要表达的是一相当激进的立场。当面对着眼于金钱的婚姻，笛福和《观察者报》便丢掉一切犹豫，斥责“着眼于维持家族财产、家族地位、姓氏、关系的家族联姻”为强奸的同义字，因为女性总是被迫服从。“强迫结婚就结果来看不仅陷人于愚行，而且使人堕落。”笛福反对为金钱结婚的理由因此是相当清楚的：“由于婚姻是一至关幸福的生活状态……我认为世上最合理的事是婚姻中的当事人应被赋予婚事的最后决定权；只有当事人才能决定婚姻，当事人拥有一切婚姻自由。”因为“如果只是徒具形式的婚姻，便无所谓爱不爱；但婚姻中要有快乐……一定要有爱”。

亚迪森在《观察者报》中对乡下大地主阶级传达同样观点：“经

过长期求爱才结成的婚姻往往是最美满、最长久的婚姻。婚姻缔
232 结前应先成就深厚情感。”他显然完全赞同他的一位记者的看法，这位记者愤怒地驳斥一位保守主义者这样的建议：“先结婚再谈恋爱，结婚后爱自然就来了。”理查德·斯蒂尔爵士（Sir Richard Steele）[2]在《闲话报》（*The Tatler*）中采取和亚迪森相同的观点，明确地肯定“合宜恋人的慷慨且长久的爱是能降临被爱者的最大快乐”。所有人现在都同意父（母）应做的或许只是“命令她不要嫁给这人或那人”。易言之，否决权过去是由小孩所行使，如今则是由父母所行使，决定权则交给小孩。

1673年拉文史克劳夫特（Ravenscroft）的《无心的恋人》（*The Careless Lover*）中的女主角如是宣布她的独立：“但是啊叔叔，现在可不是你年轻那个时候。女人那时是贫穷、可怜、怯懦的动物。但在我们的时代我们知道我们自己的力量，并有足够的智慧来运用我们的才能”。在柯利·西柏（Colley Cibber）[3]1717年的《非陪审员》（Non-Jouror）中，女主角尖锐地问道：“你认为一个男人会因为我爸爸喜欢他就对我有较多魅力吗？不会的，先生……”

1680年代到1740年代逾半世纪，贵族所实行的完全着眼于实利的媒妁婚姻受到当时剧作家及艺术家越来越多责难。“强迫结婚是多么残忍呀！”1686年《宝贵机会》（*The Lucky Chance*）中的富尔班克夫人如是悲叹道：“这种婚姻带来多少灾难。”半世纪后，在大卫·盖瑞克（David Garrick）[4]1740年的《忘川》（*Lethe*）中，恰克斯通勋爵（Lord Chalkstone）指出：“我为金钱结婚；她为
233 头衔结婚。当我们都得到我们要的东西，我们越快分开越好。”这类完全着眼于实利的婚姻可能带来的悲剧结果及对当事人的伤

害，在霍加斯刊布于1745年的六幅版画《时髦婚姻》(*Marriage à la Mode*)中被刻画得相当生动。地主阶级对财产的持续执迷，解释了为何在1701年连像玛丽·阿斯特尔这样热心的女权运动者为女性呼吁的，不过是对不适合伴侣的否决权，而这权利早在半世纪前即已为较开明父母的子女所拥有："谦逊要求女人婚前不可谈爱，而只选择她能在婚后爱的人；有纯真情感的女性能轻易达成婚后职责的要求。"

值得一提的是，哈利法克斯勋爵初次出版于1688年、代表婚姻安排传统观点的《给女儿的劝诫》，在整个18世纪持续再版，1791年前共出版17版英文本，此外还有数种法文译本。他向女儿解释女性处境之艰难：

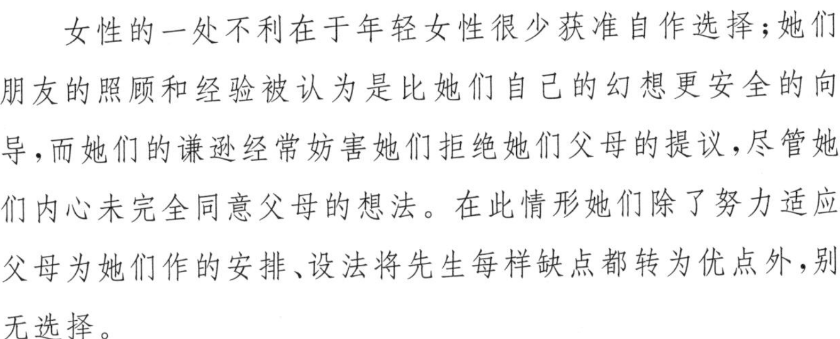

> 女性的一处不利在于年轻女性很少获准自作选择；她们朋友的照顾和经验被认为是比她们自己的幻想更安全的向导，而她们的谦逊经常妨害她们拒绝她们父母的提议，尽管她们内心未完全同意父母的想法。在此情形她们除了努力适应父母为她们作的安排、设法将先生每样缺点都转为优点外，别无选择。
>
> 你必须首先记得，男女是不平等的，男人这些法律制定者有比女性更多理智，女性为达成自身任务则必须以柔顺配合 234
> 男性。这是上天对两性的设计，男女皆须遵守。

他告诉女儿，与丈夫分居是麻烦事，应极力避免。他要女儿谨守双重性标准，勿怀疑子女的合法性及他们的继承权，并劝她在丈夫外遇时往好处想:“别妄想在这种事上谏诤丈夫,丈夫是不会领情的。一哭二闹三上吊尤属不智,比丈夫外遇还糟。”要是他是酒鬼,“嫁给酒鬼也不是什么新鲜事”,酒可能使他更情深、更体贴。如果他脾气暴躁你必须以极大耐心来包容他。如果他小气,你必须劝诱他花钱大方些……如此等等。这类劝女人低头的忠告在贵族圈内受到广泛认同直到近 18 世纪末。

在出版于 1749 年的《汤姆·琼斯》(*Tom Jones*)中,费尔丁提出新旧两种婚姻观。书中人物索菲亚的姨母,魏斯顿夫人劝索菲亚:“家族间的联姻是大事。你应将你家族的荣誉置于你个人之前。”她也告诉她婚姻“是聪明女性善于利用的一种投资”。索菲亚的父亲魏斯顿先生“在整个婚姻中都待索菲亚的母亲如佣人”,将索菲亚关在她房间直到她同意嫁他所选的男人,这人是“郡里最有钱的人之一”。与魏斯顿截然不同的是艾尔沃西先生,他“认为爱情是快乐婚姻的唯一基础,因为它能制造婚姻的接合剂——长而深切的友谊”。他因此无法忍受任何家长权威的运用,也无法忍受动机为贪恋美貌或觊觎财产或想望名位的婚姻。索菲亚本人采取
235 相同立场,承诺她不会在没有父亲同意的情况下结婚,但坚决拒绝与一由父亲而非由她自己所选的男人结婚。在《汤姆·琼斯》里费尔丁呈现两种截然不同婚姻观,情节便围绕这两种婚姻观的冲突展开。

当时人对这种婚姻观冲突的强烈兴趣,解释了理查森的小说《柯瑞莎》(*Clarissa*)何以在 18 世纪中叶普受欢迎。小说的女主角来自良好绅士阶级家庭,家人要将她许配给面目可憎的索尔莫斯先生,她在历经许多心灵煎熬后,终于拒绝这桩纯粹着眼于实利的

婚姻，离家出走，投入风流潇洒的拉夫雷斯的怀抱，拉夫雷斯见鱼儿上钩，意圈求欢，柯瑞莎不从，拉夫雷斯霸王硬上弓强暴了她，柯瑞莎因失身而伤心致死。此一文学证据显示在 17 世纪末、18 世纪有一关于子女的配偶选择权的长期公开辩论，结果是较自由的观点缓慢但稳定地在迎合中等阶层及地主阶级的作者中变得普及。

一个同时发生的长期论辩是有关“利益”和爱作为婚姻动机应各占多少分量。1704 年一位富有的男人和一位贫穷的小姐谈恋爱，两人情深意浓，这位男士将他的困境告知《评论报》(*The Review*)[5] 的笛福：“如果我与她结婚，我被毁了；如果我与她性交，她被毁了。”笛福的回答一点不含糊。他认为这男士应该结婚，“彼此的爱是婚姻的要素且使婚姻快乐如天堂。”另一方面，反对性欲作配偶选择基础的证据也能见于 17、18 世纪每位评论家，这方面的证据可谓多不胜数。即使笛福这位婚姻议题的“自由主义者”也认 236
为着眼于色欲的婚姻“带来疯狂、沮丧、家庭毁灭、耻辱、自毁毁人……等等”。

无疑，在任何时候、任何社会阶层都有一些年轻人反抗当时这种不以色欲为然的传统智慧，在肉欲中神魂颠倒。但既然社会对门不当户不对的婚姻仍怀着敌意，且父母、“朋友”及雇主对配偶选择仍发挥很大影响，无怪这些恋爱事件经常未能终成快乐婚姻。像 17 世纪初的理查德·纳皮尔这样的著名心理医生曾见过不少单恋或恋爱失败的牺牲者。究竟有多少婚前恋爱不顾当时成见而发展呢？应只有少数男女尝过婚前恋爱。自 12 世纪以来婚前恋爱在宫廷及贵族家庭一直相当普遍，莎士比亚的喜剧就是绕着“终于婚姻的爱”的主题打转。17世纪初，单恋引起的悲伤成为剧作家及学者（如罗伯特·伯顿〔Robert Burton〕[6]）笔下常见的主题。因此，很有可能，婚前恋爱，无论它在16世纪可能多么稀少，在17世纪初及以后可能在增加。拉尔夫·约瑟林这位牧师及小农之子，便曾描述一桩一见钟情的标准事例，这是他在1639年当可怜的助理牧师，第一次布道时突然发生的：“第一个讲道日，10月6日，我的眼睛充满爱意地落在一位少女身上，她的眼睛也充满爱意地落在我身上，她后来成了我妻子。”1723年强纳森·斯威夫特（Jonathan Swift）[7]仍采取“爱是只存在于戏剧和罗曼史中的荒谬感情”的传统观点。即使到18世纪中叶，多数有势力的男女仍坚
237 决反对婚前恋爱，但在那时他们已在打一场对抗席卷而来的浪漫小说及诗的败仗。1733年一位《仕女杂志》（*The Lady's Magazine*）的作者抱怨“英国几乎没有一位年轻小姐不热爱阅读恋爱小说，这弄坏了她们的品味。”到18世纪末，巡回图书馆的增加大大刺激了恋爱小说的生产与消费，1799年一位母亲这样向《女士每月博物馆》（*The Lady's Monthly Museum*）杂志抱怨她的女儿：

> 除了小说什么也不读——只读小说，从早读到晚……她通常一天到图书馆两三趟，换书。一礼拜她可以读好几本。

这位母亲相信“持续阅读这类书籍，会得到许多假概念，最后是损伤而非增益天生情感”。

虽有这些反对，1780年后浪漫爱情和浪漫小说一起成长，何者为因何者为果已经分不清了。只能说，历史上头一次，浪漫爱情

成为有产阶级结婚的重要动机，同时有大量小说填满巡回图书馆的书架，献给恋爱主题。众多这类小说如今不只为女性而写，而且由女性所写。诚如《泰晤士报》（*The Times*）在1796年讽刺地指出，“4073本由时髦年轻女性所写的小说现在已在印刷所。”大量读这类廉价文学的结果在当时是明显可见的。由于吸收了书上概念，年轻人一头栽进能挑起他们幻想的人的臂膀，要是他们的父母 238
提出异议，他们就私奔到苏格兰匆忙成亲。“在丘比特射到年轻的心的所有箭中”，《世界杂志》（*The Universal Magazine*）早在1772年即这么指出：“现代小说是最尖锐的。简直令人无法抗拒。它是使每种感官都进入狂喜状态的文学鸦片……为了反抗婚姻法〔要求21岁以下者结婚须有家长同意〕，年轻情侣私奔到格瑞特那绿地（图二）。”1792年《优雅杂志》（*The Bon Ton Magazine*）警告其女性读者在浪漫主义影响下，“未经世故的女性容易将身体欲望误认成细致情感”。简言之，她们容易将男性性欲误认成她们在小说中读到的情感（图四）。约翰逊博士和玛丽·沃斯通克拉夫特都认为浪漫爱情不过是小说家发明出而由男人采纳来作为性欲遮幕的虚假情感。沃斯通克拉夫特指出“在选择丈夫上，女人不应被情人的花言巧语迷惑，因为丈夫不可能长久是位情人”。她甚至宣称“爱和友谊不可能存在于同副胸膛”，然后较为委婉地指出女人应“满足于一生一次的爱；而在婚后，平静地让热情消退成友谊”。

人类学家研究许多不识情感为何物的社会，结果支持罗什富科（La Rochefoucauld）[8]“人们要是不曾听说爱就永不会坠入爱河”的看法。爱是学习得来的东西，它在18世纪末由于读小说风气大盛而蔚为流行。连像凯瑟林·卡佩夫人（Mrs Catherine

Cappe)这样心智清明的女性都要花很长时间才能了解“小说中的女主角和现实中的人物往往有段差距。立基于外表的感情可能经
239 不起时间考验”。并非所有年轻男女都像卡佩夫人这样明理，18世纪末、19世纪初的恋爱小说对不幸恋爱事件、不快乐婚姻实有许多责任要负。

浪漫爱情存在的事实并不值得惊奇，因那已不是新鲜事：在18世纪中晚期令人惊奇的事是对浪漫爱情的态度大幅转变。浪漫爱情由于蔚为流行，无可避免地变得相当普及，而对恋爱挫败的反应也变得更激烈。1794年多罗西亚·赫伯特(Dorothea Herbert)与一位最终遗弃她的男人深深陷入爱河。多年后，她仍在深沉难遣的哀伤里：“什么诱使这假装老实的恶棍引诱我的感情，将我掷入绵长痛苦，然后永远抛弃我，这是我永不能解答的问题。噢，我可怜的心，它承受怎样痛苦。当这恶人使出他最后一招、将我永远遗弃在无边痛苦，我感到难以言喻的悲哀。”是像这样的故事，使得威廉·柯贝特(William Cobbett)[9]在1829年指出：“很少人比受爱感染的年轻人感受到更多热情；受爱感染的年轻人会陷入疯狂，因恋爱挫败而自杀的人在英国比在所有其他国家加起来的人还多。”无论他的失恋人自杀数据是否正确，当他劝告年轻人以贞节、冷静、勤劳、节俭、整洁、对家务的知识、好脾气和美貌等品质来选择新娘，他无疑是在表达标准观点。

2. 实践

240 新价值在何种程度上被戏剧、小说及说教论文的读者放入实

践着实非常难以断定。在一流动时代，每个家庭选择婚姻模式各有不同。此外，社会不同社经阶层的态度也有相当大的差异，因此必须作非常小心的分析。就以下层中产阶级这个社会团体来说，他们似能接受新概念之一面，即配偶选择权应在子女这方，但拒绝另一面，即情感而非经济利益才应是婚姻基础。而就绅士阶级及乡下大地主阶级这个社会团体来说，他们接受情感之必要，但认为父母仍应继续对儿女的婚姻发挥许多影响。因此此时是一非常混乱的图像，这图像能借由给与一连串实际生活例子——始自社会中等阶层，向下到下层中产阶级，然后往上到乡下大地主阶级，终于贵族——来描述。

有关中等阶层中父母态度的一则非常有趣的故事是，海军上将耶欧(Admiral Yeo)的女儿凯瑟琳·耶欧(Catherine Yeo)的故事。她被海军军医 B 先生恋慕，但他不仅薪水微薄，而且是她父亲仇敌之子。为阻止恋情，她父亲“把我关了两个月，其间我除了送饭的人外没见过一个人。我为没有笔、墨、纸而烦恼”。后来 B 先生的船出航，四年无法回来，她才获得释放。她一被释放就被一 241
富有零售商之子追求，但她既不喜欢他的人也不喜欢他的长老教会背景。下一位追求者是个老色鬼，为了逃避他的纠缠，她到乡间和一农夫在一起。在那儿她被一位相当有钱的布商杰马特先生(Mr Jemmat)追求，他宣称拥有 3000 英镑资产。凯瑟琳答应嫁给他“诚然不是为了爱，而是为了逃避一位过分严厉父亲的迫害，他的行为实在令我讨厌”。但她跳出油锅又落入火坑。杰马特先生原来是嫉妒狂，又是老酒鬼，且在破产边缘。三年后他破产。这故事有趣的地方在于耶欧上将只试图行使否决权，杰马特先生是凯

瑟琳·耶欧小姐自己选的，因此她必须为自己的遇人不淑负责。在历史上任何时代——父亲若发现他的宝贝儿子/继承人正对一贱女孩用情、从而危及大好前程，是一定会愤恨不满的。18 世纪新鲜的地方在于此一不满不再能有效制止孩子随己意结婚。

无疑，18 世纪末地主及中产阶级圈中的舆论是决然反对父母支配儿女婚事。银器匠约瑟夫·布拉斯布里奇（Joseph Brasbridge）道出班伯里（Banbury）一位叫亚普林先生（Mr Aplin）律师的故事，这位先生收了一位叫理查德·毕格耐尔（Richard Bignell）的贫苦但聪明的小男孩当学徒。毕格耐尔和亚普林的女儿（她也在父亲的办公室工作）坠入爱河，而当他的学艺期满，毕格耐尔请求亚普林把女儿嫁给他，却只换来“你不配”的嘲笑。当亚普林先生后来发现年轻情侣已秘密结婚，他推女儿出门，拒绝与她再

242 有任何关联。有趣的地方在于班伯里的中产阶级、绅士阶级对亚普林先生做法的反应：“城里和社区里的人谴责父亲的无情，为表示愿意鼓励年轻人的勤奋，他们逐渐不和亚普林先生做生意而把业务转给毕格耐尔先生。”这个例子很能说明 18 世纪末乡下镇民及郡绅士阶级对父母控制婚姻的新态度。

金钱的重要性在 18 世纪婚姻中扮演的角色远不如在 17 世纪婚姻中扮演的角色那样大。17 世纪末两个动机在求婚者心里争夺宠爱，在此我们不妨举成功的土耳其商人约翰·维尔尼为例，他在 1670 年代四处寻觅妻子。他出身上层绅士阶级世系，但就职业而言是商人中产阶级一员，因此他的价值体系的根源有些含糊。当他在 1674 年初次从阿勒坡归来，他急切想成就一完全着眼于实利的婚姻。一位急着想把 19 岁女儿嫁掉的 60 岁富裕伦敦公民很

快来接触他。尽管爱德华先生(Mr Edwards)承诺送上一笔好嫁妆且保证女儿是位好家庭主妇,他非常不愿意让约翰·维尔尼在财产细节敲定前见女儿一面。但最后他同意在街上上演一幕“意外”相见,好让未来新郎确定这女孩“没什么不能见人的”。在见面过程中,女孩(她完全不知道这是相亲)未和约翰·维尔尼交换只字片语,但她的外表让他冷静地向她父亲指出“尽管她不是特别美丽,但她是个非常清秀、端庄的女性”。他愿意进行磋商因为“这位小姐是位清秀俊俏的女性,且她父亲能给她足够的钱”。最后财产商议没有谈成,但显然这桩婚事的双方都没有问问未来新娘感受的意思(她甚至不知道她在被考虑),似乎她的感受一点不重要。

不过,当约翰·维尔尼六年后在1680年又想结婚,他在婚事 243
商谈得出结论前就与一位15岁女孩坠入爱河。一度她父亲提出异议,他以为婚事告吹,他写信请求“一束你的秀发”作为纪念物。待每件事都弄顺、婚礼举行后,他和他的小新娘始终对彼对此一心一意。当她生完头胎后约翰·维尔尼不久离家赴外地,他写给她的信称她为“最亲爱的爱人”或“最亲爱的心”,感谢她“待他如此温柔”以及她对“小宝贝”的成长所作的一番详述。数年后,太太已生了两个小孩且怀了第三个,他写信感谢太太赐予他如此深的家庭欢乐。他致她“最钟情的先生能表达给最好的太太的每件事,致小宝贝爱,不忘腹中生命”。

约翰·维尔尼这位从男爵之幼子/土耳其商人,于1670、1680年代从事的婚姻冒险非常清楚地显示出两个非常不同的婚姻观在上层绅士阶级、商人中产阶级圈中的尖锐竞争,这竞争牵涉到三个要素:财产和金钱应在婚姻中扮演何等重要角色;父母应插手子女

婚姻到何种程度；婚前恋爱应在何种程度上成为一稳定、成功婚姻的重要基础。1674 到 1680 年之间约翰・维尔尼的心似在这三个议题上从一立场移到另一立场。最后，他和他妻子提供了新核心家庭的早期模型，但他其实差点为钱娶了爱德华小姐，且经历媒妁婚姻最传统的一面。

244 律师埃勒斯先生(Mr Elers)如何在 1740 年代找到新娘的故事显示较老式的 17 世纪方式仍持续入 18 世纪。他的友人兼客户格罗夫纳先生(Mr Grosvenor)由于赌输深深陷入债务窘境，并希望借和有钱人成婚来还债。因此当他的朋友杭格福先生(Mr Hungerford)提议他娶他的独生女兼继承人时，格罗夫纳先生接受了这位素未谋面的女子。他带埃勒斯先生和他一起到位于乡间的杭格福宅，以便检视权状，并起草必要的转让证书。当他们抵达，他们发现杭格福小姐“无多少美貌、优雅或尊严；她是个肥胖、善良、土气的女孩，对任何东西都无多少知识，也一无成就”。格罗夫纳先生对埃勒斯先生坦告：“这女孩真是白白辜负一片产业啊。”当埃勒斯先生表示不同意，格罗夫纳说，“不如这整笔生意转给你吧？”“再好不过”，埃勒斯回答。杭格福先生欣然同意将未来新娘转手：“年轻小姐……羞红着脸、乖乖顺从父母心愿”，埃勒斯获得一年 800 英镑的财产。结果，他放弃他在伦敦的执业，退休去过乡绅生活。但他既无财产管理的才能，又不喜欢野外运动，并认为与附近乡绅谈话实在无聊。他变得懒散、冷淡。他的太太十分多产、不停地生小孩，养小孩又非常花钱，因此他最后陷入困境。这是个蕴涵数重教训的故事。

在下层中产阶级中，父母的经济权力非常微弱(因为他们既无

法以给予财产作为贿赂，也无法以收回财产作为威胁），他们对子女的控制力也非常弱（因为儿女早早离家），父权权威似在17世纪之际已全面衰退。造成此现象的另一原因是非常迟的结婚年龄 245
（晚婚在下层中产阶级非常普遍），意味在许多情形父母在儿女结婚时已经死了，因此不能控制婚姻。而在所有情形下婚姻当事人都是完全成年的男女，他们不容易被控制，尤其难以从远方控制。不难想象，既有这些因素在，下层阶级中父亲的婚姻控制必然很弱。只有那些期望继承一些财产的人，如等待从父亲处继承一块地的农民之子，或期待继承工具、店面、工匠或店老板之子，才能被指望对父亲的指导或建议付出许多关注。

不过，父亲的建议是越来越不受用了。早在17世纪中叶，拉尔夫·约瑟林牧师便发现越来越不易操控儿女婚姻。多位求婚者被带来家中、受到严格检视，但选择的是孩子，不是父母。女儿们在伦敦做事，自己找丈夫。当儿子约翰·约瑟林在未告知父亲的情形下结婚，约瑟林感到很伤心，但只淡淡地评论：“上帝原谅他的错误。”约瑟林或许希望运用在子女配偶选择上的父权权威，显然不是很易执行。他会被咨询，他的意见受到相当重视，但决定权在孩子这方，他们自己先挑选伴侣，再征求父母同意。

18世纪，父母的意见常常被忽视。1720、1730年代约克郡自耕农詹姆斯·弗雷尔威尔（James Frelwell）的日记记录了许多小孩在未得父母意见或同意的情况下自行决定结婚的例子。他的一位远亲的独生女在17岁结婚，且“未告知父母，遑论得到他们的同意”，但他们被迫接受这状况，并教年轻人鞣革此一家庭事业。詹 246
姆斯的两个姊妹都是在违反父母期望的情况下结婚，且根本未告

知父母。这个状况弗雷尔威尔似乎认命接受。

在下层中产阶级圈，资本是取得人生起步的关键因素（借以买一商店或开始一事业），因此无可避免的，经济考虑依旧在婚姻计划中扮演一非常大的角色，即使决定权是被留给子女本人。笛福笔下的莫儿·弗兰德斯（Moll Flanders），在下层中产阶级圈游走，很快得到悲伤结论："婚姻在这里是政治权谋的结果，为了形成利益，发展生意，爱在婚姻中不扮演角色或只扮演很小角色。"在一次痛苦经验后她了悟"只有金钱才能使女人可爱……金钱是关键"。换言之，就婚姻而言，17 世纪末、18 世纪下层中产阶级圈中的女性仍较不被视为伴侣或性对象，而较被视为财产，且多少亦被视为一身份物。

18 世纪末下层中产阶级婚姻动机的复杂，在 1770 年代末康伯兰兄弟（Cumberland brothers）的通信中明白流露，当时这对兄弟都在二十啷当岁。理查德是格洛斯特郡牧师，乔治则是伦敦保险交易所职员。乔治认为理查德应该结婚，他们于是展开一场关于妻子应具何种品质的辩论。理查德宣称自己"对美貌免疫"，认为"整洁和好性情是一位妻子的全部"。他会接受一位他认为迷人但"所有财产只够付结婚费用"的女人；要是碰不到这样的女性，他会接受"资质平凡的女性"，这位女性有足够的钱"以弥补小缺点，
247 且有一副好脾气——好脾气应是婚姻生活快乐的必要条件"。理查德的期望显然不高。实际上他很快庆幸自己"逃开了最危险诱惑——即与一伴侣结婚，只为了区区几百英镑——这是我这个年纪的年轻人很常见的状况"。另一方面，乔治很认真地在追求一位汤森小姐（Miss Townshend），理查德写信劝他谨慎。他承认"她

是一位有品格、品味和活力的小姐”，但质疑她是否也拥有诸如“节俭、谨慎、热爱家庭及家庭娱乐”等美德。但关键问题在于经济：“问题是，你们俩收入加起来，能否让你们过合情合理的婚姻生活，而不致受贫贱夫妻百事哀之苦？”不意外地，两兄弟始终单身。

在下层中产阶级中有统计数据显示“结婚年龄较迟”的趋向，因为这阶级中的人有一审慎愿望，要在步入结婚礼堂前累积必需的经济资源。1778 年乔治·克雷布（George Crabbe），当时一位不成功、不称职的外科医生，和一个女孩坠入爱河。但女孩“对婚姻非常审慎，不愿在无生活保障的情形下结婚；而他，尚未有能力养家，事实上他的收入连养活自己都不够”。婚事因此暂时搁置。因此，不足为奇的，克雷布在 1807 年对那些等到经济能力成熟时才结婚的农村贫民给予热烈赞同：

鲁本和雷切尔，虽相亲相爱，
却爱得小心谨慎； 248
不愿被爱冲昏头，
要等审慎筹备后再牵手。
当两人都穷，他们认为
贸然结婚、使穷上加穷是不明智的；
年复一年，随着积蓄逐渐增加，
他们替未来的家添满家具；
她的微薄收入采买小玩意，
较贵物品让鲁本去买；
他们然后将最后一年收入合起来投入，

哇！一张大床，有整洁且新的帘子。
于是两人，照原定计划，安心
而愉快地步入结婚礼堂。

可是，其他人无疑受到读小说的影响，愉快地置爱于谨慎之前，如克雷布所知道的。1751 年，在伦敦一家医院工作的成熟世
249 故的年轻外科医生约翰·尼威顿，道出一位因膝伤而锯掉一条腿的年轻女病人的故事。她是位来自诺福克的乡下女孩，与一农夫之子坠入爱河，但由于她的监护人不赞成此一关系而被送到伦敦。农夫之子打听到女孩所在，某日出现在医院病房。尽管女孩残废，他们的爱依旧不变，翌日便在病床边结婚。克尼威顿由于身为医生，从这故事学到“没有药像爱”的道理。他也沉思“此一奇特、令人陶醉的爱病，确实是吾人最希望染得的一种病”。此等情感显然感染了病房里所有其他病人，他们认为这一幕“有笑有泪，感人肺腑”。这是“人生模仿艺术”的真实故事。

在大地主阶级中，权力和动机此二议题纠结到难舍难分的地步。检视此阶级中冲突、变化的最有效方式因此是检视婚姻磋商行为。

17 世纪末在保守的贵族宫廷圈中进行婚姻安排的一个典型且相当著名的例子是，1665 年桑威奇伯爵(1st Earl of Sandwich)之女杰米玛·桑威奇与乔治·卡特雷特爵士(Sir George Carteret)之长子菲力普·卡特雷特(Philip Carteret)的婚姻。这桩婚姻最早是由杰米玛的母亲在 2 月向家庭随从塞缪尔·佩皮斯提出，到 6 月，桑威奇夫妇决定进行这桩计划并授权佩皮斯走第一

步。这桩婚事的目标部分是为经济，但更为巩固政治关系，因为两位父亲如今都是海军部高官。佩皮斯因此去找卡特雷特家的随从克拉克医生（Dr Clerk），他基于“两人都与海有关，都受国王陛下重用，已是好友，且都拥有高尚、美好家庭，他们的联姻会对我们有利”的自私理由而赞成这桩婚姻。换言之，两位随从希望从撮合他 250
们有权势的庇护人的联姻得利。财产细节迅速被制订出——桑威奇必须为杰米玛准备 5000 英镑嫁妆，杰米玛要是成了寡妇，可从卡特雷特家获得每年 800 英镑的寡妇所得财产；并取得国王及约克公爵的赞同；婚约在 7 月 5 日被签署。直到这一刻，杰米玛才从乡下被接来，得知父母为她决定的命运。为此程序感到困扰的唯一人物是杰米玛的母亲，桑威奇夫人，她向佩皮斯吐露“不知女儿会否喜欢这门亲事，她会否因为恐惧这门亲事而感到心烦”的疑虑。她的忧虑似非起自对她女儿快乐的担忧，而是起自对要是女儿反抗这门亲事所将引起的政治损害的恐惧。

7 月 15 日时杰米玛已抵达，嫁妆已备好，到了介绍新郎新娘彼此认识的时候。佩皮斯身负引荐年轻的菲力普・卡特雷特去见新娘的重任。佩皮斯本人是见惯世面的人，对女人很有一套，可说是调情高手，但他手上挽的人是个最内向、沉默的青年。菲力普害羞到在整个见面过程中未和杰米玛说话。桑威奇伯爵建议让这对男女饭后单独相处一段时间，但佩皮斯反对这个建议，“以免小姐受惊”。他怕菲力普的笨拙、害羞会对婚事产生不良影响。当他带菲力普到休息的地方，他问他喜不喜欢他的新娘。年轻人表示喜欢“但她态度冷冷的”。翌日是星期天，佩皮斯教菲力普牵杰米玛的手，在进出教堂时引领她，但他还是胆怯得不敢接近她。那天稍

后，家人刻意让这对男女单独相处两次，一次约一小时，以让他们
251 彼此认识。佩皮斯然后把杰米玛拉到一边，问她“喜不喜欢这位年轻人、是否对他有任何不满”。她红脸、用手捂住脸好一阵子，但最后被迫回答。她回答她向来遵从父母的意见，她向来如此，且她确实只能如此，因为双方父母已把亲事说定，国王和约克公爵已经同意，婚约已被签署，嫁妆也已准备好。杰米玛被困住了，菲力普也是一样，他们的感受在这桩婚事里显然不重要。随后几天，杰米玛依旧严肃、谨慎，菲力普依旧害羞、沉默。其间杰米玛必须作身体检查，以准备结婚。7 月 31 日这对男女隆重成婚，但是佩皮斯发现“小姐很不开心”且婚宴也很沉闷无趣。后来他陪菲力普到新娘房间，亲杰米玛，拉下帘子四角，然后退出。翌日他发现这对新人“似乎显得很高兴”，尽管他们是否真的高兴，这对新人那晚是否确曾圆房，无人知晓。无论如何，杰米玛直到 15 个月后才怀孕。历史并未叙述他们在短暂的婚姻生活中如何相处——这场婚姻延续到菲力普在索尔湾(Solebay)战役中阵亡，留给遗孀三个小孩。

最能说明 18 世纪初从一婚姻磋商模式到另一婚姻磋商模式的过渡时期的，是 1710 至 1711 年“一位设菲尔德(Sheffield)白手起家的有钱律师，史克夫顿的约瑟夫·班克斯(Joseph Banks of Scofton)之女玛丽·班克斯(Mary Banks)，嫁给约克郡松顿勒街(Thornton-le-Street in Yorkshire)的塔尔伯特上校(Colonel Talbot)之儿子/继承人”的婚姻磋商。班克斯是大地主并任公爵、有产绅士阶级的不动产经纪人，他采纳地主阶级传统的婚姻磋商模
252 式。但另一方面，身为专业人员，他也有“两位当事人的个人选择是至高无上的”的观念。这故事开启前几个月，班克斯在一场流产

的婚姻磋商中吃了苦头，被对方坑陷。这次，磋商经由两位中间人进行，替班克斯出面的是一位亲属，设菲尔德的威廉·斯蒂尔牧师(Reverend William Steer of Sheffield)，他首先提议这门亲事。整个1710年6、7、8、9月，两位父亲交换财产资料，并在完全保密的情况下交换，两位年轻人和班克斯的太太都被蒙在鼓里。谈判进行甚不顺利，因为塔尔伯特夫妇比班克斯以为的要穷得多，且塔尔伯特上校要求一笔十分庞大的嫁妆，其中一半要归塔尔伯特上校本人。不过，9月底时这些问题获得解决，而玛丽也终于知道自己的婚事正被谈论着。两位父亲达成协议，就财产条件达成共识。班克斯然后坚持以"年轻人应会面，若他们喜欢彼此事情便敲定，但若他们不喜欢彼此事情便不谈了"作为协议的条件而上校也同意了。对年轻的罗杰·塔尔伯特(Roger Talbot)的调查显示他没什么大毛病，除了爱赌及常喝醉酒。会面后，威廉·斯蒂尔在10月11日乐观地宣称"玛丽(从他们短暂的会面中)得知他是好脾气的人，她能期待与他过快乐生活"。斯蒂尔认为这桩婚事再好不过，他是老派的人，认为"嫁到正当家庭的女人很少不快乐"，因此家庭地位比个人倾向重要。

但事实上玛丽非常犹豫；他们之后还会过面，玛丽如今以相当沮丧语气写信给她母亲。约瑟夫·班克斯写信给玛丽，将最后的决定权交予她："我将这事留给你决定。但在我走了这么远之后，除非有很好理由，放弃实在说不过去。"另一方面，玛丽还年轻(才 253
20岁)，不认为有必要这么早出嫁。"祈求上帝引导你。我将这事留给你决定。"受到此信鼓励，玛丽写给斯帝尔一封坚定的拒绝信。"我不认为他合适……且我认为男女要是婚前未发展出相互情感，

婚后必有很大可能过悲惨生活……我父亲已让我在这件事上拥有完全自主权。”事实是玛丽已闻知罗杰在会面后回家路上于彭特弗拉克特(Pontefract)醉个稀烂，因此她决定不嫁给一位老酒鬼。她父亲也同意：“我……无法责备她，因为嫁给一位老酒鬼必定是件可怕事情。”

照这故事的情形来看，它是老式的父亲间财产商议与授予完全选择自由给年轻人的新规则之间完美的妥协，而最后是由子女的否决权获胜。另一方面，此一由玛丽行使的否决权是张最多只能打两次的牌，而历史并未告诉我们当玛丽后来嫁给社经条件相当优越的地方名人——法兰西斯·惠奇柯特爵士(Sir Francis Whichcote)时，她是否怀着情感。不过，这么推测是合理的——她父亲在作这次选择时较为谨慎，且鉴于她在第一次表现出的善意，她可能在磋商的较早阶段就已被咨询。

18世纪后期，贵族中的婚姻动机更为复杂，但各方都开始承认婚前情感的必要。1780年代彭布罗克伯爵(11th Earl of Pembroke)深陷债务，因此催促他的继承人赫伯特勋爵(Lord Herbert)找一位“十分美丽，万分有钱”的新娘。后者首先向马尔博罗
254 公爵(Duke of Marlborough)之女卡洛琳(Caroline)求婚，但被拒绝。她的哥哥解释说：“她不爱你，没有爱，她决意不嫁给任何人……她非常喜欢你，但不爱你。”这如今被各方认为是一拒绝的充分理由。赫伯特勋爵也对非常富有的银行家欧斯特利的理查德·柴尔德爵士(Sir Richard Child of Osterley)的独女/继承人作了一些半真半假的求婚。在此事上他似乎遵循他的老板兼友人弗洛伊少校(Major Floyd)早先建议，后者问他：“你曾见过她吗，你认为

你能为了二三十万英镑而将你的腿放在她的腿上吗?”结果此事不了了之,一年后,赫伯特勋爵与贫穷的亲戚伊丽莎白·博克莱克(Elizabeth Beauclerk)订婚,因此除向他父亲要求祝福外,还要求一年1000英镑的安家费。他父亲对既成事实的认命接受,这相当能说明新的价值观。他指出:“我们的事情要办得成需要至少30000英镑……你要是能找到30000英镑就谢天谢地。”不过,彭布罗克后来放弃这看法,不再争辩而对这桩婚事投了同意票,因为“我能感受到的最大快乐就是知道你快乐。只要你快乐,我最亲爱的赫伯特,我必然就……快乐无比”。

17世纪中叶上层阶级中的婚姻观混乱的一个极好例子是由安·霍尔凯特女爵的自传——英国最早有关动荡不安爱情生活史的书——所提供。霍尔凯特女爵是位强烈地受到宗教使命感影响的女性,宗教使命感在她幼年时就被灌输到她心灵。作为法官暨伊顿的牧师(Provost of Eton)托马斯·莫瑞(Thomas Murray)之女,她是在严格的英国国教传统中被抚育。此一虔信是她生命中主要推动力,因此而造成的结果是她不知如何处理她复杂的情感 255
纠结。她亦相信“不在违反父母意愿的情形下结婚”的传统观点:“我向来视在未得父母同意的情况下结婚是子女能犯的最高忤逆行为,我决心绝不犯这种罪。”另一方面,她摩登到足以拒绝让父(母)或任何其他人支配她的情感或命令她嫁给谁,这种态度激怒了她的母亲。她的情况由于内战的混乱而愈益复杂,尤其因为她和她的亲朋好友都在败方、不断地躲藏、迁徙。

她的故事开启在1644年,彼时艾斯克里克的霍华德勋爵(1st Lord Howard of Escrick)——一位流亡中的贫困保皇派贵族——

送他的长子托马斯·霍华德(Thomas Howard)去安·霍尔凯特的姊姊家住。霍华德勋爵的目的是“让他跟个有钱人结婚,好增加自己的财富”。但谁想到托马斯却与21岁的安爱得死去活来,尽管她尽力劝阻他,深知他父亲和她母亲(她父亲20年前已去世)的反对。她其实非常喜欢他,即使面临家长激烈反对,依旧与他偷偷会面(由她姊姊作陪)。当托马斯几乎因爱昏厥,安坐在他的膝上安慰他,但她遵从母亲的决心依旧不变。翌日托马斯离开并“把我留给愠怒的母亲,她怒不可抑”。她母亲威胁说要是安再见托马斯,她会“推我出门,再也不见我”,安不听从这命令,反再偷偷与托马斯见面。她重申她不愿在无父母同意的情况下与他结婚,但发誓对他忠实,而他也交换许多类似的誓言。当她母亲听说此进一步会面,她自然是更加愤怒,再度要求安停止想托马斯,这种思想
256 控制,安自然是不肯屈从。不过约两年后,1646年,托马斯娶了——自愿或被迫则未可知——彼得伯勒爵(Earl of Peterborough)之女,因此他和安的这一段也就不了了之。

在她母亲于1647年过世后不久,安去她哥哥在伦敦的家住,在那儿她遇见一位爱尔兰保皇派上校,约瑟夫·班普菲尔德(Joseph Bampfield),他那时正从事一连串营救被囚国王的秘密任务。受上校的秘密活动及他对保皇大业的忠贞激励,她承担一项危险任务,协助班普菲尔德将国王幼子约克公爵詹姆士(未来的詹姆士二世)偷运出城。上校逾一年未见妻子,这个事实他以“妻子和妻子友人都是支持国会的党人”解释,而得安满意。爱苗在保皇大业上滋长,1649年某一天他宣布他妻子已经死了,请求安嫁给他。安那时满心以为她在爱着这位浪漫密探,因此她承诺一俟政治情

势稳定即和他结婚。但政治情势尚不稳定，因此她必须尽快离开伦敦，以免因参与偷运约克公爵出城一事被捕。她因此与她的朋友霍华德夫人(Lady Howard)及其丈夫查理爵士躲藏在纳沃斯堡(Naworth Castle)。在那儿她听见两件惊人消息。第一件是上校被捕及他很可能被处死刑，第二件是(从她兄姊处得知)上校是个流氓、说谎者，他太太事实上还活着。一听见这消息“我吓得几乎昏死过去”。但上校逃狱成功；她说服自己有关他太太的消息是不确实的。她愤怒地驳斥“她打算嫁个有太太的人”的说法。其时她的姊夫在一艘驶往佛兰德斯的船上意外遇见班普菲尔德上校，他邀他决斗，因为他玩弄他小姨的感情。上校否认这项指控但与他 257
决斗，结果伤了安的姊夫的手。

此时安已迁居到爱丁堡，在那儿阴魂不散的上校出现、请求见面，让她再一次陷入狂乱。“爱和荣誉间的冲突大到难以折中，夹处二者之间我陷入极度狂乱，真希望一死了之的好。”

上校忙着图谋在苏格兰东山再起，他的同谋者当中有位詹姆斯·霍尔凯特爵士(Sir James Halkett)，是位有四个孩子(其中若干已近成年)的年长鳏夫。詹姆斯爵士经常见安，最后请求她嫁给他。她以“与班普菲尔德上校订有婚约”为由拒绝，上校对妻子的死的说法她依旧深信不疑。她告诉詹姆斯·霍尔凯特爵士“只有班普菲尔德上校的死能让我再想别人”。其间，约克公爵詹姆士发动对苏格兰的攻击，苏格兰保皇军在但巴(Dunbar)大败于克伦威尔。安与保皇派贵族逃入苏格兰高地。

一年后，1653年，班普菲尔德太太还活着的消息获得证实，又在安心中引起一阵震撼，当她恢复后，詹姆斯·霍尔凯特爵士又向她求婚，她终于接受，答应一俟她完全理好财务事宜便和他结婚。安为此一目的在 1654 年返回伦敦，这时上校（他现在是查理二世和克伦威尔的双重间谍）来见他。他直截了当地问她她是否要嫁给詹姆斯·霍尔凯特爵士，因为如果是他便不再打扰她。“我恨说谎，而我认为说实话可能有些不方便，于是（上帝原谅我这么做）我大声说‘我是’，心里却说‘不’。”如此她终于摆脱与上校九年的牵
258 缠，这显然是她一生最激情的情感经验，而在 1656 年，于 33 岁之龄，她嫁给她耐心的年长求婚者，詹姆斯·霍尔凯特爵士。

这是一则只能发生在 17 世纪的故事。她一生极端的虔信是她那时代人的特征，就像她对父母愿望的遵从，及（迫使她姊夫冒险犯难的）决斗法则是她那时代人的特征一样。通奸与重婚对她来说是不可想象之事，必要时她带一位电灯泡和她一起去会情郎。同时内战及其余波造成关系的不断中断，连求证上校之妻是否仍活着这样一件简单事皆不可得。此等离散不仅刺激读写能力（因为书写现在成了主要联络工具），也使许多女性养成坚强的独立性格（她们突然发现责任在身）。安的独立精神的一个例子是，在她耳闻有些绅士抱怨带小姐去看戏的花费之后，她开始和女性朋友一道去看戏、游园，各付各的钱。她与上校的情感联系也是战争的产物，因为她所以会爱上上校，就是受他作为保皇派密探的身份所吸引。但一旦他被揭发为一说谎者、骗子，在战争结束后，她就作了一个最传统的婚姻决定，定下来作温柔的贤妻良母。她是个游移于两个世界的女性：一个世界是她生长于斯且将终老于斯的世界，这个世界立基于女对男的服从，及着眼于利益（而非爱）的婚姻；另一个在战火中燃烧起来的世界，是兴奋、魅惑、阴谋、爱、女性

独立、具读写能力和责任的世界。她在爱与名誉间的挣扎是当时正统戏剧情节特征。

玛丽·格兰维尔(Mary Granville,后来的德兰尼夫人〔Mrs 259
Delany〕)的自传流露(在一稍晚时期但在一类似社会阶层的)类似冲突。玛丽出生在1700年,是王室卧房扈从官的幼子之女,与贵族和王室有紧密联系。她的父母和亲戚是忠贞的托利党员(保皇派,1670年代以后的通称),在1714年被继位的汉诺威王室逐出宫。她因此长成为一位人缘好、活泼而聪明的女性,但没有钱。不过,从她的故事来看,她必定对男人极端有吸引力。她的头一位求婚者是一位崔福先生(Mr Twyford),他在15岁就对她追求,请她跟他结婚。玛丽的父亲向玛丽说:"跟他说我没有钱,且很可能为这个原因,他的朋友不会赞成他的选择。"当崔福先生发现他的父母,尤其他的母亲,很不赞成这门婚事,他求玛丽偷偷嫁给他,但她拒绝走这一步。约三年后,在她结婚后,她得知此一拒绝和她的婚姻业已使崔福先生陷入精神崩溃:

> 他母亲对他的残酷对待和对他婚事的严厉反对,对他影响深到使他忽忽如狂的地步。他失去语言能力,讲话结结巴巴,但他勤写不辍,而我是他笔下唯一的人物。他在我结婚后活在这种悲惨状态中约一年。当他去世,他们在他枕头下发现一张纸,那是从我书房里偷走的。

17岁时,正值青春年华的玛丽被邀去与她在朗里特(Lon- 260
gleat)的叔叔兰斯多恩勋爵(Lord Lansdowne)同住,在那儿她被安排与亚历山大·潘达尔夫先生(Mr Alexander Pendarves)作伴,他是一位非常富有的康沃尔(Cornwall)的托利党员地主。他认为玛丽非常迷人,兰斯多恩勋爵于是认为这是个让他的贫困侄女嫁有钱丈夫的机会,而在同时又能巩固他自己在康沃尔的托利党的政治势力。兰斯多恩夫妇和她另一位姨母史丹利夫人(Lady Stanley)都不认为玛丽这位 17 岁姑娘对她 60 岁的求婚者的个人感受是重要的事。诚然,他们轻易说服自己她对事情会持和他们相同的看法,认为要是她对这样一个明显对她有利的婚姻提出异议便是她愚不可及。

问题是玛丽无法喜欢她的求婚者“大而笨重的身躯和他通红的脸”。“我认为他丑而令人讨厌;他很胖,染有痛风,经常闷闷地坐着,我认为是他性情阴沉所致。”潘达尔夫先生在偌大的房子里追了玛丽两个月之久,玛丽则一径忧虑不安地闪躲着他。他很想表明心意,但皆为玛丽的态度所阻,但当他发现待在屋里的一个年轻人,杰西伯爵(Earl of Edward Villiers Jersey)的幼子,比他更能获得玛丽的青睐,他再也按捺不住了。他因此去找兰斯多恩勋爵,后者“欣然接受提议并来劝说我;他的态度是斩钉截铁的,盖我不是被恳求而是被命令”。逮住合适机会,兰斯多恩勋爵邀她谈话:

261 他执起我的手,在一番非常恳切的谈话(谈及他对我的爱与关怀、我父亲的不幸遭遇、我的缺乏财产,以及要是我不听那些关心我的朋友的话,我会有的悲惨下场)后,他告诉我潘达尔夫对我的热情,且他愿意将他所有财产给我;他然后以极流利的语调,告诉我他所有好品质及大优点,要是我因他不年

> 轻俊美而拒绝他，代表我是多么可鄙。

在震惊状态中，玛丽结巴地说出她愿意服从命令，然后告辞，狂奔进房，在房里她哭到被命令下楼吃饭为止。她很不开心。

> 我没有人可商量；家中每个人都认为这是我的天赐良缘——没有人考虑我的情感；为在这世上安顿，并减轻我朋友的负担，他们力言服从是我的责任，我应牺牲一切以完成责任。

她的一个希望是她父母会支持她的决定，但他们显然很满意潘达尔夫先生这位乘龙快婿。然而，对玛丽而言，他实在令人讨厌。首先，他60岁，比自己整整大43岁。

> 他这个人相当胖，有张棕色的脸，衣着邋遢，嗅很多鼻烟，262
> 因此面容很脏。他的眼睛黑、小、灵敏而富感情；他有副诚实相貌，但总体来说是个令人恶心而非可爱的人。他心肠好且友善，但“党性”太强，他是托利党员，因此招致许多敌人……婚后他沉潜了两年，但然后与一票旧识恢复来往，这群人爱酗酒，他从此再没清醒过。酗酒使他脾气变坏，不喝酒的时候他一副闷闷不乐的样子，这对我来说比他喝酒还糟；因为我不知如何取悦他，然而无一个晓得他的人对我说他的坏话。

在此性格速写里，玛丽尽力对可怜的潘达尔夫先生公平，但我们可以看出，她未问自己在何种程度上她的嫌恶，可能必须为他的忧郁和酗酒负责。

他们在1717年初“隆重地”成婚，之后他们在玛丽的姨母史丹利夫人“愿你俩相处快乐，富足，体面，长寿无疆”的祝福下搬回潘达尔夫先生在康沃尔的罗斯科罗(Roscrow)一地的老家定居。一抵达罗斯科罗，玛丽就惊骇地发现老家是这样的陈旧、灰败，里边已有30年没有人住。此时，头一次，她放声大哭。不过，潘达尔夫先生——连玛丽也得承认他是一位仁慈而情深的老绅士——承诺她会整修房子，这使她暂时破涕为笑。

潘达尔夫先生有未试图与她交欢、她是勉强地接受还是公然
263 地拒绝的疑问自然未见于她的自传。但可以确定的是他嫉妒他相当年轻的妻子，她被一大堆年轻有为的人追求。有潘达尔夫先生的侄儿特布迪的巴塞特先生(Mr Basset of Tehidy)，这个骑士型的人娶了位非常呆笨的妻子，他对玛丽的追求使得可怜的潘达尔夫先生非常不快。有潘达尔夫先生的年轻朋友离开妻子，住在潘达尔夫先生家好几个月。他向玛丽表明爱意但遭拒，因而威胁自杀。后来由于得知潘达尔夫夫妇即将搬回伦敦才打消爱念。

没多久潘达尔夫先生由于为债所困加上无法赢得妻子的爱，以酒消愁。直到痛风猛烈来袭，使他卧病在床，他才停止酗酒。“他一能外出，就去找他那群酒友，从未醒着回家，经常整夜买醉、早晨方归。真是不幸呀！我洒了多少泪……”我们难免怀疑，潘达尔夫先生可能是以酗酒来解决“与一位他深爱、对方却不爱他的迷人少女同床”的痛苦。

其实，玛丽被求婚者包围。有克莱尔伯爵(Earl of Clare，娶了玛丽的阿姨)，他曾在潘达尔夫先生因痛风卧床时写了一封信给玛丽，在信中他悲叹："为了接近你，我得向一位老人承欢，这令我多么不快活呀!"另一追求者是年轻的巴尔的摩勋爵(Lord Herminius Baltimore)，一位俊美而教养好的年轻人，玛丽显然相当喜欢他。但玛丽对先生保持忠实了七年，直到最后在1726年，她某天早上醒来，发现自己躺在一个黑脸的死人旁边。最初她很激动，但新寡状态，如她所坦白承认，"并非不受欢迎"，尽管潘达尔夫先生未立遗嘱，她并未如她所期望的成为大继承人。此外，诚实常逼迫 264
她承认潘达尔夫先生"非常爱我，而我经常为我不爱一位对我如此深情的人而内疚不已"。

潘达尔夫先生死后三年，巴尔的摩勋爵某星期六在歌剧院遇见她，脱口说出他"已爱恋我五年"。她暂时避开他，回家后细细想这件事。由于她是一位寡妇，而他已经继承财产，他们在婚事上是相当自由的。两天后他来拜访她，声明他"决定绝不结婚，除非他相当确定他要娶的那个人的情感。我的回答是：'你能有比她同意嫁给你这决定更有力的证明吗?'他回答光同意结婚是不足够。我说他不讲理，他一听到这话便站起来说：'我发现，太太，在这点我与你讲不通。'"并立刻离开，再也没回来。不久之后，他娶了非常富有的西奥多·简森爵士(Sir Theodore Janssen)之女，听到这消息玛丽感到非常伤心。她成了尖锐的反男性主义者，并对男人这个族类厌恶透了："我对男人的嫌恶一日一日增强；绝大多数的男人我都嫌恶，男人对女人怀着恶意，在言行上苛待、虐待女人。"

另一方面，有两种诠释能被放在此最后一段情节。第一种诠释是巴尔的摩勋爵是真心真意的，他完全相信婚前应发展情感，并要求玛丽也发表情感声明(或许是答应发生性关系),但玛丽拒绝发表,因为玛丽有她的矜持。另一种诠释是自他发表第一次声明后 48 小时,他改变了念头,决定寻找一富有妻子,并用对爱的宣言的要求作为脱离困境的借口。

265 玛丽·格兰维尔的整个故事显示(在 18 世纪初英国精英分子心中进行的)家庭愿望与个人选择间、利益与情感间的跷跷板战。玛丽与潘达尔夫先生的婚姻是一纯粹着眼于金钱与势力的媒妁婚姻的标准例子。崔福先生对玛丽的爱和显然由他父母拒绝让他结婚而引起的瘫痪与死亡,则显示纯粹浪漫爱情。已婚亲友急着将玛丽推销出去显示媒妁婚姻常扼杀当事人婚姻幸福,玛丽对求婚者的拒绝以及她后来对男人的态度很可能是由和潘达尔夫先生不美满的婚姻生活所引起。巴尔的摩勋爵的例子显示一挣扎于爱与金钱间的年轻人,无法决定以何者优先,但显然在最后选择金钱,可能因为他无法获得对方的情感保证。

在迟至 1780 年代的大贵族中,一些女性仍让自己被父母引导入盲婚。不过,这类婚姻与老式的媒妁婚姻有两点不同。第一点不同是父母的动机,至少从表面看来,是女儿的未来幸福重要,而非整个家族的最佳政经利益。其次,被用以获得顺从的工具是爱而非权威。新的情感洋溢的亲子关系现在被有效利用来使女儿做父母希望她做的事。因此,当斯宾塞勋爵(Lord Spencer)之女哈莉叶·斯宾塞(Harriet Spencer)在 1780 年代与贝斯巴勒伯爵(Earl of Bessborough)之儿子邓肯农勋爵(Lord Duncannon)订婚,她告诉一位朋友"我对此事一无所知,直到有天爸爸告诉我……我希望我能事先多认识他一点,但我亲爱的父母说我听命结婚会让他们快乐无比，我为什么不让他们快乐呢？”她对这位年轻人所得知的每件事都对她有利，因此她结论说：“我和他结婚应 266
有很高成功几率。”在此等考虑上她接受了他，结果这婚姻相当美满。

显然，18 世纪贵族、乡下大地主阶级是挣扎于他们的传统价值观与新婚姻观之间，没有一种模式能解释复杂的现实。选择随人而异；压力随父母而异。唯一确定的事实是大财富的继承人是最不自由的，除非他们的父母去世，而他们获得完全的财产控制权；纵使他们自由，年轻人也很可能选择金钱而非选择爱或色欲；无爱的婚姻如今被普遍认为是对通奸的直接鼓励；立基于新郎新娘自由选择和坚固情感联系的婚姻在 18 世纪末逐渐普遍；若干贵族、绅士阶级父母利用他们与儿女间情感联系以主导儿女的婚姻选择。我们可作合理假定：只有在个人主义及隐私已取得优势的地方，经考验的情感才普遍为年轻人所追求，或成为主导婚姻决定的较佳凭借（婚姻总是一种赌博，不管如何决定、由谁决定）。另一合理假定是择偶权最易由紧密统合、具内在性规范的团体中的父母所授予，在这类团体中，只有很少机会小孩会与下层社会阶级分子取得密切联系；在这类团体中，婚姻里的财产赌注不是非常大；被贫穷冒险者诱惑的风险很小；结婚年龄至少推迟到二十五六岁，此时所作选择应比十八九岁时所作选择合理。

终于社会必须设计出年轻人能据以自由交往、测试彼此性格性情的方式，以使年轻人能在情感基础上作合理选择。这在 17 世 267
纪末前不被允许，直到 17 世纪末，才终于在精英分子中发展出一连串求爱过程能据以进行的体制。乡镇中的舞会、梳毛工联欢会

(card parties)和集会,以及(英国各郡的)巡回审判或年度市集或赛马大会,是新缔缘形式的重要机制。集会所在 18 世纪于一个个市镇的设立是集会重要性的明证。在国家层次上,伦敦社交季节(London season,从新年延续到 6 月)的发展,及其后在如巴斯等温泉地举行的社交季节,提供全国男女缔缘的必要机制。到 18 世纪中叶,有一连串郡婚姻市场(以乡镇的集会所为中心),也有全国性婚姻市场(以伦敦和巴斯为中心)。在哈德维克勋爵的婚姻法于 1754 年产生效力之后,父母能让小孩更自由地与他人交往,因为他们起码能确定他(她)不能再与不合适的人缔结秘密婚约,如今唯有到苏格兰才能缔结一秘密婚姻。

全国性婚姻市场在伦敦及巴斯的发展大大增加了潜在配偶人数。只要绅士阶级局限在自己阶级内或在自己郡内成婚,合适配偶的人数便会有限到父母有必要为儿女挑选一位配偶。18 世纪的全国性婚姻市场大大减低了父母为儿女挑选配偶的必要,盖如今有一较大的(能符合门当户对条件的)潜在配偶人数。既有许多门当户对的潜在伴侣可供选择,小孩能被给予更大的约会自由以及更大的择偶自由,而不威胁家族在撮合"合适"婚姻上的长期利益。

尽管情形十分复杂,家与家间,代与代间各有不同,18 世纪中
268 晚期的外国访客倒是一致认定英国人比欧洲大陆上的人享有更大择偶自由及更大婚姻中伴侣关系。早在 1741 年波利茨男爵(Baron de Pollnitz)便震惊于英国女性比法国女性享受更多自由,47 年后罗什富科有同样反应:"英国人有大得多的机会在婚前认识彼此,因为年轻人从小就在社会走动;他们随父母到处旅行。少

表九　娶女继承人的贵族之子比例

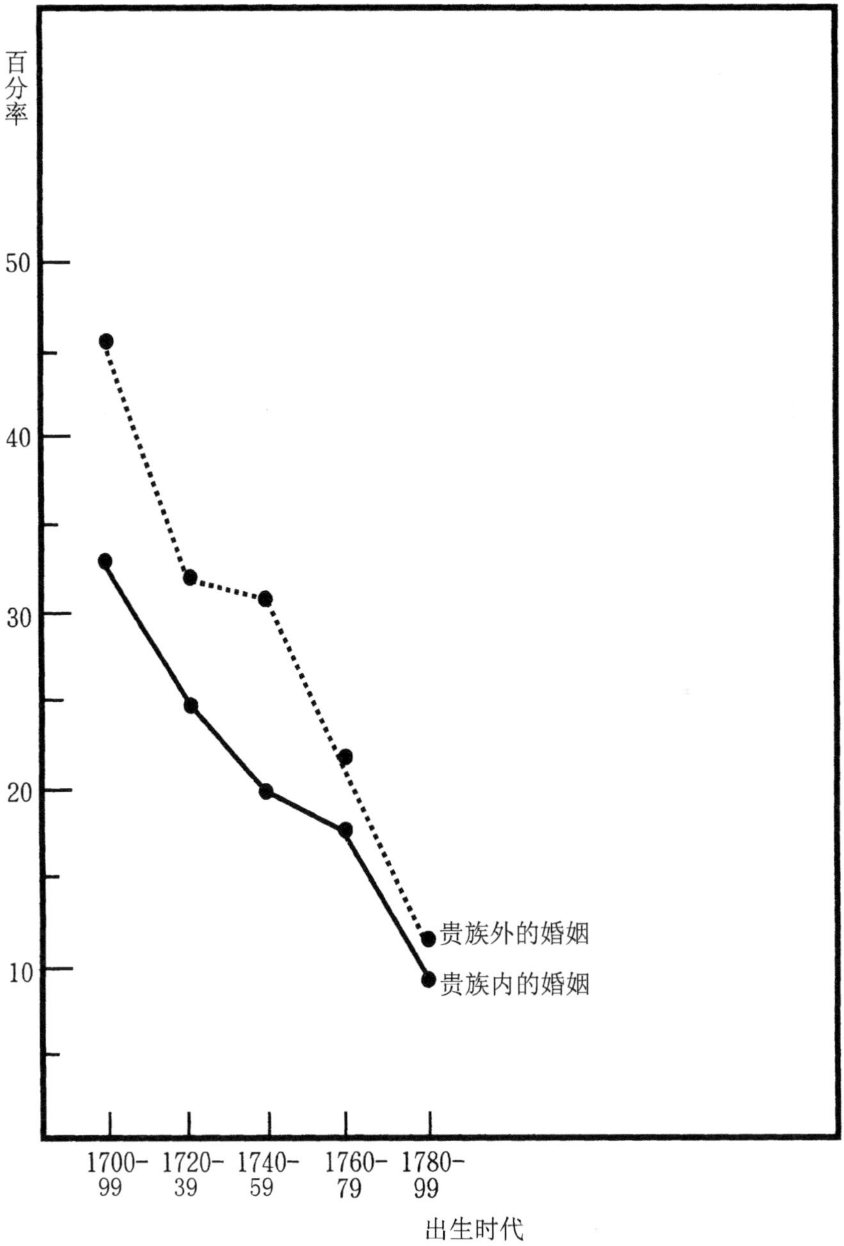

百分率

50

40

30

20

10

贵族外的婚姻

贵族内的婚姻

1700-99　1720-39　1740-59　1760-79　1780-99

出生时代

女结伙成群，谈天、说笑、无拘无束。”罗什富科将此一自由、漫长的求爱过程直接归因于友爱婚姻（companionate marriage）[10]的兴起，他也认为友爱婚姻是独属于英国的现象，认为“每四个婚姻中有三个立基于情感”，夫妻关系在英国比在法国紧密得多。

> 我认为英国人对婚姻的决定是很谨慎的。英国人认为讨了个不适意的妻子（或嫁了个不适意的丈夫）是件悲惨的事。因此英国人作较多婚前认识新娘（新郎）的努力；我认为，由于英国男女选择配偶很谨慎，25或28岁前的婚姻是很少的。

有统计数据显示精英分子的初婚年龄中位数在18世纪陡然上升，女性上升到约24岁，男性上升到约二十八九岁（表三）。在这年龄，年轻人较了解自己的为人，他们的自我身份较稳固建立，他们的社会经验较多，他们的判断较成熟。伴侣关系加上经济安
270 全是婚姻的主要目标；英国精英阶级的年轻人因此在18世纪末比在17世纪（当时初婚年龄中位数，女性只约二十一二岁，男性约25岁）有更大可能选到合适配偶。

另一统计数据是贵族辈之子娶女继承人的比例在整个18世纪的持续下降（从约40%下降到约10%，表九）。如果我们可以说女继承人的主要魅力是在于她的财富而非她的人格特质，那此一下降显示的便是贵族辈之子的婚姻动机从利益到情感的明显转变。唯一其他可能解释是男婴（孩）死亡率的下降。但与女继承人结婚的比例在18世纪上半叶减低一半，这一般认为是在男婴（孩）死亡率下降前发生。贵族辈之子娶女继承人的比例的持续下降，

因此似乎是支持“即使在贵族辈中，在婚姻伴侣的选择上也有一非常明显的从经济动机到情感动机的动机上的转变”的假设的坚实证据。同时要指出的是，这是一波折重重的转变，许多个人生命及家庭关系在这过程中被击碎。没有人能不被吉本(Edward Gibbon)在其自传中对他被家人逼迫斩断他这一生唯一情感关系所作的喟叹而感动：“我如情人般叹息；我如儿子般服从。”[11] 在此庄严散文下涌起一股因亲子间婚姻观冲突而产生的苦。

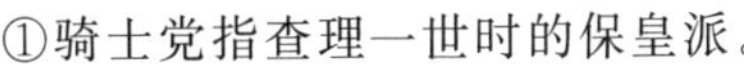

①骑士党指查理一世时的保皇派。 271

②斯蒂尔(1672—1729)和亚迪森合办《闲话报》，发行于1709到1711年间。两人继续合伙的《观察者报》(*The Spectator*，1711—1712)，后来由亚迪森独自发行。这两份刊物都是刻意为中产阶级读者写的。

③西柏(1671—1757)为英国剧作家暨演员经理，平生30出剧本中，最有名者为《非陪审员》、《无心的恋人》与《她想与她不想》(*She Wou'd and She Wou'd Not*)等出。西柏生前受尽嘲笑，死后声名方奠立。

④盖瑞克(1717—1779)为英国演员、经理及剧作家。演员方面，盖瑞克以莎剧角色成为18世纪英国舞台上最伟大演员。他为剧团训练演员，并撰有多出剧本，最著名者为《优雅》(*Bon Ton*)及《十多岁少女》(*Miss in Her Teens*)。

⑤《评论报》(1704—1713)为笛福独资创办，这份报刊为18世纪的期刊报编撰奠定一条坦途，所刊登的文稿几乎全部出自笛福个人的手笔。

⑥勃顿(1577—1640)写了一部迷人的奇书《忧郁剖析》(*Anatomy of Melancholy*)，集古典世界学识之大成，借以探索人的心灵。

⑦强纳森·斯威夫特(1667—1745)为英国文学宗师，主要作品有《书籍之战》(*The Battle of the Books*)、《布商书简》(*Drapier's Letters*)、《格列佛游记》(*Gulliver's Travels*)及《给斯特拉的信》(*Journal to Stella*)。

⑧罗什富科(1613—1680)为法国作家，他的箴言词句优美、机锋处处，结成

《箴言集》永传后世。

⑨柯贝特(1763—1835)为英国散文名家,《骑马下乡》(*Rural Rides*)为他最著名作品,描写他骑马游历英国的见闻。

⑩友爱婚姻指一种婚姻观,这种婚姻观强调感情,认为婚姻应以感情为基础结成,而以伴侣关系为维系婚姻之要件,并强调节育、可离婚。

⑪吉本在洛桑与贫穷的牧师之女苏珊(Susanne Curchodn)坠入爱河,打算与她结婚,但遭父亲反对,只好作罢。《自传》是吉本《罗国帝国衰亡史》外另一名著,叙述细致动人,为自传中之翘楚。"我如情人般叹息;我如儿子般服从"原为圣奥古斯丁《忏悔录》中论,此处为吉本所借用。

第八章　友爱婚姻 273

在我生命的历程中，我太太对我展现了她身上的特质，这些特质比我在任何其他女人身上感应到的特质更令我高兴，且这些特质只能在她身上寻得。

（James Boswell in *Boswell*：*The Ominous Years*，*1774—1776* ed. C. Ryscamp and F. A. Pottle，New York，1963，p. 290）

1. 友爱婚姻的兴起

发生在 17 世纪末、18 世纪的许多法律、政治、教育上的变化 275
是有关婚姻关系本质的概念变化的结果。17 世纪初传道者对婚姻中伴侣关系的日益强调最终抵消了他们对妻子须服从的强调。一旦“情感能在婚后自然发展”的说法被怀疑，婚事决定权就必须被转移到婚姻当事人本人，且越来越多婚姻当事人在 18 世纪开始置情感希冀于名利野心之前。此亦有助于加强夫妻关系。

1727 年，笛福抱怨在他的时代“金钱和美貌仍是我们沉思的主题”，结果是“婚姻很多，友谊很少”。但他相信“无爱的婚姻是本末倒置”。他认为对爱是婚姻基础的强调会带来家庭内权力关系的根本改变。“我不认为婚姻该被设计成……妻子被用作家中仆人……人在爱中不分贵贱，无主从之别。”他指出“低阶人士，一般来说，婚姻比贵族名流幸福得多”。笛福清楚看见婚事决定权从父母到小孩的移转如何在婚姻关系上投下重要影响。

态度的变化可从以下这件事看出：乔治·法夸尔初次制作于1707年的非常成功的戏《美的策略》(*The Beaux' Stratagem*)的重
276 要主题之一，便是一桩不快乐婚姻的种种不幸，在这桩婚姻里先生忽视太太并把所有时间都花在与男性朋友喝酒上。法夸尔让萨伦太太对她痛苦生活作了一番描述——她与萨伦先生住在乡下，后者从不跟她说话。“他今晨在四点钟回家，由于打翻了茶杯，把我从好梦唤醒。他和他朋友在房里发酒疯，然后他滚上床，像只鲑鱼滚进鱼贩的篮子，他的脚冷得像冰，他的呼吸热得像火炉，而他的手和脸油得像法兰绒夜帽。噢，婚姻！”被酗酒的丈夫剥夺友谊、谈话、伴侣关系、性、睡眠，她在剧末成功的分居（萨伦先生必须还她一万英镑嫁妆）显然被视为道德正义。

对18世纪中叶英国中、上阶级，海斯特·查朋夫人(Mrs Hester Chapone)描述有关理想夫妻关系的流行观点：“我相信妻子有义务服从先生。”另一方面，“我相信婚姻要快乐，先生必须对妻子的理解力、原则与心性有某种程度的了解，这种了解能使他将她推到他的最亲爱朋友的地位。”1740年魏登霍尔·威尔克斯(Wetenhall Wilkes)刊布了《给少女的一封道德劝诫信》(*A Letter of Genteel and Moral Advice to a Young Lady*)，这本书在接下来的26年共出版八版。在书中他进一步发展“婚姻应提供当事人家庭快乐”的观点。“婚姻美满、家庭幸福，是我们在此生能领受的最完整天堂；我们在此世能享的最大欢乐是与一位知己谈话的乐趣……当两人在茫茫人海挑中彼此，意图成为对方的知心伴侣……一方的快乐必因另一方的钟爱自己而加倍。"一番慷慨陈词后，威尔克斯努力定出期望的界限："我们在此世能期望的最高快 277
乐是满足，如果我们期望比满足更高的东西，我们将会遇见悲伤和失望。"他劝他的读者在丈夫之中寻找诸如"善良、理解力强、脾气好、经济状况佳、为人和悦"等品质。他警告勿为金钱或头衔结婚，强调关键品质是"脾气"，并指出"夫妻的谈话不可能长久和谐，除非两方都尽力取悦对方"。整体来说，威尔克斯给的劝告是谨慎而明智的，除了他完全避开性和谐问题外，他的书和现代婚姻手册并无很大不同。这本书的成功象征家庭关系迈入新境界，1762 年约翰·格雷戈里博士（Dr John Gregory）在一篇相当受欢迎的论文中写道："我始终认为女性，不是家庭奴隶，不是性奴隶，而是男人的平等伴侣。"这是对妇女地位的明确宣示，文学的呼应则可见于奥利佛·哥尔德斯密斯 1776 年的《威克斐牧师传》（*Vicar of Wakefield*）。此新意识形态在有产精英中的一个早期例子是牛津郡雅尔顿的乔治·摩东特伯爵（Honourable George Mordaunt）之妻凯瑟琳（她死于 1714 年）的墓碑铭文。她的先生在石板上刻下对太太的情感：

> 失去妻与友双重安慰，
> 他以无益之泪哀悼她的死。

外国观察者肯定在 18 世纪下半叶有一朝友爱婚姻的明显趋 278
向，尤其在社会的较高和最低阶层。1786 年访问伦敦的苏菲·

冯·拉罗什(Sophie von La Roche)，认为“在英国有相当多友爱婚姻”是众人皆知的事实，且毫不意外地得知在伦敦的伯蓝精神病院(Bedlam)多数年轻女病人都是因恋爱受挫发疯。罗什富科在1784年惊奇地注意到：

> 夫妻总是在一起、结交同一群朋友。很少见到一个而不见到另一个。最有钱的夫妻也最多只养五、六辆马车，因为他们总是一同访友。夫妻不一同访友在英国被认为是很奇怪的事。英国夫妻总是一副很和谐的样子，太太尤其有种满足的神气，令我看了感到高兴。

他观察到新婚夫妻很快建立自己的家，常住在与父母不同的城市，因而下结论道：“英国人宁可要妻子的爱而不要父母的爱。”

更具体的变化证据是由“许多人不用17世纪夫妻间的称谓‘先生’、‘夫人’，而改用名字及昵称来称呼”所提供。当桃乐丝·奥斯本在17世纪中叶写情书给威廉·坦普尔，她在信首称呼他“先生”，但后来他们一订婚，便不再在信首以任何称谓称呼。1707
279 年，甫新婚的理查德·斯蒂尔称他妻子为“夫人”，但不久就改口为“宝贝”、“我的宝贝”、“我的亲亲”。然而，几个月后，他在信上称她为“亲爱的蠢货”。1699年保守主义者约翰·斯普林特(John Sprint)反对女性以名称呼先生的做法：“仿佛妻子对先生毫无敬意。”他的女性对手以“能产生抚慰效果，驱散所有距离、不适感”来捍卫此做法。1700年左右此一如何称呼先生的议题是一广受讨论的议题，保守主义者了解到在妻子以名称呼先生的做法中有平等主义及反父权的意涵存在。

不过，也不可将称谓证据推得太远，以免有误解的状况发生。1732 年凯萨琳·班克斯（Catherine Banks）从“亲爱的班克斯先生，我是你最亲爱的 C. 班克斯”来结束给她先生约瑟夫的信。然而，两年后，当她先生在巴斯疗养，我们发现他每周六天写信给他“亲爱的凯蒂（Kitty，凯萨琳的昵称）”，而当同年她生下一男孩，他宣称：“我希望我们三个能使彼此更快乐。”家庭幸福显然在约瑟夫·班克斯心中居最高位置，尽管他太太持续用旧称谓形式来称呼他。18 世纪末时旧称谓形式已完全消失，1797 年托马斯·吉斯本（Thomas Gisborne）高兴地注意到：“从前一般人常使用的那种僵硬、膨风、虚假的称谓形式，已经快乐地被扬弃了。”不过，它后来将卷土重来。

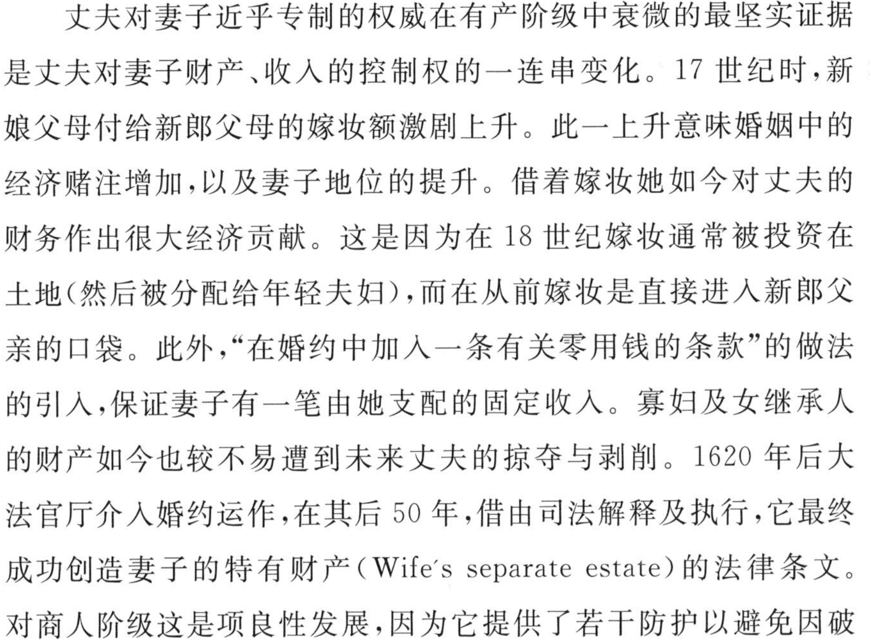

丈夫对妻子近乎专制的权威在有产阶级中衰微的最坚实证据是丈夫对妻子财产、收入的控制权的一连串变化。17 世纪时，新 280
娘父母付给新郎父母的嫁妆额激剧上升。此一上升意味婚姻中的经济赌注增加，以及妻子地位的提升。借着嫁妆她如今对丈夫的财务作出很大经济贡献。这是因为在 18 世纪嫁妆通常被投资在土地（然后被分配给年轻夫妇），而在从前嫁妆是直接进入新郎父亲的口袋。此外，“在婚约中加入一条有关零用钱的条款”的做法的引入，保证妻子有一笔由她支配的固定收入。寡妇及女继承人的财产如今也较不易遭到未来丈夫的掠夺与剥削。1620 年后大法官厅介入婚约运作，在其后 50 年，借由司法解释及执行，它最终成功创造妻子的特有财产（Wife′s separate estate）的法律条文。对商人阶级这是项良性发展，因为它提供了若干防护以避免因破

产宣告而引起的完全破产。

必须强调的是，已婚妇女法律地位的提升只及于那些结婚时有签署法律协定、能负担到大法官厅打官司的费用的社会团体。即使如此，乡下若干地位最高妇女的经济地位依然非常低。德文郡的乔治亚娜公爵夫人（Georgiana Duchess of Devonshire）能欠下大笔债务让先生偿还，但她没有一点自己的钱。当她在1792年写遗嘱，她必须请求公爵准许她留几块钱给她的私人朋友以纪念她，因为“我拥有的每样东西都是你的”。

平民享受不到富有女性所享受到的保护。诚如威廉·布莱克斯通爵士（Sir William Blackstone）[①]率直地指出：“夫妻是一人，而那人是丈夫。”迟至1869年约翰·斯图亚特·密尔（John Stuart
281 Mill）仍能正确地将多数英国妇女的法律地位描述为“完全系于丈夫”。就财产而言，她们所获得的每样东西都自动成为丈夫的财产。“丈夫对所有权利、所有财产以及所有行动自由的吸纳是完全的。夫妻被称为‘法律上的一人’，乃是为了将太太的每样东西都变成先生的。”同样地，在法律上子女只属于丈夫，连在他死后寡妇对子女也没有权利，除非她在他的遗嘱中被立为子女监护人。要是她敢遗弃他，她什么也不能带走，既不能带走小孩也不能带走她的财产。她的丈夫能强迫她回来，或他能在任何时候没收她所赚的任何收入，或别人给她的任何支持物资。只有合法分居（它的费用为大多数人所负担不起）才能给弃或被弃的妻子一些保护，即便如此，在1839年法律有所变更前，她对小孩是没有认领权的（除非她的先生不要小孩）。此外在其他方面，妻子的法律地位也依旧较低。杀妻的男人会被吊死，但杀夫的女人按法律是要被活埋的。

此一残酷刑罚实际上在18世纪逐渐消失，但迟至1725年仍有一名女性因杀夫罪在提伯恩（Tyburn，伦敦的行刑场）被活埋。

尽管缺乏统计数字证明，我们得到“上层阶级中嫁给不像样丈夫的妇女日益寻求正式分居，并要求能让她们继续过合情合理生活的赡养金”的清晰印象。正式分居无疑变得更普遍，1766年1月报纸的闲话栏夸张地申述时装界有17对夫妇正在破裂边缘。吊诡地，18世纪分居率的上升，就像20世纪离婚率的上升，是对婚姻期望上升的一种指标。因在期望低的时候，挫折也跟着低。282
上流社会也未必把分居看得很严重。1760年代莎拉·伦诺克斯女爵（Lady Sarah Lennox）指出：“格雷夫顿公爵和太太（Duke and Duchess of Grafton）正式分居了；他给她一年3000英镑。女儿和幺儿归她，他们说分居原因只是个性不合。”十分宽大的分居条件（女方获得女儿及幺儿的抚养权及相当丰厚的赡养金），使得莎拉女爵想“他们很快会再是朋友的”。

隐私观念及友伴婚姻的兴起的一个明显证据是旧词“蜜月”的新定义。蜜月从前是指婚后充满善意及性激情的一个月的时间，它如今被重新定义为新婚夫妇一起出走，到无人打扰的地方，在没有外在支持或干预的情况下探索彼此身心的一段时间。在十分强调婚前贞洁的中、上阶级社会，十六七世纪的新婚之夜是被公开仪式包围的。新人在一片喧闹声中被亲友带到卧房，只有等到床帘拉下、最后一批宾客离去，才得到独处机会（可能是他们这辈子第一次独处）。到这时候仪式仍继续进行，因为新娘按规定必须戴着手套上床。当一位不满此风俗的女孩在1708年寄了一封信给《英国太阳神报》（*The British Apollo*）的通讯栏，她被告知：“由于新娘戴着手套上床是礼俗，我们认为不戴手套上床是不礼貌的事。”我们推测手套后来被除去，以象征贞洁的失落。该失落的细节是新人第二天早上常被仔细询问的一件事。蜜月是一段度假期的观念无疑在18世纪末时已经存在，但很难说那时是否存在对隐私、
283 孤独的重要性的普遍体认（这是现代蜜月观念的核心）。一个早期例子发生在18世纪中叶，当时魏斯特先生（Mr West）告诉伊丽莎白·蒙塔古太太（Mrs Elizabeth Montagu）[2]威廉·皮特（William Pitt）[3]如何与他的新婚妻子单独住在威克姆（Wickham）数周，为“那探索对方心灵的快乐，这快乐在最私密时最易得到”。

不过，在若干贵族圈，婚姻在18世纪依然像过去一样是一公共事件。1756年约翰·斯宾塞（John Spencer），斯宾塞男爵的富有继承人，娶玛格丽特·乔治亚娜·波因兹（Margaret Georgiana Poyntz），新娘的母亲坚持要最体面的排场。婚礼后，一行人乘三辆六马大马车、在两百名骑师陪同下从艾尔索普（Althorp）出发到伦敦。队伍如此壮盛，路人以为是法军来袭，不是拿出草耙来应战，就是吓得躲回家里。不过，值得注意的是，“此等场面为两位年轻人所不喜。”

以上种种与1813年玛丽·萨克雷（Mary Thackeray）和剑桥的普利姆先生（Mr Pryme of Cambridge）的私密婚礼（其后二人在伦敦、布莱顿〔Brighton〕及沃辛顿〔Worthington〕的旅馆度了一个长长的、孤独的蜜月）相去甚远。但即使在1813年此一孤独也颇不寻常，蜜月时带一位保护人的情形很普通。当伊丽莎白·罗宾逊（即伊丽莎白·蒙塔古）在1742年嫁给爱德华·蒙塔古（Edward Montagu），他们由她姊姊莎拉陪伴着度蜜月，18世纪末

期小说家肯定此一模式在贵族圈的持续。因此简·奥斯汀(Jane 284
Austen)在《曼斯菲尔庄园》(*Mansfield Park*)中让拉什沃斯先生和太太婚后到布莱顿数周,后者由她姊姊茱莉亚陪伴,“两姊妹开心得不得了。”蜜月时带女伴的习惯显示女性多么离不开同性同胞,即使在友爱婚姻盛行时亦然。直到1846年,上层阶级婚姻手册才指出:“现在的习惯是,年轻夫妇单独踏上蜜月之旅。”

2. 早期女性主义运动

伴侣婚姻要求重新评估两性间权力关系,因为伴侣婚姻倚赖更大程度的平等与互助。因此,早期女性主义运动在友爱婚姻的故事里占了一席之地,纵使最后的结果是此一女性主义运动大半流产,对改变公众态度没有很大影响。

在1640年代内战期间,女性在许多激进教派扮演相当重要角色。在这些独立教会,女性终于获准辩论、投票、预言乃至传道。许多女性在没有得到先生的同意的情形下离开从前的家庭教会,一些女性甚至抛弃她们食古不化的配偶、选择能分享她们新信仰的新配偶。她们的对手视此发展为对家庭和谐的威胁,认为她们在要求两性平权:

> 我们不愿做 285
> 卑躬屈膝的太太

不过,更引人瞩目的,是1640年专制政府的崩溃、1640至

1642 年国王与国会间长期政治危机、1642 至 1648 年内战，以及许多独立教派及激进政党的兴起，刺激伦敦等地妇女进行空前的政治活动。在 1642 年 1 月 31 日和 2 月 1 日及 4 日，妇女在未得到父亲、丈夫或其他男性帮助的情况下，进行独立政治活动，这在英国历史上是头一遭：她们向上议院及下议院请愿，请求改变公共政策。为数约四、五百人，由妇女劳动者、工匠、女店员及工人组成，她们由于经济衰退而蒙受重大经济损失。当愤怒的李奇蒙公爵詹姆斯·斯图亚特(James Stuart Duke of Richmond)高喊："这些女人走开，我们不要这些女人"，请愿者殴打他、捣毁他的办公室。

另一危机产生在 1649 年 4、5 月，当时不但有非常严重的经济危机，还有军队、国会和伦敦的下层中产阶级激进平等论者间的政治对峙。再一次大群女性集合在国会，抗议经济危机、要求将被监禁的平等论者领袖释放。这回国会回应以轻蔑，对女性说她们在请求她们不懂的事情，国会已把答案给她们的先生，他们在法律上
286 代表她们，她们该"回家、照应自己的事、处理家务"。

不过，这回，女性不满意这类官式答案，她们所作的声明，显示一全新女性意识的发展。"平等派的活泼少女"如今要求与男性一同参与政治活动，且以万名女性所签的请愿书来支持她们的请愿。1642 年请愿者谦卑地强调女性不是在"寻求与男性平等，无论在权威或智慧上"，而只是"追随走在我们前方的男性楷模"；此外，她们坦白地承认她们的行动"可能会被认为奇怪、不适合女性"。不过，到 1649 年，她们拒绝她们由丈夫代表的说法："我们一点不满意你给我们先生的答案。"她们冷静地面对诸如"她们要求穿男人裤子"、"当女人干涉国事，这国家一定不会好……她们的先生该受

责备，他们没有替她们找更好的工作”等等批评。她们举圣经中以斯帖（Esther）[4]的例子回应，甚至改写历史，指称：“靠着英国女性，英国得以从丹麦人暴政中解放出来……苏格兰国内主教派暴政的推翻是该国女性的功劳。”她们宣称在教会中拥有与男人平等的权利，“因为在享受基督的律法及繁荣教会的财产中，存在着女人和男人的快乐。”然后她们将此一原则延伸到国家：“我们在国家中拥有和男性相同的权利。”这个主张自然延伸到对女性投票权的呼吁。1649年是妇女要求政治解放的关键年，非常值得注意的是，连平等派领袖也向来排斥女性进入他们扩大参政权的提议。在法律、秩序暂时崩溃时候兴起的妇女运动，因此应被视为一征候而非一大业。这运动是重要的，因为它是女性主义概念在都市工 287
匠人口中第一次兴起，但它仅是个没有未来的运动。

有关妇女地位和权利的新主张在1688年被提出，到17世纪末由于一群狂热女性主义者的推动而得到发扬。当中最著名的是汉娜·伍利（Hannah Woolley）、艾弗拉·贝恩（Aphra Behn）、玛丽·阿斯特尔及楚德雷夫人。

尤以楚德雷夫人最狂热，她在1703年〈致女士〉（To the Ladies）诗中这样说：

妻和仆是同一，
只是名字不同罢了
服从是女人的天职，
这是男人订立的最高法律，
男人长得像东方王子般勇猛

天生带有万般严厉。
288 那么躲开，躲开那悲惨状态
别让男人耻笑你。
珍惜你自己：
若你能有学问，你必会感到骄傲。

一世纪后沙龙女主人的兴起是若干女性往男性社会前进、在男性社会立足的明证。同时，受到美、法革命的启发，出现了一群立场、个人行为及宗教态度较他们一世纪前的先行者远更激进的女性主义者。其中最杰出的是玛丽·沃斯通克拉夫特，她可能对女权大业造成了若干损害，因为她对性平等的热情呼吁，加上她对法国革命的同情及她混乱的个人生活，疏离了大多数人的支持。是此一结合国家政治与性政治的激进主义，使得贺瑞斯·华尔波(Horace Walpole)[5]将沃斯通克拉夫特描述为“穿裙子的土狼”。

很难说17、18世纪的女性主义运动对改变一般人对两性关系的看法有很大影响。性平等问题的意识无疑被挑起，但男人被这些愤怒女性挑起的恐惧可能抑制改变而非加速改变。

3. 女性教育

289 鉴于友爱婚姻在18世纪的发展，上层阶级女性教育的质量产生了很大的进步，这是不令人意外的。

当对女性受教权的呼吁在1675年展开，它是由一群中产阶级女性领导，加上从洛克、威廉·劳(William Law)、斯威夫特、约翰·当顿、笛福得到一些男性帮助。曾是学校女老师、女家庭教师、学校助教之妻的汉娜·伍利，在1675年一本小册子里这样表达她对女性受教权这个题目的感受：“虚荣的男人容易认为女人生来只是为人类繁殖，并负养育人类的重任，但如果他们愿意让女性和男性受相同的教育，他会发现女性的头脑和女性的身体一样肥沃……在这堕落的时代，多数人认为一位女性要是能区别先生的床和别人的床，她就够聪明了。”1706年玛丽·阿斯特尔指出男性借由剥夺女性受教权来破坏婚姻中伴侣关系的可能性：“当一个男人讨厌女人，他如何能尊敬妻子、让她与他平起平坐？”上述这些女性不是狂野的政治（或道德）激进分子，而是虔诚基督徒，对“女性天生次男人一等”的标准教理拳拳服膺。她们只想看见女性受较好教育、能当男人的伴侣。

17世纪末呼吁女性受教权的少数男性之一是洛克，他的目的 290
不是要促进友爱婚姻，而是要改善女性教育子女的能力。他因此希望女性能“流利地读英文，理解一般拉丁文、数学，对年代学和历史有若干通识”。但在上层阶级家户，教育通常是由女家庭教师和男家庭教师费心，连洛克也被迫承认：“许多人不相信女性应受语文或书本知识教育，认为念了书的女人可能找不到丈夫，因为很少男人会珍惜女性的读书成就。”

自然地，多数公开鼓吹女性受教权的男性偏爱玛丽·阿斯特尔“女性受较好教育对丈夫有好处”的说法。“我希望男性接纳女性为伴侣，并教育她们使她们适合当男人的伴侣。”笛福说，他因此从女性受教权提高中看到家庭幸福的美景：“一位好教养的女性，有知识、人品的女性，是无与伦比的人……她是那样温柔、甜美、温和、机智、喜悦而充满爱心。她在每一方面都能符合最高期望，有这样的女性为伴的男人真是幸福无边。”

此一宣传战对促进18世纪中叶前女性教育是否有很大影响难以确定。男性教育已从16世纪末相当学者气派的古典教育转移到17世纪较为肤浅的审美训练。同样地，贵族精英的标准女性教育也已变得较为强调审美。举1670年代的安·巴列特蓝纳(Anne Barrett－Lennard)为例，她来自一非常富有的贵族家族，被视为非常有教养。她曾受教于著名的歌唱家西格诺·莫瑞利(Signor Morelli)，且她能说、读法文和意大利文。她的侄子罗
291 杰·诺斯认为她是一位相当有教养的人，即使她对古典文学、历史、数学或科学一无所知。诺斯欣赏的是她“极其柔顺的脾气”和“不错的才智及流利的言谈”。

女子寄宿学校在17世纪相当普通，这类学校擅长训练社交礼仪，它认为社交礼仪能使女性吸引丈夫、婚后懂得排遣时光。在伊斯林顿(Islington)一所由普雷福先生(Mr Playford)管理的学校，“年轻淑女被教以各种技艺，也被教以读、写、音乐、舞蹈及法语。”在17世纪末、18世纪初课程表上占据相当大分量的“技艺”，包括刺绣、缝纫、剪纸、蜡染、涂漆、玻璃彩绘、缝缀布片、贝壳工艺、苔藓工艺、羽毛工艺等等消磨时间的技艺，而家事学和谈话技巧也在这份课程表上名列前茅。这是技艺教育，而非知识教育，关注的是“所有优雅、时髦的事”，目的是让没事干的妇女有消磨时间的活儿做。

私立学校及男子学院在整个18世纪快速成长，女子寄宿学校也增加，增加得如此快，以致有“在1759年伦敦附近每座村庄都可

见到两三所刻有‘年轻淑女住宿、受教’字样的学校”的说法。但这些小学校提供的亦非知识教育。它主要仍是提供社交礼仪及刺绣、缝纫等女人活儿的教导。

露易莎·斯图亚特夫人在1820年代的写作中指出，在18世纪初期，“女性教育达于最低潮，女性不是被教导献媚、说闲话或玩牌，就是被教导当勤劳家庭主妇。”17世纪旧派淑女相信女性应利 292
用所有休闲时间做针线活儿。18世纪初新一代淑女仍被教家事、技艺，但多半一离开学校就忘得一干二净。她们像她们的祖母一样无知，但如今专心于派对、访友、牌戏、剧场——从这些追求可以看出当时是一个相当注重休闲、热爱玩耍的社会。1714年一位愤怒女性尖酸地论及她的年轻侄女们的生活方式：“这个时代的年轻人把时间花在购物、嬉戏、访友等等事情上，我那个时代的人则把时间花在誊写食谱或为家人整理床、椅、窗帘。以我来说我这50年来勤做针线，靠着我的坚强意志，针线从未离开我手。看到一些娇懒女人整个下午坐在房间吃茶令我痛心，她们真是不如她们曾祖母那代呀！”她悲叹清教工作伦理在18世纪初淑女中的衰微，但对女性的无限休闲时间如何能被放到更有益的用途则毫无见识。

社交礼仪在寄宿学校课程表上盘踞不去的一个原因是，富裕的伦敦中产阶级及专业人员的女儿们最爱上这类课程，而这些父母希望用钱换回的正是举止、礼仪及技艺上的训练。1775年时有评论者指出若干这些学校如今迎合“铁匠、酒馆老板、鞋匠等等的女儿，她从踏进学校的那一刻起就成为淑女”。讽刺剧（如德费〔Thomas D'Urfey〕[6] 1691年的《着眼于钱的爱，或寄宿学校》〔*Love for Money, or the Boarding School*〕）亦无能阻挡此一趋势，而笛福的计划在某些方面正加强此趋势。

293 对女性受教权的呼吁在18世纪逐渐见效;《闲话报》和《观察者报》在1710年代的成功,证明有一讨论流行议题的半严肃期刊市场存在。到1770年代女性阅读市场已甚具规模,出现了第一本成功的女性期刊《仕女杂志》,而浪漫小说的销售与流通也继续成长。"所有女士都读书,这是很大进步",约翰逊博士在1778年这样评论。结果,他相信"现代女士……对先生比较忠实,在每方面都比从前的女士优秀,因为她们的理解力获得较好的培养"。

当时人相当能意识到事情已改善。1753年玛丽·沃特利·蒙塔古夫人(Lady Mary Wortley Montagu)[7]乐观地比较她的孙女所受的教育和她那时代的人所受的教育。最佳18世纪末女子学校之一是由巴斯的李小姐(Misses Lee)所管理的学校。莎拉·巴特(Sarah Butt),富有海军医生之女,在1798年15岁时被送到该学校。那是所大学校,有52位寄宿生、逾20位非寄宿生、5名永久教职员及若干专任教师。课程涵盖传统女性教育范围,即音乐、舞蹈、画画和缝纫。但同样注重较为知识性的课程,包括写作、文法、算术、几何学和法文。法文尤其获得认真对待,它是在工作时间唯一准讲的语言。这是因为"要说法文才能显得优雅"。

18世纪末时,有关理想女性教育的共识从地主阶级和上层中
294 产阶级中浮现。理想女性不是轻浮、爱玩、不负责任乃至淫荡成性的贵族妻子,也不是以古典文学底子傲人的中产阶级女学者。理想女性是位见闻广、上进心强的女性,受过知识训练,并愿意将生命部分奉献给取悦丈夫、提供他友谊及伴侣关系,部分奉献给监督佣人、管理家务,部分奉献给教养小孩。女孩待在母亲照顾下的时

间较长，因此母亲有足够的时间将她们塑造成温柔贤良的女性角色；男孩则待到 7 岁，然后交到家庭教师和校长手中。女性教育如今涵盖宽阔主题，包括历史、地理、文学及时事，一些女性如今夸耀她们所受的教育，相较于她们的兄弟所受的狭窄古典语言训练更具优越性。1790 年《仕女月刊》(*The Ladies Monthly Magazine*)宣称“许多女性业已接受的教育比莎士比亚当时所受的教育好得多”。伊莉莎·福克斯夫人(Mrs Eliza Fox)指出：“文法学校的男孩学习拉丁文和希腊文，轻视简单学识，对实用知识不屑一顾，而实用知识是女孩所擅长的。”女性从 1700 年对所受教育感到自卑，到 1810 年对所受教育感到骄傲是一平和转变过程。男人也承认此一转变，1791 年《绅士杂志》(*The Gentleman's Magazine*)指出：“目前……女性已确立其地位，并挑战男女天生智力不平等的说法。”男性对女性智力的传统看法在过去半世纪已经大幅改变。

很有可能，女性受教权提高，必在“女性要求更大择偶权、更大家庭决策权”上扮演了重要角色。它无疑造成女性更能参与先生的生活及问题，且它可能也造成对婚姻内的性更放松的态度，及更大的节育意愿。另一方面，它造成越来越多女性完全撤离生产性 295
工作，并有大量休闲时间在手。大群中产阶级乃至下层中产阶级女性如今像男人一样受教育，换来了大量休闲时间，及自生产性工作撤离。诚如格雷戈里博士在 1762 年所解释的：“之所以教女性缝纫、编织等工作，不是基于双手万能的信念，而是使女性能够以合宜方式填充必须在家度过的许多寂寞时光。”

18 世纪时中、上阶级女性受教权的提高改变了英国文化，不仅刺激小说也刺激了剧场及巡回图书馆的发展。它大大增加了婚姻中伴侣关系质素，因为妻子在除古典文学外，所有领域都与先生同样博学。但它也产生“增加女性休闲时间、使女性撤离工作世界”的负作用。这时婚姻幸福的妇女可能不会有太大影响，但对日渐增加的终身不婚女性，这是场灾难。

4. 个人历史

亲密家庭关系的研究牵涉对人的心理领域的探究，在人的心理领域，要区分实与虚、真与幻是极其困难（有时是不可能）的。尤其当只剩下单方说词（有时写于日记、信件，有时写于自传）时，更是如此。纵使事实被正确地报导，人的感情是那样多变、飘忽，使

296 得诠释情感成为最危险的工作。

240 举耶欧舰长在18世纪中叶的两次婚姻为例。他的第一次婚姻的多数时间是在海上——他在海上指挥船舰，官至舰长——度过。在少数的在家时间，他“是个暴躁的人，全家人对他的脾气都怕得不得了”。然而当他听说他的妻子在普利茅斯（Plymouth）病得很重，他立刻不顾上将命令、将船驶往港湾。他抵达普利茅斯的时间晚了些，他的妻子已经死了且葬礼已于几小时前举行。他立刻作出开棺的深情举动，为的只是看亡妻最后一眼。由于破坏海军纪律，耶欧舰长被处以“必须等九年才能再登船指挥”的惩罚。

至此，这故事似乎是讲一位海军舰长执着军旅，却因太太的死而误了大好前程。不过，仅九周后，他又结婚，这个“爱笑的19岁女孩”给他生了五个孩子。这是个不寻常的故事，很难知道如何评估舰长的动机及他对他第一任妻子及由第一任妻子所生的孩子的

真实情感。何况，这故事是由相当讨厌父亲的女儿所述，因此更增加评估的难度。

可以说，奥利佛·哥尔德斯密斯的友爱婚姻典型[8]首先在17世纪末较虔诚（经常是不从国教者）的中产阶级家庭中取得发展。长老会教徒理查德·巴克斯特（Richard Baxter）和他的妻子彼此结婚，不是着眼于世俗声名，而是着眼于个人品质。妻子于1681年去世后，巴克斯特为她写传，其中他完全摆脱了对女性的传统父权态度。他坦承在实务上，“她的悟性比我敏快得多，在许多事上 297
我乐意受她领导。”他甚至坦承她对他说他的作品写得太多、太肤浅。他也给她自由处置自己财产的权利。当一切结束、她去世，他写道：“近19年来我们不曾在任何点上有过分歧。”巴克斯特夫妇显然享受了最亲密的精神、知性及情感关系。

当剧作家理查德·斯蒂尔在1707年结婚，他对新婚妻子的情感无限，且突破严谨的17世纪礼法所有藩篱。“没有言语能表达我对你的柔情”，他在1708年写道，两年后，“此世任何欢乐皆无法与我在你的相伴中所得到的欢乐相比。”1716年，婚后9年，他仍告诉妻子“我爱你近乎要发狂”，并把他的四个孩子放入一首赞美家庭欢乐的赞美歌中。可惜的是，他的妻子情感不像他这样深，且很快对斯蒂尔的经济困境感到厌烦，她去世（1718年）前几年两人的生活已到冲突不断的程度（斯蒂尔过分乐观地将这些冲突解释为“我俩间有时发生的小争执”）。尽管如此，斯蒂尔长年以来对爱的坦诚而公开的表达并非虚假，且与16世纪、17世纪初的人小心维持的拘谨关系形成鲜明对照。斯蒂尔并透过《闲话报》宣扬他的爱情观，对形塑18世纪乡下大地主阶级的爱情、婚姻观颇有影响。

在小农、店老板、工匠、零售商的生活方式与家庭安排，与无产劳工贫民的生活方式与家庭安排间，必须作一清楚分别。前一团体由于亟欲维持其经济立足点于贫民之上，可能比社会上任何其他团体（除了贵族）更关注资本、财产累积作为结婚动机。夫妻间
298 情感关系由19世纪法国农民的一项习惯性的行为象征而出，他“一生中只在结婚那天把他的手给妻子”。城里的店老板、零售商和工匠同样地靠资本来获得人生起步，因此视婚姻中的物质及情感考量为同等重要。此外，小农、店老板、工匠、零售商是一经济状况相当不稳的社会团体，经济状况很容易出毛病让全家人受累。经济灾难在18世纪的这些人之间极其常见，债主上门是一恒在威胁，轻率成婚的结果很可能是

一座冒烟的屋子，一桩坍塌的事业
六个嗷嗷待哺的孩子和一个责骂的妻子

这是18世纪末讽刺漫画家詹姆斯·吉尔雷（James Gillray）对“婚姻的乐趣”的描述。

情况的复杂可由托马斯·莱特（Thomas Wright）的故事窥得一二。莱特是位可怜的卫理公会教徒，他第一次试图求爱是当他“在一位少女的家人上床睡觉后”去拜访少女，而他的同伴则追求女仆。这不是一次愉快经验，多年后莱特记得：“都是我在拼命找话说，她不是个非常健谈的女孩。”她可能对莱特在一整晚的求爱中未发动性攻势感到失望，因为她后来被另一位追求者搞大了肚子，接下来是勉强结婚、不快乐的婚姻生活和早死。“再见了可怜

的南茜·霍普金森”。莱特下一次、较认真的企图求爱，结果也没 299
好到哪里去。女孩被一个学徒搞大了肚子，但她的父母不肯让她嫁给他。小孩在生下来后不久就死了。她后来结婚、生了六个小孩，但对她丈夫不忠，他因此离开她，到伦敦并娶了另一位妻子，重婚在 18 世纪是很容易办到的。莱特终于与一位 11 岁女孩伯克黑小姐(Miss Birkhead)坠入爱河。他等待数年让她长大，尽管在某些时候他也追求其他女孩。但在 1766 年，当伯克黑小姐 19 岁，他向她求婚并被接受。由于她的父母反对这桩婚姻(因为莱特缺乏经济前景)，这对情侣私奔到苏格兰，花了两畿尼在一牧师的福证下于旅栈中结婚。

这婚姻并不幸福。他的岳父母为私奔一事始终耿耿于怀，加上必须借女婿 100 英镑助他创业，更是闷闷不乐。按莱特的说法，岳父母成功疏离妻子对他的情感，而令婚姻雪上加霜的是她染上酒瘾，曾有一段时期她每星期必须喝上一加仑兰姆酒。1777 年，婚后 11 年，她死于酒精中毒，生了七个孩子，其中三个早夭。

在经历一大堆麻烦后，莱特终于了解到他除了再婚外没有选择。他的结婚动机很明朗：

> 一些人劝我娶不会再生小孩的老女人，他们讲话的态度，好像认为我会爱上任何老女人，简单得像挑块肉来当晚餐似的。这些人似乎认为，如果一个人曾结过一次婚，有几个小孩，他必定失去人心所有的美好感情；或者如果他想再婚，他 300
> 一定是着眼于金钱、利益等丑恶动机……我宁可选一位我能爱、和她在一起我能快乐的年轻女士(尽管这样做的结果几乎

必然是再生小孩)，也不选一位我不能爱、和她在一起我不能快乐的老女人。

因此在1781年，丧妻四年后，于45岁之龄，他娶了附近农夫的15岁女儿，她“受过不错教育，有非常勤劳的双手，非常聪明、坚强而善良”。成立新家庭，使得他的经济困境深于以往，但他声称他认为值得。照莱特的叙述，在他两次婚姻中他对爱和情感的期望都很高，纵使第一次婚姻挫伤他的期望，而第二次婚姻加深他的经济困境。

在此叙述中呈现的下层中产阶级婚姻生活图像是一相当有序的画面，其中经济筹谋扮演一重要角色，但对家庭欢乐的期望也在其中占据相当分量。这是一得到诗人乔治·克雷布支持的观点。他认为尽管浪漫爱情在乡下小农中是陌生事物，伴侣关系倒是相当普遍。他欣悦地描述一对夫妇：

> 彼此爱慕，但不过分，
> 健康、安详、宁静组成他们的快乐。
>
> 301 由痛苦和欢乐构成的爱
> 在这对夫妇眼中只是疯狂。

他对较富裕的佃农和自耕农也是持同样看法：

> 我们的农夫，一眼看去便是

婚姻之神的枷锁里最温柔的爱的奴隶

然而，纯朴善良的人
他们收获粮食、体验幸福。

18世纪末的都市零售商、工匠及乡下小农因此可能大体未受到对爱的新要求（由当时的浪漫运动引起）的影响，尽管他们已体认到对伴侣关系及对经济上的合伙关系的需求、诚如克雷布指出，他们因此避免由对婚姻期望过高所引起的高度失望。在《曼斯菲尔庄园》中，简·奥斯汀让玛丽·克劳福（她是世俗智慧的代言人）宣称：“在我观察到的一百个人当中，没有一个在婚后不感到被骗 302 的。我看到的情形都是如此，而我认为人在婚姻中要是只期望对方付出，而不自己付出，怎能不感到被骗呢？”克劳福认为对婚姻期望过高必然导致失望，这看法无疑很有道理。17世纪中叶的父权体制与18世纪末的浪漫主义之间存在很大差异，结果是在上层阶级中产生困惑与混乱。在较低社会阶层，混乱和困惑则还没有那么显著。

不难在历史上任何时候的乡下大地主阶级及贵族中找到恩爱夫妻的例子；事实上，这样的例子颇多。但我们得到的印象是这类夫妻的比例在17世纪末、18世纪（尤其18世纪下半叶）上升。但由于我们处理的是实际生活，多数例子充满含糊暧昧。譬如，莱姆港（Lyme）的伊丽莎白·雷和理查德·雷（Elizabeth and Richard Leigh）在1660年代以最亲昵的称谓——“我最亲爱的爱人”、“我亲爱的爱人”等等——彼此称呼，但20年后，他们毫不犹豫地施加极大压力在女儿身上，要女儿嫁给门当户对但无爱情的对象。

另一例子是纽卡斯尔公爵（Duke of Newcastle）及亨利耶塔·戈多尔芬（Henrietta Godolphin），两人在1716年结缡。尽管这是一个纯粹着眼于钱与社会地位的媒妁婚姻——公爵有沉重的债务要偿付，亨利耶塔贪图公爵的社会地位——两人的婚姻结果十分美满，尤其对公爵而言。公爵的政治事务使他多数时间待在伦敦，因此经常与妻子分离，但他写了许多封最热情的信给“我最亲爱的女孩”。1759年，在44年无子的婚姻后，现已年老的夫妇爆发一
303 次严重争吵，公爵以近乎绝望的心情写信给“哈丽奥特”（Harriot，亨利耶塔的昵称）：“像以前那样对我。看在上帝的分上，我的宝贝，想想我们靠主的恩典而一同度过这快乐的许多年，我们多么倚赖对方来取得自身的快乐。你知道，你必须知道，我多么、多么真诚地爱你与敬你。你必须知道，一旦你的情爱、你真挚温暖的心离我而去，我将再也不会快乐。所有其他不安、痛苦我都能度过；唯独无法承担失去你的痛苦，这是最真确的真理。”这桩婚姻始自完全着眼于实利的安排、终于热情洋溢，除了夫妇俩经常分居二地，她在乡间沉迷于音乐和牌戏，他则在伦敦忙于政治协商。

18世纪末时，着眼于钱的媒妁婚姻已经名誉扫地。1776年莎拉·蓝诺克斯夫人批评一桩不快乐婚姻说：“他不该娶一位他不喜欢的女孩，她也不该嫁一位她完全不爱的男人。”这是她由亲身经验而得的感叹，她在17岁时嫁给一位她相当喜欢的男士，两人相处得十分愉快。但两人没有孩子，而她先生尽管非常喜欢她，却更爱他的赛马。她变得不满足、爱调情，在六年婚姻后，她与一位情人私奔，却在一年后将他连同与他生的女儿一同抛弃。

18 世纪的友爱婚姻的另一个例子是玛丽·汉弥尔顿(Mary Hamilton,出生于 1756 年)的例子。当她在 17 岁时第一次踏入婚姻市场,她的监护人给她忠告:别存“石头越捡越小”的恐惧而抱“石头越捡越大”的希望,“不要在没有父母亲友同意的情况下进入婚姻”,但也不要“不问自己的心就应亲友要求结婚”。在被威尔士 304
王子(后来的乔治四世〔George IV〕)热情追求,她拒绝此一爱的进攻,但同意做他的精神上的友人及顾问。终于,在 28 岁时,她与富有而善良的年轻人约翰·狄金森(John Dickinson)陷入热恋。她告诉他“我多么爱你”,而一年后,在 1785 年,他们婚后未久,她写道:“我爱你达于一人爱另一人的极致。”当一女儿在一年后出生,她以同样的爱和关注拥抱“我们的宝贝女儿”。这是个最快乐、持久的结合,而在 15 年婚姻生活后,在 1800 年,约翰·狄金森写信给她说:“我只能说我深深地爱你——最好的女人、最好的妻、最好的朋友。”这句话是 18 世纪末上层阶级的新友伴婚姻的缩影,其所流泻出的温暖和情感洋溢,是在 16 世纪、17 世纪初的婚姻中难以寻得的。爱情就像所有其他事物一样,有流行,而狄金森夫妇对爱的语言的使用和爱的情感的表达无疑受到了浪漫小说兴起的影响。

在说了这么多相当成功的友伴婚姻之后,不妨来说一则以喜剧始、以悲剧终的故事。这故事的男主角是威廉·罗素勋爵(Lord Willliam Russell),贝德福公爵(Duke of Bedford)之幼子。1817 年他与他衷心喜爱的伊丽莎白·罗登小姐(Miss Elizabeth Rawdon)成就了一桩门当户对的婚姻。他的父亲贝德福公爵表达他的欣喜说:“你与罗登小姐在一起必会快乐。”6 年后,1823 年,威

廉勋爵告诉妻子:“我爱你超过世界上任何事物。”证据显示她很喜
305 欢他但对他没有多少尊敬,且无疑她将她所有情感资本都投资在孩子身上。1822 年孩子两岁,“他吃、睡都与我们在一起,母亲疼他疼极了。”一年后,他仍睡在父母的房间,父母旅行时也带着他。迟至 1829 年,在 12 年婚姻后,威廉勋爵仍告诉自己说:“没有快乐像自妻儿身上得到的快乐,它使我无视于所有其他快乐。”直到 1830 年,两人婚姻才首度出现裂痕,因为伊丽莎白行事专横,且她一心一意将情感放在孩子身上,忽略了丈夫。也有迹象显示她非常不想再生小孩,因此当她在 1828 年发现自己怀第三个孩子时她气得不得了。她先生的低头道歉显示他可能是强迫妻子交欢:“我为我的罪恶对你造成的痛苦与屈辱感到抱歉……我希望我能不再犯罪。”他们果然没有再生小孩。

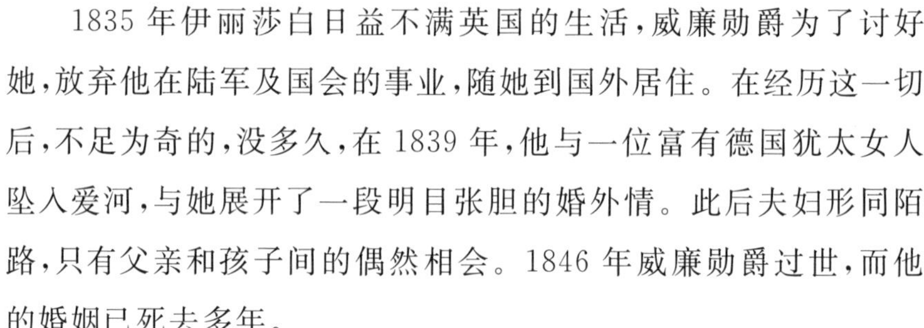

1835 年伊丽莎白日益不满英国的生活,威廉勋爵为了讨好她,放弃他在陆军及国会的事业,随她到国外居住。在经历这一切后,不足为奇的,没多久,在 1839 年,他与一位富有德国犹太女人坠入爱河,与她展开了一段明目张胆的婚外情。此后夫妇形同陌路,只有父亲和孩子间的偶然相会。1846 年威廉勋爵过世,而他的婚姻已死去多年。

5. 单身人士

306 友伴婚姻的兴起由社会上未婚者比例的增加伴随,未婚者比例增加部分由婚龄推迟造成,部分由从未结婚者比例增加造成。青春期问题是欧洲人自 15 世纪以来一直相当熟悉的问题,而随着

性成熟和结婚间的年龄落差越来越长，青春期问题变得越来越严重。莎士比亚的《冬天的故事》（*A Winter's Tale*）中的牧羊人说："我宁可没有 16 到 23 岁间的年龄，因为青春期的年轻人除了嫖妓、顶撞长辈、偷、打外，什么也不会。"这句话必定触及了许多人的心坎。"'青春期是有其独特问题的年龄阶段'是在 19 世纪才发展出的看法"的观念是完全没有历史基础的。

在 17 世纪末、18 世纪，在贵族、绅士阶级的幼子间有一相当高的终身单身汉比例存在。除非他们运气好到娶到位女继承人，许多人担负不起结婚。此时，精英分子的财产安排已形成惯例：幼子获得一小笔终身年金及若干家族关系，而非获得部分祖先财产。得不到祖先财产，许多人去从军，或到遥远、偏僻的地方去工作。结果是到 50 岁仍未结婚的儿子的比例，从 17 世纪末到 19 世纪初是介于 1/4 到 1/6 之间（表二）。同时，上层阶级及专业人员阶级 307
的子女的结婚年龄中位数在上升，在 1800 年时达到 28 岁（到 1870 年到达 30 岁），因此即使那些最终结婚的人在性成熟时期后也做了十二三年的单身汉（表三）。1733 年《仕女杂志》抱怨说今天"男人不愿结婚，有时结得非常晚，许多男人一辈子从未结婚"。而一般人给这现象的解释是男人怕花钱、怕婚姻带来的经济负担。1799 年有人指出"抨击婚姻成为相当时髦的话题，只要一踏入咖啡馆或酒店，就会听到对被妻小绑住的怨言，及对过自由、豪勇、欢乐生活的坚定决心"。

迟婚、单身汉增多现象的一个结果是单身汉暴力的发展、单身汉以军事侵略来抒发性挫折。"我受不了性挫折，我必须再冲往战场……"威廉·布莱克（William Blake）[9] 这样写道。单身汉不仅有上战场的经济动机，而且有心理动机。19 世纪初时的医生担忧这个状况，而在 1850 年代威廉·艾克顿医生（Dr William Acton）写道："我很忧虑在目前这个时代金钱考虑经常使人不想结婚。"他能给性欲挫折的人的帮助，只是建议"低热量饮食、轻泻药、健身运动及自我控制"。无怪乎托马斯·阿诺德（Thomas Arnold）[10]的英国公立学校采用了上述种种手段，因为艾克顿医生是阿诺德的顾问。结果相当显明。卫兰·扬（Wayland Young）有说服力地指出：

308 如果一个年轻人身边的每样价值、每种势力都告诉他他的性欲必须被转化，升华成体力、智力、竞争力及男子气概，他如何能不建立帝国？……19 世纪大英帝国不是因缺乏心智而建立，而是因缺乏女人而建立。

由于幼子的低结婚率，加上嫁奁费用提高，在 18 世纪出现了一种新的社会现象，从未结婚的老小姐增加可看出，其人数从 16 世纪所有上层阶级女孩中不到 5%，到 18 世纪的 20% 到 25%（表二）。诚如笛福笔下的莫儿·弗兰德斯所抱怨的，"市场现正对女性不利。"这在城市尤其为真，尤其是伦敦，该地性别比例，由于年轻女性由乡村流入城市且男性比女性易患疫病，在 17 世纪末是 13 名女性对 10 名男性。结果，一位当时的伦敦婚姻经纪人携带"一份征求婚姻的女人（有些年轻，有些不，全都乖顺得跟绵羊一样）的目录"。照经济理论来看，这样一种明显的供过于求应减低嫁妆费用，但在地主阶级中不是这般状况，在地主阶级中嫁奁继续上升，造成许多父亲宁可将女儿留在身边。

此一状况的另一结果是在18世纪末的上层阶级圈中，把女儿嫁出去的心急如焚。一位少女1798年给《女士每月博物馆》的一封信道出此一磨人经验的疯狂性质：

> 我爸妈过去三年来一直试着把我嫁出去，为着这个目的 309
> 把我从乡下老家带到伦敦，从伦敦到布莱顿，从布莱顿到巴斯，再从巴斯到我现在所在的地方却尔顿纳（Cheltenham），忽东忽西，直到家庭马车几乎倾颓，一马变瞎，另一马变瘸，我却没有一点收获，因为我没能跟任何人约会。我开始害怕在他们钓女婿或在我钓丈夫的态度里有什么不对。

18世纪末时，另一职业为来自良好家庭的好教养老小姐开启，就是到富有家庭当小孩的家庭教师。但即使此一新去处也提供的不过是挫折、短暂的职业，因为与孩子的情感联系恒常被后者被送到男家庭教师手中或上学所打断。再者，女家庭教师的经济收入及社会地位都不高。她们通常领很少的薪水，有时少到一年12至30英镑，尽管那些懂得法文、有良好仪态、关系的人能“在名流家庭”赚到每年100英镑。工作是相当辛苦，因为她们是一礼拜七天，从上午7点到下午7点执勤，“比佣人还惨”。最惨的是她们的低劣社会地位使她们不能享有任何伴侣关系或归属感。“女家庭教师几乎与社会隔绝，不与佣人是一伙，也不被家长及访客视为家庭成员。”既不是亲戚，也不是客人，更不是妾、佣人，女家庭教师活在一种地位不明的地带。由于她的位置，她也被视为近乎无性

(sexless)。不是低阶级佣人(因此主人不会来挑逗她),不是家中女儿(因此没人来求婚),她什么也不是。“世上有三种人,”一位匿
310 名作家在 1836 年指出:“男人、女人和女家庭教师。”

我们应留心避免在目前可得的这般零碎的证据上夸大任何社会团体的困境。但无疑,18 世纪初(当时老小姐问题首度变成严重问题)老小姐享有恶毒及坏脾气之名。“老小姐咬起人来跟疯狗一样可怕”,笛福在 1723 年这样指出,而从那时起坏脾气的老小姐就成为英国小说的一个永久特征,及所有家庭手册作者恶意批评的对象。1774 年约翰·格雷戈里博士警告他的女儿们有关“老小姐的悲惨、无助状况,愤恨和气恼容易损伤她们的脾气”。11 年后威廉·海利(William Hayley)宣称该状况的最坏特征是:“老小姐经常受到无情的嘲讽、笑骂。”

解决老小姐问题的三个障碍是:社会歧视(它使多数工作在好教养女性能接触到的范围之外);女性的非职业教育训练;工作机会缺乏,使女性连想当店员都难。19 世纪初,米尔视女性教育的缺陷为老小姐问题的根本肇因:“女性所受的教育,使她们无法自力更生,而一定需要男人的扶持……她们所受的教育,使她们无法在世上单凭自己立足……单身女性因此被自己及他人视为一种社会渣滓,无用处、功能或职务。”

6. 结语

311 精英分子精神取向的深刻转变的三项最重要物质象征是矮篱(造于花园界沟中不遮住视线的)、回廊及回转式食品架。矮篱(代

替高墙）标示着浪漫主义的胜利，因为它摧毁了17世纪“花园是一有序的、对称性的封闭空间区域，如房子般矫揉造作”的概念。18世纪时，房间变得较偏处一隅、较私密，但从窗户看出去的景致如今是仔细规划过的风景区及吃草的牛羊。回廊（它是18世纪所有新房子的特征并逐渐被加到旧建筑上）借着除去“陌生人走过自己房间以到达他的房间”的恒在威胁，对身体隐私的兴起作出很大贡献。四面墙和一扇门比起四脚床的帘子是对隐私更好的保护。小私人餐室里使用的回转式食品架，则使亲密的家庭用餐时间谈话（不仅避开大厅的成群佣人，而且避开在餐桌旁伺候的侍者的监视）成为可能。“给花园自然感”的期望、对卧房内隐私的期望、“借排除用餐时间的仆人和陌生人增进核心家庭联系”的期望，刺激了矮篱、回廊及回转式食品架这三种设计的发明。这三种设计加上房间的隔开、母乳喂养的兴起、“Mamma”及“Papa”等词的使用、夫妻间以名称呼、反对鞭笞以及若干有限但重要的女性教育改进，是一整套对自然、自然本能、隐私、核心家庭的情感特征、儿童教育新 312
态度的表征。当时人相当能意识到此一人际关系的大转变。“过往女性的行为相当保守、内敛。这样的行为如今被认为是过分僵硬、拘谨。”连像海军上将这样的公众人物如今也在他们的墓碑上夸耀他们的家庭幸福，诸如“夫妻鹣鲽，父慈子孝”。

在这些正面进展之外，也有一些负面状况出现。首先，从16到19世纪的一连串发展，包括国家的兴起、清教主义的兴起以及个人主义的兴起，产生“将婚姻的外在经济、社会、心理支持一件件自婚姻剥除”的效果。在地主阶级亲属的支持加上干涉虽大幅减少，但未完全消失；财产交换、世袭财产及嫁妆的重要性在除了贵族外所有阶级中均降低。在中、下阶层，邻居的社会支持随着乡村社群的衰微而减退。剩下的只是婚约的不可解体性（indissoluble nature），而该性质能借富人的纳妾或穷人的遗弃及重婚来规避。

核心家庭因此比从前任何时候都更立足于自己脚跟，除了自己的内聚力外没有什么能将它维系。无疑，在许多情形内聚力是不够的。在上层阶级，读浪漫小说、爱情故事刺激出对浪漫爱情和性满足的需求，这创造对婚姻欢乐不切实际的期望，而这期望经常受挫折。早在 1712 年，浪漫运动尚未发轫前，《观察者报》便抱怨“半幻想、半浪漫的”求爱形式的结果是“将我们的期望提高到不切实际的程度”（图 4）。18 世纪中叶时奥利佛・哥尔德斯密斯仍旧深信由小说引起不切实际的期望所造成的损害：“那些婚姻幸福的
313 画面是多么迷惑人、多么具有破坏性。它们使年少心灵幻想根本不存在的美与快乐、轻视人生的小幸福、期望不切实际的东西。”使事情更糟的是，小说读者多数来自中等阶层，而小说题材通常得自乡下大地主阶级或贵族。

社会中、上阶层的妇女逐渐成为懒惰者。她们将家务交给管家，借避孕手段降低生育责任，并将时间花在读小说、上剧院、玩牌、访友这类事上。这是因为她们被教开拓“那细致温柔及精致感性”。结果是妇女游惰之风弥漫于整个中、上阶层。没多久就有越来越多妇女觉得受挫。1853年玛丽耶塔・格雷（Marietta Grey）在她的日记里抱怨：“女人，从酪农场、糕饼制造、储藏室、蒸馏室、养鸡场、菜园及果树园解放出来，却发觉自己无重要事业可以投入。”

外在支持的减少带来社交的减少、与核心家庭外之人的接触与情感联系减少。朋友、邻居与亲属都退至背景，夫妇式家庭的独

立性则增加。此外，亲属关系的衰退带来世系群重要性的严重丧失，“自己是过去与未来世代间的联系”概念亦丧失。越来越少人知道他们的曾祖父是谁，且越来越少人在意。“存有大链”的家族面向不若过去重要，个人成为无过去的原子化单位。他不再与一件财产或墓园里墓碑联系，也不再与家族系谱中的姓名联系，我们可以说他失落了他的过去，但在这过程中成就了他的自主性及现时的自我完成。

此外，家庭安宁如今受到一种新压力的威胁。许多妻子发现 314
自己挣扎于两套新情感责任——对先生的责任及对孩子的责任之间。此一冲突一而再地出现在文献当中。有些妻子被(在海上或海外追求事业的)先生抛在家中，借全心奉献于子女来排除寂寞。有些妻子面对与丈夫在伦敦同住或与小孩在乡下同住的选择，最后选择后者。还有一些妻子根本从不在意先生，而把全部注意力投注在孩子上，甚至到多年难得离开孩子出外吃饭看戏的程度。总之无论如何，此一对配偶尽责及对孩子尽责间的冲突是18世纪家庭压力的来源，这压力尤其影响妻子。

家庭压力的另一来源是“母亲哺育孩子”的做法在中、上阶级圈的普及。此一做法向来受医生推荐，医生也认为哺乳期间的性关系会损伤奶汁并危及幼儿生命。由于性关系是新的友爱婚姻的一项重要职责，这些妇女挣扎于先生和小孩间的矛盾必定深刻。这个矛盾也不能经由性交中断法[11]来解决，因为性交中断时的状态已是性兴奋的状态，这一样会破坏奶汁。后来医生对“哺乳期间的性关系会损伤奶汁”的说法起了怀疑，妇女由于此一说法矛盾才获得减轻。

妇女挫折感的另一来源是结婚动机从具体的权力、地位、金钱动机，移转到抽象的情感动机，这可能对男性较有利而对女性较不
315 利。这是因为一般人认为求爱主动权应在男方而不在女方。前者因此能自由追随他的个人倾向，但后者就较被动。她有接受或拒绝他人追求的自由，但她通常无法主动展开追求。约翰·格雷戈里博士在1762年身后出版的一部书中对其女儿指出此问题：“即使有人对你热烈追求，你也要假装矜持。自然并未给你男人享受的无限选择空间，它给你的是对男人的追求表现出矜持、含蓄。如果你不这样做，你谁也别想嫁。”即使在新的安排下，成功婚姻也如过去一样倚赖女人的温顺与包容力，这是18世纪一些女性失望、挫折如此大的原因。

18世纪一些妇女的受挫感的另一来源是友爱婚姻概念的兴起。此一概念就像17世纪“神圣婚姻”概念，对较独立的女性构成利弊互见的影响。此一难局在笛福作品中被解放的女英雄罗珊娜与她的荷兰追求者讨论他的求婚计划时被刻画得相当明白。他认为先生的利益、目标、计划比太太的重要，太太应为先生着想，这样两人才能快乐。罗珊娜不赞成。“你的说法我不同意”，她反驳：“女人为男人着想，那么女人自己算什么呢？她没有自己的利益、目标、见识，只有先生的利益、目标、见识。她得是无主见的人。”追求者试着告诉罗珊娜当有钱人的太太多么幸运，但罗珊娜不买账。“女人除了吃香喝辣外没事干……她们是花先生赚的钱的人。”但罗珊娜不要过懒惰者的生活，并怀疑她先生的荷包权力会给他统御她意志的权力。

316 几乎无可避免的，17世纪末的精英女性对更大情感及性自由

的追求导致了大量“厌女癖”(misogyny)的产生,这在通俗男性幻想中可以见到。因此当时最成功的一出戏是威廉·威丘里的《村妇》(*The Country Wife*),剧中的英雄(或反英雄)是那不知足的奸夫霍纳。但霍纳是性的囚犯。他从征服得不到性欢乐,只在始乱终弃得到变态的满足:他的满足来自他的性对象所受的屈辱与痛苦。这出戏剧风靡了30年,显示17世纪末女性在追求解放的过程中所引起的紧张与焦虑。

导致婚姻不和的另一问题是由富有女性所受的教育所引起。女孩在家庭保姆及女家庭教师娇宠下,未被教导克制脾气或口舌。男孩在家被母亲、姊妹、保姆及女家庭教师宠坏。他们然后被送到公立学校及大学的粗鲁男性世界,因此被剥夺了女性伴侣(除了下层阶级妓女及酒吧女)。一本给中、上阶级少女、出版于1846年的结婚手册的匿名女性作者,警告少女当“她纤细柔弱的本质遇到男性的粗粝性质”她会经验到的惊吓。这不是暗喻男性性冲动的粗暴,而是指男性的自私,想取得家庭控制权,不愿温柔对待妻子:“追求时的殷勤在婚后立刻变成无礼、粗暴的对待。”年轻已婚女性被劝告服从先生,即使在暴力下,也不能哭,而要装出一副愉快面容,不抱怨,绝不要提“女权”,克制口舌与脾气,不批评丈夫的亲朋好友,不让丈夫等待,并保持整洁、典雅、不过分修饰。这是一个对丈夫在婚姻中的行为抱很低期望的人的劝告,它描述的是一个与 317
当时浪漫小说所提供的婚姻生活概念不相关的世界。结论是太太经由“坏脾气与冷心肠”来使先生不快乐,而先生经由“怠慢”、暴力及外遇来使妻子不快乐(图10)。

18世纪下半叶的友爱婚姻中有不少难解的问题,这从“许多

男女仍觉得与自己的同性友人共处比较自在”(此之证据是由女性用餐后从餐室退到客厅的习惯持续)(图 13)可以看出。1720 年代斯威夫特指出:“看到女性用餐后必须立刻退席令我难过……好像大家都认为女性无法进行任何谈话似的。”他将女性用餐后立刻退席的习惯归因于女性教育的不充分,这使得女性除了讨论衣服外对讨论什么都不感兴趣。到 18 世纪下半叶女性用餐后立刻退席的做法依旧普遍,即使女性教育已获改善。一个可能的解释是室内夜壶被留在餐室的餐具架上,让男人在酒后醒酒的做法在英国是习惯做法(图 12)。在这样的状况下,女性用餐后退席、用家中别处的马桶或夜壶的做法是顺理成章的。另一可能的解释是好教养的女性不愿听男性的猥亵谈话、加入他们的酗酒。不论原因是什么,事实是很明显的。1762 年时有评论者指出:“女士用餐后如果不退席,男人是会感到不耐烦的。”另一评论者指出:“女士在餐后留下来会给男士造成很大压力的现象,是外国人喜欢谈论的题目。”1770 年代约翰·帕克太太(Mrs John Parker)在新婚时即已
318 很少见到先生。她在楼上她的房间内吃早餐,他则在楼下餐室里吃早餐。之后,“帕克先生喜欢玩扑克牌,我则无事可做。”在贝德福公爵 1820 年代于渥本修道院(Woburn Abbey)的家,一位家庭宴会的女性成员指出:“下午男人玩扑克牌或撞球,我们则坐在客厅聊天。”

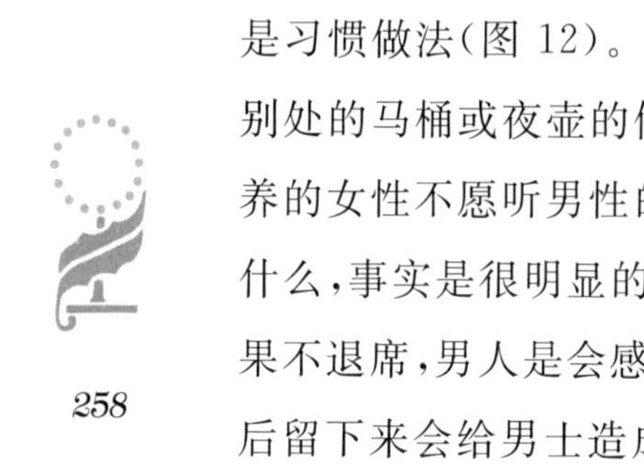

一个仍需进一步探究的题目是亲密女性友谊在 18 世纪延续的方式。上层阶级的男性花许多时间与男人一同工作,休闲时间则在男性俱乐部度过。他们的圣所是撞球室、吸烟室及马房,他们许多时间是用在与男人、马、狗在猎场共度。如我们所见,连餐室

也成为男人的场域，尤其吃完饭后更是如此。女性圣所则是客厅与起居间，她们在这儿与女性朋友共度许多时光，谈天、做针线、玩牌、说闲话等等。许多非常亲密的女性友谊在客厅与起居间发展，经常比夫妻情感更亲密。另一方面，玩牌此一普遍存在且耗时间的习惯是一种两性皆宜的休闲活动，就像参加集会、舞会、造访戏院及在家票戏是两性皆宜的休闲活动。由女学者主持、伦敦的文化精英参与的知识沙龙在 1780 年代后发展，是两性在高层次上融合的表征。1765 年阿尔马克俱乐部（Almack's Club）成立，它开放给上流社会男女，男会员由女士选，女会员由男士选。这显然是伦敦第一个两性私人俱乐部。更重要的是集会室，它在 18 世纪中叶于许多乡镇窜起，为两性提供了集会地点，从而促进以知识及情感为基础的新婚配安排。1760 年时玛丽・沃特利・蒙塔古夫人十分满意于“频繁的集会所带来的较为宽广的思考方式；这是种公 319
共教育，我总认为它对女性男性来说都是必需”。由此可见，乡下大地主阶级的男女比从前要来往自由得多，尽管伦敦男性俱乐部增加，女士用餐后立刻离开餐室的习惯依然存在。

明显落入劣势的是老者。父权体制的衰微不仅带来老者权威的丧失，而且带来老者的角色与价值的哲学性重估。李尔王在其女儿手中的命运预示一个变化的世纪、家庭中的不确定及对老者的淡漠态度。再者，核心家庭渐增的独立破坏了垂直的家庭联系。1828 年一位外国观察者注意到：“成年子女和父母很快成为陌生人，我们所谓的家庭生活因此只适用于丈夫、妻子和完全倚赖父母过活的小孩。”

显然由于家庭关系发生深刻变化之故，婚姻体制已蒙受重大压力。情感个人主义带来好处也带来坏处。

①布莱克斯通(1723—1780),英国法学家,以对英国法的研究和教学知名。他的《评论集》(*Commentaries*)被认为是英国法的最圆通著作,对英国和美国的律师业和法律教学影响颇大。

320 ②伊丽莎白·蒙塔古(1720—1800),英国作家,当时著名女学者之一。她以美貌和才智出名,所经营的知识沙龙盛极一时。著有《论莎士比亚的写作和天才》(*An Essay on the Writings and Genius of Shakespeare*),并有书信集出版。

③皮特(1759—1806),英国政治家,23 岁即任财政大臣,1783 年被乔治三世任命为首相,1801 年去职。

④以斯帖是犹太女子,她于民族危亡之际奋不顾身地克敌制胜,被后世犹太人尊为历史上的女英雄和古今女子的楷模。

⑤华尔波(1717—1797),英国作家,著有《奥特朗托城堡》(*The Castle of Ortanto*),开古堡小说(Gothic novel)先河。

⑥德费(1653—1723),英国作曲家及剧作家。他为舞台写的喜剧开芭蕾舞剧先河。1719 年他出版《才智与欢笑》(*Wit and Mirth*),当中收有他不少曲子,成为后世芭蕾舞剧取材来源。

⑦玛丽·沃特利·蒙塔古(1689—1726),英国作家,以优美的书信知名。她与波普不和,后者在诗中恶意地攻击她,华尔波也将她描写成一位贪婪、恶毒的怪物。但近世研究已将她还原成一位致力妇女解放的明慧女性。

⑧这个友爱婚姻范型出现在哥尔德斯密斯的名作《威克斐牧师传》。

⑨布莱克(1757—1827),英国诗人,有《弥尔顿》(*Milton*)、《天真之歌》(*Songs of Innocence*)、《经验之歌》(*Songs of Experience*)等诗。

⑩托马斯·阿诺德(1795—1842)为英国教育家,也是优秀古典文学家及历史学家。文中的公立学校,是指罗格比学校(Rugby school),阿诺德于 1827 至 1842 年任此校校长,他引进许多改革,包括引进数学、现代语言等课程、引进纠察系统、鼓励独立思想等,对英国中学教育影响至深。

⑪性交中断法(coitus interruptus)指阳具及时抽出、避免射精的性交方式。

第九章　亲子关系 321

虫鱼鸟兽的轨迹皆同，

母亲哺育，父亲守护；

之后即弃子女不顾，

如此终止所谓父母天性，再不顾复；

夫妻劳燕分飞，各寻新抱，

重谱一段姻缘，再延子孙；

人类抚养后代远为旷日费时；

为善尽父母劬劳，婚缘因而延长。

（波普，《论人》，第三封信，第 26—31 行）

逐渐地，1660 至 1800 年间的英国发生一养儿理论、育儿方式 323
及亲子情感关系上的显著变化。早在 1697 年，一法国访问者便已察觉一变化在发生、英国小孩正被相当深情地对待。新态度最初局限于社会的中等阶层，这阶层既未高到太专注于欢乐或政治以致无暇照顾孩子，亦未低到太过专注于求生存以致未能提供关心给孩子。如之下将要指出，1800 年之际，有六种育儿方式供父母选择。本章专注于其中新的一种：逐渐流行于中产阶级和乡下大地主阶级慈爱的、以孩子为重的、疼爱娇宠的方式。

1. 孩子为重的、疼爱娇宠的方式

变化的几个指标

有四种有关新生儿性质的观点，采取哪一种深深地影响幼儿被对待的方式。第一种且最普通的一种是传统基督教观点，即孩子生来带有原罪，约束恶性的唯一希望在于以最残忍方式压制孩子的气势并要他完全服从父母、校长等权威人士。此宗教观点加强了“下位者（如子女）完全服从上位者（如父母）是下位者的责任，
324 及早养成服从习惯有助于适应阶级社会里的生活”的世俗观点。

第二种观点是环境论（environmentalist）观点，即孩子生来既不具恶性也不具善性，而是一白板（tabula rasa），可塑且易受经验塑造。早在1628年，英国国教徒约翰·厄尔利（John Earle）即观察到：“孩子是……受原始引诱前的亚当……他的灵魂是张白纸，尚未受到世俗的污染……他不知邪恶。”

第三种观点是生物观点，即孩子的性格及禀赋是受孕时已决定，后天的环境及教育不对孩子的性格及禀赋发生多少影响。此观点无疑是占星学的中心概念，根据占星学的说法，个性与命运大半受出生（或受孕）时行星的排列决定。但实际上17世纪的父母似乎并不依照此说法行事，尽管他们相信占星学。他们继续压制孩子的势气，希望塑造孩子的性格。生物观点直到18世纪才开始影响育儿，1744年玛丽·赫维夫人（Lady Mary Hervey）写道：“孩子获得技艺，而非禀赋；后者无论好或坏，是天生的；时间扩大禀

赋，但不塑造禀赋。”她相信，教育无力扭转自然，“然而无疑可以扩大自然”。

第四种观点是乌托邦观点，即孩子生来良善，但被社会经验所污染。这是一被若干文艺复兴时期人文主义者所深化的概念，但它在加尔文教“原罪”教义的袭击下消失。它在英国复苏的早期证据是艾弗拉·贝恩夫人 1688 年的小说《皇家奴隶》(*Oroonoko*)[①]
中的“高贵的野蛮人”(noble savage)的概念：“上帝使所有事物美 325
善；人毁坏事物、使之变恶。”此说法当时被忽视，直到 18 世纪中叶经卢梭发皇才获重视。不过，即便那时，此说法似也无多少实际影响，尽管《爱弥儿》(*Émile*)在英国确实广受阅读。在 18 世纪的英国，环境论观点在中、上阶级圈中似有取代原罪观点之势，但它在 19 世纪再度被原罪观点压倒。

1693 年，洛克在其相当受欢迎的教育论著《有关教育的思想》中给第二种观点——白纸论——很大支持。他的书恰好碰上君主专制体制被推翻、服从信条失势、人民获得若干信仰自由、《权利法案》通过之时。服从观念、层级体系松弛，结合洛克《有关教育的思想》开启往亲子关系新时代的道路，及相当温和、慈爱的育儿态度。《有关教育的思想》大获成功，因为读者已准备接受它的概念。它的时代已经来临。

洛克警告父母勿过分娇宠孩子，但他认为教育必须是用来开发孩子的潜在能力和自我发展的阶段过程。婴儿出生时完全像只动物，没有概念、道德、像张白纸，但之后，随着他发展出意志与良心，对他的态度必须随之转变。“先待之以严教勤管，再待之以亲爱态度。”结果会是：“你的小孩在他小时会是听话的孩子，在他大时会是你亲爱的朋友。”洛克显然不是儿童自治、父母娇宠的信徒，但他和稍早时那些劝父母远离孩子、保持冷淡、用武力来使孩子服从的理论家差异很大。洛克认为父母应循循善诱而不应责打孩
326 子。洛克的看法有其可取之处，值得那些高唱“完全儿童自治”者重视。洛克也认为父母权威应一俟孩童到达懂得分辨是非之龄即停止。此一审慎平衡于旧压制方式与新娇宠方式间的谨慎建议，预告17世纪末、18世纪专业人员阶级、上层阶级中育儿所有方面的一连串变化。

婴幼儿获得较大关注的最早证据出现在英国——自16世纪末开始，墓碑上出现死于幼时的孩子的画像。在斯塔福德郡(Staffordshire)的特登厅(Tetten hall)，有一伊丽莎白时代的墓被10死婴形象围住。在富勒姆(Fulham)有一墓碑，上有一亡妻坐拥一死婴，两皆死于产娩(图5)。亦值得注意的是，贵族子女中，短寿婴孩自系谱除名的现象，据估计从17世纪末的15%以上降到18世纪中叶的5%，再降到19世纪初之际的不到1%。此现象必然与对婴孩的较大关注有关。

也有证据显示，头一回，父母开始明白任何小孩都有自己独特的个体性。在中世纪和16世纪，给新生儿起一个和兄(姊)同样的名字是惯常做法。此习惯延续到18世纪上半叶，爱德华·吉本写道，在他于1737年出生后，“我的体格那样羸弱，我的生命那样垂危，因此在我弟弟们的命名式上，我父亲谨慎地将他们都命名为爱德华，这样一来，万一我离世，此一取自父(祖)名的名字仍能在家族延续。”17世纪时更普遍的是“给新生儿取和最近刚去世的孩子同样的名字”的做法。当克里斯托弗·旺德斯福爵士的长子克里

斯托弗在10岁时过世，几个月后出生的次子也被命名为克里斯托弗。同样地，当约翰·本杰明·卫斯理(John Benjamin Wesley)[②]在1703年出生，他的两个名字都是哥哥的名字，他们已在1699和1700年过世。以我所知，此一"给新生儿取和最近刚去世的孩子同样的名字"的做法在18世纪末左右消失，显示那时人认知到"名字是高度个人的、不可在孩子间随意传递"。 327

孩童取向的社会逐渐发达的迹象可在许多不同领域寻得。服装便是当中一个领域。整个17、18世纪，中、上阶级男孩必须通过一相当重要的成长仪式，其时他们脱下孩提时代的长服(long frocks)，进入裤装，携剑的成人世界。在17世纪贵族中约六七岁(当孩子从女人的照顾移转到男人的照顾)时发生。"脱掉长服，换上男人裤子"对孩子而言是重大时刻。发生于18世纪初的是更衣发生在越来越早的年龄。男孩从三四岁就穿得像他们的父亲，女孩从两岁就穿得像她们的母亲。小亨利·斯拉(Henry Thrale, jr.)[③]在1769年两岁零三个月时——相当早的年龄——穿上男人裤子。保守主义者抱怨："小女孩很早穿上女人的衣服，而她们的母亲在她们这个年纪还穿背带(backstring)呢。"就女孩而言，宽松自然服饰在1760年后从小孩发展出，40年后成为成人服装的标准样式。男孩的宽松服饰也在1780年后发展，1782年一位德国人指出"男孩穿舒适自然服装到18、20岁"。

不过，有比服装更明显的证据形式，可以证明18世纪是"承认童年是一有其自身显著特征的时期"的转折点。1750到1814年间，约有20位职业童书作家制造了约2400本书。父母现在愿意花钱买完全缺乏道德意涵、只有娱乐性的童书(图15)，新的需求 328

造成新的供应。1800年时童书的种类已相当多，价格在一至六便士之间，连最寒微的工匠也买得起。

结合教育与娱乐的教育游戏也在18世纪中叶被引入——地理拼图在1762年，而以骰子来玩的旅行游戏则在1759年出现。玩具店此时在乡镇大量兴起，出售的玩具是被设计来给儿童欢乐，而非满足父母的道德规训欲望。此时是家家酒玩具首次在商业市场大量出现的时候（图10）。儿童玩具市场的形成显然是由社经发展造成（社经发展创造出一大群有钱为儿女买玩具的父母）。身份竞争无疑也在刺激对儿童玩具的需求中扮演角色。但重要的是大群父母现在愿意以买给孩子昂贵玩具、书籍来娇养孩子。英国显然正迈向一孩童取向的家庭类型。

18世纪中叶之际，也有视觉艺术证据显示亲子间日益亲和的关系，这在日渐受欢迎的家庭肖像画里可以看出，小孩在这类画里不再摆出僵硬、拘谨的姿势，而摆出显示与父母亲和关系的姿势与态度。这类由雷诺兹（Sir Joshua Reynolds）、左法尼（John Zoffany）、柯普利（John Singleton Copley）[4]等画家所画的画，在18世
329 纪末英国相当受欢迎，尽管它的根源在于17世纪的荷兰布尔乔亚艺术。这是18世纪的贵族女性，甚至贵族男性，希望自己被记住的样子——被记成慈爱的父母——而在许多情形，如我们将要看到，现实距理想是很接近的。

态度转变的另一证据，是服从的象征姿势——在父母面前跪、站、脱帽（在16世纪、17世纪初相当普遍）——的日渐消失。新亲子关系的最早系统性论述来自17世纪末洛克的见解：“爱子者子恒爱之。”洛克是位不必将概念付诸实际考验的单身哲学家，但这无疑是相当明智的见解。无可否认地，他只是意译朱凡诺(Juvenal)[5]的意见，但似无英国作家从前曾发表此等言论。他仍领先他的时代许多。保守主义者自然对他的见解不以为然，1700 年一位保守主义者抱怨：“孩子对父母的忠诚表现(向父母鞠躬、请求父母的祝福)几乎已绝迹。”一世纪后，在 1800 年，凯瑟琳·玛丽·霍华德夫人(Mrs Catherine Mary Howard)将子女态度的转变解释为亲密亲子关系无可避免的附随物：“当孩子(如同我们的孩子)与父母关系亲密……不再有过去那种亲子间非常大的距离……孩子对父母也就为所欲为。”

孩子对父母的称谓形式亦支持“在乡下大地主阶级及上层中产阶级的人际关系发生了大变化”的说法。如我们所知，17 世纪初的子女对父母的称谓形式是僵硬、拘谨而顺从的，父母被称呼为“先生”及“夫人”。不过，1720 年代，年轻的约翰·维尔尼首次离家上学，在信的开头称呼他的父亲为“亲爱的爸爸”，而称她的母亲为“亲爱的妈妈”。理查德·斯蒂尔爵士如此谈及他五岁的儿子： 330
“我们是非常亲密的朋友及玩伴”，并告诉他的女儿们：“我的灵魂裹在你们的福祉里。”到 1778 年，亲和的亲子关系达于极盛，布里斯托女伯爵(Countess of Bristol)能心醉神迷地谈及她的“小仙女……以微弱的声音说出……那亲爱的字‘妈妈’”。

另一方面，亲子间称谓形式随家庭而异，在这方面欲作通论是相当危险的。1737 年，18 岁的伊丽莎白·罗宾逊(即伊丽莎白·蒙塔古)仍称呼她的父母为“先生”及“夫人”。1747 年她的弟弟马休·罗宾逊(Matthew Robinson)，剑桥大学生，称呼他的父亲为“敬爱的先生”。1759 年约翰逊博士称呼他挚爱的、临终的母亲为

“敬爱的夫人”，以及“亲爱的、敬爱的母亲”。但这些似乎是18世纪较亲和的亲子关系的例外。不过，在18世纪尽头，风潮逐渐改易，1799年理查德·萨克雷（Richard Thackeray）称呼他的父母为“Pater”（父亲）与“Mater”（母亲）。这两个拉丁字有含括情感在内，但也带有些许距离感，而它们的普及度在19世纪大幅提高。

对小孩关注日增的另一证据是，1675年后避孕措施在上层阶级中的发轫。16世纪时，上层阶级有比下层阶级更高的生育率。但在1675至1775年间发生了贵族男女生育率的明显下降，此时的幼儿死亡率却在上升（表六及表七）。结果，有段时间他们将“代
331 替换率”（generation replacement rate，到达15岁的孩童的数目与成人的数目之比）拉到1.0以下。代替换率从1550至1599年的1.6下降到1700至1725年的0.8，18世纪末再上升到1.4。什么使得17世纪末、18世纪初的上层阶级男女想缩小他们的家庭规模？在避孕措施被实施于社会前有四条件必须被达成。首先，“事先作计划而非信任神的旨意，及视婚姻内与生殖目标无关的性欢乐为合法欢乐”必须获得神学及伦理学的认可。只要官方观点依旧是特土良（Tertullian）[6]“防止小孩出生即是犯杀人罪”的观点，且只要《圣经·创世纪》里俄南（Onan）的故事[7]被用作上帝惩罚不生子者的证据，就没有任何改变的希望。无论如何，16世纪、17世纪的清教徒（及英国国教徒）有四项反对夫妇节育的理由。第一，它违反了上帝“大地要繁殖各类动物”的命令[8]；第二，孩子是上帝的赐福，多产是上帝的愿望[9]，第三，节育会减少下一代中选民的数目；最后一项理由是，生产给女性带来光荣、协助女性获得救赎。

性在18世纪从神学框限解放而出，这是自我及自我的满足如

今被视为十分重要的证据，纵使个人仍旧不过是大宇宙机器中一小齿轮。很少上层阶级英国家庭在17世纪末前达成性解放，爱丽丝·桑顿夫人在1660年代的无奈认命态度仍是典型，纵使她的认命掺杂了许多复杂情绪。在七次生产后，1662年她终于借产下健康男继承人满足了她的丈夫，以为从此可以停止生产。但她又历 332
经两次痛苦生产，直到她先生的死将她释放。当她在1667年（当时她的健康情形非常坏）发现自己于41岁怀第九次孕，她感叹地说道："要是上帝不介怀，我宁可……不要生这么多孩子。但一个基督徒是不能在生育一事上有任何选择的，上帝要我们多生，我们就得多生。"在家庭计划能被神学接受前，迈向一节育社会一事是不可能有任何进展。直到18世纪，快乐原则才开始与生殖功能明显分开。不过，在17世纪中叶之前，"婚姻内性交只有在它导向生殖时才合法"的观念一直深植在多数女性（尤其是虔诚的女性）心中，她们无法接受避孕的做法。可以说，文化水平越高，受"只为欢乐的性乃属不合法"的观念影响越大。由于家户基督化之故，16、17世纪是"婚姻内性交只有在它导向生殖时才合法"的观念发展的时代，这观念在中、上阶级传布广泛，影响深远。"性欢乐"说法可能使一对虔诚的清教夫妇在怀孕期间继续性行为，但它不会准许避孕措施，如口交、手交或性交中断法。但借由将欢乐与生殖分开，新教神学为一新的、对避孕较肯定的态度开启道路。

此外，先生必须开始分担（受困于不断怀孕、产娩的）妻子的焦虑与痛苦。妻子单独采取节育措施是不够的，因为最被广泛采用的节育法——性交中断法，倚赖的是丈夫这方的自制措施。至18世纪中叶，圣经中有关俄南与上帝对他的惩罚的教训已丧失其力

333 量，以致在1771年的马萨诸塞州，一位在父子关系鉴定官司(paternity suit)中被控的年轻人，在庭上公然宣称他实行了性交中断法："我操过她一次，但及时抽回阳具。"可见男人如今也想避孕。

必须指出的是，避孕只能在"有节育的经济诱因，即养育子女的花费超过从子女的劳动力所获得的利益"的地方发展。一个值得注意的现象是最早在欧洲实行婚姻内避孕的两个团体是贵族与都市精英，这两个团体不是靠孩子来干农活或照管店务，也不指望养儿防老，但却必须为子女付高昂教育及结婚费用。它们因此是从节育获得最多而失去最少的两个团体。亲属关系的衰退投掷了一个更大的养育子女的经济重担在父亲身上，因此增强了他的节育动机。

避孕普及的第四个必要条件是一孩童取向的社会的发展。一旦小孩被视为贵重个体，避孕更可能被实施。只要孩子的未来不是父母的主要关注，孩子有多少就不很要紧。但一旦父母必须为子女的养育、照顾、教育、入社会操心，孩子的数目就变得事关重大，孩子数目的增加会减少每个孩子所获得的投资。节育的决定因此部分是一种成本效益分析(父母的资源与养儿的成本间的衡量)的结果。它也部分是"衡量把钱花费在哪里较划算"的决定(把钱花费在孩子上较好？还是花费在其他物品〔如父母的个人兴趣及消费〕上较好？)节育因此只可能在一孩童取向的社会发生，在此社会，养育子女、送他入社会，由于需要大量的爱、时间、努力、金钱
334 而变得十分累人，减少孩子数目因此成为父母普遍的期望。随着女孩嫁妆费用提高，节育议题在17世纪末成为重要议题，并进入塞德利爵士(Sir Chrales Sedley)[10] 1687年的剧作《贝拉米拉》

(*Bellamira*)的开场戏。梅利曼答应他未来的妻子:“我们将有两张床,因我不想醉酒回家而后在没有钱的情况下生女孩。在这时代生女孩麻烦极了。”理查德·斯蒂尔1705年的剧作《柔情丈夫》(*The Tender Husband*)中有个角色尖刻地抱怨:“战争拖垮了女人的价值;整个国家布满女人。女儿是滞销货……女孩是滞销货,先生,完全的滞销货。”

养儿问题在17世纪的严重可从一例子看出。拉尔夫·约瑟林牧师既是教区牧师,有些年也担任学校校长,更是一大片田产的拥有者;所有这些仅带给他1641至1683年间每年约160英镑的收入。在他于此42年期间的所有花费中,有1/3用在他的10个孩子(只有五个在父母过世后仍活着)的养育、教育及婚姻。此钱的1/3被浪费,因为它被花在早逝的孩子上。

孩童取向的社会要发展,有一点很重要,就是孩子应比16世纪初、17世纪、18世纪初的孩子较不易早死。套句经济学家的话,孩子的价值随他们的寿命延长而增加——尽管同时他们的养育费也增加。有理由相信,16世纪的后2/3是婴幼儿低死亡率时期,尽管婴幼儿死亡率在17世纪、18世纪初又陡升。我们可以假定,
60年的儿童低死亡率可能刺激对儿童的尊重、关注的成长,这成 335
长在17世纪由于婴幼儿高死亡率的复苏而告中断。直到1750年,对儿童关注、尊重的态度才由于婴幼儿死亡率的稳定下降而复苏。或许便是此婴幼儿死亡率的再度下降,刺激了儿童取向的、子女数目少的家庭类型发展。道德神学、经济学、夫妻情感、对子女的关怀如是全被卷入精英分子的避孕观念的成长之中。

对较低社会阶层的人——农夫、工匠、小零售商、贫农及一般

劳工而言，养儿的主要考虑是两种纯经济因素间的衡量。一方面，这个阶层的每个人都明白他们一旦变老，就无法干手艺或做庄稼活儿，这时候要是无法获得一笔退休金，他们是会跌入赤贫的。鉴于当时的儿童高死亡率，可能需要五六个小孩，才能产生一个养家活口的人，在父母老年时照顾父母。按照此一假定，“需要子女提供廉价劳动力、期盼子女能在父母年老时对父母提供退休金”是多生子女的主要原因。此原因只对那些有远见、有足够财产、家屋空间及收入能在无经济困难的状况下抚养子女，并有信心能让子女有反哺能力的父母才说得通。对无产阶级——贫农及一般劳工而言，状况就不同了。在荒年，当收成失败而粮价很高，他们负担不起哺育孩子的费用，孩子成了累赘、麻烦。他们未开垦足够大的农地来让孩子有活儿做，工作前景也不好、无法期望孩子在父母年老时能照顾父母。他们的房子小到没法容纳父母、他们的收入少到无法有任何盈余来反哺父母。赤贫者因此没有生许多孩子的经济动机。

336　节育如何被达成无法确知，但由于完全戒绝性行为终属少见，可推断主要方式是性交中断法，还有口交、手交和肛交。我们可以假定这些是每代不学自会的技巧。但在1590年柴郡维弗汉的教区牧师（Vicar of Weaverham in Cheshire）被斥责为“教年轻人如何犯通奸或私通罪而不生孩子的人”。

保险套在17世纪末首次出现，但直到18世纪初才变得普及。即使那时它们也很难在伦敦之外寻得，且显然大体被用于进行婚外性关系，作为对性病的预防法。1726年赫维勋爵送他年轻单身汉朋友霍兰男爵亨利·福克斯（1st Baron Holland, Henry Fox）

“一打保险套”。一位伦敦保险套广告商在 1776 年称保险套为“能保障我的顾客健康的安全用品”，另一位广告商则称卖保险套的店为“能提供进行婚外情的绅士安全用品的地方”。显然，在 18 世纪，保险套的避孕功能仅属次要，它的主要目的是防止性病。詹姆斯·鲍斯威尔经常使用保险套，但只在为达成避孕目的时使用。当他与健康堪称良好的女性发生性关系，他偏好承诺照顾任何可能的孩子。尽管理查德·卡莱尔(Richard Carlile)[11]在 1825 年宣称阴道海绵及护套已被英国贵族用来节育至少达一世纪，但没有确证显示这些方法在 18 世纪的上层阶级夫妇确获普遍使用。海绵据说早在 1660 年就被妓女使用，但只作为对性病的预防法。

节育法尚包括 18 世纪时在伦敦可购得的避孕药。避孕药的神奇被吹得天花乱坠，18 世纪初一位伦敦药商这样吹嘘：“如果太 337
太……不想怀孕，行房后以一杯温麦酒送一帖药服下，便不致怀孕。”但避孕药和避孕用具似乎只限少数女性使用，传统的避孕法如洗热水澡、泻腹、跳上跳下及在马上奔驰无疑较常被采用。

一个 19 世纪初的堕胎例子能说明这个观点。奥尔德利勋爵(Lord Edward John Alderley)之妻亨利耶塔·玛丽(Henrietta Mary)生了一群孩子，对她先生的经济构成沉重负担。当她在 1847 年发现自己又怀孕，她赶忙通知丈夫，丈夫听了吓坏了：“你肚子里的孩子实在是大麻烦……他会给全家人带来困扰，你非得对他想点办法不可……我只希望你不要生他，因我实在不知道该拿他怎么办。我怕现在说这些已太迟了，你必须赶紧想办法才好，越快越好。”但他完全低估了太太的足智多谋，因她同一天便得意扬扬地写信给他：“我洗了许多澡、走了许多路、吃了许多药，终于成功;但我已经吓坏了。”翌日她信心满满地说:“我确信你我对家庭扩张都同样感到害怕,但我由于实行了堕胎而对未来信心满满。”此一奉献了20年光阴给子女的虔诚维多利亚时代女性,显然不觉得堕胎有什么不对。

育儿方式的改变

18世纪期间,用襁褓包裹婴孩的育儿方式开始在英国被扬
338 弃。用襁褓包裹婴孩至少可追溯至罗马时代,但在18世纪末,英、美的道德和医学建议都开始反对这项做法。17世纪末时,洛克强烈反对紧带拉索(tight-laced stays),并对用襁褓包裹的做法表示怀疑:“孩子动也不能动,当他被剥夺了自由,他动也不能动。他被包在裹布里,头、脚、手都被绑得紧紧的,所以没法动。”1740年代理查森的《帕美乐》追随洛克见解,抨击用襁褓包裹婴孩,法国的卢梭在其《爱弥儿》及布丰伯爵(Comte de Buffon)[12]在其《人的自然史》(*Histoire Naturelle de I'Homme*)中亦曾对用襁褓包裹婴孩提出严厉批评,可见知识分子及道德家对用襁褓包裹婴孩抱怨了将近百年之久。

道德家甚至医生建议不用襁褓包裹婴孩是一回事,母亲将他们的建议放入实践又是另一回事。英国人以怎样的速度追随新建议并不清楚。1707年曼德侬夫人(Mme de Maintenon)[13]表达她对英国人在小孩出生三个月后移去包布的做法的赞同,因此英国在除去婴儿襁褓上可能已经领先欧陆。此外,一般认为用襁褓包裹婴儿的做法是在1750至1775年之间淡出。1762年卢梭指称在英国用襁褓包裹婴孩的做法已经“几近绝迹”,1785年《仕女杂

志》认为多数读者甚至不知道如何用襁褓包裹婴孩。在英国有关襁褓主题的最有影响力的书是两本相当受欢迎的有关幼儿照顾的书：一本由卡多更医生所著，出版于1748年（接下来的25年中出版了10版），另一本由威廉·卜荃医生（Dr William Buchan）所著，出版于1769年（接下50年中出版了20版）。卡多更医生给时 339
髦母亲看一幅她的婴孩如何被乡下奶妈对待，而她在城里享乐的恐怖画面："她像束旧衣服被挂在一根钉子上，奶妈在旁闲闲地料理自己的事务，倒霉鬼就这样被吊着。所有被这样吊着的小孩都有一张紫色的脸，被紧紧压着的胸部不让血液循环……小孩当然是安静的，因为他没有力气哭喊。"20年后，卜荃医生严厉地指责"穷小孩一来到世上，就被包得密不通风，弄到骨头都变形了"。不过，他承认如今"在英国数个地方，用襁褓包裹婴孩的做法已经几近绝迹"。这个说法得到约拿斯·汉威（Jonas Hanway）在1762年的支持。18世纪结束时，标准做法变成让婴孩趁早活动、运用四肢。

1784年阿申霍尔兹（Johann Wilhelm von Archenholz）惊讶地发现在英国"小孩不被襁褓包裹……他们被覆盖以轻布，这使他们活动自由"，一年后一位英国医生承认："把小孩包裹得像木乃伊的野蛮习俗如今已经几乎绝迹。"用襁褓包裹婴孩的做法数千年来是全欧洲标准做法，在大部分西欧持续到19世纪中叶，在俄罗斯持续到20世纪，英国在放弃此做法上领先欧洲其他地方很多。

再次，吾人不禁思索18世纪英国人放弃用襁褓包裹婴孩的真正原因，结果我们发现：此一转变和当时其他转变原因相同，都起因于婴幼儿的解放。这些转变是对家庭生活、对孩子的态度大幅

340 改变的征候。用襁褓包裹婴儿的最重要结果之一，便是这方法使母亲或奶妈无法拥抱、爱抚孩子。因此，很清楚的，变化得自意识形态而非科学上的原因，为父母的好处而非婴孩的好处。近来研究显示被襁褓包裹的小孩确实比较安静、睡得多、哭得少，心脏跳动及呼吸速度减慢，且没有多少证据显示后来会因缺乏早期刺激而发生生理或心理迟钝。用襁褓包裹婴孩之所以在英国受到谴责，是因为它被视为伤害人的自由，它在英、美的及早消失，及在俄罗斯等地存活到 20 世纪，必须在不同文化、不同政治、社会、心理环境的理由上解释。卡多更和卜荃医生的论辩并非科学真理，理查森和洛克的辩论亦非道德真理。

在近代初期欧洲，哺乳通常持续一年到 18 个月，哺乳因此是对母亲的沉重负担。这个时间长度后来可能缩短，因在 18 世纪中叶詹姆斯·尼尔逊(James Nelson)[14]指出：“目前的流行……是让小孩只吮奶三四个月。”但他建议 6 至 12 个月，以 9 个月为理想。

尽管医生向来反对将孩子托付给职业奶妈，将孩子托给职业奶妈长久以来是上层阶级母亲的习惯。有许多理由可以解释此一做法。许多母亲不能产生充足的奶水供应，或由于产后病弱，或某种先天的缺陷，也有可能由于对孩子的敌意。有些母亲认为哺乳是痛苦过程，认为哺乳很烦、干扰睡眠、影响正常社交。哺乳是项完全没有社会威望的工作，许多母亲害怕哺乳会伤害她们“美丽的乳房、坚挺的乳头”，从而伤害她们的性吸引力。不过，这都不是雇
341 用职业奶妈的主要原因。17 世纪的威廉·高奇，及 18 世纪中叶的詹姆斯·尼尔逊，都认为雇用奶妈的主要原因是丈夫的坚持而非妻子的愿望：“许多温柔母亲……受丈夫权威阻止而不敢喂奶。”

这部分是因为丈夫不想让妻子怀中的婴儿分散妻子对他的注意力，但主要是因为妻子不喂奶，他才能继续享受妻子的性服务，因为按照盖伦(Galen)[15]的说法，丈夫不应与喂奶的妻子性交，因“性交……破坏血液，从而破坏奶汁”。迟至1792年，当雇用职业奶妈的做法已经渐息，玛丽·沃斯通克拉夫特仍认为丈夫对性关系的欲望是奶妈残存的主要原因：“有许多丈夫完全不讲道理也根本缺乏对子女的情感，以致在性欲骚动时，他们拒绝让妻子喂奶。”

17世纪初最受欢迎且最有影响力的谈论家务管理的清教徒作家——威廉·柏金斯、威廉·高奇、罗伯特·克利佛及约翰·多德，都强烈地支持医学界的传统建议，要母亲自行哺乳。他们使用“大自然所以给与女性胸部是要她喂奶，而不是要她用胸部当性挑逗区”的功能论观点；他们使用“母亲的奶是最好的”的医学观点；他们亦使用“吸吮奶妈的奶，婴儿会撷取奶妈的下层阶级人格特质，而母亲的奶则能传递母亲的良善特质”的古老迷信观点。连一些贵族也在17世纪初开始接受这些观点。1596年第九任诺森伯兰伯爵(9th Earl of Northumberland)宣称“母亲的奶头是子女健康的最佳保障”，30年后林肯女伯爵(Countess of Lincoln)出版了一本催母亲亲自喂哺孩子的书。 342

此一渐热的宣传在17世纪产生了多大效果并不十分清楚，但值得注意的是这些自行哺乳的母亲认为哺乳是值得炫耀的事。也有若干证据显示，有清教信仰的母亲是第一批来自富裕家庭尝试自行喂哺的女性。死于1636年的本杰明·布兰德(Benjamin Brand)，在他的墓碑上夸耀他的妻子为他生了12个孩子，“每个都是用她自己的奶喂养的”。1658年曼彻斯特伯爵(2nd Earl of

Manchester)的第二任妻子在她的墓碑上记载道，她的八个孩子中，七个是“她用自己的奶喂养的……她的孩子对这点非常感激”。17 世纪中叶，虔诚的名门淑女爱丽丝·桑顿夫人不断强调她对自行育婴的强烈责任感，尽管她在产后经常十分虚弱。

18 世纪初，《观察者报》对将小孩交给奶妈的做法发动猛烈攻击，“奶妈懒散又肮脏，将孩子交给奶妈的做法既残酷又危险”，对支持母亲自行育婴的宣传提供强大助力。不过，亚迪森承认“将小孩交给奶妈的做法得到潮流支持，自然因此让位于习俗。”1756 年詹姆斯·尼尔逊在他的《论管理儿童》(*Essay On the Government of Children*)一书中建议母亲喂奶，但也承认“我不是不知道我的建议为上流社会人士遵从的可能性有多小”。尼尔逊似乎说对了。1716 年连像玛丽·沃特利·蒙塔古夫人这样独立的女性也反对母亲哺乳：“我承认大自然给与母亲奶汁喂养子女；但我同时坚持

343 如果她能在别处找到更好的奶汁，她应毫不犹豫地选择它。”不过，在富人阶层之下，很可能价格是项限制因素，因根据卡多更医生的说法，一个好奶妈在 1748 年索价一年 25 英镑，这是笔大数目，比亚迪森早时的估计高出三倍。1740 年代伊丽莎白·蒙塔古为一位非常可靠的奶妈付出一年 50 英镑的代价。1813 年在爱尔兰一位女伯爵的奶妈索价一年 26 英镑。

因此，结论似是雇用奶妈的做法大半局限于富裕阶级。尽管比例可能在下降，富裕阶级内的大多数母亲似乎到 18 世纪中叶仍未自行育婴。1748 年卡多更医生出版他的广受阅读的《论看护与管理儿童》(*Essay upon Nursing and the Management of Children*)。他认为 90％死亡的儿童是受奶水不足或肮脏的懒奶妈喂

乳所致。他甚至宣称穷人的孩子比富人的孩子健康，因为他们是受母亲哺乳，且未被关在不通风的房里。

卡多更医生的观点受到几位男士的回忆录的支持，他们将自己的不健康归咎于奶妈的疏忽。其中最糟的是斯特德曼(J. G. Stedman)的经验，他于1774年在海外出生，是军官之子：

> 四位奶妈由于我的缘故被辞退(我被交托给她们照顾，我可怜的母亲身体坏到无法哺乳)。其中第一位由于差点使我窒息在床上而被辞退；她睡在我身上直到我闷得透不过气来，我费了半天力气才复苏。第二个把我摔到石头上，我的头几乎裂开，躺着抽搐了几个小时。第三个携我从一旧砖墙下过，344
> 这堵墙刚好在我们通过它时倒下，第四个则是个小偷，连我的婴儿服都偷。因此可怜的强尼·斯特德曼比一般人早几个月断奶。

直到18世纪下半叶，雇用奶妈的做法才终于让位于母亲哺乳，奶妈哺乳很快地退出流行。1770及1780年代乡下最高位的妇女之一，德文郡乔治亚娜公爵夫人哺乳她的长子长达9个月时间。1786年费兹威廉女伯爵(Countess Fitzwilliam)哺乳她的幼子，三年后海军中将德瑞克(Vice—Admiral F. W. Drake)之妻表达她对朋友正在喂哺孩子的满意。愈来愈多母亲亲自哺乳，这观念受到克雷文夫人(Lady Craven)的肯定，她在1789年指出："你会在每个阶层遇到许多不肯将小孩送到奶妈处的母亲。"阿申霍尔兹在1784年访问英国时惊奇地指出："连名门淑女也亲自哺乳。"

1797年托马斯·吉斯的通俗手册坚定地指出，对一位母亲而言，“首要任务……是亲自哺育孩子”(图22)。

无疑，母亲哺乳在上层阶级中蔚为风潮，保护了许多婴孩不致死于无知奶妈之手。另一重要结果是心理上的。诚如普鲁塔克在其多个世纪前的《道德论丛》(*Moralia*)[16]中所指出的，母亲哺乳刺激母亲情感。它也给孩子一较大安全感和对世界的信心，并增加小孩对母亲的情感。此很可能是18世纪情感增长(此是本书中心论辩)的主要肇因。

345 有理由相信，在此从奶妈喂乳到母乳喂养的转变中，英国在欧洲居领先地位。在18世纪、19世纪初法国市镇、城市，雇用乡下奶妈的情形除了在最低阶级外，所有阶级都相当普遍，这造成非常高的婴儿死亡率。雇用奶妈的做法在法国似乎到19世纪末才消失，在德国到20世纪才消失而由奶瓶喂奶所取代。

在贵族家庭，在家教育孩子的风气渐盛(这符合洛克的建议，他建议由私人家庭教师来取代公立寄宿学校的杂乱无章)。家庭教育亦有助于使贵族小孩离开由接触低社会阶层的人引起的社会污染。此风气发展的清晰图像需要更多研究才能获得，但以下的情况无疑相当普及：在18世纪多数时候，贵族不让儿子进地方文法学校，而让儿子在家受私人家庭教师的教导，或进私人学校或进两个最贵族的公立学校——伊顿公学及威斯特敏斯特公学——之一。唯有在宫廷贵族阶层，洛克的建议才被忽视，小孩仍大半受忽略，很早就被送离家。许多贵族小孩仍早在七岁就到寄宿学校，数十年不返家，假日就与近亲或兄弟姊妹共度。

精英分子自文法学校退出到家的主要原因与造成离开大学的

原因相同，即害怕被其他孩子（尤其低社会阶层的孩子）污染。18世纪学校和大学是罪恶训练地，也是许多人的恐惧，这使许多父母不愿意把小孩送到公立学校。这是《汤姆·琼斯》中奥瓦奇先生（Squire Allworthy）让汤姆·琼斯和卜利夫少爷（Master Blifil）在家受教育[17]的原因："他认为在家受教育能让孩子避开在公立学校 346
或大学受教育所会遭受的那种道德污染。"大力反对孩子在家受教育的笛福认为，父母让孩子在家受教育只是基于一种"欲借此显示自己高人一等"的心理，"贵族父母认为让儿子到公立学校与零售商、技工的儿子混在一块是丢脸的事……因此让儿子在家受家庭教师教导。"

家庭教育的兴起意味教育方法变得较理性、温和。就像在家庭关系许多其他领域，中产阶级不从国教者在温柔对待孩子这一点上似乎领先社会其他人。17世纪末教友派信徒威廉·潘恩（William Penn）劝父母"温柔地爱孩子，耐心地指导他们，切勿动气，要因年龄、性格施教"。如果孩子不听话，"跟他们说道理，而不要怒责他们"。1691年《雅典信使报》的长老会教徒编辑约翰·当顿劝他的中产阶级读者在家教育子女。他认为母亲没有"多数教师所具备的那种专横气"。18世纪中叶，詹姆斯·尼尔逊在他那本有关养育子女的通俗手册中，劝父母不可太过严厉教导子女。他对过分严厉教导子女的反对是既基于医学也基于社会学的理由："我认为严厉、经常的鞭打是非常坏的做法，它破坏身体健康；此外，鞭打这种行为会有某种恶意的成分，它使鞭打这种行为变得相当不适当。"教育重点现在是被放在诱导而非在体罚。1798年母亲们被告知："教育孩子的头一个目标应是获得他的情感，第二个目标是获得他的信任……最可能扩展一个幼小心灵的事……是赞美。”

347 此建议在 18 世纪许多上层阶级家庭里获得遵守。新态度的最明显证据包含在菲力普・法兰西斯(Philip Francis)[18] 在 1774 年把独子委托给一位私人家庭教师时所给的指示中:“由于我的目的是培养孩子成为一位君子,亦即培养他成为一位美、善的人,我不认为让他在鞭子下受教育是与这目的相合的事……我坚决反对使用鞭子。”霍兰爵士亨利・福克斯对教养他的儿子查理・詹姆斯・福克斯(Charles James Fox)给了类似指示:“别做挫杀他势气的事。这世界自然会很快做那事。”这立场就当时而言并非不寻常。出生在 1741 年的阿瑟・扬(Arthur Young)[19] 只被他生性暴躁的父亲(一位富裕、有势力的牧师)打过一次,且那次确实是他犯了错。出生在 1793 年的伊丽莎・福克斯夫人是律师的女儿,她“在家很少被打”,而波斯卡文夫人(Mrs Boscawen)[20] 的儿子则只在家被打过一次,当时他仍是穿长衣的孩子。

但在教养子女的议题上向来众说纷纭(现代儿童心理学者在此议题上亦无一致意见)。出生在 1800 年的罗伯特・欧文(Robert Owen)是实业家之子,他后来记载他的母亲(她是位苏格兰加尔文教徒)和他的父亲对养儿意见的不同。当他小时候哭求某样东西,“我母亲虽是非常温柔的人,她所濡染的性恶论却促使她打我”。但他父亲不让母亲打,宁可让孩子哭到停。当他长大了些,他的父亲对他说:“我从未打你,你不可打任何人。”柯比堡(Corby Castle)的霍华德夫人认为:“棍子,如果用得谨慎,在孩子能完全
348 辨别是非前是很有用的,与其让孩子哭个不停,不如给他一顿打。”

不过，一般人多半反对打较大的孩子。当艾伦·薇顿在1813年被雇用为富有的实业家的家庭教师，她费了半天劲控制“小孩的坏脾气”。最后她“抄起棍子，不顾当时的教育观念是多么强调温和，不顾孩子的父母不赞同的神情”。可见当时在富人圈里，在家打孩子显然被反对。

有关18世纪末亲子关系的一些故事显示某种程度的父母娇宠与子女被宠坏的情形，这在历史上没有可相比拟的情况（除了20世纪末美国的状况）。当玛丽·巴特（Mary Butt，后来的雪伍德夫人〔Mrs Sherwood〕）在1782年拜访渥里克（Warwick）的一位医生，她发现医生的儿子躺在火炉前的地毯上。当母亲要儿子站起来，迎接访客，他回答说：“我不想”，这是玛丽第一次看到这种不服从且坏态度。“但我后来看到无数这种坏态度”，她难过地加上这一句。另一女性忆起一场恐怖晚餐会，在那场晚餐会上“主人的长子是个十足的讨厌鬼，尽管他只有五岁大。再没有比那回餐会更可怕的餐会了，因为那孩子的行为……他不时尖叫、发出很大的声音。大家都没法谈话”。一同样恐怖的晚餐会在1777年由约书亚·雷诺兹爵士为大卫·盖瑞克和赫斯特·斯拉夫人所举行。不幸的是，罗塞斯女伯爵玛丽（Mary, Countess of Rothes）与她的第二任丈夫班奈·蓝顿（Bennet Langton）也在那儿，由于带了他们的两个孩子而把宴会搞得一团糟，“两孩子自顾自玩耍、说话……
蓝顿和他妻子得意扬扬地亲吻他们的孩子，只听孩子讲话，对在场 349
其他人士视若无睹。”客人纷纷抱怨把小孩带到宴会的灾难性后果。

此一“父母喜欢在人前炫耀孩子”的证据，得到“父母权威在某

些状况确实衰落”现象的支持。1762 年，霍兰爵士亨利·福克斯写了一封信给他在伊顿公学的儿子，这封信所流露的恳求语气，是历史上任何其他时候（除了 1960 年代末期）父亲给学童儿子的信上所少见的：“我非常希望看到你的头发剪到合理长度。你和一些学校的孩子的头发都太长了。很没男子气概；很难看；而且必定很不方便。我觉得要是我表达期望，你会剪它的。如果你愿意剪，亲爱的儿子，我会非常感激。”即使就当时标准来讲，霍兰爵士也是位相当娇宠孩子的父亲，他以“一种最纵容的态度”教养他早熟的儿子查理·詹姆斯·福克斯。一次，霍兰家为所有外国牧师举行一场盛大晚餐会。孩子在点心时间进来。那时仍穿着裙子的查理看上餐桌中央的一碗奶油，很想得到它。霍兰爵士坚持他应得到，尽管霍兰夫人表示异议，他仍将奶油放在地板上，让孩子吃它。在 18、19 世纪之交，有一些家庭把娇宠带到极端。1804 年海军上将格雷夫斯（Admiral Graves）和他在艾克斯特的太太从来没能让他们的孩子乖乖剪发。“这些孩子的脾气都大得不得了，当他们一起抗拒剪发，满屋子飞跑，甩着他们的长辫子大哭大叫，那模样可够瞧的。”

350 我们从这些纷杂证据能得到的结论是：在 18 世纪末英国的若干专业人员及地主阶级圈，发展出一种相当娇宠的养儿方式。结果，有些父母宁愿疼爱子女而不愿严管小孩，成人的社交场合充斥父母和小孩的声音，无纪律、吵闹、多嘴的小孩闹得无法无天，父母习惯“在大人面前谈孩子的美言懿行”。

慈爱、娇宠的育儿方式的逐渐得势被当时人注意到了。有些人欢迎这项转变，1797 年托马斯·吉斯本指出在 16、17 世纪“家庭关系是严肃而拘谨的。长者摆出一副慎重的样子，年轻人装出一副顺从的面貌”。他注意到，不久以前，孩子“在父母面前还吓得不敢讲话”。然而，不久之后，一种相当不同的家庭气氛产生了，父母设法“做孩子的朋友”。

另一方面，许多父母日益担忧“疼爱导致宠坏，娇宠变成放纵”。1732 年时，理查德·科斯特克(Richard Costeker)担忧贵族子弟如今“堕落得不成样……许多贵族子弟被母亲宠坏”。他抱怨现今子女“被母亲宠爱得不像话”。1750 年代，詹姆斯·尼尔逊在其著名的《论管理儿童》中，对过度娇宠(这他认为是当时一般的状况)的危险的关心远甚于对过度严格(这他认为是当时少数人的状况)的关心。他大声斥责“某些不知疼爱子女的父母的残酷”，但奉献两百页给过度娇宠造成的损害。到 19 世纪初年，连讽刺漫画家也介入。一幅题为“母亲的希望”的漫画显示一个在他柔顺、无助的母亲面前大发脾气的小男孩，以这般陈述结束他的发飙：“我凡
事自有主张”(图 18)。另一幅漫画显示两个孩子在虐待一只猫和 351
一只狗，而他们的父亲在旁欢喜地说：“亲爱的小鬼，他们玩得多开心呀！”在 18 世纪、19 世纪初对过度娇宠的不满，与 17 世纪末对过度严格的抱怨间有着显著对照。这是个显然在现实里有坚实基础的对照。

对孩子态度亲切的最明显证据之一是“17 世纪末在许多领域对严厉鞭打的反感”。自教育学与心理学的角度看，在因学问过失(诸如笨、无知、不专心或懒惰)而经常鞭打，与因严重的道德过失(诸如不服从及撒谎)而有时鞭打间有着显著差异。改革者的主要目标是将前者全部消灭，次要目标是将后者减少到最小程度。

直到17世纪中叶后不久，对公立文法学校里校长残酷对待学生的行为的首次猛攻才发生。这不只是由于义愤而产生，而且是由于对当时的体罚措施（对犯最轻微学术过失的男童施以重罚）的心理动机的新理解而产生。伊丽莎白时代的诗人托马斯·图瑟（Thomas Tusser）曾经抱怨他的伊顿公学校长由于他在学习拉丁文时“犯了很微小的错误”而给了他53大板。论者注意到体罚的频繁与严重，大大超过事由，它通常采取用桦枝条鞭打学童光屁股的形式。

塞缪尔·巴特勒（Samuel Butler）在《休迪布拉斯》（*Hudibras*）[21]中暗示此一暴行的原因。但明白地说明原因者则是一位匿名作者，在1669年的一本手册里，作者让男童指出：“我们承受的痛
352 苦的性质使我们的学校不只是感化院，而且是妓院，在此残酷的惩罚中，暴露于责打者无情皮鞭的……是我们的私处。”作者指出“打屁股的过分之处，就在于它是打在私处上”，点出打屁股的同性恋虐待狂动机，他指出打屁股完全不能达到增加学习能力的目标，也不能达到教化的目的。此外，被打的恐惧会导致口吃等心理疾病。他下结论：“孩子是否该因学术过失被打，实在是个值得审慎考量的问题。鞭打应是稀罕的惩罚，用于道德过失，不用于学术过失。”

就在同时，鞭打的虐待狂动机初次被带到公众面前。托马斯·沙德韦尔在其1678年剧作《古玩通》（*The Virtuoso*）里刻画一个上了年纪的人，他在性兴奋时刻问他的情妇：“我们的欢乐工具在哪里？”当她制造几根桦枝条，他解释道：“我在威斯特敏斯特公学对桦枝条习惯到无法离开它的地步……说出来你别吓一跳，我很爱打人。”（图25）一首当代诗指出妮尔·格温（Nell Gwyn）[22]

擅长鞭笞，詹姆斯·克利兰德（James Cleland）在1748年《芬妮·希尔》（*Fanny Hill*）中放入一段互相鞭打的情节，而霍加斯在1732年版画《妓女之路》（*A Harlot's Progress*）中对一妓院的描写则以一束桦枝条挂在床边墙上来表示。“邪恶的英国人”（Le vice Anglais）在18世纪时则是常见的讲法。

17世纪末“鞭打不适合作为教育方式”的观点由于被洛克采纳于其1693年畅销教育论著《有关教育的思想》（这书到1800年 353
出版了25版）而得发皇。他赞成适度体罚，在小孩发展出推理能力之前。不过，在小孩发展出推理能力之后，他坚持单独使用循循善诱、耐心教导的方式。他直言鞭打作为道德或知识训育方式是完全无效的。他的论辩包括实际的与道德的两面。实际的一面是“鞭打是无效果的（counterproductive）”，因为，“鞭打无法对被打者产生激励的效果。”道德的一面是“鞭打造就坏人格”，因此不适合用在教育上。

由于洛克的大力倡导，上述观念逐渐成为当时常识。1711年，广受阅读且相当有影响力的《观察者报》刊登反对体罚的文章。斯威夫特指出“鞭打摧折好小孩的志气”如今已成为通俗概念。终于在1769年，托马斯·谢里登（Thomas Sheridan）根据时代新精神，对体罚在学校的完全废除提出诚恳呼吁：“丢掉棍子……让他们以欢乐诱导学生的创造精神，而非以痛苦激发学生的创造精神。”

上述新颖概念自然未逃过“打人党”（party of the Thwackums）的挑战。约翰逊博士和奥利佛·哥尔德斯密斯都不相信新教育概念，后者冷然指出：“我不反对用奖赏诱导孩子，但我们都知道痛苦能更为强烈地刺激心灵。”另一方面，在斯摩莱特（Tobias Smollett）1748年的《阮登奇遇记》（*Roderick Random*）[23]中，男主角领导了一场对残酷校长的反叛，他们把校长绑到一根棍子上、鞭打他——这样一幕学童复仇戏，必定吸引了许多18世纪读者。

354 此一新态度影响学校措施到何种程度不易断定。大学中的鞭笞无疑在1660年代已经完全消失——最后一个例子是1667年在剑桥大学。在上流公立学校鞭笞从教室里每日发生之事降为极少发生之事——改变约是在17世纪末到19世纪初之间发生。圣保罗公学在1748至1769年间的校长乔治·西克尼斯（George Thicknesse）不仅以他古典文学的造诣出名而且以他对学生的慈爱享誉。他认为“有些学童没有学拉丁文的天赋，校长不应强迫他们学习，桦枝条和棍棒改变不了天性”。其他的伦敦公立学校如威斯敏斯特和哈洛（Harrow）公学也产生事态上的改变。至于伊顿公学，18世纪的校长巴纳德博士（Dr Barnard）“对即将毕业的学生说话总是那样慈祥、温厚，以致许多学生在离开时掉泪”。结果，1747年，托马斯·格雷（Thomas Gray）[24]在诗中将他在伊顿公学的岁月标为他一生最美好的岁月，这在17世纪是不可思议的想法：

噢！快乐的山丘，啊！甜美的树荫，
噢！令人钟爱的田野
那是我无忧的童年所停驻的地方，
不识愁滋味。

在体罚议题上极其保守的约翰逊博士，认为“学校里的鞭打比 355
以前少了，但学生的学习精神也差了；因此少鞭打对学生的影响是有利有弊”。

在乡下文法学校（这类学校逐渐被大地主阶级舍弃，而由中产及下层中产阶级子女就读），校长打人的情形亦逐渐减少。但情形因学校而异，视校长的脾气而定。在1730、1740年代伯里的圣埃德蒙斯文法学校（St Edmunds Grammar School），一位公认的好校长充分利用棍棒及竹板。1750年代在邻近的拉文纳姆文法学校，阿瑟·扬接受了劣等教育，但从没被打过一次。在18世纪末的雷丁文法学校（Reading Grammar School），乔治·汉格（George Hanger）[25]由于学术过失而被毒打：“校长较少用戒尺；他最喜欢的工具是根大得足以惩戒犯人的长棍棒……男生在他的棍棒下尖声喊叫是他灵魂的音乐……我发誓我曾见过男生两胁、肋骨及手臂上有如我手指般大的鞭痕。”

有理由认为，在由教士经营的小型私立学校（教士以招收中、上阶级住宿生，教他们古典文学作为增益收入的方式），校长打人的情形一向较少。1780年代，一些私立学校在报纸广告上夸耀自己“相信循循善诱、因材施教的教学法，而不相信体罚”。至于女子学校，体罚似乎也在18世纪末于经营良善的学校里消失。出生在1719年的波斯卡文夫人“从未在学校被打”，而在1797年的巴斯的李小姐的学校则“绝无打人事情”。

洛克似是第一位激烈抗议将年轻身体包在紧身束腹里的人。356
威廉·劳（他的育儿手册在1729至1772年间出版了10版）道出这样一位母亲的故事：这位母亲的女儿们被束身，限制三餐，且不断被洗肠以维持苍白面容。结果不仅是她们都“苍白、病弱得可以”，而且长女在20岁时死亡。在解剖时发现“她的肋骨已长到肝里去，她的内脏由于被挤压而饱受创伤”。卢梭在《爱弥儿》里对束身表达反对观点：“我不禁想，在英国被推到一不可思议程度的束身，最终将造成种族的退化……看到女人被束成那样着实令人难过。”

不过，实际上，束身是哲学家和医生联合批评但没收一点效果的一个领域。束身在18世纪这个较自由、温情的时代依旧被施行于女孩身上的原因，是束身被认为对创造（钓金龟婿所必需的）身体曲线条件是绝对必要。束身的一个受害者是牧师之女玛丽·巴特，据她指出：“给小孩戴颈箍是当时的流行，我在6岁到13岁就戴了一副。早上戴上、晚上很晚才取下，我经常戴着脚枷、颈箍练姿势。”在同时期露西·艾金（Lucy Aikin）经历了同样经验：“我们在每天早上都得戴上脚枷、颈箍，还得穿上束腹，以便改善身材、姿势。驼背被视为最古怪、丑陋之事。‘抬起头，小姐’，老师总是这样喊。我疑心我的健康被整得很惨。”

束腹、脚枷、颈箍不是唯一被加在少女身上的约束。18世纪末期，女性美、仪态的理想是极端的瘦、苍白容颜及缓慢悠徐的动
357 作，所有这些都在最昂贵的寄宿学校里被谆谆教导。当阿瑟·扬的爱女波宾·扬（Bobbin Young）在1797年感染肺结核，他将部分责任归咎于学校供应食物不足、无新鲜空气以及禁止跑步或快动作。18世纪末时，由束身、节食引起的虚弱身体状况业已和女性相连。优质女性是指弱不禁风的人物。咸认理想女性是苍白、无精神、瘦弱的美女，而“刚健、勇毅的气息是与美相矛盾的”。格

雷戈里博士建议“聪明女性偷偷享受良好健康，但决不夸耀拥有良好健康”。

就这样，两性中最强韧、最精神充沛的性别变成体力衰弱、精神委靡的性别——女性并非天生虚弱，而是被塑造成虚弱。女性虚弱美的塑造战胜了哲学家和医生的反对，18 世纪末孩童中心社会的兴起也对女性虚弱美的塑造起了刺激之功。慈爱的父母如今相信除非他们的女儿有笔直的身材、瘦弱的身躯、苍白的面容、徐缓的动作，否则她们在婚姻市场上的机会并不看好。此时婚姻市场上，婚姻伴侣选择中最主要的因素不是钱，而是个人选择。女性如今在一公开婚姻市场上相互竞争，制胜关键不在于嫁妆，而在于身体和个人特质。挺直的背如今被认为是钓金龟婿战役中的重要武器。

无疑，1660 到 1800 年间，在乡下大地主阶级和上层中产阶级的养儿方式上发生了大变化。襁褓让位于宽松衣服，奶妈哺乳让位于母亲哺乳，严管勤教让位于娇宠优容，距离感让位于同理心，母亲成为孩子生活中的主要角色。这些变化反映了压力的减轻，
这有助于制造对世界较亲和、较少使用暴力、能与他人（尤其是妻 358
儿）建立亲密关系的个人。

另一方面，当时人对近来被许多中、上阶级父母采纳的娇宠育儿模式的批评也有不少道理在焉。批评者指出这样的父母并未善尽“引导子女融入成人世界”的责任，结果便是孩子成为懒惰、粗野、不适应社会的人。孩子的社会化过程出现问题。常见的情形是孩子突然地被推出舒适、安全的家庭环境，而被推进公立寄宿学校——在公立寄宿学校大男孩欺负小男孩的情形很普通，孩子一

时无法适应。

母爱解放的另一个不幸结果是母亲在孩子(尤其儿子)到达青春期时往往舍不得让孩子走。童年逐渐被视为人生最美好阶段，而非17世纪时的恐怖炼狱。

> 这真是人生的欢乐哪
> 当我们是小女生和小男生
> 年纪轻轻
> 在草地上奔跑

威廉·布莱克这样写道，他的态度会让约翰·奥柏瑞和他同
359 时代人吓一跳。但18世纪文学中我们可以看出，此一在母亲密切照顾下的童年黄金时代，日后会产生严重的禁制后果。如哈格斯卓姆教授(Professor Hagstrum)指出，“母亲的浪漫形象出现在‘伤感的人’(18世纪末的原型英雄)的童年。”儿子对母亲的爱恋成为一种无法被完成的爱恋(sexual love that goes unfulfilled)，并受到俄狄浦斯情结(oedipal fixation)的禁制。

2. 养儿方式与社会范畴

必须指出的是，上述的养儿的变化就其影响而言是高度社会选择性的，主要影响专业人员阶级与绅士阶级，后来及于贵族。养儿的演化故事的关键是阶层化传播原则，在此原则下，新方式是最先在最有教养、最能接受新观念的阶级中取得势力。此等阶级既未贫穷到经济状况经常迫使他们疏忽、剥削或遗弃子女，亦未富裕到社会、政治生活过于活跃，以致没时间照养子女。最早采用新养儿方式的是专业人员、富商及乡下大地主阶级，这三个阶级都是经济富裕阶级，经常向上流动，且比较有教养的阶级。这些阶级的父母并不亲自照顾子女，子女是由奶妈、女佣及家庭教师照顾，但他们每天接见子女，并在接见子女的时候给予亲切照拂。对许多母亲而言，这些占据她们不少时间。

在社会最高阶层——宫廷贵族和若干富有乡绅，在18世纪有 360
许多家庭其中夫妇二人都太忙于政治、社会事务，以致无时间照养子女，小孩在头6到8年是交给奶妈、保姆及家庭教师照顾。之后男孩被送到学校。这些不是残酷无情的父母，只是对小孩没多少兴趣、很少见小孩的冷淡父母。1682到1698年间，从6岁入学到22岁因兄长之死自剑桥返家，罗伯特·华尔波只回家过几次，一次待几个礼拜。同样地，当布特伯爵(James, 1st Earl of Bute)之子约翰在7岁时被送到伊顿公学，他直到几乎成人才返家。至于女孩则被留在家，但不受疼爱。“玛丽·赫维夫人生了一个难看、肮脏的女娃，”赫维勋爵1734年这样告诉他的密友霍兰爵士亨利·福克斯。

18世纪期间，英国的许多专业人员、地主阶级似乎逐渐走向我们今日所知的孩童取向的社会。身为一个没有多少业务的专业人员，詹姆斯·鲍斯威尔有许多在家的时间可以奉献给子女。在他的日记里他仔细记录他的小孩牙牙学语的情状。“Etti me see u pictur”(“让我看你的照片”)他的小女儿维若妮卡(Veronica Boswell)说。当她搔起鲍斯威尔的扭伤的脚踝，“我忘情地喊：‘上帝祝福你，我最亲爱的小宝贝。’她回答：‘od bless u, papa.’（‘上帝祝福你，爸爸。’）”唯一的美中不足是：“她爱她妈妈比爱我多。”他很高兴当他离家去旅行，5 岁的维若妮卡“哭得很伤心，小手勾住我的脖子不放，大叫‘噢，爸爸’。山迪（Sandie Boswell）也哭
361 了……”他也很高兴发现当他回家时，“小孩很高兴再见到我。埃菲（Effie Boswell）和山迪都哭了，这非常好。”他给儿子山迪的信既亲切又感人。照文献上看来，他只打过山迪一次，因为山迪撒了个谎。当孩子们逐渐长大，鲍斯威尔带他们出外踏青，每周日听他们朗诵圣诗及主祷文。他认为幼子杰米（Jamie Boswell）“是个讨人喜欢的孩子”，并常与长子山迪一同外出。1782 年，当他离家去旅行，9 岁的维若妮卡说：“爸爸，写信给我。”他听了非常感动。他和妻子把家布置成一个安乐窝，孩子都舍不得离开。1783 年 9 岁的费米被送到爱丁堡的学校当寄宿生，10 岁的维若妮卡则因为某种原因只当寄膳不寄宿的学生。但费米“哭得那样伤心，在哭了一礼拜后，我们准她像她姊姊那样每晚回家”。三年后鲍斯威尔忙于帮助山迪学拉丁文，帮助维若妮卡和费米学法文。

应该强调者，詹姆斯·鲍斯威尔对子女的兴趣绝非特殊，他说的有关其他人的一些故事清楚证明慈爱的育儿态度，在 18 世纪末甚至扩展到宫廷贵族中一些父亲。当鲍斯威尔在 1778 年拜访伦敦的彭布罗克伯爵，他家里有“咖啡、茶及爬在父亲膝上的小夏洛蒂女爵……我很高兴他家是这个样子”。他也很高兴得知格洛斯特公爵（Duke of Gloucester）“每晚带他的小女儿上床……就像我和维若妮卡”。另一位非常慈爱、娇宠的父亲是霍兰爵士，他在忙于政治事务之余仍有时间为他的子女的幸福操心，与子女共度一

些时光。在他早熟的儿子查理·詹姆斯·福克斯只有三岁时，他 362
的父亲已被他吸引。“我今天在家与查理一起用膳，打算做工作；但他替我找了更好的事情。我越来越喜欢他了。”结果，他宠坏了孩子，完全忽视了他的坏脾气，并拒绝让他受惩戒。男孩长成为迷人、聪慧，但冲动、任性、古怪而沉迷于酒色的政治家——查理·詹姆斯·福克斯。

在18世纪获得最充足记录的是母爱而非父爱，雷诺兹和左法尼所绘的母子(女)亲密关系显然在现实里有一坚实基础。许多母亲，当面对亲自照管子女或将子女交给佣人、保姆及家庭教师的选择，毫不犹豫地选择前者，尽管她知道这样的决定可能把丈夫推向妓女或情妇的臂膀。当鲍斯威尔太太在1778年“对子女挂怀到不愿离开子女的程度”，故而让相当独立的詹姆斯·鲍斯威尔独自到伦敦去，她这个决定绝非独特。

与17世纪上层阶级家庭冷酷、疏远的家庭关系、或维多利亚时代过分压抑的家庭关系相距最远的，是莎拉·伦诺克斯女爵(乔治·纳皮尔爵士〔Honourable George Napier〕之妻)与其子女温暖、亲和的家庭关系。当她年老时(约1820年)，她的一个儿媳问她她与孩子的关系，她的回答(由她的讯问者所述)十分动人：

> 他们一脱离襁褓，我就将他们交给父亲管理，并努力成为他们的朋友，而非他们的管理者……他们在我身上能得到同 363
> 情、安慰、看法或建议，但他们知道他们没有服从的义务……然后，当他们为自己做决定，他们的决定与我给他们的建议多少相符。

她认为，她之所以有影响力，是因为她的孩子向来知道她“是他们父亲的关爱对象，且知道我是他们父亲的朋友、伴侣”。同样的温暖关系似盛行于他们子女的家庭。

同一社会阶级内有些家庭遵循一不同方式。18世纪有关一个恩威并施的母亲记录周详的例子，是赫斯特·斯拉夫人的例子（图16）。出生在1741年，富有的沙勒斯伯利斯（Salusburys）绅士阶级家族一贫穷分支之女，她被一富有、无子女的叔叔收养，从而成为一位令人觊觎的女继承人。1763年，在22岁时，母亲和叔叔的联合压力促使她同意嫁给富有酿酒商亨利·斯拉，他对她的主要兴趣似乎是来自她叔叔的一万英镑嫁妆。在接下14年，从1674到1778年，她经历了两次流产并生了12个小孩。这是极高的生产率，无疑受到用奶妈喂奶的影响，这使得她产后能非常快速地恢复性活动及生殖能力。1779年她指出：“我已有五个小女孩而我又怀孕了，傻子才会为此感到骄傲。噢，天哪！我要那么多小孩干嘛？还不是为了取悦丈夫。”

赫斯特·斯拉夫人在1766至1778年间所写日记使我们得以
364 一览她与子女的关系。赫斯特·斯拉夫人绝非典型，但她的故事牢牢地嵌在她的时代与阶级的文化里。她既有“借体罚挫杀子女的势气”的传统观念——这方面的观念受家庭友人及顾问约翰逊博士启发颇大——又有“制造几个天才儿童”的强烈企图心。问题在于她未能亲自哺乳和她冷酷的教育方法，以及她自私的望子成龙的野心疏离了她与孩子的情感。而她旺盛的生殖力——约14个月生一胎——则制造了一群病弱的孩子。不过，有12年，她所有的精力都奉献给孩子。她未得到先生任何情感支持——亨利·

斯拉忙自己的事业，追求自己的社交生活及婚外情，不理孩子，只对床上的妻子赋予充分关心，好让她不停怀孕，以得一男继承人继承他的事业。她是个精力旺盛的女人，将全副精力投注在她的孩子、她的母亲和她的书上。诚如她所描述的，“我们吃得很好，但操心厨事的不是我。主持晚餐的另有其人……那是我母亲。斯拉先生独个儿吃饭……我只好到文学里寻求安慰，到书和孩子里找爱。”她“一年生一个孩子，也失去了几个，操心其余的孩子到脑中只有他们和她的程度”，这里的她是指她每天见几小时的母亲。

当斯拉太太的日记在 1766 年开展，她的长女昆妮·斯拉(Queeny Thrale)已是个天才儿童。18 世纪是个鼓励天才儿童的时代，他们的父母骄傲地带着他们到处展示，如炫耀宝物一般。昆妮的记忆力确实相当好。在两岁半还不能读、写的年纪，她已知道

罗盘、太阳系、十二宫、国家、海岛及欧洲大城市、基督徒三美德、威 365
廉·利里(William Lilly)[26]的《文法》的第一页、色彩的名字、一星期七天，及月份的名字、乘法表、主祷文、尼西亚信经(Nicene Creed)及十诫，并能说人的堕落(Fall of Man)、帕修斯(Perseus)与安德洛墨达(Andromeda)[27]、帕里斯的审判(Judgement of Paris)[28]等故事。三岁时，昆妮能背出在礼拜仪式中会众同牧师轮流应答(或吟唱)的祈祷文，但仍然不能读，拼字也很差。四岁半时她能读得相当好，并通晓拉丁文法到相当程度。

赫斯拉·斯拉夫人对昆妮宠爱得不得了。1770 年，昆妮六岁的时候，她写道她自小孩出生后第一次到戏院(带昆妮一起去)：“我从未在外吃饭，从未到我不能带她的地方参观；我几乎片刻不离她，将她当宝贝照顾。”1771 年 1 月，昆妮六岁半时，她母亲带她

到亚宾顿的布赖特先生（Mr Bright of Abingdon）面前表现，他终于宣布昆妮的拉丁文程度，“与牛津大学毕业生并无二致”。昆妮对母亲的过度关照，带着她到处炫耀厌烦得不得了。母亲认为女儿“顽固到不寻常的程度，犯了错死不道歉”，“对世界上任何人都不喜欢，却讨厌许多人”。10 年后她指出，昆妮“阴沉、恶毒、刚愎、喜欢伤害我”。

在她所有孩子中，有两个是她特别喜爱的。露西·斯拉（Lucy Thrale）“相当可爱。别人说我特别偏爱她，但她实在可爱得令
366 人无法抗拒”。小亨利·斯拉“有慈悲心……有求知上进心……他是那样理性、善良，那样好”。另一方面，可怜的小苏珊娜（Susanna Thrale），是个早产儿，丑陋、多病、而多愁。她母亲讨厌这孩子——“她脾气别扭、个性古怪，我不爱和她谈话”——在她四岁时就将她送到肯辛顿（Kensington）的私立学校，在那儿苏珊娜很快脱胎换骨。1775 年赫斯拉·斯拉夫人决定带另一个女儿苏菲（Sophy Thrale）回家，因为她“相当可爱。我要把她留在家里，昆妮和我能把她教得很好，她会令我们满意的”。斯拉夫人不但对儿女的态度相当自私，而且还用武逼子女就范。她殴打子女，使他们遵从她的命令，学到教训。这些行为挑起小孩的意大利文老师巴雷第（Baretti）的厌恶与反感，他提倡立基于娇宠和爱的教育方式，鼓励孩子反对母亲。因此家中冲突不断。

直到 1774 年，养儿 11 年后，赫斯特·斯拉夫人才首度离家作长途旅行。旅途中她担忧子女，没有家书来便哭泣不止。最终使她心力交瘁的部分是她钟爱的孩子昆妮对她表现的敌意，部分是孩子不断的死亡。一子在出生 10 小时后死于呼吸困难，一在两周

后死于痢疾，一在六个月时死于感冒；这些死尚可忍受，不能忍受的是她亲爱的露西四岁时死于乳突炎。一子拉尔夫·斯拉(Ralph Thrale)被诊断得了脑疾（“这件事情我们终身未对别人提起”），所幸不到两岁就死了；亨丽耶塔·斯拉（Henrietta Thrale）5岁时死于麻疹；苏珊娜，如我们所见，又病又丑，4岁时就被送到学校。但他们的母亲不断担忧其他孩子的健康，在他们生病时彻夜陪伴他们，并担当起医生的角色。最大的打击是聪明、俊美、可爱 367
的独子兼继承人亨利在1776年9岁时的死。他突然得了盲肠炎，几小时后便死亡，留下他的母亲肝肠寸断。“我太为他感到骄傲，”她对自己说：“因而触怒了上帝。让我的悲伤洗净我的罪，主啊……别让我再受白发人送黑发人之苦。”她和先生急切想要男孩，原因正如她的友人约翰逊博士所说：“儿子对斯拉家族事业的延续有绝对必要；因为女士怎能管理啤酒厂？女士管理土地比较合适。”可能为了想要得到继承人，她让自己不断受孕，但终究未能得到。“赫斯特·斯拉夫人有希望得到一个年轻酿酒商”，约翰逊博士在她于1777年再度怀孕时这么说。

但1776年的事件终于打破了赫斯特·斯拉夫人“塑造孩子生活、将他们都变成能被炫耀的天才儿童”的决心。一年内她失去了三个孩子，包括独子，令她非常痛苦。“听小孩学习每令我茫然若失——我的心情痛苦极了。我没有心情教苏菲。她可能能学得非常好，如果我有我曾经有的那种教学精神的话……我不想使她难过，那样她会短命的……目前我无法教小孩——我已花费整个青春在教小孩上，却一无报酬。”在三个活下来的女儿中，两个对母亲不满、有敌意。

终于，在 1776 年，她放弃了挫杀孩子的势气、灌输孩子学识的奋斗，送他们去学校，将精力转到文学追求、结交伦敦文学同好及创造一所自己的知识沙龙上。她的孩子不是死去就是对她不满。
368 1781 年她的先生死于中风，留下赫斯特·斯拉夫人和五个女儿（其中一个不久去世）。赫斯特·斯拉夫人终于面对残酷事实："她们无疑是五个可爱孩子，但她们不爱我。这是我的错还是她们的错？"两年后，她为了一桩浪漫爱情而放弃了她的老朋友约翰逊博士和她四个孩子：她嫁给他们的意大利音乐老师皮欧齐先生（Mr Piozzi），到意大利品尝真正的婚爱之乐。

从这故事能得到什么结论？这故事说的是一个得不到先生关注、遂将全部精力投注在子女身上的女人。专权、霸道、严格、占有欲强、欲借由子女来达到自我满足，身为一位母亲，赫斯特·斯拉夫人是彻底失败。她没能将任何孩子变成天才儿童，也没能得到孩子的爱。露西和亨利这两个她最爱且最能符合她期望的孩子都早死。两个她花费最多精神的孩子——长女昆妮和幺女西西莉亚（Cecilia Thrale）——最后恨她恨得要命。17 世纪的严母典型，加上 18 世纪的慈母范式，以及当时女学者的高度知识雄心，合之形成一十足灾难性的组合。

至今获得的所有证据都显示对子女的日益关心局限于大地主阶级、上层专业人员阶级或上层中产阶级，无证据显示此态度渗透到低社会阶层。我们可以猜测，教养子女的严格加尔文教派概念在下层中产阶级持续最久，但这只是猜测。

似乎，在许多下层中产阶级家庭，"小孩天生邪恶，因此有必要
369 采取严格手段挫杀孩子的势气、压制他的恶性"的观念从 17 世纪

延伸到18世纪。在17世纪清教徒中产阶级母亲恩威并施的管教，与18世纪末、19世纪初信仰福音主义的中产阶级母亲恩威并施的管教间，似有不可分割的关联。

两者间的关联可从约翰·卫斯理的母亲苏珊娜·卫斯理(Susanna Wesley)于18世纪初年在艾普沃斯(Epworth)牧师公馆所采用的教育子女方法看出。如她在1732年所解释的，“一岁前，孩子被教导害怕棍子、轻轻地哭，这番教导往往收效，屋子里很少听见孩子讨厌的哭声。”孩子被教会严格遵守父母教导。“为了形塑孩子心灵，须做的第一件事是挫杀他们的势气、使他们性格乖顺”，“孩子必须被收服”，因为收服提供“宗教教育的唯一合理基础”。结果，孩子被塑造得乖顺得不得了，完全服从苏珊娜·卫斯理的愿望。她把生命奉献给他们，教他们宗教及读、写、算。她的政策是奖赏孩子的善意及努力，以鼓励他们发挥最佳能力。这与洛克推荐的教育法并无太大不同。它是严格的、强制的，但温暖、理性而前后一致。它与洛克的教育法的不同之处在于它的目标是取悦上帝，并使下一代内化强烈的宗教感与责任感。此种教育方式的结果是成人的约翰·卫斯理——完美主义者，十分愿意服从权威，但也十分了然自己在历史上的“上帝的选民”的地位。半世纪后，在1783年，卫斯理仍然在他的《论教育儿童》(*Sermon on the Education of Children*)中宣扬同样道理。尽管他承认在他的时代仅1%的父母有决心施行此教育法，他坚持“挫杀孩子的势气，使他的 370
意志臣服于父母的意志，臣服于上帝的意志”的必要。

因此，不令人意外地，在18世纪末出现了像汉娜·莫尔(Hannah More)这样一位福音主义信徒，中产阶级教育改革者，呼

应苏珊娜·卫斯理的意念，而在1799年写道“视孩子为无邪的人是个大错误，还不如视孩子为天生带着恶性的人，教育的目标是矫正该恶性”。这句话的意思可被解释成汉娜·莫尔认为“孩童无罪”论在她的听众间非常普及，而她是不赞成该论的。也有可能下层中产阶级从未接受“孩童是——社会能在上面印形象的白板”的洛克式观点，更不要提“孩童生来良善”的卢梭式理论了。他们向来知悉原罪的概念并认为儿童的恶性应被矫正，用结合体罚与道德规范的方式来管教子女。

在贫民中，可得的证据显示许多父母对子女的态度经常是难以预料的，有时是冷淡或残酷的。不清楚原因究竟是父母无钱照顾子女、子女早早离家，或是较仁慈的感情是穷人负担不起的奢侈品。贫穷文化不鼓励远见，因为穷人的生活过分受命运——坏收成、失业或生病——支配，以致他们无法为未来作理性算计。他们容易对子女有时很好，有时冷淡，有时相当残酷。要是他们对子女残酷，那是因为他们需要对某人发泄挫折，或因为他们无法预见他们行为的后果，或那是他们自己被养育的方式，他们因此视苛待为
371 正常、正确的教育方法，或因为他们受限于经济无其他选择。在一个对动物经常相当残忍的社会，小孩容易被以类似态度对待。迟至1846年，一位敏感的上层阶级妇女仍指出：“任何长期住在乡下的人都必然知道穷人的孩子是被拳头及尖刻言词所养大的。”为了这个缘故，她坚决反对将处罚上层阶级小孩的权力交给保姆或佣人，因为后者会“以拳头及尖刻言词加诸小孩”。

对那些没有财产、安全感或前途的人而言，小孩有时是十足的讨厌鬼。供子女食宿需要钱，妇女分神照顾子女影响赚钱机会。

纵使小孩 7 岁后能被雇用(在许多乡下地区小孩从事看守动物、捡柴、吓鸟等工作,到工业革命早期童工变得更加普及),小孩还必须被养育 7 年。如果太太每两年制造一个孩子,这个家庭可能因此必须喂养三或四张无生产力的嘴,这是许多家庭根本负担不起的重担。1674 年在威克菲(Wakefield)有个穷人“因为孩子偷了块面包吃而吊死孩子;另一个小孩说:‘爸,别吊死我,我没偷面包’”,这样的故事令人闻之鼻酸。

忽视小孩的情况在女性受雇率高、童工需求率低的地方特别普遍。母亲每天出外工作,留孩子在家,不好好照顾孩子,甚至经常喂孩子吃鸦片以让他们安静。在此等地区,孩童死亡率比在妇女待在家的地区高很多,孩童常因得不到照顾而死。饥饿、贫困是孩子的宿命,卫理公会派牧师威廉·亨廷登(William Huntingdon)对他作为一个每周只赚七到九先令、有十一个孩子要养的劳工之子的童年有辛酸回忆:“我童年的生活很苦,饥寒交迫、衣不蔽体,我经常偷偷希望我是头野兽,因那样我就能在野地觅食。” 372

勤劳、谨严的劳工发现自己处于和借酒浇愁的怠惰贫民差不多的困境。1790 年代于伦敦展开婚姻生活的法兰西斯·普雷斯(Francis Place)[29],住在家徒四壁的房里,不断说到多生孩子之苦。这是个他认为不可避免的状况,因他没有避孕知识。他解释当时勤勉劳工贫民的状况有多悲惨:“勤勉劳工贫民看不到改善命运的希望。随着他们孩子数目的增加,希望离开他们。他们的心随土地变瘠而沉落。”至于他自己,“我知道我无可避免有个大家庭,等在我们面前的只有苦难”,除非他能顺利谋生。他的太太定时怀孕,照顾孩子使她无法做他的帮手。她也跌入沮丧,因为“她一怀孕,就十分担忧我们的经济状况"。尽管她在生产三日内就能下床煮饭,养育小孩减损了她的赚钱能力,子女的增加拖垮了原已差劣的家庭生活水准。

无产者比例增加的一个结果是非婚生儿率的提高,原因将在后文讨论。私生的增加无可避免地刺激一些杀婴及大量遗弃,因为没有经济支持的未婚妈妈的困境坏到足以鼓励一些心急如焚的妇女杀掉她们的新生儿(更多女性留小孩在街上让他们自生自灭,或让他们被好心的过路人、教区少年院或弃儿医院收养)。在西欧有可追溯至古代的漫长杀婴史。在16、17世纪,随着教会加强它对一般人道德行为的控制并得政府在法律执行上的协助,杀婴变成相当严重的罪行。由于杀婴剥夺了婴儿的洗礼,以及获得救赎
373 的机会,杀婴如今成为罪可至死的罪行。它因此成为几乎完全局限于最绝望的未婚母亲的做法。当《麦克白》(*Macbeth*)里的三女巫调制魔液,在她们丢进锅里的许多东西里面有:

> 由一娼妇所产的
> 一出生就被勒死的婴儿的一根手指。

在莎士比亚时代的英国,要在锅里找到一根婴儿的手指并不是太难的事。

杀婴——成为"自己子女的杀手"——是一仅被最绝望的未婚母亲采取的解决办法,遗弃就普通多了。诚如约拿斯·汉威在1766年所观察到的:"丢掉一个婴孩比杀掉它对人心而言容易多了。"18世纪期间越来越多婴儿被扔到街上,成为教区的负担。他

们多数被送到教区济贫院——教区济贫院在 1722 年后建立，在那儿婴儿死亡率相当高：

> 小孩被交到穷困、肮脏、衰老妇女之手，一个女人照顾三四个小孩，有时和孩子一起睡。这些女人的收入非常少，她们被引诱拿走捐给穷小孩的面包、牛奶。小孩哭着要食物，保姆打他，因为他哭。如此因殴打、饥饿和肮脏的空气，因着虱、痒、污秽，他很快便领受他的死。

即使活下来，前景也不乐观。女孩经常被交给“凶恶的主人 374
(图 26)，不是沦为主人性欲的牺牲品，就是沦为苦活儿的奴隶”。这些还算是幸运的，有些人沦为罪犯的奴隶，女的成为娼妓，男的成为盗贼、扒手。有些人成为富人的马前卒；另外有些人被乞丐断肢送到街上乞讨以博取同情。法律对乞丐伤人的行为睁一只眼闭一只眼。1761 年一名女乞丐被控“挖出孩子眼睛”以博取同情，被判两年徒刑。

1730 年代期间，陆军上尉托马斯·科拉姆(Thomas Coram)经常从罗瑟希特(Rotherhithe)经过东伦敦贫民窟到伦敦商业区。这些步行“提供他丰富的机会看街上的小孩——有的活、有的死、有的将死，令他相当震撼”。结果，他得到富人的支持，在 1741 年建立了伦敦弃儿医院，“制止了经常性的幼儿出生时被谋杀，压制了丢弃新生儿到街上的残忍习惯，并收容被丢在墓地或街上，或被留在教会看门人或贫民救济委员门口的小孩”。医院计划每年接受一些孩子，但在 1756 年善意的国会令医院对全国开放。结果是灾难性的。每年有三四千名婴孩被丢到街上，被全国的巡回小孩运输员捡到篮子里，他们把小孩——死的、将死的、半死半活的——丢到医院的门阶上。在头四年被丢到医院的15000名孩子
375 中，约有10000名死亡。伦敦弃儿医院变成“死人的藏骸所”。

尽管被弃的小孩中有许多是私生子，大半似乎是无力抚养子女的夫妇的嫡子。弃婴部分是私生率上升的产物，但更多是贫民经济危机深化的结果。它也部分是因缺乏节育方法——避孕及堕胎的结果。更应该指出的，遗弃的做法部分也受公立慈善机构的设立刺激。母亲要是知道孩子会被捡起，遗弃孩子会容易得多，纵使孩子被寄养的少年院和弃儿医院实际上和领有执照的死亡营差不多。

到1820年，情况已有大幅改善。法兰西斯·普雷斯这位对伦敦的都市贫穷十分了解的观察者，对之前50年发生的变化相当肯定。忆起1770年代的状况，他痛责“无知、不道德、粗劣、猥亵、酒醉、肮脏、中等阶层乃至零售商、工匠、雇工的堕落”。他将变化之因归于棉内衣裤之引入（此大幅改善了个人卫生问题）、工业革命带来较高生活水准、汤姆·潘恩（Tom Paine）及法国大革命的理念的传播带来的自尊与平等感、主日学（Sunday Schools）提供的道德与文学教育。结果是“整个社区的礼貌与道德的普遍提升”。即使在马克思、狄更斯（Charles Dickens）写作的时代[30]，事情也比在1750至1775年间好得多。1824年法兰西斯·普雷斯表示在他一生当中，他已见到“家庭关系和子女教养的质的提升”。

①《皇家奴隶》是贝恩夫人最出名的一部小说,该书是英国第一部哲学小说,为夸张的恋爱故事。 376

②卫斯理(1703—1791)为英国福音派(evangelical)牧师,卫理公会派的创始人。

③小亨利·斯拉是赫斯特·斯拉夫人和第一任丈夫亨利·斯拉的独子,聪明乖巧,惜在9岁去世。

④雷诺兹(1727—1792)是英国画家、艺评人及皇家学会首任会长,18世纪下半叶英国画坛中心人物。左法尼(1734—1810)为出生在德国的艺术家,1761年起定居英国。柯普利(1738—1815)是18世纪最伟大的美国画家。

⑤朱凡诺为公元一二世纪之交的罗马诗人,以16首讽刺诗著称。

⑥特土良(1601—230),罗马神学家暨基督教教义的辩护者。

⑦古希伯来人有"寡妇内嫁"的习俗,即丈夫死后寡妇应嫁给丈夫的兄弟,以免家产外流;丈夫的兄弟有义务娶寡嫂为妻,但所生之子名义上仍归死去的兄长。俄南不愿尽此本分(他知道生了孩子也不归自己,同房的时候便遗精在地上,目的是不给哥哥留后),因而遭到上帝的惩罚。见《创世纪》第38章1至10节。

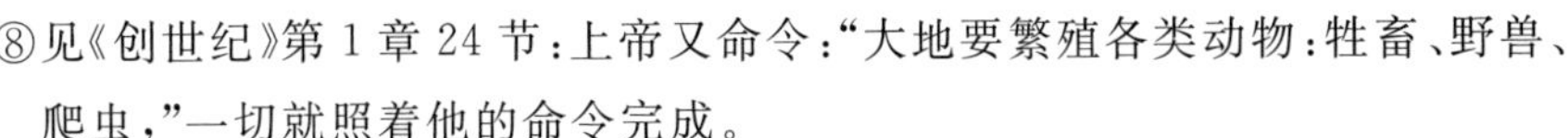

⑧见《创世纪》第1章24节:上帝又命令:"大地要繁殖各类动物:牲畜、野兽、爬虫,"一切就照着他的命令完成。

⑨见《创世纪》第1章28节:上帝赐福给他们,说:"你们要生养许多儿女,使你们的后代遍满全世界……"

⑩塞德利(1639—1701),英国剧作家、诗人。最有名的剧作为《桑园》(*The Mulberry Garden*)及《贝拉米拉》。他也写了不少情诗。

⑪卡莱尔(1790—1843),英国记者、改革者、自由思想家,以捍卫新闻自由出名。

⑫布丰伯爵(1707—1788),法国博物学家、作家,《人的自然史》为其一生代表作。

⑬曼德侬夫人(1635—1719),法王路易十四的第二任妻子,除襄助路易十四外,更以办校兴学、关心教育出名。 377

⑭尼尔森为18世纪名医。

⑮盖伦为公元一世纪的医生兼作家,主要在罗马执业,有多篇医学、哲学论文

传世。

⑯《道德论丛》是一本相当迷人、有趣的书，内中包含有关伦理、文学及历史议题的对话与论文，如〈论迷信〉、〈听诗的正确方式〉等。

⑰在费尔丁的《汤姆·琼斯》中，奥瓦奇收养了弃婴汤姆·琼斯，并让汤姆·琼斯和奥瓦奇的妹妹的儿子卜利夫一起受教育。

⑱菲力普·法兰西斯(1740—1818)，英国政治家、小册子写作者。

⑲阿瑟·扬(1741—1820)为英国农业学家，常趁旅行之便观察农业技术，写下不少有关农耕、旅游的佳作。

⑳波斯卡文夫人是英国海军上将爱德华·波斯卡文(Edward Boscawen)之妻，波斯卡文是著名海军英雄，骁勇善战，并以改善舰上卫生状况知名。

㉑巴特勒(1612—1680)在讽刺诗《休迪布拉斯》所暴露的是清教主义的种种虚伪及其丧失人性的劣迹。

㉒妮尔·格温(1650—1687)，英国女演员，擅长喜剧角色，1669 年成为查理二世的情妇，为他生了两个儿子。

㉓《阮登奇遇记》是斯摩莱特的小说处女作，写一名浪子经历坎坷终于和心诚、貌美、难以置信的纳希瑟(Narcissa)结婚。书中描写充满暴戾之气的海上生活。

㉔格雷(1716—1771)，18 世纪英国著名诗人，著有〈村墓哀歌〉(An Elegy Written in a Country Churchyard)、〈诗人〉(The Bard)、〈欧丁殒落〉(The Descent of Odin)等诗。

378 ㉕乔治·汉格是 18 世纪一位英国上校。

㉖威廉·利里(1602—1681)，英国占星家，《基督教占星学》(*Christian Astrology*)为其最著名著作。

㉗帕修斯为希腊神话中宙斯之子，杀女怪梅杜莎的英雄；安德洛墨达为希腊神话中衣索比亚的公主。

㉘帕里斯为希腊神话中抢夺斯巴达王梅涅劳斯之妃海伦的特洛伊王子，由于德行败坏，遭阿伽门农兴兵毁城。

㉙法兰西斯·普雷斯(1771—1854)，英国激进改革者，毕生致力工会运动，著有多本论社会问题的小册子。

㉚马克思、狄更斯写作的时代在 19 世纪。

第五部

性

第十章　上层阶级的态度与行为 381

丈夫性欲一来的时候，就热烈地与太太性交以满足性欲，即使她不是他的太太，他也希望与她性交，犯罪也无所谓。

(J. Benedicti,《罪恶总论》[*Somme des Péchés*],1584,quoted by J.-L. Flandrin,'Contraception,Marriage and Sexual Relations in the Christian West'in *Biology of Man in History*, ed. R. Forster and O. Ranum,Baltimore,1975,p. 35)

人生除了几次美好的性交，然后我们死亡外，并不供应什么。

(J. Wilkes,*Essays on Woman*,1763,ed. J. C. Hotten,London,1871,p. 13)

"知识给心灵的欢乐就像维纳斯给身体的欢乐一样。" 382

(查理一世国王在一册培根所著的 *Advancement of Learning* 上所写的旁注，现藏于大英博物馆。感谢 Dr M. Smuts 提醒我这段引文)

"我要是能像树一样生殖就好了，不用交合；性是一聪明人在其一生所履行的最愚蠢行为；没有任何事比性更使他的想象力沮丧，当他思考他做了一件怎样的古怪、无价值的蠢事。”

（T. Browne, *Religio Medici*, 1642, Oxford, 1909, p. 163）

1. 导言：总体思考

383 就性冲动而言，人类是在动物行为一般范围的最极端，亦即性冲动可终年延续，连在生殖最不可能的时候也延续着性冲动。这是由于“在远古时候，人类女性失去发情期——短暂但深刻的性冲动时期”这个生物事实造成。另一方面，人的大脑皮层的不正常体积和发展，意味着性冲动是由文化规范和学习得来的经验所刺激或操控。人的性主要在脑中发生。弗洛伊德所言“性是一不变的下层结构、性欲的力量是永恒不变的”的看法因此在现实中没有基础，性欲是被文化规范所深深覆盖的。

20世纪末的人的婚内及婚外性活动的质量似乎比近代初期的人一般所达到的婚内及婚外性活动的质量要高得多。首先，就个人卫生的一般标准而言，近代初期的人（即使是精英分子）水准就相当低。塞缪尔·佩皮斯是1660年代伦敦的一位成功官僚，并是大贵族和朝臣的生意合伙人。然而他认为头发里长虱子是很平常的事，对自己头发里被发现虱子并不以为意。他很少洗澡，在1664年3月他的妻子突然去一澡堂后，发现了洗澡的乐趣并拒绝让他上她的床，直到他也洗澡为止。在抗拒3日后，他终于答应太
384 太的请求，在热水里洗澡。至于威廉·伯德，60年后在伦敦，他每

隔几周洗一次脚，但只在带女人到澡堂享受性欢乐时才洗澡——且不是每次都洗。迟至1760年代，托法姆·博克莱克（Topham Beauclerk）这位在最高贵族圈游走的迷人聪慧之士，仍“形貌肮脏，虱虫遍身”。他的太太黛安娜夫人睡在另张床上、将她的床单每天换洗，但他对他的状况丝毫不感到羞愧。当在布莱尼姆（Blenheim）的一次圣诞舞会上，所有女士向他抱怨他把虱子传染到她们的头发上，他竟然答道：“那不是很好吗？我身上的虱子多得可以充满一座教区。”只有少数私人澡堂存在于17世纪末，且只在巨富的最时髦宫殿。例如，在1700年的查茨沃思（Chatsworth），德文郡公爵夫妇有一座华丽大理石澡堂，其中有大得足以供两人洗澡的大理石澡缸，和源源不绝的冷、热水。贝德福公爵夫妇在18世纪中叶在他们于渥本修道院的乡下住宅及他们在贝德福宅（Bedford House）的城市住宅能洗冷、热水澡，且他们在1771年为自己造了一座厕所。但这完全是例外，多数人几乎从不洗澡，除了他们的脸、颈、手和脚。赫维勋爵似乎是文献上最早的每日洗澡的英国人，而这时间是在18世纪初。

有证据显示个人卫生上的不经意在英国上层阶级妇女间比在国外还要普遍、且是大大惹恼把性欢乐看得认真的人。最早、最坦白抱怨的是1670年代的罗切斯特伯爵约翰·维尔莫特（John Wilmot, Earl of Rochester）[①]：

> 美丽的肮脏的少女，用身后的草纸 385
> 前头的海绵，
> 干净一点儿、卫生一点儿吧！

这样我的愉悦就都能恢复。

18 世纪初期，斯威夫特肯定英国女性忽视了“照顾个人清洁卫生”，而在 18 世纪中叶约翰·威尔克斯（John Wilkes）呼应约翰·维尔莫特“英国女性从不洗私处；私处是留给男人洗”的抱怨。1755 年约翰·谢比尔（John Shebbeare）也肯定在英国女性中“私处比在意大利地区更受忽视”，而在 1792 年玛丽·沃斯通克拉夫特也肯定在英国女性间“对卫生的注重……被无情地践踏”，1841 年，威廉·艾克顿医生仍在抱怨：“在英国女性洗身体每个其他部分，但就是不肯洗阴道，如此让她们自己和她们的先生很不舒服。”此一缺乏个人卫生在何种程度上抑制性游戏和性交的进行不是个容易回答的问题。但可以确定的是较早的社会比今天的人远不受气味侵犯。也可以确定的是在动物世界雌性生殖器体味——外激素（pheromones）——在启动雄性性反应上扮演了重要角色，而外激素在人的性活动上也扮演了若干角色（程度比在动物世界小）。身体清洁是一回事，但阴道冲洗法的使用可能会减少而非增加男
386 性性欲。另一方面，当时人对女性肮脏的抱怨，以及将澡堂当作性约会之地，都显示 17、18 世纪的男性认为清洁是性活动的正面刺激因素。净身盆（bidet）在 18 世纪初被引进法国上层阶级家户，但从未及于英国。其实早在 1752 年，英国人便已知道“法国淑女在洗净身体时用一种叫净身盆的装置”；但它未被采用。英国人对净身盆的反对（这明显是基于道德而非卫生理由），却支持了“清洁与前戏及口交有关”的假说。

另一个容易为人忽视的早期现代生活的事实是，只有小部分

的成人人口是既健康又有吸引力的。男女两性都受长期疾病困扰。即使在身体不错的时候,他们也经常受苦于某种失调,使得性不易进行。女性受苦于一连串妇科疾病,尤其是白带,而也受苦于阴道溃烂、肿瘤、发炎及出血,这些病经常使得性交不适、疼痛或不可能。另外男女两性必定都受苦于龋齿引起的口臭及经常性的胃部不适,而化脓性的溃疡、湿疹、疥癣、流脓的伤口等等令人作呕的皮肤病极其普通,且经常延续多年。

此外,尚有恒在的性病之险。如我们将看到的,詹姆斯·鲍斯威尔在其一生中感染淋病至少 17 次。1762 至 1763 年间查理·丘吉尔(Charles Churchill)[2] 及其情妇均得了淋病,而前者还采取了危险的汞疗法来治疗。1787 年赫伯特勋爵(Lord Herbert)在主持一项军中晚宴后得了淋病。“该死的英国军中晚宴,”他父亲评论道:“害我们之后都得了宿醉与梅毒。”结果,赫伯特勋爵病了 387
好一段时间,“在我的鼠蹊部有个谁也没把握治好的伤口”,这个伤口被一位外科医生割了五次。如我们将看到的,妻子经常发现自己与患了性病的丈夫同眠,结果是妻子也得了性病。且不足为奇的,18 世纪的报纸充满了“洛克医生包治性病”之类的广告。

在贫民中,所有以上列出的抑制性交的种种状况更达到一严重程度。由于肥皂很贵、缺乏盥洗设备、卫生习惯不好,穷人比富人脏得多。法兰西斯·普雷斯记得在18世纪末的下层中产阶级及下层阶级,床单最多一年换三次。女性穿由骨头或皮革所制成的支索,一穿几十年,每天穿进穿出,却不曾洗它。她们也从不洗衬裙,穿到裙子支离破碎为止。至于小孩,“当我是个孩子时……零售商的孩子……都长头虱”每周被清理一次,而成人(即使是较为富裕的成人)也不能豁免虱子的寄生。而在普雷斯的观点里,19世纪初便宜易洗棉布的传播“对女性的清洁与健康并无多少改善”。

由于膳食差及日晒雨淋,很可能疾病在穷人间比在富人间更普通。许多赤贫者亦受苦于营养不良,尤其在收成欠佳的年月。热量摄取严重不足将多少减少男人的性冲动,并大大减少女人的性冲动。纵使营养充足,田里劳动的体力消耗也会减少性欲。

在所有社会阶层都既有心理禁制也有生理禁制,更不要提由
388 道德神学所加诸的限制了。一般而言穷人似乎在性方面较有闲阶级来得谨慎、保守。不愿剥光衣服的态度在贫民中尤其普遍。一位法国医生肯定前戏过程在农民之中大体不存在。结果,近代初期下层阶级和下层中产阶级的性活动被描述为“男在上,女在下,很少前戏,快速射精,男性对女性高潮不关心”。照此,性活动是流行的社会关系(亦即丈夫的父权权力长久以来居完全支配地位)的反映。

所有阶级中,对非计划怀孕的恐惧都必然是性欢乐的强力制止因素,不只对不耐生育之苦的妻子是如此,而且对经济状况不佳的丈夫也是如此。最广为使用的避孕法——性交中断法(即男人在射精前抽出阴茎),要求很大的自制,因此必然对男性构成很大的禁制力量,同时可能对女性提供小小的满足。后者经常必须在完成性行为(因而冒怀孕之险),与在到达性高潮前结束性行为(这使得性欲无法完全获得满足)间抉择。19世纪作家极力强调性交中断法对女性的有害结果,“女性的神经系统会因性欲不得满足而受苦”,因为“子宫的感性和整个生殖系统受到不当挑激”。

再者,有人指出,西北欧的晚婚模式,加上低非婚生儿率,意味

着在结婚之时男女双方必然都已有约十年的手淫经验，而此习惯可能禁制婚姻中令人满意的性关系。要是在此之上再加上“在18世纪前，有产阶级中多数阶层内的婚姻都是无爱的利益结合，或由父母所安排，或由配偶基于经济原因而选择”的事实，双方满意的 389
性关系的几率必然还要更低。

阻挡近代初期夫妻获得完全性满足的障碍是既多且严重的，因而性活动的量和质都可能比今天的性活动的量和质要低得多。另一方面，无疑的，女性性高潮被认为是既对身体有好处又具道德上的合法性（both medically desirable and morally legitimate）。“18世纪前的多数女性应是性冷淡”的看法从医学文献里得不到支持，从当时有关女性天生淫荡的种种格言谚语也得不到支持。

若干性行为特征（独属于西方男性）中，第一个且最难解释的特征是，性成熟年龄与平均结婚年龄间隔10年以上，但这个间隔在多数其他社会中都相当短。此间隔在庶民中最为明显，不过在精英分子中也很显著，且在整个17世纪、18世纪大部分时间里形成越来越宽的隔距。此外，有相当大的比例——庶民中约10%，精英分子在18世纪上升到25%——从未结婚，精英分子中多数女性可能终身保持独身。

第二个特征是在性冲动上打上名为“浪漫爱情”的意识形态烙印。浪漫爱情起初是12世纪的抒情诗人文学里的婚外感情，到16、17世纪由于印刷术的发明和文字的传播而有所变化。它是主导16世纪末、17世纪的诗、剧场和爱情小说的主题，并在18世纪中叶，进入实际生活。

第三个可说是最显著的特征——基督教的得势，基督教向来 390

对性作为欢乐有敌意，并急着将性的合法性局限于生殖此一实用目的。此一敌意在整个16、17世纪持续作为道德神学的主要特征而存在。

2. 16、17世纪的上层阶级文化

所有社会都有乱伦禁忌，英国的乱伦禁忌的唯一特殊之处在于在宗教改革时将乱伦的数目限制在《圣经利未记》中所订的亲等。另一方面，教会法庭对伊丽莎白时代的英国的乱伦事件所给予的惩罚十分轻，“鸡奸”和“兽奸”对道德标准的违犯似乎比触犯乱伦禁忌要大。16世纪自中世纪教会继承对同性恋的强烈敌意——同性恋经由时间淘洗，尤其经由圣殿骑士（Knights Templars）事件[3]和阿尔比异端镇压运动（Albigensian crusade）[4]的洗礼，在官方思想中业已和宗教异端紧密联结。在16世纪欧陆，惩罚同性恋者的浪潮似乎与惩罚女巫的浪潮紧密相连，女巫和同性恋者都被视为危险异端，其存在威胁社会福祉。不过，英国对鸡奸和巫术的挞伐不若欧陆其他国家那样重，对鸡奸和巫术英国人似乎一般采取的是较务实的态度。

391 有关近代初期性常规（无论婚姻内婚姻外）的资料不易取得，因为它不是当时人习惯付之于纸的题材。证据因此主要出自医学论文中的建议及道德神学家的说教文学，或得自有关行为的统计数据。二者皆是危险程序：前者危险是因为在人应如何行为与实际上如何行为间总有一鸿沟；后者危险是因为从有关行为的数据来推论动机与感情是相当冒险的。

近代初期的性手册很少，性知识的传递主要是经由古典文学，而古典文学中的性知识往往是事实和虚构相混的。奥维德的《爱的艺术》(*Art of Love*)对性知识的初学者来说是含糊不精确的。近代初期西方最受欢迎的性手册名为《亚里士多德的杰作》(*Aristotle's Masterpiece or the Secrets of Generation*)，这本手册以多种语言在数个世纪中发行了多版（仅在第 8 世纪的英国就发行了 8 版）。不同于中国性手册，《亚里士多德的杰作》之类的手册并未对性前戏的方法和种类、性交姿势的各种选择、或延长及提高乐趣的方法提供任何建议。寻找这类建议的读者必须到他处寻找，即到英、法色情文学里寻找（色情文学始自 16 世纪皮耶特洛·阿雷帝诺〔Pietro Aretino〕[5]与朱里欧·罗马诺〔Giulio Romano〕[6]著名的《姿势》〔*Postures*〕一书，到 18 世纪形成一有节制的潮流）。1660 年一色情小册子提醒它的读者“几种姿势是必须的，因为多几种姿势才能增加乐趣”，但避免讨论细节。结果，一般上层阶级男士，以及一般女士，在 20 世纪中叶前很难获得有关性技巧的正确知识。

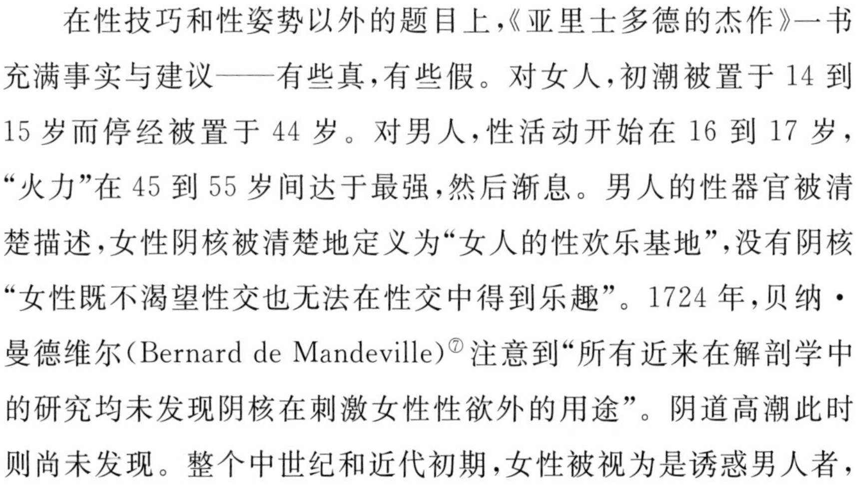

在性技巧和性姿势以外的题目上，《亚里士多德的杰作》一书 392
充满事实与建议——有些真，有些假。对女人，初潮被置于 14 到 15 岁而停经被置于 44 岁。对男人，性活动开始在 16 到 17 岁，“火力”在 45 到 55 岁间达于最强，然后渐息。男人的性器官被清楚描述，女性阴核被清楚地定义为“女人的性欢乐基地”，没有阴核“女性既不渴望性交也无法在性交中得到乐趣”。1724 年，贝纳·曼德维尔(Bernard de Mandeville)[7]注意到“所有近来在解剖学中的研究均未发现阴核在刺激女性性欲外的用途”。阴道高潮此时则尚未发现。整个中世纪和近代初期，女性被视为是诱惑男人者，

就像她的女祖先夏娃，且由于女性性欲蓬勃，被视为是对一夫一妻制核心家庭的恒常威胁。当罗伯特·伯顿在1621年问："哪个国家、哪个村庄不抱怨女性不自然且不知足的性欲？"他只是在重述当时的常识。艾弗拉·贝恩甚至在1682年指出年轻妻子经常让丈夫疲于应付，这可从"丈夫的苍白的脸、细长的颊、瘦弱的小腿"得到证据。女性的多重性高潮的能力远远超过男性的多重性高潮的能力，这在当时是一广为人知的事实。"尽管女人身体较弱，但她们的性能力惊人"，伊丽莎白时代的厌恶女性的音乐家托马斯·威索恩这样指出，此一叙述150年后被维内特医生（Dr Venette）重复。

有关性活动的理想量的建议是立基于亚里士多德"凡事中庸"
393 的原则，以及有关男性精液本质的理论（男性精液被视为对良好身心健康必不可少，因此只能适度使用）。早婚因此是不智的，因为年少的丈夫可能会"因为精液用罄而变得虚弱不堪"。即使是成年人，"过度射精也会削弱男人的精力"。维内特医生宣称性放纵会缩短生命，而当伟大的18世纪中叶瑞士医生蒂索（Tissot，他的作品被翻译、重印长达一世纪）宣布失去一盎司的精液好比失去40盎司的血——这显然是阿维森纳（Avicenna）[8]在中世纪的主张"一次射精比40次输血还伤"的新版本——他只是在重述旧信仰而已。

节制的第二项理由是"孩子的体格特征是由受孕那一刻父母的身体状况决定"这一广泛而持久的医学理论。据信性疲劳的父亲或性疲劳的妻子可能会制造出多病衰弱的孩子。交配时刻应发生在男女双方皆性精力充沛、精神安宁之时。清晨因此是一适当时刻。

结果，从15世纪到19世纪，俗人评论者及婚姻手册作者一致推荐婚姻中非常有限的性活动的形式。除了关于节制的一般性建议外，医生亦建议在盛夏完全戒绝性行为，因为性让血液过热并“冷却、弄干身体，消耗精神”；在月事时不可性交，因为此时的生殖被认为可能会制造病弱的孩子（当时人不知道在女性月事期间进行性交是不可能受孕的）；在怀孕后期不可性交，因为有压坏或堕掉胎儿的危险；而在产后哺乳期间亦不可性交，因为性活动会损伤母亲奶汁，而再次怀孕会完全切断奶水供应，从而杀死婴孩。我们
不知道这类禁忌被看得如何认真。最后一项无疑被富人相信（这 394
是16、17世纪中，上层阶级丈夫要他们的妻子把小孩交给奶妈照顾，且设法防止奶妈的丈夫与奶妈有性接触的一个原因）。鉴于喂奶时期非常长——通常是12到18个月——可以确定无钱雇用奶妈、必须自己哺乳的穷人女性是不可能抗拒丈夫的纠缠如此长时间的。

近代初期医学界对性的观点是立基于管子工的身体观点（良好健康的维持是由管内流体的制造与排出间的良好平衡决定）。医学界也对20世纪汽锅制作者的性观点（性是释放心理蒸汽的释放阀）有若干理解。这意味着在19世纪（此时医学观点变得相当反性）前，医生对禁欲的危险的关注与对纵欲的危险的关注是一样多。盖伦断然指出“如果精子被储藏得过久它会转成毒”，并造成身体疾病和忧郁症（罗伯特·伯顿则认为好色也会造成忧郁症）。多数医生认为性活动能带来心理与生理好处并认为性活动对精神健康乃是必需。就如托马斯·柯根在1589年所说的：“适度释放

精液能带来许多好处。因它能引起对肉的胃口并帮助消化；它使身体更轻巧、灵敏，它张开毛孔及导管，并除去污秽；它加速心灵活动，挑起智慧，更新感知，驱走悲伤、疯狂、愤怒、忧郁。”

俗人如何对待来自医学界的这些建议并不清楚。一方面，是俗人而非医生对纵欲的危险采取了最警觉的立场。一位 17 世纪对纵欲采取严格反对立场的俗人评论者是约翰·伊夫林（John Evelyn），他认为“过分频繁的性交会钝化视力，减弱记忆，引起痛风、瘫痪、削弱弄衰身体，并缩短寿命”。此一观点在笛福于 1727 年刊布的一本小册子里被反映出，在其中他也警告性放纵会造成“瘫痪和癫痫、虚弱、关节颤抖、面容苍白委顿、消瘦、精神委靡及其他讨厌的病”，更不要提老年时的性无能了。

393 另一方面，18 世纪初夫妇在何种程度上实行《亚里士多德的杰作》及笛福所劝告的节制则相当不明确。上层阶级女性两千年来不顾医师劝告而支持母亲哺乳，显示在事实和理论间往往是有段距离的。

16、17 世纪神学家对性的态度是怀疑、敌意兼而有之。此一态度在背后有一长长的历史，可上溯至教会的早期神父们，如圣哲罗姆（St Jerome），对他来说所有的性都是不干净的。在英国，神学家的意见一致强调“婚姻贞洁”（matrimonial chastity）的重要性，并认为对婚姻贞洁的违反就是对第 7 诫（不可通奸）的违反。这与新教“神圣婚姻是夫妇幸福的来源及性欲获得满足、繁衍合法子女的手段”的观点是不相冲突的。

“婚姻贞洁”指的是性激情的节制，这不仅为天主教神父们所倡导，而且为加尔文及 16 世纪初的外国人道主义者（如比韦斯及瓜佐)所提倡。先生应该给妻子足够的满足以避免她必须到别处寻求慰藉,但不要挑起她的性欲到鼓励她寻求婚外冒险的程度。一切激情做爱都是有罪的,不论它在婚内或婚外发生。肉欲本身 396
就是有罪的。给丈夫的基本忠告是"没有什么比爱妻子如爱淫荡女人更脏的事"。

首先,在不可能怀孕时性交是被禁止的(不可能怀孕的时期当时据信是限于怀孕的九个月)。此外,四旬斋的 40 天和星期日被认为是夫妇实行禁欲的时日。在 18 世纪末英国,星期天夫妇上教堂做礼拜的那段时间尤其神圣。当时一首通俗色情诗,有关于一位在性方面过度索求的妻子将她先生整得形销骨立,是以这样两行做结束:

> 就此事而言我相信她会下地狱,
> 因为她要我在礼拜时间和她做爱。

对卫理公会教徒而言,星期天整天都是禁忌,一个住在圣马丁巷(St Martin's Lane)的卫理公会教徒的故事指出,这位卫理公会教徒在星期六夜晚将他的阴茎的根部绑在一起,这样它们就不能在星期日勃起。对星期日性活动的宗教禁止也是维多利亚时代中产阶级道德的一个标准部分,至少直到 1870 年是如此。不过另一方面,在 1870 年若干医疗顾问(如加德纳〔A. K. Gardner〕)则认为星期日是理想的性交日,因为自平日工作中解脱出来的感觉有利于制造较健康的孩子。"万不可在星期天"的概念因此有一漫 397
长、复杂且始终有些含糊的历史,牵涉道德神学、医学理论及社会习俗间冲突。

除了限制性交时间外，神学家也干涉性行为的细节。除了男上女下的标准“传教”姿势外的各种性姿势都遭拒斥，因为它们只是挑激性欲且是为欢乐而非生殖设计。后进姿势是被谴责的，因为这使得男人模仿动物的行为；女在上的姿势也是被谴责的，部分因为它逆转了性角色，使女性成为主导、主动的性伴侣，部分因为它减少了受孕的可能——精液往反地心引力的方向流动。为着同样的理由，“不自然”的洞（如嘴或肛门）及性交中断法等避孕措施的使用是遭到完全禁止。

在近代初期多数时候的上层阶级中，性行为的双重标准盛行。按照此一标准，先生享受妻子性服务的完全独占权，妻子在新婚夜应是处女。正如费尔丁笔下的现代丈夫在 1732 年告诉他的妻子：“你人是我的：我在教堂里合法地买得它。”桑威奇伯爵的父亲率直地指出：“男人只对处女感兴趣，男人是不会与被开过苞的女人结婚的。”

另一方面，男人应在婚前取得若干性经验，而婚后不忠是被视为轻罪，明理妻子不应在意。因此，私通和通奸在上层阶级里完全是男性特权，尽管在当时生理学理论和民俗传统女性被认为是比男人更好色。“所有巫术都来自肉欲，肉欲对女性而言是不知足
398 的”，《恶行针砭》（*Malleus Maleficarum*）的作者这样指出，如是表达出传统观点。此一在女性生理冲动与女性“婚前守贞、婚后只与丈夫一人性交”的社会责任间的矛盾，能经由在女性身上加诸最严格的性行为规范来解决。为什么妻子必须严守婚姻上的忠贞而丈夫“可以”妻外有人呢？答案一则在于女性贞洁在私有制的阶级社

会的婚姻市场上被赋予很高价值，二则在于妻子严守婚姻忠贞能确保继承人的合法性。如哈利法克斯侯爵在 1688 年对其女儿所解释的："妻子必须严守婚姻忠贞、丈夫可以妻外有人的根源在于血统不可混乱，否则会给家庭带来损伤；丈夫怕血统混乱、财产交到别人子女手中，因此必须严格要求妻子在婚姻上的忠贞，故而不可避免地妻子不忠比丈夫不忠所受的惩罚要大。"另一方面，如果先生不忠，"是很容易得到原谅的……妻子要是敢抱怨先生外遇，会得到比先生外遇更严重的惩罚"。一世纪后，约翰逊博士仍在说同样的话，他指出"世上所有财产都系于女性贞操"而"通奸之恶在于弄乱血统"。结果，"聪明已婚女性不追究先生不忠"，然而妻子不忠是不可原谅的。

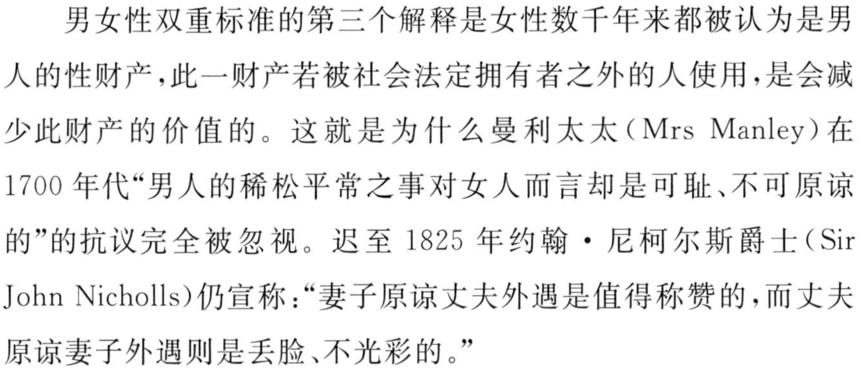

男女性双重标准的第三个解释是女性数千年来都被认为是男人的性财产，此一财产若被社会法定拥有者之外的人使用，是会减少此财产的价值的。这就是为什么曼利太太（Mrs Manley）在 1700 年代"男人的稀松平常之事对女人而言却是可耻、不可原谅的"的抗议完全被忽视。迟至 1825 年约翰·尼柯尔斯爵士（Sir John Nicholls）仍宣称："妻子原谅丈夫外遇是值得称赞的，而丈夫原谅妻子外遇则是丢脸、不光彩的。" 399

双重标准盛行的另一解释在于世俗社会对荣誉的强调。在 16、17、18 世纪，荣誉概念有一非常清楚的定义，这意义是与今日的意义相当不同。男人能说另一男人最坏的话是他是个说谎者。"撒谎"无可避免地在绅士圈中造成决斗，在农民或工匠圈中则造成争吵。女人能说另一女人最坏的话是她不贞洁，这可能造成教会法庭中的毁谤官司。因此男人的荣誉系于他所说的话的可靠性；女人的荣誉系于她的贞节名声。

但若已婚男人获得“戴绿帽”的名声，那他的名誉也被严重损害，因为这显示他的男子气和他治理自己家庭的能力有问题。他会成为村中笑话，或成为同事的笑柄，受到羞辱并被认为不适合从事公职。伊丽莎白时代的托马斯·威索恩曾对“男人的诚实与信用系于其妻子的屁股”的不公平状况有尖锐的评论。在村庄，戴绿帽的丈夫和他行为不正的妻子经常是羞辱刑（shame punishment）的受害者。

双重标准被认真质疑的唯一一段时间是在1630、1640年代。像肯内尔姆·狄格比爵士这类过着多彩多姿性生活的朝臣，宣称不守贞洁“在女人和在男人都不算什么大错误”，清教徒约翰·弥尔顿也采取类似立场。但这只是一暂时现象，并未熬过复辟时代和对财产的日益尊重。16、17及18世纪的贵族和乡下大地主阶级之妻经常觉得自己被迫遵从双重标准。

400 连18世纪末虔诚、贞洁的上层阶级女性也对丈夫不忠睁只眼闭只眼，只要丈夫只对外遇对象产生性激情、未产生深刻情感联系，大都能够接受。赫斯特·斯拉夫人对她丈夫与下层阶级女性的诸多艳事不闻不问，但当她丈夫与她一位朋友陷入爱河时她却沮丧万分。多年后赫斯特·斯拉夫人的女儿西西莉亚·斯拉的丈夫与西西莉亚的婢女发生性关系，消息传到赫斯特·斯拉夫人耳里，她向女儿激烈抗议。但西西莉亚对此事轻描淡写。“男人都是这样，”她说：“了解绅士生活的人都不会对这类事大惊小怪。”

由于很少上层阶级男性会为了太太的外遇而与人决斗，富有绅士若与高阶层已婚女性发生通奸关系，他唯一会受到的处分是，他可能会被受苦的丈夫依据“不正当关系”罪名提起诉讼，要求赔偿。当赛克斯上校（Colonel Sykes）在18世纪末由于与一位已婚女性发生奸情而付了大笔赔偿费给对方丈夫，他其后总是称他的情妇为“亲爱的帕斯洛太太（Mrs Parsloe）”，他说，在他为她付出10000英镑之后，他是有权使用“亲爱的”这几个字的。18世纪末精英分子的标准道德指示男人应在爱情上谨慎，以免羞辱妻子。诚如名伶哈丽叶·威尔逊（Harriette Wilson）所说：“男人在犯通奸前应三思。”另一方面，据说有些上了年纪的男人之所以娶年轻妻子就是为了想靠对妻子的爱人提出法律诉讼来赚钱：“多数人靠当丈夫赚钱，我们靠‘戴绿帽’赚钱。” 401

18世纪末伦敦精英圈中女性对丈夫不忠的态度可从1776年某日与詹姆斯·鲍斯威尔讨论丈夫外遇的一位不知名女性看出。她说的话显示婚姻的新契约论传播了多远，及它对双重标准的影响。这位女士指出：

> 婚姻完全只是一政治体制，这在我们世界许多地方的不同婚姻形式都能看出。“因此，”她说：“它只是双方契约，要是一方打破，另一方就自由了。”她说：“现在我知道我丈夫已对我不忠一千次了。我确实认为，我要是有外遇应没有什么良心上的负担才是，但我不想这么做，因为我不愿做不名誉之事，也不想把自己置于俏皮年轻人之手。”我认为女人的贞洁比男人的贞洁重要得多，因为财产及继承权皆系于它。“只要女人只生丈夫的孩子，就没有问题。”我实在无法回答她，然而她是错的，我感到不安……

随着婚姻延后到青春期后 10 至 12 年，随着送小孩到别人家担任学徒、农工、家仆成为惯常做法，不足为奇的，青春期问题成为近代初期的普遍问题。认为青春期到 19 世纪才成为社会问题的想法是错误想法。如同托马斯·威索恩在 16 世纪末所指出的：
402 “童年期（0 到 15 岁）后，开始青春期阶段（15 到 25 岁）……在此阶段丘比特和维纳斯忙着困扰年轻人的平静心灵。”

对青春期的性态度，可从对手淫的态度看出。尽管中世纪道德神学家的立场是成人和儿童手淫都是极恶大罪，18 世纪的天主教告解手册视儿童手淫为轻罪。但手淫在 16、17 世纪后宗教改革（post-Reformation）英国育儿手册中大致未被提到。当时的医学手册也大致忽视它，但医学理论隐约指向“手淫若适度，对身体有益”的方向。标准学理是健康人体必须排出多余体液：放血以排出多余的血；射精以排出多余精液。因此，17 世纪的鳏夫和孀妇被医生劝告采行适度性活动。此既是事实，医学界便不太可能反对婚前手淫。

手淫的唯一直接证据来自有关 17 世纪青少年淫荡思想及行为的若干记录。例如乔治·特罗思（George Trosse）曾提及“他早年犯一项太多年轻人会犯但视之为无害、尽管上帝因为俄南犯此罪而将他处死的罪”。特罗思的话无疑颇有参考价值。

最详尽叙述来自 18 世纪中叶的反加尔文教派的詹姆斯·鲍斯威尔。鲍斯威尔在苏格兰被狂热的加尔文派教徒母亲养育，年幼时是最虔诚的孩子，受地狱之火及永恒罚入地狱的景象压迫。在多年后所写的自传里，他解释他是在 1753 年约 13 岁时首次从书上及从同学处得知，他所谓的“致命之事”（fatal practice）。他当

时已经由爬树经历手淫。他对这事记载道:“爬树带给我欢乐。我 403
常常爬树,让自己在狂喜中从树上摔落。”他问园丁这事,但没有得到答案。十三四岁时,“我的性欲变得强烈。我吓坏了,因为我怕我会犯罪、被罚入地狱。”他甚至曾考虑阉割,但很快放弃这想法。毕竟,“我认为我犯的是轻罪,私通才严重呢!”

由此证据似可看出,在17世纪、18世纪初,连在地狱之火的恐惧中长大的孩子也不会被手淫问题困扰太深。在手淫这个领域,近代初期的孩子及成人受到宽松对待,而18世纪末、19世纪及20世纪初的孩童及成人则受到严厉压抑。

随着青春期和结婚间的间隔越来越长,随着结婚年龄在所有社会阶级被延后,手淫问题无可避免地越变越大。1704年一位绅士写了一封信给笛福的《评论报》,询问手淫是否是极恶大罪,笛福以肯定语气回答,但谨慎地补充说这问题“并不适合在媒体上谈”,由此可看出对手淫这话题的避讳,及大众心中因而产生的疑惑。

坦白地谈论手淫的道德及生理危险的第一本通俗小册子在1710年由一匿名的传教士在伦敦出版。它名叫《手淫的极恶之罪及其一切可怕后果》(*Onania or the heinous Sin of Self-pollution, and all its frightful Consequences in both Sexes considered*)。尽管言语无味、叙述不可信,但这本书相当成功。到1760年已销出19版、38000本。它更被译成法、德文,因此它可能对18世纪初欧洲的性有些影响。连贝纳·曼德维尔也接受此理论而在1724年警告青少年手淫,“这是男孩学得的第一项坏伎俩”,若过 404
度从事会导致阳痿。1764年国际知名的瑞士医生蒂索成功地提出一篇论手淫的医学论文,这篇论文对手淫提出了周延讨论。他

的论点不是道德的而是科学的，重复“精液过度流失会导致危险”旧论，集合希波克拉底（Hippocrates）、盖伦、博尔哈夫（Boerhaave）[9]等专家的看法来讨论手淫。他列举手淫青年罹患疲倦、癫痫、痉挛、疖、消化呼吸及神经系统病变，乃至为死神所攫的例子。他建议以低热量饮食、短眠、运动等治疗法，但他似乎认为手淫是不可治的。

此一在18世纪初、中叶兴起对青少年手淫的焦虑是不易解释，因为它与较大成人性自由阶段同时发生。18世纪末、19世纪初对青少年手淫大感恐慌则较容易解释，因为它与福音主义教义的兴起及对性日增的恐惧、羞耻感同时发生。

有些人认为在早期工业社会（强调储蓄、投资）与反手淫趋势间有一紧密因果联系——两者皆诉求减少“花费”（反手淫即减少精子的花费）。这说法认为20世纪的消费社会必然无可避免地也是强调性“花费”的社会。这理论很吸引人，但不可信。反手淫宣传是由教士和医生领导，而教士和医生都和工业社会牵连不深；时间上也不相合，因为第一份反手淫出版品是在1710年出版，时当工业化产生影响的前半世纪；宣传是针对中、上阶级而发，而非专业人员阶级；且它发生的时期，是性放松而非性收紧的时期。

405 对手淫的焦虑在18世纪初兴起的最可能解释是它是对儿童福祉及儿童教育日益关切的副产品。这能解释此焦虑为何最早发生在英国（英国在儿童取向家庭发展上居欧洲的领导地位），及它为何被卢梭在其教育论文中重述。这焦虑可能也受结婚年龄中位数上升的鼓励。越来越多男人以手淫或嫖妓手段度过越来越长的性成熟阶段。结婚年龄的上升可能有助于解释蒂索医生论手淫论文的非凡成功，因为手淫是越来越多年轻人关注的问题。

对青春期的性的态度第二类型证据，是由对防止同性恋所采取的防护措施所提供。在男女隔离的学院与寄宿学校，小孩通常两个睡一张床（为经济的原因），因此多数男女生的第一次性实验很可能采取与同性彼此手淫形式或其他同性恋活动形式。这显然是玛丽·沃丝顿克拉夫特在1792年提出反对送小孩到寄宿学校所持的理由：“当两人窝同张床上，什么脏事做不出来？更别提手淫了。”

令人惊异的是，17世纪、18世纪初父母对“孩子睡在同张床上”这种今日看来明显不宜之事抱着无所谓态度。一直到1770年代，父母才开始担忧青少年同性恋问题，开始注意到“男孩睡在分开的床上”是昂贵私立学校的特征。每年收40畿尼学费的学校，在1786年登出“男孩共有一房间，但‘每人将有自己的床’”的广告是很吸引人的。在较普通的学校，希望孩子单独睡的父母必须付额外的钱才能享特权。菲力普·法兰西斯，当他在1774年准备送 406
他的儿子菲力普到哈洛公学，他写道：“无论他进哪个学校，我坚持他总是单独睡……以免因性冲动惹出麻烦事。”

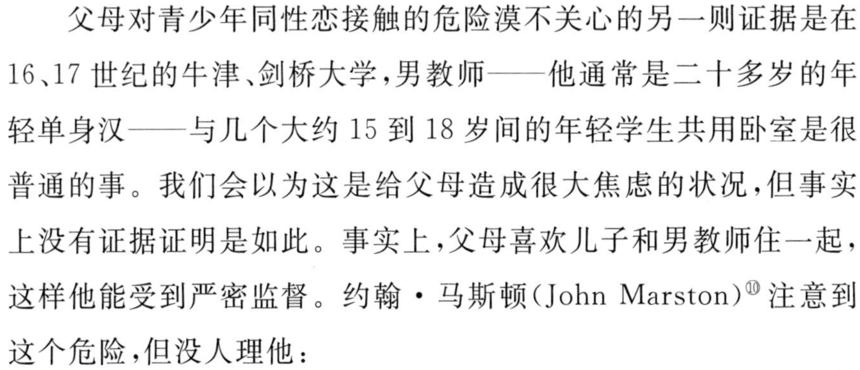

父母对青少年同性恋接触的危险漠不关心的另一则证据是在16、17世纪的牛津、剑桥大学，男教师——他通常是二十多岁的年轻单身汉——与几个大约15到18岁间的年轻学生共用卧室是很普通的事。我们会以为这是给父母造成很大焦虑的状况，但事实上没有证据证明是如此。事实上，父母喜欢儿子和男教师住一起，这样他能受到严密监督。约翰·马斯顿（John Marston）[10]注意到这个危险，但没人理他：

要是我有几个黄口小儿，在某自命博学的
男教师的床上
如侍酒小童般服侍他之前
应忍受热病煎熬。

学生间同性恋的唯一证据来自大卫·贝克(David Baker)的自传，他指出学生间同性恋现象在1590年代伦敦的布洛盖大厅(Broadgate Hall)一带很普遍，而在20年后的牛津大学也跟着普遍。

407 直到1700年(此时学生人数的急速下降已终结师生同住的需要)后，才出现父母对青少年同性恋焦虑的证据。早在1666年，安东尼·伍德(Anthony Wood)[11]就指出牛津大学万灵学院(All Souls College)奖学金的评选者曾选出一俊美年轻人好“亲吻、搂抱”他。1715年达德利·赖德(Dudley Ryder)指出：“在一些大学的主事者间，鸡奸行为非常寻常。送俊美年轻人到牛津大学读书是危险之事。”1739年在沃德姆学院(Wadham College)爆发了一件丑闻，学校的舍监被控意图强暴学生。舍监匆匆奔赴法国，事情被学校主管迅速压下。这些证据显示，18世纪父母对其青春期子女遭到同学或成人性侵犯的危险有渐增的关注。

3. 16、17世纪的上层阶级行为

有一些证据显示在整个近代初期，英国人对性的态度比欧洲多数地区要宽松。一则证据是在伊丽莎白时代因性侵犯而在教会

法庭被起诉的案件相当多。无疑许多这些指控是构陷邻居的结果,但有一部分必然有若干事实基础。据估计在有约40000成人人口的埃塞克斯郡(Essex),在1558至1603年的45年间有约15000人因性侵犯被召到法庭。平均一年约330人,即性成熟人 408 口的1%。因此,伊丽莎白时代埃塞克斯居民,在30年的成人寿命中,有超过1/4机会被指控私通、通奸、鸡奸、乱伦、兽奸或重婚。纵使只半数控诉成立,它仍显示一个性观念非常松弛且相当好讯问的社会。“背后讲闲话是农村社会的显著特征”已见于前文,此处不赘。这里要强调的是大量的婚外性关系。许多私通发生在女仆与男仆(或主人)之间。此一诱惑因住宿拥挤而加重,因为女仆经常与主人睡在同一房间。有些主人表明他们期待的“服务”,要女仆日夜效劳。

即使被起诉,伊丽莎白时代的教会法庭对多数性侵犯的惩罚并不很重。对于私通和通奸,采“穿白袍、执白杖站在拥挤市场区,或站在教会的会众前”的羞辱刑形式。对于婚前怀孕,惩罚是在星期日(或婚礼时间)于教堂公开忏悔。至于重婚,在1603年前它甚至不是民事罪,许多人丢下婚姻、再婚,不必担心被抓到,甚至不受良心谴责。因此在1578年,约翰·罗根(John Loggan)正式向教会法庭申请娶玛丽·赫维特(Mary Hewitt),指出他的第一任妻子珍“离开他,嫁给现在住在肯特郡一男人,因此他认为他可以再婚”。教会法庭自然不这样想,但无法不顺应罗根的要求。鸡奸和兽奸可处死刑,另一被重罚的罪是非婚生儿,私生子的制造可能造成对教区经济资源的压力。因此被处以重罚。父亲被罚以赡养金(maintenance order,法院规定一方赡养另一方的判令),而有高达

409 约 1700 名的父母被剥光至腰，遭受鞭刑。故不足为奇的，堕胎药、子宫搔刮或产后杀婴、弃婴，有时被心焦的母亲所采用。

英国人对性的态度的另一指标是：15 世纪末到 18 世纪末的外国访客惊异地发现，英国男女见面时常以唇吻欢迎彼此。伊拉斯谟在 1499 年访问英国，发现唇吻是最迷人的习俗："无论你去哪里，都有人以吻欢迎你；当你离开，别人以吻送别你；你回来，别人以吻欢迎你。他们来拜访你，以吻向你致意；他们离开你，你亲吻他们。要是他们在哪里遇见你，定会给你一堆吻。总之，无论你到哪里，都遇见吻。"1620 年有人指出："对我们而言以吻向陌生人敬礼是谦恭，但外国人认为是淫乱。"18 世纪初时，对以吻致敬的合理性仍有若干疑问，盖在《观察者报》有位署名"愉快乡下人"的乡绅要求"你的判断，赞成或反对亲吻，从合礼与否的观点"。但这习惯很难死去，18 世纪末时，亲吻仍是"独属于我国的敬礼形式"。

尚有证据显示，在 18 世纪末上层阶级圈，谈话言论比在国外要自由得多。1784 年罗什富科发现饭后谈话"涉及淫秽话题……我经常听见上流社会人士谈起在法国属最低级层次之事"。他可能是指女士离开餐室（此做法在法国不普遍）后的男性谈话。

另一有关英国人对性的态度的证据是，正式结婚仪式中伴随交换戒指仪式的若干措辞从中世纪保留至 20 世纪。在新郎新娘交换戒指仪式中，伴随着下列话语："以这只戒指我与你结婚，……
410 以我的身体我崇拜你……"这是中世纪结婚仪式的一部分，而在 1548 年被新教徒祈祷书接收。清教徒在 1572 年的《对国会的告诫》（*Admonition to Parliament*）中反对此措辞，因为此措辞未摆脱对圣者及圣母马利亚形象的偶像崇拜。在英国国教徒与长老会教徒 1661 年流产的萨沃伊会议(Savoy Conference)中，后者要求这仪式变成非强制的(optional)，主教答应将措辞改为“以我的身体我尊崇你”。由于这会议并未达成协议，原初措辞被保留，延续到今日。

性谦逊是下层中产阶级的一个特征，但它是否及于中上阶级的人则十分有疑问。理查森指出帕美乐的害羞显示她“非出于名门”[12]，而詹姆斯·克利兰德笔下的芬妮·希尔，一勤朴乡下女孩，在发现一些男女在白天脱光衣服做爱时着实惊骇。而当看到一位热那亚人在白天脱光衣服做爱，她将之归因于“热带地方特有的口味”。另一方面，值得注意的是在托马斯·罗兰德森(Thomas Rowlandson)[13] 18 世纪末呈现享乐的中、上阶层色情讽刺画里，女人都是脱光但男人却衣着整齐，只有裤子褪到脚踝、露出生殖器(图 26)。在格罗夫纳勋爵理查德(Richard, 1st Lord Grosvenor)的离婚审判里，他招供说他会付较多钱给下层阶级妓女，如果她愿意脱光——有些下层阶级妓女不愿意脱光——而非只让他刺入她的阴部。一位答应这样做的妓女抱怨勋爵的马裤伤了她。

4. 18 世纪上流社会人士的行为

16 世纪、17 世纪初，存在两种性行为原型：一种是夫妇的性行 411
为，主要为了繁衍男继承人；另一种是婚外性行为，主要为了爱、伴侣关系及性欢乐。发生在 18 世纪的是这两个原型在若干重要社会阶层逐渐合流为一，原因在于对第二种情形的宗教反对式微或逐渐被忽视，二在于个人选择的友爱婚姻增加。但此合流花了很长时间才及于中等阶层和乡绅之上。18 世纪的第二个发展是道德清教主义作为社会的主要影响力在 1660 年后的崩塌，以及社会的世俗化。性欲从基督教久远钳制中释放而出。18 世纪中叶时兴起一新理想，这新理想包含了肉体欢乐。在法国某些耶稣会神学家也对原罪教义感到厌恶，并鼓励人性的开拓而非否定。之后一些启蒙及后启蒙思想家，如爱尔维修（Helvetius）、傅立叶（Fourier）及圣西门（St Simon），将在哲学层次上作出同样论辩，认为欢乐和热情应是人生行为的指南。约翰·威尔克斯更只为“放荡少数”说话，将新态度放进最粗鲁、下流的词汇，并将此新态度在其 1763 年恶名昭彰的《论女人》中应用到纯肉欲上。这般坦白、享乐主义的性欲在 18 世纪前的英国是无法想象的。当曼利太太在
412 1710 年代将性欢乐描述为“那些无法测量的欢乐……是人性所能享受的最大欢乐”时，她只是在陈述流行看法。她的话令当时人大为惊骇，只因为它们来自女人之笔。此潮流甚至影响最拘谨的阶级——小资产阶级。理查德·格里菲思（Richard Griffiths）这位 18 世纪中叶下层中产阶级丈夫在表达对妻子的期望时，试着拥有最好的两个世界：

> 她的气息风骚但她的心灵纯洁，
> 她的身体淫荡但她的灵魂不淫荡。

18 世纪末上层阶级深深受“认知身体需要”风潮影响，赫斯特·斯拉夫人在 1790 年谴责在此风潮下的迟婚做法。她指出早婚“对所有阶层是最好的。我们为何要偏离自然道路这样远？”稍

早时，诗人威廉·布莱克曾与同样问题奋战，接受性是文明的重要成分："艺术与科学无法共存，除了在裸女身上共存。"他认为宁可挥霍性也不要"因性欲不满足"而受苦。他的最终劝告是"让男人尽其义务，女人社会是这般令人惊叹的事物"。性表达的自由是18世纪追求快乐的众多副产品之一。

不过，必须承认有一些反潮流在18世纪文化中运作。笛福
1727年的《夫妇爱》(*Conjugal Lewdness*)是劝告节制性欢乐的严 413
肃作品。魏登霍尔·威尔克斯在《给少女的一封道德劝诫信》(这
书在1740至1766年间共出版8版)中，告诉他的读者贞洁——
"女性光荣的重点"——包括"对所有异常欲望、手淫、有罪肉欲、耽
溺肉体欢乐的压制"。

道德清教主义在1660年后崩塌的第一个结果不是婚姻与性激情的合流，而是性欲的释放。一百年后，谢里登(R. B. Sheridan)评论显示于此突然转变中英国人性格的轻快面："在克伦威尔时代他们都拘谨得很。但查理二世刚刚登基，他们就变成快活的放荡者。"转变的一个表征是宫廷贵族男女婚外性关系的急速增加，慢慢向下传播到乡下精英社会。情妇和私生子再次成为闲话题材，并被接受为这些圈子内社会生活的一般事实。格雷蒙伯爵(Count Gramont)的回忆录是查理二世宫廷内，婚外性关系大盛的一件证据。不只国王本人养情妇、生私生子，整个宫廷都沉浸在性游戏中。"米德尔顿夫人(Lady Middleton)、登汉夫人(Lady Denham)、王后和公爵夫人的侍女到处留情，她们的行为未受到任何批评。"乱交成为宫廷及高层政治圈的时尚标记。吉伯·诺斯勋爵(Lord Keeper North)被怂恿养情妇，否则他会"因为未养情妇

而被人看不起”并“失去他在宫中所有利益”。1675 年有人指出："通奸很普通，这年代将之命名为风流事、韵事等温柔名称，为它辩护呢。”“通奸”此等粗鲁字眼被“风流事”委婉言词取代，诚然是新态度的表征。一世纪后，当对上层阶级道德改革的努力再兴，汉
414 纳·莫尔指出“风流事一字取代通奸，是现代滥用语言的最坏例子”。同时，色情宫廷文学(adulterous court literature)新类型也兴起，从威丘里的剧作到罗切斯特伯爵的诗。

整个 18 世纪，养情妇在上层阶级圈一直相当普通。此社会阶层的妇女似乎对丈夫通奸漠不关心。当国王乔治二世在 1735 年替自己找了一新情妇，把这事告诉妻子，她的唯一评论是“她为这事给别人造成的不名誉难过，但对她自己而言她一点不在意”。月刊《城乡杂志》(*Town and Country Magazine*)每期以某著名男人的混乱性生活的附图文字娱乐读者。这些故事只是众多男人故事中的一小部分，因此不能被视为代表上层阶级生活。但这些故事使人感到有趣的地方在于其所流露出的社会模式的一致性。成为贵族富绅情妇的女性几乎是来自富裕专业人员或商人家庭、父亲破产的女性。1781 至 1784 年间瑟瑞伯爵(Earl of Surrey)的情妇是一破产律师的女儿；托马斯·盖奇(Thomas Gage)[14]的情妇是一穷牧师的女儿(她以当上一位海军上尉的情妇开始情妇生涯)；奥尔德伯格伯爵(Earl of Aldeburgh)的情妇是一在美国阵亡陆军中尉的遗孀；塔雷顿上校(Colonel Tarleton)的情妇是一破产律师的女儿；休伯特·帕金顿爵士(Sir Hubert Pakington)的情妇是一著名酿酒商的女儿；伦敦市长的情妇是一破产商人的遗孀；第五任贝德福公爵法兰西斯(5th Duke of Bedford)的情妇是一破产医生

的女儿；席德尼男爵(Baron Sydney，即后来的昆斯伯里公爵〔Duke of Queensbury〕)的情妇是一破产药剂师的女儿；格伦维尔 415
(W. W. Grenville)[15]的情妇是一破产音乐家的女儿。

专业人员及商人生活的经济不定、中产阶级女性教育的改善、从富裕沦落至贫穷的女性工作机会很少，意味富有男人不难找到美丽高贵女性来当伴侣或情妇。亦值得注意的是，18 世纪末时，伦敦大报(如《前锋报》〔*The Herald*〕)刊登男人公开“征求女性友谊”的广告，这现象到最近几年才在英、美重现。

潘达尔夫夫人的例子显示，在 18 世纪，一上层阶级女性要是嫁了一位不合意的丈夫，是多么容易蒙受上层阶级已婚、未婚男人的通奸诱惑。此外，私生子再次出现在 18 世纪初的遗嘱中，且被一些家庭接纳。白金汉公爵约翰(John，Duke of Buckingham)在其 1721 年起草的遗嘱中提到许多私生子，包括由情妇所生而与男家庭教师住在乌得勒支(Utrecht，荷兰城市)的儿子，及由另一情妇所生、由他的第二任妻子抚育的两个女儿。由于第二任妻子照顾这两个女儿很尽心，他放心地把她们留给她照顾。

贵族中此一对乱交的无所谓态度在整个 18 世纪持续。一匿名作者在 1739 年宣称上流圈中的女性通奸“如今被视为时髦恶习而非犯罪”。他将此状况的原因归于英国人传统的从容、平易态度、受外国礼俗影响、宗教式微、宽松教育(强调女性的“体态美”)、为钱或性激情结婚而非为情感结婚以及丈夫不忠。这是合理看法，而当他指出“中等人士在婚姻状态中无疑比上流社会人士快 416
乐”，他无疑是对的。40 年后，情况依旧相同。1780 年第 10 任彭布罗克伯爵亨利(10th Earl of Henry Pembroke)指出“那些女人，

温柔如同绵羊般，任整个上流社会男士骑乘”。牛津女伯爵(Countess of Oxford)的孩子被称为“杂种”。而在1790年代，在德文郡宅(Devonshire House)及查茨沃斯有一大群孩子被养育：三个是德文郡公爵五世和其夫人乔治亚娜的孩子；两个是公爵和伊丽莎白·福斯特夫人(Lady Elizabeth Foster，乔治亚娜的至交及终身同伴)的孩子；而公爵和夏洛特·斯宾塞(Charlotte Spencer)的孩子及乔治亚娜和格雷勋爵(Lord Grey)的孩子在别处被养育。

第10任彭布罗克伯爵有两个情妇所生的孩子，他的一个私生子有成功海军生涯，与嫡子兼继承人赫伯特勋爵相处甚佳，也与伯爵夫人相处甚佳，后者唯一的要求是庶出子不可用赫伯特这个家姓，而这个要求受到尊重。当彭布罗克伯爵10世在他于威尔顿宅(Wilton House)的卧房挂上他当时的情妇，演员拉巴塞里(La Bacelli)的画像时，伯爵夫人也提出反对，伯爵不理这项反对，指出“画像不是真人，不可视为两人间的相对”。在上层阶级圈，庶出子似乎经常受到良好教育，在职业及婚姻上都没有受到社会歧视。如同穆尔葛瑞夫勋爵(Lord Mulgrave)1800年于上议院所指出的，“私生子与嫡子在重要性上没啥不同”。不过，私生女“就必须与各种不公搏斗”，因为开放给私生女的唯一工作机会是婚姻。只
417 有一小群私生女像爱德华·华尔波爵士(Sir Edward Walpole)的私生女那样成功，她在1759年嫁给沃德葛瑞夫勋爵(2nd Lord Waldegrave)，他死后她再嫁给乔治三世的弟弟格洛斯特公爵。

此一在18世纪对非婚生子女的接纳向下传播到专业人员阶级。1770年代，伊拉斯谟·达尔文(Erasmus Darwin)，是一位成

功、受人尊敬的剑桥医生，在他第一任妻子的死与第二任妻子的婚姻间生了两个非婚生子女。他公开地养育他们，给他们好的教育，他们与他第二任妻子及第二任妻子所生的孩子始终维持亲密关系。一世纪后，他的孩子惊讶地指出此一破格，一点也未损害伊拉斯谟·达尔文身为一位医生的令誉。此在19世纪末是不可能发生的，在17世纪初也是不可能发生的。

卡萨诺瓦等放荡者的回忆录显示，在18世纪上层阶级的单身汉间，流行一非常宽松的性道德。理查森的私生子雷夫勒斯(Lovelace)曾这样描述支配上层阶级单身汉生活的道德法则："在讨新情妇前，设法把旧情妇嫁出去；让女士顺利分娩，好让小家伙有母亲抚养。"这是一种道德法则，而18世纪末的威廉·希奇(William Hickey)的回忆录显示在印度的英国官员间有另种道德法则在运作。这法则暗示下层社会阶级的妇女是性剥削的良好对象。

18世纪时，性放荡的最显著现象出现在法国，且局限于贵族和若干知识分子。萧德洛·拉克洛(Choderlos de Laclos)和萨德侯爵(Marquis de Sade)的情色书写是此现象在法国的表征，而法 418
兰西斯·达西伍爵士(Sir Francis Dashwood)的地狱之火俱乐部(Hell-Fire Club)则提供了情色意念在英国发展的极佳例子。1779至1784年间，一个聪明的骗子企业家，名唤詹姆斯·格雷厄姆(James Graham)的爱丁堡医科学生，靠对伦敦上流社会演讲"生殖学"及出租"天床"给巨富谋生。床被置于"健康殿"内，被宣称能治愈女性不孕或男性阳痿。笛声、风琴声、蒸气、东方香水被灌入卧房，前来接受治疗的情侣被鼓励先洗个澡，然后唱歌、喝一

瓶值一畿尼的催淫“珍酿”。他们然后接近“电磁”床——格雷厄姆曾访问美国，看过本杰明·富兰克林的电实验——在淋满阿拉伯精油的席上、在月光下做爱。同时“磁波”激动他们的神经，“天火”由邻房的压力筒灌入房间。此一性治疗术大受欢迎，帮主人赚了四年钱。

上述上流社会现象，是发生在态度及行为其深刻、广泛变化的反映。有明显证据显示在18世纪中叶，对性的态度在英国（尤其在伦敦）变得宽松许多。有人问社会中对性的态度如何能由女子的服装看出？我们可以假定这中间有些关联，值得注意的是在1780年代中期，流行时装包括特意加大的胸部和臀部，前者由铁丝制造，后者由软木制造。十年内此流行被透明、流动款式取代，女性穿透明罗纱，曲线毕露（图22）。虽款式不同，这两个流行都反映对广告性吸引力（advertise sexual attractions）的欲望，前者呈现不实际的男性性幻想，后者展陈实际事物。

419 尽管两者皆具性吸引力，当论及求爱，后一流行还是比前一流行占上风。乔治·汉格上校在1801年这样指出：

> 我必须承认，我是短裳及薄衣的欣赏者；从前，当女人穿坚硬支架及软木臀部，你抱着女人的腰就像抱着一棵橡树一样；但现在，由于女人的衣裳薄如蝉翼，女人的腰摸起来温暖、舒服。

性器具的制造部分是制造业技术进步的结果，但它们的出现也是一新需求的证据。因此不意外地，在1660年代，像橡皮阳具这样成熟的性器具(自意大利进口)开始在伦敦贩卖,而保险套也开始贩卖。前者,按照罗切斯特伯爵的说法,是在圣詹姆斯街上的"十字标志"店(Sign of the Cross)出售,由宫廷贵族妇女购买、使用,但是此时伦敦城东边的中产阶级妇女并不知道这样东西。一世纪后橡皮阳具仍由国外进口,这令海关人员大为尴尬,因为它们既不是课税品,也不是违禁品。

至于保险套,18世纪后半叶伦敦和巴黎据说是保险套(主要用作预防疾病目的而非避孕目的)被公开制造、广告、贩卖及使用的欧洲唯二首都。当时的保险套是由羊肠制成,底部有一红丝带,可系于阴囊。1740年代它为圣马丁巷一店铺的路易斯太太(Mrs 420
Lawis)所贩卖。到18世纪后期,专利权移到菲力普太太(Mrs Philips)手中,她起先在半月街(Half Moon Street)店铺内贩卖,后来在莱斯特广场橘巷五号(5 Orange Court, Leicester Fields)出售。

必须指出的是,到18世纪,才发展出英国国产色情文学及图片的大规模制造。当佩皮斯在1660年代想读色情书,他必须买一本叫《女校》(*L'Ecole des Filles*)的法国作品,"色情书只读读里面的性知识也不坏"。这仅是托辞,因读这本书使佩皮斯勃起,还使他射精一次。他然后烧了这书,想必是为防止妻子发现它。法国长久以来一直是色情文学、图片的主要来源,迟至1753年仍有人对"大量猥亵品每日从法国倒入"的抱怨。

坦白说情色英诗在17世纪初即已出现,诸如约翰·邓恩对女体的抒情探索:〈噢,美国!噢,我新发现的土地!〉(O America! O my new found land!)。但到骑士诗人如雷夫勒斯出现,诗才开始变得为肉欲,乃至色情,如雷夫勒斯在其诗〈给亚玛兰塔〉(To Amarantha)中所述：

在此我们将脱光、浇熄我们的火
在奶油中，在牛奶浴中。

421 雷夫勒斯带起一新感性，久被压制的本我(id)被释放，为复辟时代的情色化宫廷文铺路。

英国国产色情作为一文学类型(Native English pornography as a literary genre)，似乎是在1620年代宫廷中有关性生活的下流、猥亵诗中取得其滥觞。色情宫廷诗在查理二世复辟后缓缓复苏，而在查理二世在世的最后几年(1679至1685年)成为潮流。尽管作者包括罗切斯特伯爵及乔治·艾思里奇爵士(Sir George Etherege)，色情宫廷诗的品质却每况愈下。差别在于内战前的诗的腔调带道德感性，如今的诗则是满篇色情，不但猥亵字用得多，对国王等宫廷之士性活动的描写更是露骨之至。

色情诗与政治讽刺携手并进，两类型中大坏蛋都是国王，他在前者中被刻画为淫逸之士。政治反对与以色情反讽宫廷间的联系在那时被看出，一首1682年的诗就将这样的联系说得很清楚：

国王，公爵和国家
近来颇受诽谤
辉格党人有诽谤嫌疑。
丑闻中的女人
422 被三流作家咒骂，

这些三流作家是对宫廷(court)和阴户(cunt)不满的人。

这类破坏国王领袖魅力的材料的政治意义不可轻估。在近代初期三次国王被罢黜——英国在1649和1688年,法国在1793年——事件之前都流转了数十年小册子、诗,将宫廷描写成腐败、堕落之地,应被品性端正之人摧毁。

但英国国产色情发展的关键事件是詹姆斯·克利兰德《欢乐女人的回忆录》(*Memoirs of a Woman of Pleasure*)在1748年的出版,这本活色生香的露骨色情书(hard-core pornography)是第一本由英国人所写的露骨色情书,且是不用猥亵字但极其露骨的少数书之一。作者、印刷者及出版者被起诉,值得注意的是他们未受到什么严重处罚,这书被《每月评论》(*Monthly Review*)评论为“无碍于礼法”。1750年时市场已壮大到足以容纳大批色情杂志进驻,这现象并未持久。不过在1773年,《柯芬园杂志》(*The Covent Garden Magazine or Amorous Repository*)倒是一炮打响。它包含性挑逗故事、妓女和妓院的广告。1795年《徘徊者杂志》(*The Ranger's Magazine, or the Man of Fashion's Companion*)出版,这本杂志包括妓女名册、风流列传、通奸案审判、勾引诱惑、杂交、荒淫纪事。若干年前,曾有《柯芬园仕女》(*Harris' List of Covent Garden Ladies*)出版,此乃应召女郎年鉴,包括妓女的价钱、嗜好、 423
特征描写。例如1786年一期列出105位女性,其中一位的吸引力被描述为“尽管从业7年,珊瑚色的阴核仍使人勃起……阴道依旧收缩力惊人;阴唇依然紧俏有力”。

新情色感性流行的另一征候是色情图片在18世纪英国的制

造与传布。1675 年,牛津大学万灵学院中一些年轻研究员想以色情图片供应市场,但未成功。他们在用牛津大学印刷所、印制阿雷帝诺《姿势》——当时最著名附图性手册——中的图片时被逮到。到 18 世纪初,色情图片流传很广,甚至在 1740 年代时进入客厅。色情图片的需求在 18 世纪末、19 世纪初是那样大,以致英国最著名讽刺画家托马斯·罗兰德森也制造色情图片,其中有些是供应特殊顾客如摄政王(图 26)。最后,我尚有一项证据要指出,就是“在公共场所涂抹猥亵文字、图案”这项习惯,这习惯自庞贝时代延续至今,有无数旅人可为之作证:

> 他们粗鲁地在墙上乱写不雅文字,
> 在字底下
> 还有放大的器官。

424 作者来自识字阶级所有阶层,包括精英分子。

18 世纪时,同性恋在上层阶级显然变得更普通,也更开放。继承地产、从未结婚的男继承人数目从 1650 年前约 5%上升到其后约 15%(表一),可能是重要指标。由于财产拥有者的结婚诱因非常大,不婚可能显示上层阶级中同性恋者人数增加。18 世纪初时,同性恋俱乐部在伦敦上层阶级存在,整个 18 世纪出现了许多知名富裕同性恋者,如威廉·贝克福(William Beckford)[16]。1731 年,威廉·普特尼(William Pulteney)公开指控赫维勋爵是同性恋者,而证据确实显示他是个活跃的双性恋者。另一方面,审判频繁显示道德力量仍试图惩罚被控犯同性恋罪的人,迟至 1772 年仍有罗伯特·詹姆斯上校(Captain Robert James)因犯同性恋罪被处死。企图鸡奸的一般惩罚是枷刑，但在不只一个情形这就相当于死刑。围观群众无比愤怒，他们有时投掷石头或鞭打受刑人致死，高喊“割掉它”、“刮他皮”、“鞭打他”等。很难从稀微证据得出任何确切结论。18 世纪上层阶级社会确实显得更宽容成人男同性恋，尽管家人的偏见并未改变。可以确定的是，男同性恋在 18 世纪比在之前任何时代(除了詹姆士一世时代的宫廷圈)受到更多包容。

18 世纪性生活的第二个特征——妻子与情妇角色的合流——较难记录。有证据显示在 18 世纪末出现“获得女性生殖器官构造的完整科学知识”的强烈女性意愿，有关女性生殖器官构造的公共蜡制品展览受到年轻女性欢迎。她们代表了现代女性： 425

性成熟的女性，急着想看
性交的痛苦和欢乐是什么；
胚胎在子宫如何着床，
自然设计了怎样通道。
及其他各种知识
这是她在做新娘前该知道的。

她们抱怨保守分子：

此知道秘密事物的浮虫
追踪人性至其根源。

夹带着此新知识，她们比之前任何一代都更能处理婚内的性。426 来自私人通信的充分证据显示，性激情是乡下大地主阶级、专业人员阶级及中产阶级许多婚姻的重要成分，且是这激情的消退导致此时期中婚外性关系的增加。必须指出的是，在 1770 年代的《仕女杂志》经常的劝告是：性吸引力是婚姻短暂、不充分的基础，但它是婚姻的必要成分，妻子应尽力维持性吸引力。尤其，她不该在逮到男人后，就蓬头垢面、不理仪容。一封哥哥给妹妹的婚姻劝告信将这点说得很清楚："务必贤惠与淫荡兼具——这样才能抓得住丈夫"。这显然是要妹妹在担任家庭管理者之外，更担任性伴侣。

5. 结语

就上层阶级的性态度来说，上层阶级顺利将他们的价值加诸在阶级比他们低的人身上。英国社会这般经历数个阶段：适度容忍阶段（延续到近 16 世纪末）；压制阶段（1570 到 1670 年）；解放阶段（1670 到 1810 年逾一世纪）。接下来是新的压制阶段（开始于 1770 年，至 1810 年蔚然成风，在维多利亚时代中期到达顶点）。1870 年后此潮衰退，接下来是新解放阶段（在 1970 年代到达顶点）。此长期跷跷板摆荡似不与经济、政治因素相关，而与文化——尤其是宗教——变化相连。性压制和性解放最终却产生偏
427 激特征，这使反作用力产生，反作用力借"社会反转"过程慢慢将钟摆往反方向拉。每一摆动的持续时间约是一百年。摆动能借着宗教热情变化而解释。

①罗切斯特伯爵(1647—1680)是查理二世时的朝臣,擅写轻快、迷人的情诗。

②丘吉尔(1731—1764)以使用英雄双行体知名,最著名作品为《罗西亚轶事》(*The Rosciad*)。

③圣殿骑士是 12 世纪初欧洲的十字军救护团骑士,保护去圣地的朝圣者,1312 年遭压制。

④阿尔比异端(Albigenses)为 11 至 13 世纪在法国南部阿尔比(Albi)地方颇具势力的反天主教的宗派,后在天主教镇压异端时被消灭。

⑤阿雷帝诺(1492—1556)为意大利讽刺家,擅写讽刺诗文,亦擅画。

⑥朱里欧·罗马诺(1492—1546)为意大利画家、建筑师、装饰家。他是拉斐尔最喜爱的学生,拉斐尔几件未完成的作品都是由他完成。

⑦曼德维尔(1670—1733)为散文家,代表作为《蜜蜂的寓言》(*The Fable of the Bees*)。

⑧阿维森纳,伊斯兰教哲学家和医师,著有《净化灵魂》、《医典》,他试图综合希腊哲学与伊斯兰教信仰。亚里士多德著作也因他诠释而为中世纪欧洲普遍明了。

⑨希波克拉底(公元前 460—前 377)为希腊名医;博尔哈夫(1668—1738)为荷兰医师、人道主义者。

⑩马斯顿(1576—1634),英国讽刺家、戏剧家,牛津毕业,有多部作品传世。 428

⑪伍德(1632—1695),英国古物研究家,倾力研究牛津历史,而写成两部有关牛津历史的大书。

⑫帕美乐在理查森笔下是位女仆。

⑬罗兰德森(1756—1827),英国讽刺漫画家,曾为斯威夫特等作家造像,作品在大英博物馆、大都会博物馆展出。

⑭盖奇(卒于 1656),英国旅行家,游历西班牙、北美、西印度群岛,最后死于牙买加。

⑮格伦维尔(1759—1834),英国政治家,提倡自由贸易、废奴等。

⑯贝克福(1759—1844)是个时髦又有钱的上流人士,他建了一幢气派非凡的哥特式建筑泉山僧院(Fonthill Abbey),还写了一部神秘的传奇《腓塞克》(*Vathek*)。

429 # 第十一章　绅士的性行为：佩皮斯和鲍斯威尔

我妻……说那是让我能有子嗣……但我认为那是让我不被遗忘。

这可不是留下证据了吗？要是将来被发现怎么办？

(James Boswell about his diary in *Boswell: the ominous years, 1774—1776*, ed. C. Ryscamp and F. A. Pottle, New York, 1963, pp. 174—175, and *The Private Papers of James Boswell*, ed. G. Scott and F. A. Pottle, New York, 1932—1934, 13, p. 275)

431 上层阶级的性行为的研究若要做得比前章中更为深入，只能经由采用记载翔实的个案史，对之详加考察来达成。这从好几方面来看是一危险程序。首先，会将性经验及幻想记载入日记的都是男人。其次，仅“对性生活作记录”这个事实就足以使他们异于一般人。多数时代的多数人不记录他们的性经验，少数记录的人可能有些特殊。“记录性经验”的欲望通常是焦虑的表征，未必是对性能力焦虑，而通常是对道德及身体表现焦虑。此外，所有写日记者的极端自我中心（extreme egocentricity）阻挡了读者完全了解双方肉体和情感关系。

近代初期留下的有关个人性经验的记录很少，只留下六本由英国人、美国人所写的性记录，其中五本多数谈在伦敦的活动。这六本是最早的记录，因此没有之前的记录可以比较。既然金赛医生（Dr Kinsey）等人曾充分例示人类性行为的多样，得自少数几人的概述显然很不可靠。另一方面，当中某些人，尤其是詹姆斯·鲍斯威尔，不只记录自己的性经验，而且记录他们的男女朋友如何反映他们对自己的评论及告白。他们的内疚感也是当时价值富有启示的指标。使历史学家感兴趣的不是所有时代的男女的一般性反应，而是独属于一特定时、地、社会的性经验。本章因此将叙述这六人中两人的性经验，并将试从他们身上萃取独属于他们所处社会的概述。

1. 塞缪尔·佩皮斯

1655年于23岁之龄娶了15岁女孩伊丽莎白·圣米歇尔 432
（Elizabeth St Michel），塞缪尔·佩皮斯接下来14年的家庭生活并不是一畅快的家庭生活。他是海军年轻将官，在他的庇护人桑威奇伯爵推了他一把后，他很快获得金钱、权力及名位。伊丽莎白因无子而寂寞，被抛弃在家中，家事由佣人包办。她轻浮、言行放肆、容易生气。她的一个问题是她爱她丈夫而且非常嫉妒他生命中其他女人。

使事情更糟的是，她长期性欲不足。即使在他早年，在他找别的女人前，佩皮斯与妻子的性关系也不很频繁，一回，他和妻子十多天未行房，他发出怨言。另一回，他在妻子离他赴乡下度假前与她行房，指出“由于天气热了好一阵子，我们许久未行房”。他们给与性的主要用途，是在争吵后以性媾和。伊丽莎白性欲不足的一个原因是她经常生病。整个1660年代初她受苦于严重经痛，这使她每月卧床7天。1663年她的阴道部位长了一脓疮，这有时使夫妻无法性交、有时使她在性交时非常痛。即使在她健康时，佩皮斯的家庭性生活似乎也经常完全停止，他只好到别处追求爱情。例
433 如，1667年8月12日，他记录他已三个月未与妻子行房。

另一方面，伊丽莎白是个人见人爱的大美人，她曾两次被诱出轨，一次被佩皮斯的庇护人桑威奇伯爵、一次被桑威奇伯爵的儿子欣钦布鲁克勋爵(Lord Hinchinbrook)，这两人都被她拒绝。佩皮斯有时极其怀疑她，尤其当她与一迷人的年轻舞蹈老师学舞时。而她是当时少数穿内裤的女性之一，他先生十分嫉妒、不理性，以致在她上完舞蹈课后严密监视她脱衣，以确定她仍穿着内裤。

至于佩皮斯自己(图19)，他的性活动可多了。1664年他曾与贝蒂·马丁夫人(Mrs Betty Matrin)进行两次坐姿性交，两年后他与她进行“前进、后进式性交，这是我最大的乐趣”。九天后，他与马丁夫人在威斯特敏斯特区某处做他想做的事——这是他常用的隐语，然后急忙到戴普福(Deptford)与他另一位情妇巴格维尔夫人(Mrs Bagwell)性交，她赤裸地在床上等他。不过，在与她相好一回合后，他的性欲获得满足，他对他的行为感到羞耻，所以他在半夜起床、溜回家。

同多数男人一般，佩皮斯喜欢看美女。在剧院，他花时间看包

厢中的女演员、宫廷仕女、王室佳丽。诚然,他被查理二世的美丽
情妇卡斯尔梅恩伯爵夫人(Countess of Castlemaine)迷得神魂颠
倒,尽管他从未打算与她说话。他在看到她的内衣在王宫花园内
晒干时不禁神摇;只要一有机会,他就“尽情地看她”,还买了一幅 434
她的画像挂在家里。一回他梦见“他拥她在怀中且尽情玩弄她”,这件事使他希望人死后也能做梦,“这样我们就不必那样怕死”。由于他之前曾被告知“她懂得各种性花样”,这必定是个快乐的梦。他自知甚明且惊讶于“我在美前的无力”。无论他到哪里,到哪家店铺,到哪个宴会,到哪条街,他永远在寻找美女。有时他跟踪美女、想带走她们。他尽力与他的葡萄酒商、书商的漂亮妻子建立亲密关系。

在起初的胆小后,他变得大胆,惊异地发现多数女性相当愿意被吻、让胸部被看、被抚摸,这经验使佩皮斯得到很大欢乐,他能花数小时于狎玩而不前进到进一步亲密。他最喜欢的是长时爱抚戏弄。

他在1660至1669年间选择了50余名女性进行性接触,在此选择中他受(除了肉体美外)四项考量左右。第一项考量是对性病的恐惧,这使他避免与妓女接触,只一回他强烈地被一名叫“弗利特巷的狂妄女”(Cocky of Fleet Alley)的妓女吸引。所幸,他当时有另一个情妇。

第二项考量是对怀孕的恐惧。很显然他和他的情妇都没有任何避孕知识。为了这个原因,几乎没有例外地他将性交局限于丈夫未缺席太久的已婚女性,俾使怀孕发生他也能不负责。他与他第一任情妇贝蒂·莱恩——威斯敏斯特厅(Westminster Hall)某

货摊的缝纫女、服装商——相处甚欢，但她不敢投入性交，因为她
435 未婚，这份谨慎倒是他欣赏的。他们所做的最接近于性交的事是佩皮斯在她的胸、腹上摩擦阴茎。他因此尽力在海军找了一位属下，一位名叫霍利先生(Mr Hawley)的人来娶她——“上帝知道我做这事是有恶意的”——但霍利迟迟不答应，让佩皮斯气恼极了。佩皮斯和贝蒂一度臣服于片刻激情继而进行性交，但幸好没有怀孕。到1664年，贝蒂嫁给马丁先生后，他们才能投入完整性关系，此过程延续数年，在她怀孕时也未中断。一次他们在她丈夫离家后性交，结果接下来一星期他们吓坏了，因为她认为她怀孕了，佩皮斯必须想办法把她先生从苏格兰外海的船上召回家。

第三项考量是不过分耽溺追求性欢乐避免忽视了部里业务。他的职业生涯是建立在使自己成为最能干、最忠诚的事务官，一次次他发誓戒除逸乐以专心于工作。他的性冒险因此是辛勤工作外的娱乐。第四项考量是他决定把所有冒险事迹瞒着他太太。尽管他游走于偷情走私十分公开的宫廷圈，但放荡性生活离佩皮斯的生活方式十分遥远，且他急于避免家庭纠纷。在几次差点被妻子抓到后，他心里明白迟早他会被发现，因为他无法不碰家里的女佣，如我们将看到的，最后女佣是他的致命伤。最终，他不断挣扎于他的清教良心与他无可压制的肉欲和对欢乐的爱好之间。永远在下决心、永远在打破决心，他缺少强烈道德感让自己贯彻决心。相较于他在海军部战战兢兢于业务，他的私生活可说是一团糟，或许他之所以追求女人就是为了要纾解工作的压力。

436 佩皮斯的冒险的一个显著特征是他用他的政府职位来取得性优惠，而别人则用性优惠来取得晋升。很难弄得清在这类交换中

是谁在利用谁。身为海军委员会行政长官，他能行使多项工作的人事权，因此他不犹豫用此权来谋自己的利益。诚然，与他上床的女性都靠他来为丈夫谋工作晋升。他为他第一位且最持久的情妇贝蒂的先生马丁谋得（船舰）事务长的职务，尽管他不怎么欣赏马丁的能力。马丁太太不断满足佩皮斯的性欲，而她先生则不断在工作上晋升。日记停止多年后，马丁被任命为阿尔及利亚领事，他在 1679 年死于阿尔及利亚，之后他的遗孀，佩皮斯的旧爱，获赠一年 100 英镑的政府退休金。很难不相信，是贝蒂的性吸引力造就了马丁的成功事业基础，也很难不相信，马丁很清楚妻子与佩皮斯的关系，而用它来谋自己的好处。因此一回佩皮斯写道："我去找马丁太太与她做我想做的事；她的先生出外替我们买酒。我认为要是我能替这可怜人弄到个事务长位子他会愿意效劳"——而他果然弄到。

同样的故事发生在威廉·巴格维尔（William Bagwell）和他美丽年轻的妻子身上。佩皮斯在 1664 年初遇巴格维尔太太，当时她在他的办公室向他游说以为她先生取得晋升，她先生那时只是五级船匠。她立刻发现佩皮斯喜欢吻她，而她小心打她的牌。她责备他的示好，但慢慢一步步让步，让佩皮斯从亲她的嘴到爱抚她的胸到爱抚她的阴道，同时不停提醒他她先生的晋升。数月性游戏 437
后，他带领她到彼此手淫阶段，一次在酒馆、一次在她家（趁她先生出外散步时）。终于，在 1669 年 2 月，佩皮斯替她先生谋得晋升于是到巴格维尔家讨赏。在那儿他终于得到他想要的，尽管巴格维尔太太摆出象征性抗争，使佩皮斯弄伤手指。在多年巴格维尔太太为先生晋升向佩皮斯游说但总回报以半勉强性交后，巴格维尔

先生结束他作为一级船匠的生涯。在此例中，无疑巴格维尔先生知道太太和佩皮斯的事，且十分高兴让它发生。例如，1667 年 2 月 1 日，佩皮斯按约拜访巴格维尔夫妇家，发现巴格维尔太太单独在等他。他们上楼，她让佩皮斯做他想与她做的事。后来她先生回家，并不注意妻子和佩皮斯单独一起在屋里，而开始谈公事。至于巴格维尔太太，她让佩皮斯困惑，后者写道："她似乎很爱她先生，又有宗教信仰，却会为我所征服，真是奇怪呀。"他似乎没想到巴格维尔太太是在利用他，她以性作为贿赂工具。终究是双方只是各取所需罢了。

我们得到这样的印象：在海军圈人尽皆知要巴结海军行政长官佩皮斯的最好方式是送漂亮妻子或女儿，后者必须准备被吻及被爱抚胸部。商人托马斯·希尔（Thomas Hill）的年轻妻子在为先生游说一海军软木合约时被吻。一位也向佩皮斯游说的洛瑟太太（Mrs Lowther），也遭到同样的粗暴对待。海军部文书官的女儿布莱克·娜恩（Black Nan），任佩皮斯上下其手，这无疑有助让她父亲被雇用。水手欧尔德·戴尔克斯（Old Delks）故意留女儿在佩皮斯的办公室被他抚摸亲吻，好让他儿子不必被征召入海军。

438 最臣服于佩皮斯的示好的女性是酒馆女侍，如天鹅酒馆的法朗西丝·尤德尔（Frances Udall）和苏珊·尤德尔（Susan Udall），他会吻她们的嘴和胸直到达于高潮，或莎拉·赫伯特（Sarah Herbert）和法朗西丝·赫伯特（Frances Herbert），她们也同样臣服于佩皮斯的示好。还有家庭友人或事业伙伴的妻子或朋友，如皮尔斯太太（Mrs Pierce）或潘宁顿太太（Mrs Pennington），他一逮到机会就狎玩数小时。最后，尚有自己家里的一群女佣。她们的职责之一是彻底搜寻他头发上的虱子和帮助他穿衣以及忍受他的上下其手。

佩皮斯的想象力极其活泼，以致他在从事性幻想时也能射精。一次他在周日上教堂时边想着贝蒂·米歇尔(Betty Michell，佩皮斯爱慕的漂亮年轻女性，两人多次在车上或船上亲密相处)边射精。一次他甚至躺在船中一边思念女人一边经历高潮。他许多性活动都不是为了性交，而是想象或触摸女人以达手淫目的。

他只坠入爱河两次，每次都是因为他的性欲受到阻碍。1664年他与珍·沃尔什(Jane Walsh，佩皮斯理发师的女佣)坠入爱河，她欺骗他、不听他的话。1668年他与妻子的年轻侍女黛布·威列(Deb Willett)坠入爱河，他对她的热情最后导致他妻子发现他一些作为。10月25日，伊丽莎白突然进入餐室，发现黛布在梳丈夫
的头发，而丈夫的一只手伸在黛布的衬裙下。伊丽莎白花了三礼 439
拜的时间才说服佩皮斯把黛布赶走。问题是，如他在日记中坦承的，“我爱这女孩”或“事实是我很想获得这女孩的初夜”。同时，他的妻子伊丽莎白不断对他发脾气，她的怒气唯借热情的性交才能平息。佩皮斯为妻子在愤怒与性狂乱间的激烈摆荡感到相当困惑，但他敏感地注意到他与她在那三个礼拜行房的次数比之前12个月都还要多。此外，质与量并进，因为他的太太“比之前所有时候都要快乐地接受此性活动”。显然，在13年婚姻后，伊丽莎白对先生的一次小出轨的发现业已成功唤醒她的性欲。

这件事过后不久，佩皮斯视力衰退，日记被迫中断。两年后，他的妻子死于斑疹伤寒，仍无子女且只有29岁。佩皮斯从未再婚，但与一优雅女性玛丽·史金纳(Mary Skinner)形成终身性关

系，史金纳在接下来33年是他的情妇。到最后，她公然住在他家中，被他的朋友视为妻子。由于巴格维尔先生和马丁先生继续在他们的职业中出现，我们可以假定佩皮斯也与他们的妻子维持性关系若干年。当他在1703年去世，他留给玛丽一年200英镑的终身年金。

佩皮斯的日记是一独特历史证物，只有非常不寻常的人才会写这样的日记。但他的活动牵涉大群其他人，就此来看他的《日记》提供有关后复辟时期伦敦海军圈流行行为标准的可靠、翔实证据。第一个结论是很少女人认真反抗他的性攻势。起先佩皮斯的
440 教养使他在看或听到查理二世在教堂或剧院爱抚情妇时感到惊骇。后来他在自己的相识圈内成功采用同样伎俩。所有证据显示这类性接触（很少导致真正性交）在17世纪末伦敦被许多妇女接受。只一次他的性攻势被完全拒绝，那是当他和一女人在圣当斯坦教堂（St Dunstan's church）一起听讲道，他不断骚扰那女人，那女人威胁要用针刺他。

其次，有明显证据显示佩皮斯不犹豫用权力来获得女人青睐。他不以滥用权力为忤。他与女人形成相互利用关系。他在得知自己的庇护人桑德维其勋爵曾试图染指他太太时并不感到惊讶。在一庇护、权力、顺从的世界，女体是在受她老板或她先生的老板操控的范围内，这个事实半世纪后被笛福在其莫儿·弗兰德斯与罗珊娜的故事里发挥得淋漓尽致。佩皮斯是个对性执迷的人，而他的执迷之所以能获得满足，不仅由于他的个人魅力，也由于他所行使的权力。

佩皮斯的故事也指向避孕用具缺乏对婚外性生活加诸的困难

与禁制。结果是大量长时嬉戏、亲吻与抚摸,而佩皮斯更以选择已婚女性与之进行完整性交的方式来避免负起怀孕的责任。佩皮斯对性戏的爱好使爱抚此一传统求爱方式成为睿智的性爱方式,而他的日记显示在女人胸罩及内裤于19世纪引进前,女人的快感区是暴露于男人盘桓的手。19世纪前的女人必然习惯于在办事情时被男人爱抚。

佩皮斯尽力隐藏,但为了达此大量性行为的需求,而在拉上窗 441
帘的马车内或在兰贝思(Lambeth)或托特希尔广场(Tothill Field)北边酒馆的私室内发生性关系。

最后,查理二世宫廷的性习惯向下散布至整个伦敦社会生活,在佩皮斯的日记里能找到充分证据。他对宫廷韵事不断表达惊骇与恶心,但也表达兴趣与妒羡。而为了不让妻子受到别人诱惑,也不让妻子知道自己的婚外活动,他逐渐开始模仿阶级比他高的人的性行为。

佩皮斯的性生活似乎一点不特别。他似乎是一般好色男人,由于从妻子身上得不到满足而到别处寻找欢乐。他的性活动是采每隔一阵子突然爆发的形式,每当这时候,他就疯狂似地从一女人扑到另一女人身上。什么原因启动这类爆发我们无从得知,但当中可能部分是由海军部工作的紧张、冲突所累积造成。

日记记录了本我与超我间、佩皮斯的强大性欲与他的清教、中产阶级良心间的不断战斗。不同于宫廷显贵,他无法不带一丝愧疚地投入性冒险。他写道他的良心有愧,在新年时他会下决心要在未来守贞。佩皮斯是个与自己交战的人,因此成为他的时代与他的阶级的缩影。不同于一世纪后的鲍斯威尔,他不告诉任何人有关他的冒险，既不告诉他的妻子也不告诉他的男性密友。佩皮斯和鲍斯威尔间的差异部分是个性、阶级的差异，但更多是时代的差异。1760 年代上层阶级男女谈论性要比在 1660 年代自由多了。

442 2. 詹姆斯·鲍斯威尔

有关 18 世纪性规范的最可靠讯息来自詹姆斯·鲍斯威尔的日记、笔信、备忘录及信件，这些讯息涵盖从 1758 到 1795 年过世的 37 年成人岁月(图 20)。鲍斯威尔出生于 1740 年，是一古老而具阶级意识的苏格兰家庭的儿子，他的父亲奥金莱克领主(laird of Auchinleck)是苏格兰最高民事法庭庭长暨苏格兰高等法院法官，爱丁堡最受尊敬的律师之一。对他而言，就如对他那时代来自上层中产阶级或地主阶级家庭的许多年轻人，早年生活的关键人物是他母亲。“我母亲极其虔诚。她以耐心教导我。但不幸地她教我加尔文主义。我的教义问答书包含那体系的教义。罚下地狱是我学到的第一个概念。真令我不寒而栗！……我很少想及天堂的幸福，因为我对那没有概念”。这经验使他对他致力追求的肉体欢乐抱终身的罪疚感。

但要对他最显著的特征——他的极端自恋、他对自己所有方面的极端热情(这是他写如此大量，如此袒露自我的笔记、回忆录、日记的原因)——负责的是他的基因组成。“我喜欢袒露自己的一切。”他也是一躁郁症患者，永远摇摆于对生命充满兴趣与深沉哀
443 伤之间。此一哀伤是遗传特征，他的哥哥和叔叔都为哀伤所苦。

拥有如此易变的气质,他的心情宣言无一可被认真看待,因为它们很少持续很久。但作为事实及即时情绪的报告者,他是无与伦比的。

从 1756 年 16 岁到 1769 年 29 岁他结婚,詹姆斯·鲍斯威尔在复杂认同危机的苦闷当中,这危机由三项成分构成。第一项是宗教问题。小时是虔诚的加尔文教徒,在母亲强大的压力下他很想改宗。但他不敢。他在爱丁堡大学研读逻辑和形而上学,并暂时改信卫理公会教派。他后来有段时间在一老者的影响下成为信奉毕达哥拉斯学说的素食主义者。一阵子后,在 18 岁时,他与一天主教女性坠入爱河,而在 1758 年突然逃到伦敦,被一牧师秘密准许入罗马天主教会。几星期后,他在一年轻苏格兰友人艾格林顿勋爵(11th Earl of Eglinton)的影响下改宗自然神教。终于,五年后,在 1764 年圣诞节,他获准入英国国教会。他最欣赏的人是顽固的英国国教徒约翰逊博士,但他仍喜欢和怀疑论者如约翰·威尔克斯和伏尔泰(Voltaire)谈话,而对彻底的无神论者休谟和自然神论者卢梭也维持极高欣赏。他的宗教焦虑似乎主要由他对死亡的恐惧及执迷——他喜欢参观绞刑——及他对来生的不确定所造成。

第二项认同危机关涉鲍斯威尔的职业及他与父亲的关系。他父亲是一孤高、冷漠的人,鲍斯威尔从未能与他建立情感,他轻视儿子的怠惰、不上进。他要儿子留在爱丁堡,像他一样执律师业,
但鲍斯威尔有别的计划。他爱剧场、文学,他想旅行、见识欧洲的 444
知识分子,他想成为著名作家——他那时还不知道该怎么达成目的。尤其,他不想困在爱丁堡接受无情父亲的严厉监督。因此,他

的第一个计划是设法在近卫军团得到差事，这能给他足够薪水，又没有什么事，除了住在伦敦的义务之外。“这样我就能享受华美世界的所有典雅欢乐，而借着住在大都会，会有很多时间能追求我喜欢的知识、从事我喜欢的娱乐，结识各式各样的朋友，获得许多浪漫爱情，如此获得我的人生满足。”

第三个认同危机关涉“如何处理性冲动”的问题。按照鲍斯威尔对卢梭的叙述，是对肉体欢乐的发现，治愈了他的宗教危机。他父亲自然要他安定下来，娶一有钱、有势力的苏格兰女继承人，但这完全不是鲍斯威尔的想法。他发现自己的性冲动很强。这使他克服对性病的恐惧、对下层女人的轻视以及他的道德疑虑。他告诉自己“我是个天性温暖的人；如医生所说，我极端多情”。此外，“我对情事十分善变。我想应该是个土耳其人。”结果，他永远在计划新的性冒险：1762 年，“在听讲道时”——听有关“年轻人如何立定志向”的讲道——“我立下谈恋爱的计划，然而我有最真诚的宗教感情”。当他 1764 年到卢梭面前，他想讨论的主要问题是他无尽的性幻想。他对卢梭说：“如果我有钱，我能纳许多女性为妾。我让她们怀孕，子孙因此增加。我给她们妆奁，把她们嫁给乐意拥
445 有她们的好农民。因此她们成为妇人，而我，在我这边，则得到享受许多女人的好处……我想遵循旧式大男人的典范，他们是我尊敬的好男人。”卢梭一点也没有这类想法，他告诉鲍斯威尔肉体欢乐与精神欢乐相较是短暂的，德性自有其报酬，后者听从这个忠告约一个月。

问题是卢梭的肉欲神秘主义——将性激情升华成一种宗教经验——相异于鲍斯威尔对肉欲的态度。鲍斯威尔执迷于直接、单

纯的性欲，性对他而言就像排泄一样自然。他因此相当喜欢约翰·威尔克斯（他俩相识在那不勒斯）的好色。威尔克斯向他保证性爱和文学声名携手并行，性爱更新心灵。证据是他的最佳作品《北不列颠人》（*The North Briton*）是他在与贝特西·格林（Betsy Green）共寝时写的。威尔克斯也要他感激自己的天性，“谢谢天给了我爱女人的天性。对许多人它没给这种崇高天性。”这是鲍斯威尔信之不疑的事，尽管，不同于威尔克斯，他的加尔文教教养持续使他忧心他行为的适当与道德性。1764 年他一度将丘比特指为撒旦，且后来告诉自己“把上帝想成禁止女色的人”。在柏林他甚至依他母亲早年教导他的地狱之火论述写成反私通论述。但这些疑虑及不断的罪疚煎熬，都只对他的实际行为造成短暂影响。

我们可以这样形容鲍斯威尔从 20 岁到 29 岁的性生活：他追
过十几个名门淑女——苏格兰人、英国人、荷兰人、德国人和意大
利人；他使三名上流社会已婚女性成为他的情妇；他与四位女演员 446
有关系，与卢梭的终身情妇、友人、随行者有短暂但激情的韵事；他
至少养三名下层阶级女性当情妇，并制造了两名私生子女，一在 1762 年、一在 1767 年出生；他强暴了普鲁士国王在波茨坦一名卫兵的怀孕妻子；他与在爱丁堡、伦敦、柏林、德累斯顿、日内瓦、都灵、那不勒斯、罗马、佛罗伦萨、威尼斯、马赛、巴黎、都柏林逾 60 名妓女有过性关系。结果，他婚前受苦于至少 10 次淋病爆发，婚后受苦于 7 次淋病爆发。

鲍斯威尔的性经验历史如下述。他在首次造访伦敦时（1760 年 3 月）失去童贞。这发生在南安普敦街“蓝假发”（Blue Periwig）酒店房间内、与一名叫莎莉·佛瑞斯特（Sally Forrester）的女性。

此一“融入爱的仪式”的经验是鲍斯威尔再三回顾的经验，而他在他的良师艾格林顿伯爵与约克公爵的监护下立刻展开一连串性冒险，结果造成他第一次淋病爆发，治疗了10星期。在返回爱丁堡的途中，他想念伦敦的智识和肉欲欢乐。1761年5月他到爱丁堡一家妓院，结果立刻感染淋病，这使他四个月无法行动。一复原，他又立刻投入性活动，同时进行四段恋情。第一段是与珍·赫伦太太（Mrs Jean Heron），密友的17岁妻子暨他父亲的友人、他自己的庇护人凯姆斯勋爵（Lord Kames）的女儿。她结婚不到一个月就投入鲍斯威尔的怀抱，而他的笔记包含明确备忘录诸如：“下午两点钟，与天使喝茶。”他自然为自己的叛逆感到愧疚不已，但珍在婚姻和性激情间作了明确划分，完全不受良心困扰。同时，他与
447 两中年女演员——其中之一是他密友之妻——发展恋情，并挑选一下层阶级女孩当情妇：一名叫佩姬·多伊格（Peggy Doig）的“年轻小美女”。1762年11月，当他终于说服父亲让他再去伦敦在近卫军里找差事，但佩姬怀孕了。在他离开前，他为她的分娩、孩子的受洗、孩子的养育作了适当安排。

鲍斯威尔如此在1762年11月抵达伦敦，这时他已有许多性经验。他已在两个城市经历过与妓女交欢；去过妓院；并与“那可爱风流对象，一个女演员”有两次私通；他已克服良心并与上层阶级年轻已婚女性有过性冒险；他已养过下层阶级情妇让她怀了孕，也已感染过两次性病。其后7年不过是老调重弹。

他带着明智决心开始他的伦敦之旅：“我决心不与妓女发生关联，因为健康对我来说很重要。”伦敦有不少应召女郎，“从一晚50畿尼的亮丽夫人到……沿河滨大道流浪、廉价出租身体的少女”。

但前者他出不起费用，后者他设法避开，因为“怕她的坏脾气”。他要的是他在爱丁堡所享受的那种东西，“与美丽、多情、有志气的女性产生最甜蜜恋情”。他因此将他的注意力投注在一个美丽的24岁女演员“露易莎”，她来自上等家庭并与丈夫分居。12月17日，他认为他“感到爱的狂热”，于是每天他把他的追求加紧一些。三天后她向他借两畿尼，他献上10畿尼，安慰自己说尽管不便宜，“治愈淋病也要花10畿尼，且10畿尼并不算太大花费”。月底，彼 448
此的吸引渐明朗。露易莎问他要是她怀孕他会怎么做，他答应他会表现像绅士，让小孩得到照顾。1763年1月2日，星期日，趁房东不在，她对他献身，但他觉得无力。最后他体力恢复，他催她到卧房，“正要进入就听到房东上来”。事情未成，露易莎乃答应星期六与他在旅馆过夜，因为她星期天不必在剧院演出。这次会面发生在1月12日，鲍斯威尔开心极了。“我陷入狂喜五次”，对他而言这是个非常卓越的成就，他感到非常骄傲。不过，六天后，鲍斯威尔觉得“我的阳具部位有些热”，第二天“我明白我又得了淋病”。当获知此不幸事实，露易莎承认她三年前得过淋病，但已18个月未犯病，且6个月来只与鲍斯威尔性交。很可能她说的是真话，但鲍斯威尔气坏了并与她一刀两断。“如此结束我与美丽的露易莎的关系……我以为能与她至少安全性交一个冬天”。

这场不幸迫使鲍斯威尔退回他的房间，以面包、水和清汤为生，服药五周。朋友来探视他，但无人认真看待他的不幸。苏格兰的军法官甚至为这事打了一个双关，他问“哪个扮演男主角的人不希望得到掌声？”[①] 但这件事终结了鲍斯威尔“与一娇美又有教养的女性发生关系”的希望。因此，3月，他一病愈，就拜访菲力普太太在半月街的店，为自己买了一些保险套作为保护——他称它们为他的“盔甲”。3 月 25 日他到圣詹姆士公园，挑选一妓女，“这是我头一次用保险套，我认为这玩意儿实在扫兴”。其后每四五天他
449 会出去找妓女并“性交……免于危险，被保护得很好”。有时他下决心“不找低级的街头女郎”，但他从未能实行很久。一次他挑选一漂亮少女，并带她到“一个脏地方”。“我掏出保险套，但她求我不要戴，这样玩起来会更快乐”，鲍斯威尔傻到答应，他第二天就后悔这决定，所幸未带来严重后果。一回他发现一些妓女，其中两名漂亮女孩“要我带她们走”。他只给她们他的陪伴及一杯酒，她们接受了。然后他带她们到旅馆，爱抚她们，唱一些歌，接着“轮流操她们，按照她们的年龄长幼”。

这类遭遇——其中一桩发生在威斯特敏斯特桥——在 1763 年整个春、夏进行，不顾他朋友威廉·约翰逊·坦普尔(William Johnson Temple)的责备及他自己的自我谴责。他渴望的是“文雅女孩”当情妇，但他找不到。6 月，他初识约翰逊博士并与之交好，他十分欣赏约翰逊博士，向他倾吐他的性问题。约翰逊博士给他严格道德建议，鲍斯威尔断然下结论：“由于我因与约翰逊博士的友谊而受尊崇……我认为乱交绝对是错的。”即使此并未阻止他进行冒险，但他的道德性格无疑加强。

8 月，他离开伦敦，进行大旅行，1763 年其他时间他都在荷兰，1764 年在德国及瑞士，1765、1766 年在意大利、科西嘉和法国。约翰逊博士的道德教训和坦普尔的责备对鲍斯威尔产生深刻影响。在荷兰他陷入沮丧直到 1763 年 10 月 15 日在乌得勒支他起草一
450 道德重整之“无敌计划”。“过去几年，你懒惰、沉迷于酒色、荒唐且

不快乐”，他告诉自己。今后，他要勤劳、上进、有威严且贞洁。他确实遵守此计划，不与妓女鬼混、不与淑女调情，而认真思考一结婚计划。结果是在 1764 年 7 月 23 日，离开伦敦近一年后，他能向坦普夸耀“自我离开伦敦后，我像隐士一样贞洁”。

9 月时，他的结婚计划告吹。他在柏林，那儿的诱惑很多，但他都成功抗拒它们，直到一天早上，某个女人来他的房间卖巧克力。“我与她调情，发现她怀孕。噢，真安全哪！来我的房间吧。‘您在哪儿谋职？’‘在波茨坦的近卫军。’接着到床上去。一分钟内——结束……我又犯了通奸罪？……去它的。不想这件事。上帝呀，原谅一脆弱凡人的错误。”

当他继续他的旅程，他挣扎于色欲和对疾病的恐惧。“追逐放荡幻想，”他告诉自己，“绝不跟瑞士小姑娘在未使用保险套的情况下性交。”在德累斯顿他试图买保险套却失败，因此被迫只在女人的大腿间射精而不刺入以避免传染。他对卢梭的拜访使他又充满决心，要在未来到意大利和法国的旅途中维持贞洁。但，照例，此情形并未持久。而在 12 月，当在日内瓦准备过阿尔卑斯山，他的关心不是针对贞洁而是针对健康。他又投入手淫，但他“实在不喜欢手淫。在都灵和意大利你会找到不少女人。但只与绝对安全的人性交”。

在都灵他企图与两位贵族女性交往，但两件事都没成功，他遭
到拒绝。他对圣吉利欧女伯爵（Contessa de San Gillio）的攻势是 451
很直接的。“我直接、强壮而勇猛。我乐意为她效劳而我认为圣吉利欧女伯爵会非常乐意接受。”她残忍地告诉他，“你不该尝试风流事……因为你不知道这世界。”如此被拒绝，他只好到妓女那儿寻

找安慰。从都灵他前进到罗马，在那儿所有顾虑都消失。“要风流：每天找女人”，他告诉自己——而他确实这样做。在那不勒斯他与歌唱家等人有染。如他对卢梭承认的，“我毫无顾忌地追逐女孩。我的血液因热情而燃烧，而我的感情激烈。我沉迷在情欲之中；我的理智几乎与情感没有关联。我遇到一些非常美丽的女孩，但我避开所有危险。”

他在1765年复活节那周返回罗马。在一连串与妓女的狂欢后，他必须在4月29日承认：“天哪，我又得了淋病。”虽感染轻微但持续，且尿道炎症状开始。但他并未因此症状受阻挡，他继续在整个5月的白天研究古典艺术、建筑，晚上追逐女孩。在罗马，他与英国首相约翰·布特勋爵的长子蒙斯图亚特勋爵（Lord Mountstuart）结识，后者邀他参加在去威尼斯途中举行的派对。在威尼斯，鲍斯威尔的鲁莽造成严重后果。他让蒙斯图亚特勋爵陪他“看女孩”，结果是“漂亮舞者是我们的共同目标，勋爵和我挑了同一个鞑靼人。唉，我真不该让他陪我去的”。

蒙斯图亚特勋爵不久被父亲召回家，但鲍斯威尔违反父亲的
452 教导与期待，前进到佛罗伦萨、锡耶纳以获得一意大利女公爵的芳心。他首先试探波齐亚·圣亚多尼（Porzia Sansedoni），托斯卡纳大公爵（Grand Duke of Tuscany）管家之妻，她之前是蒙斯图亚特的情妇。接下来他采取直接攻势：“我想和你在一起，在深夜，在黑暗里，接受你的芳泽。”但他被拒绝，他转向锡耶纳市长之妻吉罗拉玛·皮柯乐米尼（Girolama Piccolomini），她立刻与他坠入爱河。头一次性交并不成功，按照鲍斯威尔的笔记：“吉罗拉玛，相当兴奋。我戴上保险套，进入。心跳，失败。很抱歉，但说‘热情的真实

表征’。”之后她恢复体力，不过接下来是 18 天的激情做爱。但照例，鲍斯威尔很快厌倦新爱，毅然离开锡耶纳不再回去。不过，对吉罗拉玛而言，这是她生命中伟大的情感经验，她继续写信给她不忠实的爱人达四年之久。

接下来是科西嘉之旅和叛徒帕欧利将军（General Paoli）[②]，鲍斯威尔对这件事的记述后来使他终于成名。鲍斯威尔对帕欧利像对卢梭及约翰逊博士那样赞美，他向帕欧利请教性问题，帕欧利劝他贞洁、早婚。在回家途中，鲍斯威尔在马赛停留，在那儿他的一位朋友介绍他认识一个（曾是他朋友情妇的）女孩。他欣赏她，劝她与他过夜。这件事削弱了他改过的决心，他一抵达巴黎就直奔城中最好妓院，在那儿他度过大部分时间。在巴黎时他遇见卢梭的 20 年情妇兼伴侣，泰雷兹·勒瓦瑟（Theéreèse Le Vasseur），她正准备到英国见卢梭。她和鲍斯威尔因此一起上路。在巴黎和多佛（Dover，英国东南部的港口）间的 11 天旅程中发生了什么事无法确知，因为日记中这些天的部分被撕去。剩下的是鲍斯威尔在 453
2 月 12 日（他们抵达多佛后那天）写的日记：“昨天早上非常早上床，做那事一次。共计 13 次。对她非常热情。”鲍斯威尔在离开巴黎时并无意诱惑他的英雄卢梭的终身伴侣，但无疑这已发生。一个宣称读过缺漏页的学者说，诱惑是在他们被迫共用旅馆的一张床开始。在一阵子无力后，鲍斯威尔终于成功。但当他向她夸耀他的好本事时，她粗率地告诉他：“你是个勇敢、强健的爱人，但你没有技巧。”接着给他一连串性技巧课。一次她“兴奋地骑他，有如坏骑士策马下山”，鲍斯威尔拿她一点办法也没有。

回到伦敦，然后到爱丁堡，鲍斯威尔继续找妓女，他所有的决

心都消失了。不过，1766 年，他与一位上层阶级美丽年轻女性多兹太太(Mrs Dodds)——她的先生已离开她——形成认真关系。这正是鲍斯威尔想要的："这样我安全又快乐，既不必担心得淋病又不必担心被逼婚。"此外，"她有最美的黑发，她在床上棒极了"。她当了他一年情妇，然后在 1767 年 4 月怀了鲍斯威尔第二个私生子。同时，他忙于在苏格兰法院开拓法律业务，并急着寻找一位妻子。尽管业务压力大，尽管多兹太太愿意给他他所要求的每种性满足——有一次她穿黑衣，并让蜡烛点燃——但鲍斯威尔仍旧有时沉迷于嫖妓。

1767 年 3 月 8 日，鲍斯威尔举行了单身汉派对以还债给他朋
454 友(他和他朋友在 1762 年他离开苏格兰前打赌"我三年不得性病否则输一畿尼")。他醉得一塌糊涂，摇晃到一妓女那儿和她过夜，结果无可避免是淋病复发。由于反应如此快，他可能受苦于前列腺的慢性淋病感染。不过他仍未学到教训，在 6 月同样的事又发生。他与朋友为祝布莱儿小姐(Miss Blair，他当时的主要结婚选择)的健康而举杯，又喝醉又与妓女过夜。这回病发得很重，且他将病传递给如今怀孕的多兹太太。所幸她很快复原，但鲍斯威尔却花了整个夏天疗养，借着严格食疗药补来清除感染。

12 月他又和一名爱丁堡妓女性交，又得淋病。而在 1 月，尽管仍感染，他又和妓女及多兹太太性交。其中一位妓女是金内尔德勋爵(Lord Kinnaird)的私生女，这使我们看到妓女行业当时所跨的社会层级颇为宽广。他已不再爱多兹太太(她在 12 月生下他的女儿莎莉)，只是利用她为性工，经常在醉酒后要求性行为。1768 年 2 月 7 日他醉醺醺地在凌晨两点抵达多兹太太家与她性交，然后去向布莱儿小姐求婚，她聪明地拒绝了他。之后不久多兹太太被抛弃，被“美丽活泼小女孩”取代，但鲍斯威尔对这女孩的贞节没有信心。他在赴伦敦之前给她一些钱，但要他两个朋友借试图诱惑她考验她。3月他又在伦敦，在躁狂心绪中他立刻“像头咆哮的狮子般在女孩身后狂追”。起先他小心用他的“盔甲”，但克拉克将军(General Clark)告诉他油是很好的保护，于是他利用一个
他从前认识的女孩来试验。他试了两次，只付她4先令并说“我从 455
未见过表现得更好的女孩”，因此这是次成功的实验。他现在喜欢同时玩两个女孩，但——无疑因为他用油而非保险套——他发现自己第九度感染淋病。这回他只经六星期的疗养就治愈了，然而这经验启发他在圣保罗教堂发六个月的贞洁誓。

1769年春，他的结婚选择(他一直想找有至少10000英镑的女继承人)已缩小至两个；6月他到都柏林追求其中一位，旅程中他再次光顾妓院，结果又感染了淋病。这次病发得很严重，他必须到伦敦治疗，这包括在患部涂樟脑敷药和汞膏药，一天喝一品脱“肯尼迪的里斯本减肥饮料”——一品脱要花半畿尼——以及一些小手术。10月医生向他保证他会复原：“只要和同一女人性交一切都会痊愈。”一个月后，1769年11月25日，他娶了他的最终选择，他的老友兼表姊玛格丽特·蒙哥马利(Margaret Montgomerie)，他和她在他赴伦敦就医前就已订婚。她是个聪明、明事理的女性，比鲍斯威尔大二三岁，没有钱，但她的体型很适合鲍斯威尔的胃口，她有如“画在罗马皇宫天花板上的异教女神”。她也对他十分深情，尽管她十分了解他性格中许多缺点(图21)。

这是个使鲍斯威尔父亲永远不谅解其儿子的婚姻，他希望儿

子娶的是某位有钱有势力的女继承人。作为嫁妆只有 1000 英镑的表姊，玛格丽特既不能带来财富也不能带来政治联系。鲍斯威尔是违抗父亲意愿而结婚的，且是为长时稳定情感，而非为家庭利
456 益。这桩婚姻因此是 18 世纪新婚姻的典型范例。孩子不听话很常见，父亲的反应则有些不寻常。身为 62 岁的鳏夫，鲍斯威尔的父亲突然宣布再婚计划。他不只不参加鲍斯威尔的婚礼，而且把自己的婚礼安排在与儿子的同一天。他企图挫伤儿子的意图是很明显的。

但不赞成鲍斯威尔婚姻的不只他父亲。连鲍斯威尔的两个单身汉朋友起初都不赞成。坦普警告他“你出生在一个有些财富、在地方上有些名望的家庭。这些是你必须考虑的状况……如果经由婚姻你无法借你妻子的关系增加你的财富、增加你的影响力，这世界会视你的慷慨为愚笨、鲁莽。”邓普斯特（Dempster）则根本反对婚姻：“我认为婚姻是设立孩子制造厂，在其中人必须像马那样劳动。小孩是需要花很多心力养育的东西，在他们长大之前你都有的受的。”

如今看来，显然，鲍斯威尔与玛格丽特·蒙哥马利的婚姻是他做过——可能是唯一——最明理的事。婚后有些年他是家庭幸福美满、一夫一妻、节酒、工作勤奋的典范。她深深爱他、了解他、忍耐他所有的缺点。他也爱她，对她始终坦白、诚实，承认他所有的不忠。他保存一本题为“我妻嘉言录”的笔记本，并在她死后他小心保管她的皮包、她的一束头发、她的婚戒，以及“我的爱妻死前一天握在手中的两束百合花”。

她了解他，也当他的知己多年，而表姊弟的联系无疑加强鲍斯

威尔的爱恋。他好像嫁给自己一样。这不是说他和他妻子在个性 457
上完全一样,因为他们不一样:她的性冲动比她先生少,且缺乏他的狂热与忧郁。她是个朴讷、认真、明理的女性。她曾在1775年向鲍斯威尔抱怨他从未对她认真说话。鲍斯威尔承认这项指控,"原因可能部分在于懒惰;部分在于我妻,尽管她有优秀的思虑和乐天的脾气,却没有与我一样的情绪。她没有迷信、没有热情、没有虚荣。因此为了避免对立,我宁可把情绪放在心里。"

鲍斯威尔太太努力满足丈夫,制造他迫切想要的儿子。一子在1770年8月出生,但只活了两小时;女儿维若妮卡在1773年3月出生;另一女儿在1774年5月出生;终于儿子亚历山大在1775年10月降临。接下来五年生了两个儿子(其中一个出生后立刻死亡),并有一次流产和一个女儿。

鲍斯威尔婚后相当快乐,以致近三年不写日记,只在1772年春写过一回,当时他离家赴伦敦度假与老友叙旧,尤其与约翰逊博士叙旧。他不愿"与珍贵友人、恒久伴侣分离",他太太也同样不愿见他走。但他一抵达伦敦,老诱惑就又回来了。鲍斯威尔沿河滨大道散步,看着妓女并"沉迷在有欲无爱的欢乐遐想"中。但他控制自己并"决心再也不在没带太太的情况下来到伦敦"——不过这决心他从未贯彻。他被在他住处的美丽女仆吸引,她在向他道晚安时问他,"今晚还要些什么吗,先生?"但他克制了自己的欲望。在他于伦敦的两个月中,他写了35封信给他太太,只在四月有两 458
晚他"和坏女人在一起"。

另一方面,他与妻子的老友斯图亚特夫人(Honourable Mrs Stuart,詹姆斯·斯图亚特〔James Archibald Stuart,鲍斯威尔的旧时旅伴蒙斯图亚特勋爵之弟〕之妻）有场令他不安的谈话。早餐谈话绕到婚姻不忠的话题上面。

> 斯图亚特夫人坦白地宣称就她在伦敦所见到的生活，她不会对丈夫的偶尔不忠感到不安，只要它与感情无关。要是他养了一女人，这是他对妻子无感情的表示；或要是他的不忠十分频繁，那也是个表示。但对女孩短暂着迷，或酒后被朋友领着到不正当的地方，是不应被看得太严重。我希望此说法是真的。我告诉她我很快乐；我从不觉得我已结婚，我把妻子当成我的表姊、密友、伴侣；因此我不觉得受到拘束。

尽管斯图亚特夫人的话有安慰人的效果，鲍斯威尔显然仍被她的这番话弄得有些心乱。

1772年秋他回到爱丁堡，开始婚后第一次外遇。此次，通奸是由酗酒之恶引起的。这些年他越来越常喝酒，经常整晚在外喝酒，喝到酩酊大醉为止。由于流产后生病，鲍斯威尔太太无法满足先生的性需要，10月底在一次酗酒后他造访一爱丁堡妓女。他立
459 刻向太太坦承愚行，后者立刻要他看医生。“她是我最好的朋友有最慷慨的心”，他写道。1773年1月（那时鲍斯威尔太太正在怀孕），他又失足，再一次感染淋病，必须再次置自己于医生之手。

维若妮卡在1773年3月的出生以及疾病的羞辱和痛苦使他控制自己性活动逾一年，但在1774年夏天失去自制力的征候再次出现。六周内有六次他整夜酗酒，清晨才烂醉如泥地回到守候的妻子身边。很可能这些酗酒是为了抚慰性挫折，因他自5月第二

个小孩出生后与妻子中断的关系到8月19日才恢复。鲍斯威尔的性冲动远远超过妻子的性冲动，且她又等了五周才让他再与她性交。一星期前他曾又喝得烂醉，回家，咒骂妻子，丢根烛台到她身上——这件事令他翌晨懊悔不已。

她可能了解她先生所受的压力，1774年9月底他说服她留两个小孩在家和他一起去度假。第一个晚上他要了她三次，接下来三夜一晚一次。一礼拜后，他尝试着，但由于酗酒而失败，此后很长一段时间，他无法从妻子身上获得完全性满足。如果他的记录完全，他们在1774年10月23日与1775年1月22日间只性交四次，尽管1月时她又怀孕。1775年3月8日，他们终于坦白讨论他们的性问题，结果是让可怜的鲍斯威尔陷入犹豫不决，交战于诱惑与道德疑虑之间。

> 今晚我很爱她。她通晓事理、亲切，有我希望的一切条 460
> 件，除了对性生活不感兴趣之外。我告诉她我必须有个妾。她说我可以找我喜欢的人。她经常这么说。自本月开始我未坚持我的婚姻特权，要是我确定她愿意让我找别的女人，我会去。我是这样想；但我不确定，因为尽管我们的救世主并不禁止纳妾，但圣经新约的腔调似乎反对纳妾，而教会似乎也反对纳妾。我的热情，或说性欲，是那样强烈，以致我倾向从宽解释，而由于基督教对这题目并未明确表态，我认为我可以纳妾；或者我认为我可以重温我过去在伦敦一些女性友人。这么想时我并不满足。我并不是那类耽于妄想之人。但纳妾之人乃至找妓女的圣经旧约男人，是虔诚之人。我认为耽于女

人没什么不对。但我很不安。

两天后，在赴伦敦度假途中，鲍斯威尔仍在忧心纳妾的道德性。他在给友人坦普的一封信上解释，“没有人比我更爱妻子，但我的性欲十分旺盛，纯粹是肉欲的而与感情无关，而我太太是节制的，反对太多性活动。那么为何我不能纳妾……？”他一抵达伦敦，就把这问题说给他的朋友斯图亚特夫人听，后者似乎赞同他的想法：“男人和女人的不同在于男人能不投入情感地与女人发生关系。女人对男人就不能这样。”此一双重标准的心理解释让鲍斯威尔觉得欣慰，但不甚满意。他一如往昔受妓女吸引，但与她们保持距离。但 4 月时他的决心又崩溃。

461 5 月时鲍斯威尔回到爱丁堡，10 月他的儿子亚历山大出生，为了他的出生一位奶妈立刻被引进家。11 月及 12 月他造访一女人，这女人显然是在他家卧房内进出的人，这人可能是罗丝太太（Mrs Ross），亚历山大的奶妈。同时紧张再度升起，他沉迷于酗酒，一次酗酒后他回家，并砸碎所有餐椅，还把椅子丢到可怜的妻子身上。此外，他还染上整夜赌牌的新恶习。

1776 年 3 月回到伦敦，他与旧情人恢复关系，这人可能是他在 1761 至 1762 年间的情妇女演员勒夫夫人（Mrs Love），他以“不过是逢场作戏罢，不与信仰冲突也不与对爱妻的爱冲突”来合理化自己的出轨。由于对勒夫夫人不满意，他再次跌入乱交，在街上找妓女。他怕的还是得性病，“这无疑会伤害她”。但 4 月 1 日他与一妓女邂逅并投入一种新堕落——“一种我从未享受过的放肆”。4 月初时他又感染淋病，医生答应以一新药治疗他。

再度回到爱丁堡，鲍斯威尔十分沮丧，投入酗酒、整夜打牌、乱交的无尽循环。从 1776 年 8 月到 1777 年 3 月 8 个月间，他醉了 26 次，经常宿醉到无法工作。他在爱丁堡的法律事业陷入停顿，他对自己的工作和生活感到厌烦透了。他的妻子身体不好。她在 1776 年 10 月生下一子，孩子很快死掉；次年 7 月又有一次流产；1778 年 9 月生下次子詹姆斯。1777 年玛格丽特开始咳血，透露出 12 年后致她于死的肺结核的初步征状。鲍斯威尔与父亲的关系 462
依旧紧张，在老人病逝、他继承遗产之前，他一直在爱丁堡法院做苦工，这情况加重了他的忧郁倾向。沮丧的一个原因是他在 1776 年 8 月 21 日对垂死的休谟进行的一次拜访。他希望看到休谟皈依基督教，却只看到他沉溺于虚无。这使鲍斯威尔心烦意乱，他十分惧怕死亡，对宗教的信仰又不坚定；这次拜访后他“在旧城寻访妓女，但幸好没找到我喜欢的妓女”。有时，酒精毁损了他的判断力，只要是女的他都喜欢：8 月 28 日他醉醺醺地在街上逛，遇到一位“美丽少女，非常想和她在城堡山(Castle Hill)北坡做爱。我立刻告诉我的爱妻”。一星期后他发现这位少女是个妓女，这使他害怕淋病并迫使他停止与妻子的所有性活动，因为害怕传递病毒给他怀孕 7 个月的妻子。所幸，这是虚惊一场，但同时他与住在家里的孩子的奶妈、他太太的侄女安妮·康宁汉(Annie Cunningham)坠入爱河。11 月孩子出生，但他继续酗酒、乱交。一回他在“我记得最寒冷的夜晚”在职业介绍所后面草地强暴了一名“自称佩姬·格兰特(Peggy Grant)的肥胖荡妇”，另一回是在圣安德鲁广场(St Andrew's Square)的一座石屋内。

老在向他长期受苦的太太招认，老在忏悔，老在犯错，鲍斯威

尔拖过凄惨的一年。12 月 8 日连他太太也受够了。她坚持读他的日记，不只发现与妓女的乱交（这是她能原谅的），而且发现对她侄女安妮·康宁汉的爱的证据（这是她不能原谅的）。她“告诉我
463 她已下决心决不再视自己为我的**妻子**，尽管为了孩子和我的缘故，她愿意视自己为我的**朋友**”。但一星期后，照例，她后悔并原谅了他。1777 年 4 月 7 日，他启程去看父亲的前一天，他又喝醉，遇到一正在怀孕的老“玩伴”，她鼓励他与她性交。但他满足于“较不淫荡的活动”，回家上床，脱衣，“享受我的爱妻”，然后于天亮踏上旅程。

9 月他踏上往德比郡的艾许本（Ashbourne in Derbyshire）去见约翰逊博士的旅程，但在路上他未放过在每家旅馆抚摸女仆的机会。在利物浦他在晚上与女侍调情，翌晨当她在换床单时他采取进一步行动，但被拒绝完全性交。在里克（Leek）他抚摸给他送茶的女侍及女仆，一边想：“我来向约翰逊博士朝圣，却在途中玩起妓女……真是不一致呀。”不过，一旦在博士面前，后者的知性谈话有效地取代了“享受女人的欢乐”。10 月 2 日，他回到家并与妻子性交，但她由于读了他的日记，发现他在旅馆与女仆调情而“相当不高兴”。那个冬天他太太又生病、咳血，但她仍尽量给他满足。她在 1 月 5 日又与先生性交，但此造成她在半夜咳血。鲍斯威尔因此在黑修士狭巷旅馆（Blackfriars Wynd）的房间内与“一美丽妓女”性交，而在 1778 年 2 月他又感染淋病。这是他一生中的第 12 次、婚后的第 2 次、5 年内的第 1 次。当他于 3 月 12 日赴伦敦，他注意到当他们分开“我妻在跟我生气，我们现在处于冷战状态”。

在伦敦他与他 16 年前的情妇，如今坐五望六的女演员勒夫夫

人恢复来往。一俟医生宣布他恢复健康，他强迫她与他性交，她勉 464
强答应。当他们上床，鲍斯威尔问："对你有什么损害呢？"对此她回答："说真的，我还怕对你有损害呢，只要它不伤及你家里的情感就好。"尽管她显然是个非常明理、端正的女性，鲍斯威尔在日记里对她有苛评："真是个只重肉欲的娼妓呀。"但连续两天与勒夫夫人的性交满足了他的性欲，离开时他对勒夫夫人说："我比来时好多了。"当鲍斯威尔在离开伦敦前请教他的性病医生约翰·普林哥爵士(Sir John Pringle)，后者要他承认他与勒夫夫人的性冒险。约翰劝告他："别对鲍斯威尔太太承认这件事。"鲍斯威尔可能无法做忠实丈夫，但他始终以自己是诚实丈夫为荣。

1778 年 5 月回到爱丁堡，一切都再次被原谅，之后有一阵子鲍斯威尔过着贞洁、谨严的生活。9 月 15 日，他的儿子詹姆斯出生。鲍斯威尔太太在这次分娩中受尽了苦，于是表达不想再生的愿望，鲍斯威尔赞成她的愿望。尽管有此协议，且尽管玛格丽特健康明显败坏，无迹象显示鲍斯威尔有采取任何避孕措施。在玛格丽特宜于再从事性活动前，鲍斯威尔已溜到波兹堡(Portsburgh)郊区，在那儿他发现一位柔顺寡妇。在 10 月 11、19 及 21 日他与太太恢复关系。但这种日子不多，11 月完全未发生，12 月只发生两次，1 月只发生三次。鲍斯威尔因此借造访波兹堡填补空隙，尽管一回他在那儿有不愉快经验——他在 1779 年 1 月 25 日与他太太性交且在 29 日造访波兹堡。但他的性欲如此强，以致他在隔日
早上七八点间回到波兹堡门前的石阶上。鲍斯威尔的笔记道出故 465
事："等门开等了好久。发现衣橱里有人。沉着。命令他在衣橱里。这人走了。我也走了，但我又被引诱回去，而且做了两次。"

鲍斯威尔对1779年春伦敦之行的记录不很完整,但他必然相当贞洁,因为他在5月底回家后第一、第二天都和太太行房。不过,7月7日,他造访一家叫“游乐园”的妓院,8日烂醉如泥地回家,被耐心的玛格丽特搁到床上。9日他安心地发现他未因造访妓院而染病,但他其后不与太太性交使她猜测发生了什么事,她强迫他承认。“我为它道歉。她很善良”,他们在床上媾和,尽管玛格丽特几天后发现鲍斯威尔在造访妓院时是相当清醒时感到很生气。他也承认他对波兹堡柔顺寡妇的拜访,但玛格丽特又原谅他,两人又在床上媾和。7月15日鲍斯威尔写道:“我发誓忠实……人对错的事能行之再三以致麻木,真是可惊啊。”

1779至1780年的秋、冬是鲍斯威尔夫妇的快乐时光。鲍斯威尔身心良好、生活朴素、忙于法律业务,且完全忠实,除了“只一回与一十分安全的村姑睡过”。12月初玛格丽特又怀孕了,他们在从12月13日到3月14日的三个月内性交21次,尽管玛格丽特咳嗽、咳血日益严重。可能他们对她可能早死的共同忧虑使他们更为亲近;可能肺结核刺激了玛格丽特的性欲;可能她已怀孕的事实使她更愿意满足先生的欲望。不过,4月,鲍斯威尔又跌入酗
466 酒,10日他摇晃过爱丁堡街道并“与十名妓女调情……回家时我告诉我的爱妻。她心情很好,给我好吃的牛肉汤滋养我,使我心情愉快”。孩子伊丽莎白在1780年6月13日出生,孩子出生前最后一次鲍斯威尔与玛格丽特性交是5月21日。之后他收束自我,而孩子出生后一星期与某黑人妓女的约会造成性病又发作。这年其余部分是一混合忧郁、酒醉与嫖妓的黑暗时期,这造成淋病复发。然而在12月28日“于夜晚与爱妻共寝,我心情好极了,并相信伍

德先生(Mr Wood)说我未感染的看法，并说服她让我享受她”。他然后借接下来的三夜与妻子性交来得意扬扬地度完旧年。

1781年春，鲍斯威尔回到伦敦，与约翰逊博士、约书亚·雷诺兹爵士、埃德蒙·柏克等文友叙旧。但他们的谈话不足以使他快乐，他禁不住纠缠妓女，直到再次感染淋病。因着他对告白的热情，他向老友斯图亚特夫人透露心事“并获得安慰”。回到爱丁堡，大体痊愈，他必定与妻子恢复了关系，但她在10月又流产，且由于肺结核症状恶化而长期卧病。痛苦、恐惧和性挫折迫使鲍斯威尔回到爱丁堡街衢巷弄，他承认：“我相当好色，且不是细腻地好色，而是卑鄙地好色。”1782年2月18日他沉入酗酒与性放纵，而在2月26日承认道：“我现在在不断逾矩的状态。我必须拉紧缰绳。但我意识到自己在这状况下的无能。”翌日他的妻子读到他(现已佚失)2月18日的放荡记述，第二次告诉先生：“她与我的一切联
系如今告终，但她会尽力与我一起生活，为了面子也为了孩子。”不 467
过，不出两星期，一切又再次被原谅，他俩在床上媾和。如是他们度过接下来六个月，玛格丽特如今急切地想要恢复性关系，鲍斯威尔则忠实了一阵子，然后又开始酗酒、嫖妓。

父亲在1782年8月30日的死改变了鲍斯威尔的生命，因为他终于继承遗产，且摆脱严酷、视儿子为蠢蛋的父亲给他的心理压力。两天后鲍斯威尔想与玛格丽特性交，但玛格丽特提醒他：“什么！在你父亲过世的时候？”不过，一旦老人入土，鲍斯威尔的精神振奋，不顾玛格丽特不断咳嗽、咳血，他在9月9日到10月4日间与她性交八次。1783年2月，他能告诉自己他已节酒逾七个月。一大心理压力已因他父亲的死而去除。

1783 年后故事空白了两年直到 1785 年，彼时鲍斯威尔到伦敦度春假。在那儿他认识了“可爱、诚实的”女孩，贝特西·史密斯(Betsy Smith)，他非常喜欢她。一次他们拜访她的朋友并发展出三人恋情：“我坚持她该读主祷文。奇异的组合。真讨人喜欢。”两天后，“不对的事出现”，可怜的鲍斯威尔再次落入医生之手，吞药片、住医院。他很想念贝特西，因此花了 10 先令六便士把她弄进圣托马斯医院，但这女孩在那儿很不快乐，很快回家重操贱业。“我告诉她我很羞愧，但我爱她。”

1785 年秋及初冬，鲍斯威尔又到伦敦，不顾约书亚·雷诺兹
468 爵士的警告，在 11 月成为恶名昭彰但时髦的女人罗德太太(Mrs Rudd)的情人。他在 12 月 28 日回到爱丁堡，1 月的头八天他与太太性交了六次。但在 2 月他回到伦敦长期停留，成为罗德太太的固定访客。这一年在伦敦，鲍斯威尔最后一次试在英国法院立足——但失败。7 月时他明白他在伦敦的律师生涯没有前途。没有人要给他机会，且他完全不懂英国法又未努力学。接下来三年是很悲惨的三年，鲍斯威尔多半忙于在伦敦收集《约翰逊传》(*Life of Johnson*)的资料，同时被贫穷所迫，也因妻子肺结核不断加重终达末期而忧伤不已，并酗酒。1788 年 3 月 17 日，玛格丽特在先生即将去伦敦时对他说：“噢！鲍斯威尔先生，我怕我快死了。”10 个月后在 1789 年 1 月，她终于单独死去，而鲍斯威尔已在伦敦，借与残忍无情的朗斯代尔勋爵(Lord Lonsdale)来往，努力为自己开拓政治生涯。她死前他向自己解释自己的行为：“我有时残忍地离开她，但温柔应让位于大事业的积极从事。”

他妻子的死、他未能在伦敦创业以及约翰逊博士的死都深深

使他沮丧，1789 年后的岁月是日益悲惨、堕落的岁月。1789 年在伦敦，他进入与美丽时髦女性“C”的关系。但照例，当他与上层阶级女性来往，他有时受苦于阳痿。头一次性交是个“温馨夜晚”。两天后他烂醉如泥地回家，又踉跄出门到夜色中寻找“C”，却被幼子詹姆斯拉回家。翌晚进行不顺，“既没有爱，也没有酒”。他“心情很坏；只有一人；愿望未实现”。尽管一天后熟悉的感染症状又出现（可能这病现在是慢性的，因此“C”可能不必负责任），关系持 469
续整个 12 月。但在 12 月 21 日，鲍斯威尔梦见死去的妻，并哭着醒来：“我似乎不可能再爱上另一个女人。”然而他认为他还是有机会能找到“明理、好脾气的有钱女性”来当第二任妻子。他请教老友坦普，他鉴于“我的热情习性”，认为“与正当女人的联系”是“免于不恰当联系的保证”。

但没有这样的人出现，而鲍斯威尔变成惯性酒鬼，踯躅于伦敦黑街的人物。尽管尿道炎日益严重，他的性精力依旧旺盛——在6 月他在一天拜访一女孩三次——但他变得越来越鲁莽，淋病发作越来越频繁。为刺激性欲，他曾“试对三人做实验”，尽管他未解释这实验是什么。三年后，1793 年 9 月，鲍斯威尔的友人坦普又劝告他结婚，认为这是提振他的唯一方式。但他警告鲍斯威尔“任何和像我这样的男人在一起的女人会很不快乐”。因此鲍斯威尔继续他的放荡行径，直到结局在 1795 年 5 月来临，当时他生病死于膀胱瘤。

受躁郁症折磨的人，失败的丈夫、父亲、律师，执迷于对女体的欲望，耽溺于酒精，虽然如此，鲍斯威尔有两项卓越才华。第一项是交朋友。1781 年约翰逊博士说：“鲍斯威尔先生受每个认识他的人欢迎。”他去世时莎士比亚学者马隆(Edmond Malone)指出：“我……如今怀念他的声音、他的欢闹及他永远的好脾气。”第二项
470 是他诚恳的自省，这使他的笔记、日记成为人的生命的最翔实记录。我们现在认识鲍斯威尔比我们认识任何人都多。有时自恋、有时满腹愧疚、有时急急驱赶忧郁，日记让我们看到鲍斯威尔的多重面貌。但最重要的是，它含有真实，纵使最后版本是一精致文学产品，常在事后依据当时写下的草稿写成。它是鲍斯威尔给子孙的最大(且唯一)遗产。从日记他挖出他的出版品——他对科西嘉的帕欧利将军的记述，他与约翰逊博士的苏格兰高地之旅的日记，及他的伟大的《约翰逊传》。这些记录近来的发现与出版终于为他带来名声。

无疑，鲍斯威尔性欲的释放是由他对幼时严格的加尔文教教育的拒斥，以及他快速通过卫理公会教派及天主教进入怀疑主义、英国国教会所造成。他持续感到罪疚，这从他对手淫的拒斥可看出。结果是他对性行为的态度激烈地摆荡于自我谴责与张扬男子气概之间。

他的主要问题是他无法连结性与爱。这个问题在他是个单身汉时还不太烦扰他，但在他于1769年结婚后变得严重。他深深爱他太太，迟至1776年尚能告诉自己：“我与任何其他女人在婚姻中都不可能像与我爱妻那样快乐。”她也爱他，并以耐性和好脾气忍受他的惯性不忠、他的酗酒、他的嗜赌。另一方面，如她在1775年3月8日坦白向他解释的，她不能完全满足他的性欲，这可能不仅是他嫖妓的部分原因，也是他沉迷于酒精、赌博的部分原因。但更重要的原因是他天生的躁郁症，这病因他父亲的公然轻视，他自觉

当律师、作家的失败，他恨他在苏格兰法院的律师工作，他厌恶爱 471
丁堡社会的乡气而加重。当约翰逊博士指出："忧郁而疯狂的人总是肉欲的；他们心灵的不幸总能迫使他们为身体寻找安慰。"他可能是针对鲍斯威尔而发。鲍斯威尔确实在情绪沮丧、罪疚感因酒精加强时追求妓女最力。从追求最廉价妓女，事后几乎必然患病来看，鲍斯威尔似乎是借追求妓女来惩罚自己的肉欲。

似有可能因长期生病、怀孕、流产、低性欲，玛格丽特有很长时间无法对鲍斯威尔提供性满足。当鲍斯威尔在 1777 年指出："对谦逊我有自己的看法，我对谦逊评价不高。除非一女人有蓬勃热情，否则她会是一沉闷伴侣，而为了拥有蓬勃热情，**幻想**应以活泼意念燃烧。"他可能是针对妻子而发。他想到的解决办法，是将性欲和情感分开。他一直视女人为性玩物，因此将性欲和情感分开对他不构成问题。此议题上一更极端的立场是由鲍斯威尔的朋友蒙博多勋爵(Lord James Monboddo)所提出，他"不认为哲学家把性交当欢乐是对的，哲学家只能把性交当排泄；他认为把性交当欢乐的男人很快会把那欢乐当要事，没有什么比这心态更可鄙的了"。鲍斯威尔觉得自己属于把性交当排泄的男人。

最烦扰鲍斯威尔的是对自己对妻子不忠的罪疚感，只要一有机会他就征询这方面的意见，自友人坦普、斯图亚特夫人(他们赞同他的做法)，及自约翰逊博士(他对任何形式的通奸都采取严厉反对看法)。他试着理性地思考这问题，但从未成功。一回他沉
思："我非常尊敬、珍重我的爱妻，但认为我与妓女的肉体联系并未 472
损害我对妻子的爱。然而我认为与妓女性交会损害我的健康，这无疑也会损害我妻子的健康。"对妻子不忠是否在道德上站得住脚

的问题是一始终困扰鲍斯威尔的问题，而他始终未完全解决这问题。另一方面，不同于许多其他18世纪丈夫，当他害怕传染性病给妻子他就不与妻子接触。

另两个内疚领域关涉对年轻处女和已婚女性的引诱。尽管他曾向卢梭表示希望与下层少女性交，事实上他从未企图引诱处女。1766年他夸耀“我‘决不玷污处女’的原则”。

他总是对与已婚女性发生性关系十分不安。珍·赫伦太太对他投怀送抱，但他对自己的行为感到非常羞愧，遵循约翰逊博士的建议远离她。他不视与多兹太太的关系为通奸，因为她的先生已离开她、与别的女人住一起。他对波茨坦卫兵的怀孕妻子的突然攻击严重困扰他好一阵子。他与吉罗拉玛·皮柯乐米尼的关系，他以“所有意大利上层社会女性都是被父母强迫嫁出去，她们纳情人是很寻常的事”来解释。

鲍斯威尔的性生活为一套原则所统御的最后一个领域，是有关他对任何可能私生子女的对待。赫伦太太向他保证她不孕，这解除了他部分忧虑；当佩姬·多伊格生了一个他的小孩，他为分娩作安排并安排养母照顾小孩。当露易莎与他讨论怀孕的可能性，他向她保证他会尽责任；而当多兹太太生下莎莉，我们没有理由认
473 为他未对莎莉的养育负责任，尽管她可能无法活很久。对皮柯乐米尼夫人，他使用保险套。就此来看他像多数18世纪大贵族，照顾私生子女，尽管有例外，诸如金内尔德勋爵他的私生女在爱丁堡操贱业。

另一方面，他坚决不肯视私生子女为社会地位相同于婚生子女。当瑟罗大法官（Lord Chancellor John Thurlow）邀请鲍斯威

尔及其女儿与他的私生女姬蒂(Kitty)赴一场音乐会，鲍斯威尔拒绝去，因为“我向来不赞成把私生子女放在与婚生子女有同样的层级上”。

来自鲍斯威尔日记的大量证据显示，18 世纪多数女性认命接受双重标准。连在 18 世纪苏格兰伪加尔文派这些原则也被接受。鲍斯威尔沉思“一放荡者可能认为诱惑我妻没有错，但……假若我逮到他企图……我会踢他下楼或摔断他骨头”。但他认为自己的情形有些不同。鲍斯威尔太太与鲍斯威尔结婚前就知道他的韵事；她数次劝告他以妾满足性欲，且尽管她在发现他的韵事时感到痛苦，她总原谅他。在他这方，尽管他不断不忠，他从未对她说谎，从未把性病传染给她，且经常立刻把出轨告诉她。由于他的性格，这是他能给她的唯一忠实，且他对她相当坦白。结果，她明白他相当爱她，也准备容忍他任何不忠，只要他不对别的女人真心示爱。到后来，当她受肺结核折磨，她继续提供性欢乐，这有时完全满足他的需要。鲍斯威尔的日记是一执迷于自己及自己感情的人的日记。但鲍斯威尔的日记显示鲍斯威尔太太有时享受性，尽管她常受怀孕、流产、肺病及她先生的经常酒醉所苦。

从鲍斯威尔的故事还能得到什么结论？显然他在许多方面是 474
个非常不寻常的人。他游走于西欧的贵族、知识分子与专业人员阶级之间，他的冒险相当有助于我们了解这些阶级的性态度与性习惯。鲍斯威尔的性冲动显然与佩皮斯的相当不同，佩皮斯满足于吻、爱抚女人的唇和胸脯数小时而不产生实际性行为。鲍斯威尔的性欲则更强烈、粗暴。他的主要需要是频繁而激烈的性交。他尤其被廉价妓女吸引，而他在与上层阶级女性初次性交时容易

感到无力。

鲍斯威尔不是个寡言的人，他把性生活的细节不只倾倒在笔记、日记中，而且倾倒在与密友如坦普和他最欣赏的三人：约翰逊博士、卢梭和帕欧利将军的谈话中。无人被他的轻率、不忠、性欲的粗暴吓倒。约翰逊博士劝告贞洁，帕欧利将军和坦普劝告结婚，卢梭以肉欲神秘观教导之。由于他的道德疑虑，他对性问题非常严肃，约翰·威尔克斯告诉他："你喜欢性几乎和我一样多，但你无法对性一笑置之。"

尽管鲍斯威尔认为在伦敦找到优雅情妇相当困难，婚姻不忠在欧洲上层阶级间的比率似乎相当高，这一点可从许多其他回忆录得到证实。拒绝他的已婚女性不是被他的示好吓倒，而只是不喜欢他的缺乏技巧，而有些人，像赫伦夫人、皮柯乐米尼夫人及多兹夫人，则是对他投怀送抱。一些下层阶级女性也同样大胆，如波茨坦卫兵之妻以及愿意陪鲍斯威尔到苏格兰的瑞士旅馆中的女人。但怀孕是一恒在的危险，这可以解释为什么已婚女性，尤其是
475 怀孕已婚女性，是如此受 17 世纪的佩皮斯和 18 世纪的鲍斯威尔欢迎，尽管后者总觉罪疚。

18 世纪的乱交的最大危险显然是淋病，鲍斯威尔就感染了至少 17 次，可能更多。鲍斯威尔的朋友认为这些复发不过是笑话，尽管他们确有警告他多加小心。当鲍斯威尔的父亲抱怨儿子不断传染淋病给苏格兰女郎蒙哥马利康宁汉太太（Mrs Montgomerie—Cunningham），她却安慰鲍斯威尔："告诉他性病现在是很普通的事。"连女人也不再把性病看得很严重，尽管性病的残害是很严重的。治疗与病一样危险，因为最可靠的治疗是汞疗法，而汞是危

险毒物（图 23）。另一方面，梅毒似乎不是危险威胁。淋病的遍在与梅毒的少见似在 16 世纪末时已是英国特征。

3. 结语

有关 18 世纪英国上层阶级性行为与态度的数项结论可从佩皮斯和鲍斯威尔的日记得出。首先，尽管此时社会对性病是抱容忍态度，妻子的忍耐是有限度的。鲍斯威尔太太比先生感染性病的其他太太要痛苦得多。1776 年亨利·斯拉先生给太太看一个肿得很大的睾丸，这状况他辩解是数月前摔出马车受伤的结果。
赫斯特·斯拉夫人拒绝相信此荒诞故事，她立刻想起她父亲在她 476
13 年前与亨利·斯拉先生订婚时说的话："如果你嫁那恶棍，他会得梅毒，他还会要你替他做敷剂呢。"他父亲如此警告她。她告诉自己"这预言现在应验了，我正在做他所说的敷剂，每早、晚跪下一小时制这敷剂"。同样地，著名女演员西登斯夫人（Mrs Siddons）在 1792 年被丈夫传染梅毒时非常不能接受。她复原后，"悲愤爬满她姣好的脸……；她怨极了"。

鉴于性病的流行及它引起的痛苦，不足为奇的，18 世纪期刊广告栏三项最常见主题是治愈性病、化妆品与书。举 1785 年两份时髦伦敦报纸《晨间纪事》（*Morning Chronicle*）和《白厅晚邮报》（*The Whitehall Eveining Post*）为例。它们为春药做广告，如"亨特的回春膏药"，广告写作"世上第一件回复病人性能力的药"；或"回春浴"，给"那些被女人或酒弄疲的人"，给那些"性交不顺利的人……及那些由于自慰而伤了身体的人"。它们也刊登能照顾"情况需要暂时退隐的女士”的产科医师的地址。但多半是为性病秘方做广告，诸如“里克的灵药”、“特效药”、“里斯本治疗饮料”、“索兰德医生的蔬菜汁”及“凯瑟医生的药”。

令人惊讶的是，18 世纪末，保险套引入后一百年，要买保险套依旧十分困难。菲力普太太在伦敦的店似乎是鲍斯威尔能买到保险套的唯一地方。他也有时期盼他的伦敦妓女会携带它们，但她们很少带。在欧洲所有其他首都，他不戴保险套，这是他不断得性
477 病的原因。不过，他在锡耶纳用过一次，他在与史柯乐米尼夫人性交时用保险套来避孕。1760 年代时鲍斯威尔知道保险套的一切及它们的用法，不像 1660 年代的佩皮斯对保险套的存在完全忽视。另一方面，没有迹象显示在与妻子行房时用保险套来避孕，尽管太太身体状况变弱，生完头三个孩子后不愿再生。

最后，詹姆斯·鲍斯威尔的日记有助我们了解 18 世纪伦敦下层社会。先从上层谈起，总有机会找到体面的已婚妇女与之发生韵事，尽管这样的女性似乎不多。要是找不到，还有戏院的**下流妇女社会**，其中的女演员，就像今日的女演员，似乎过着性开放的生活。然后有女帽制造商及衬衫、褶边制造商，其中有些似乎愿意为他们的顾客提供性服务及衬衫和褶边。在他们之下有高级妓院，如史密斯太太(Mrs Smith)在皇后街(Queen Street)的妓院，在那儿有昂贵应召女郎。也有一般及专门妓院，如彭布罗克勋爵十世在 1775 年告诉鲍斯威尔的全为黑人的妓院(尽管那时该妓院也有一些白人女性)(图 27)。在专业人员的阶梯底部有阻街女郎，麇集在河滨大道旁或圣詹姆斯公园内，她们能被带到马车或暗巷几分钟，或到澡堂洗澡、吃饭、进行一夜之欢。最后，有可怜业余者、

遍在的女仆，在住处、寓所、旅馆伺候主人及客人；她们的命运悲苦（图 26）。这些女性是最受剥削、最无助的，她们的性服务能由 18 世纪英国的上流社会男人获得。也有长期情妇被纳来满足婚前男人（如 1769 年前的鲍斯威尔）或鳏夫（如 1671 年后的佩皮斯）的性 478
欲。当中有些是有教养、体面的女性，如佩皮斯的玛丽·史金纳；有些是被始乱终弃的下层阶级女孩；另有些是自甘堕落的女人，如鲍斯威尔婚前同居过的一些女性。不过，逐渐有钱的男人可能为自己找到中等阶层且父亲破产的好教养、迷人的女性。

18 世纪末上层阶级性场景的几近所有面向，都被呈现在托马斯·罗兰德森 1786 年所绘的一幅讽刺画里（图 24）。一船急着找有钱丈夫或情人的美丽、时髦但贫穷的女孩刚抵达岸边（大概是在加尔各答或孟买），正在接受检查以让富有英国人或总督的代理人来购买。前景中是卸下船的货物：一箱外科医生工具及几箱“里克的药”；一箱题为“供单人消遣”的书，当中有《芬妮·希尔》和《女性性变态者》（*Female Flagellants*）；一大捆题为“菲力普夫人（发明者），莱斯特广场，伦敦。供枢密院使用”的保险套；及一画有交叉桦枝条束、题为“英国制品”的箱子。在“非卖品仓库”放着装有“亨特的回春药”的桶子。在此幅画中，我们看到待售的少女、治疗性病的药、保险套、色情文学、春药以及满足英国人对施虐受虐狂爱好的工具。

①这句话的原文是“Who in the performance of a manly part would not wish to get claps?”claps 除当“掌声”外，有“淋病”一义。 479

②帕欧利(1725—1807),科西嘉爱国者,曾领导科西嘉人反抗热那亚人、法国人,先后出任科西嘉总统、总督,并曾由于被法国人打败,逃到英国,在那儿鲍斯威尔将他介绍给约翰逊博士。帕欧利于 1795 年到英国,在英国终老至死。

第十二章　庶民的性行为 481

贞洁和贫穷是不相容的。

（普雷斯定律）

1. 变化之事实

当处理下层阶级的性行为，史家被迫放弃任何详密调查感情、482
态度的企图，因为直接证据并不存在。他被迫从法律文件、当时文士的评论或得自于教区记录簿的人口统计数据中寻找证据。由于在下层阶级真相只约略符合社会标准规范，史家能得到的唯一指标是婚外性行为的型与量。在庶民中，婚内性行为对史家而言是一封闭的世界。这就是为什么有关庶民性行为的一章几乎只专注于由今日标准来看是有罪的领域。如果我们能看出在婚外性行为的型与量上有重要转变，那么便可能对社会下层阶级的性态度转变作些推论。证据显示：16 到 17 世纪初的婚前及婚外性行为减少，而 17 世纪末、18 世纪的婚前及婚外性行为则大幅增加。由于结婚年龄的升降在此现象并无扮演角色，故婚前及婚外性行为在 16 到 17 世纪初减少，而在 17 世纪末、18 世纪大幅增加的解释必在于态度上的转变。

如前文所述，中世纪时教会对婚姻体制的控制并不强，这意味着下层阶级在性安排上有很大自由。14 世纪时，订婚继之以性交是被教会承认为有约束力的婚约；订婚后、结婚前出生的小孩通常被承认为婚生；重婚很普通，几乎不可能查出，秘密结婚在当时也同样普遍。

483 在苏格兰高地，古老习俗持续至 16 世纪中叶。15 世纪中叶时一位意大利牧师兼外交官（后来的教宗庇护二世）从苏格兰经诺森伯兰旅行至英国，在边界上的村庄过夜。村庄的人深怕苏格兰盗匪，故晚饭后所有男人和小孩退到城堡，只留下他和所有女人。他们认为将女人与城堡隔离是合理的，因为她们会碰到的最坏的事是强暴，而他们认为强暴没什么大不了。当牧师去睡觉，他由两个年轻女人陪同到他房间，她们表示若他希望的话愿意陪他睡觉。但牧师拒绝，因为怕夜里遭到割喉。如果此叙述能被相信，在 15 世纪中叶的诺森伯兰男人并不重视女人的贞操，而女人可对陌生人示爱，这两种态度在世界别处几个原始社会还能看到。

中世纪教会未能把它传统的对性的敌视强加于社会，亦未能将自己的宗教仪式立为合法化性结合的唯一具约束力的仪式，加上当时人对性的随意态度，使得中世纪人对婚姻和性的态度非常不同于 17 世纪英国人的态度。出生、结婚、死亡登记簿在 1538 年的引入是俗人和教会对人的私生活加紧控制的证明。新教教会在 17 世纪的教会活动将婚姻体制带入公共权威的有效管理之下；它也将清教对性的态度带入公众的注目之下，并以教会和国家的权威来为这样的态度背书。

必须指出的是，对贫民而言，性隐私是他们既不拥有也无法期望的奢侈品。生活环境十分差，以致在 19 世纪下半叶前的庶民中，家人一同生活、工作、吃、睡在一二间房。在这种状况下，父母 484 或住在家中的已婚孩子的性隐私是不可能的，而孩子从幼年起就必已熟悉做爱的景象与声响。只在夏天——且只在干爽的日子——性隐私才能在户外林地里获得。

求爱风俗显然与婚前性行为的量密切相关。在 17、18 世纪的西北欧的许多地方，劳工阶级中有一称做“bundling”的普遍求爱风格。“bundling”意指在床上、在黑暗中，半裸地对女孩求爱。在 18 世纪的威尔士，男人保留“服装的重要部分”，女人则穿“在底部打个结的衬裙”。在美国，一木板常被置于床上以隔开情侣。此一做法在 18 世纪、19 世纪初的欧洲西北部——威尔士、苏格兰、荷兰、斯堪的那维亚的贫民中十分普遍，在德国、瑞士、法国的若干地方也相当普遍。1761 年约翰·亚当斯(John Adams)准备公开声明“我无法完全反对 bundling”，而“bundling”在 18 世纪新英格兰无疑十分普通，且仍实施于 1816 年的新泽西和 1827 年的鳕鱼角(Cape Cod，位于波士顿东南角)。

“此可爱但危险习惯可能是自国外输入”的结论似乎不可避免。此习俗在 18 世纪新英格兰的普及使人们容易认为它在英国也相当普及。着衣躺在床上、谈话、接吻的做法在 17、18 世纪的英国确实被实行着。值得注意的是当托马斯·特纳(Thomas Turner)在 1765 年间向第二任妻子——非常体面的女孩——求爱，他两度与她过夜，尽管在他听到婚前怀孕之事时感到惊骇。在第一次拜访，他在她家端坐到清晨 5 点，在第二次拜访他又在她家逗留到天明——是坐着或躺着并不清楚。特纳的求爱方法强烈显示 486

"bundling"——意指整夜谈话、接吻——在那时是苏塞克斯的流行做法。威廉·宾格利(William Bingley)在1804年于威尔士发现这习俗时指出"过去数年内'bundling'在英国很少被听说",这显示"bundling"在18世纪是存在的。就如在许多原始社会,"bundling"是项在17世纪不导致怀孕的风俗。在威尔士,"下层阶级人民确实在床上进行恋爱事件,且……不以此为耻"。简而言之,在17世纪"bundling"是"一古老习俗,普遍且轻易被实行"。它也颇有意义。整夜谈话让双方得以探索彼此心灵、个性,而身体亲近提供了在成熟与结婚的十年间是否能获得性满足,或试验与伴侣是否性和谐却不必冒怀孕之险来作婚姻承诺的社会认可方式。

在一无避孕用具的社会,婚前贞洁率的最可靠指标是头胎子女在婚后不到8个半月出生的比率。婚前怀孕的指数也是了解婚前性行为的很好指标。但在检查事实前,必须先了解婚前怀孕指的是什么。未婚先孕必须包含四项行为。必须有婚礼前怀孕,且由于一对健康年轻情侣的单次性交行为的怀孕机会只有2%到4%,此必然因此可能是数周甚至数月性交的结果。其次,它包含怀孕后教堂中结婚仪式,但未必涉及腹中小孩的父亲。再者,怀孕必须产生一婴儿;此外,该婴儿必须受洗且被登记。显而易见的,最后三项步骤中的任何一步都可能不发生。如果此定义被接受,
487 明显地私生只是婚前怀孕的分支:性交在婚前发生,小孩出世且受洗,但没有婚姻。

不妨根据能使情侣依循这四项步骤的动机,构建一未婚先孕的类型学。第一种类型是发生在"在证人面前正式订婚,继之以教

堂婚礼前的同居并在父母和社区的完全知会知晓和同意下进行”之时。无疑这是17、18世纪英国某些地方贫民中的常见风俗。它可能解释了婚后四个月内的怀孕。应记住的是许多怀孕一二个月的新娘可能不知道自己怀孕。无论如何,这些是不夹带伤痕或罪疚的婚前怀孕。这种类型的一种变型发生在父母阻挡婚姻之时。情侣私订终身,开始共眠,然后以“非同意不可”要挟父母,因为女方已经怀孕了。

第二种类型是女孩被男人引诱,有或没有婚姻允诺。男人然后试图拒绝履行承诺,但被父母、邻居、教士、地方长官和法律行动的威胁逼迫到圣坛。此一类型可能包含许多怀孕7到9个月的女孩的婚姻,且多半是乡下现象,因为在城市这些压力较容易被规避。此类型的变型是女孩借故意让自己怀孕来强迫男人娶她。第三种类型是发生在一下层阶级女孩(常是一佣人)让自己变成有钱人的情妇。当她怀孕,她的主人会安排让她嫁给穷人(可能是他自己的男仆),这人会被付丰厚酬劳以娶她并接受孩子为自己的孩子。此类型的变型(据说在17世纪法国农村相当普通)是发生在农民迎娶已被别的男人弄大肚子的女孩,只为了染指她的嫁妆和羊。

无疑,英国的有记录可查的未婚先孕率在16世纪末是低的,
而在17世纪降到更低,甚至低于20%,而一些证据显示在新英格 488
兰更低,低于10%(表十)。不过,在18世纪上半叶,一惊人转变发生。有记录可查的未婚先孕率陡升,在18世纪下半叶大西洋两岸许多地方都到达逾40%。从这些数字我们能下结论:“在18世纪下半叶的英、美庶民间,几乎所有新娘都曾在婚前与其未来丈夫

489

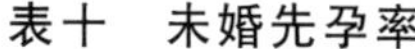

表十 未婚先孕率

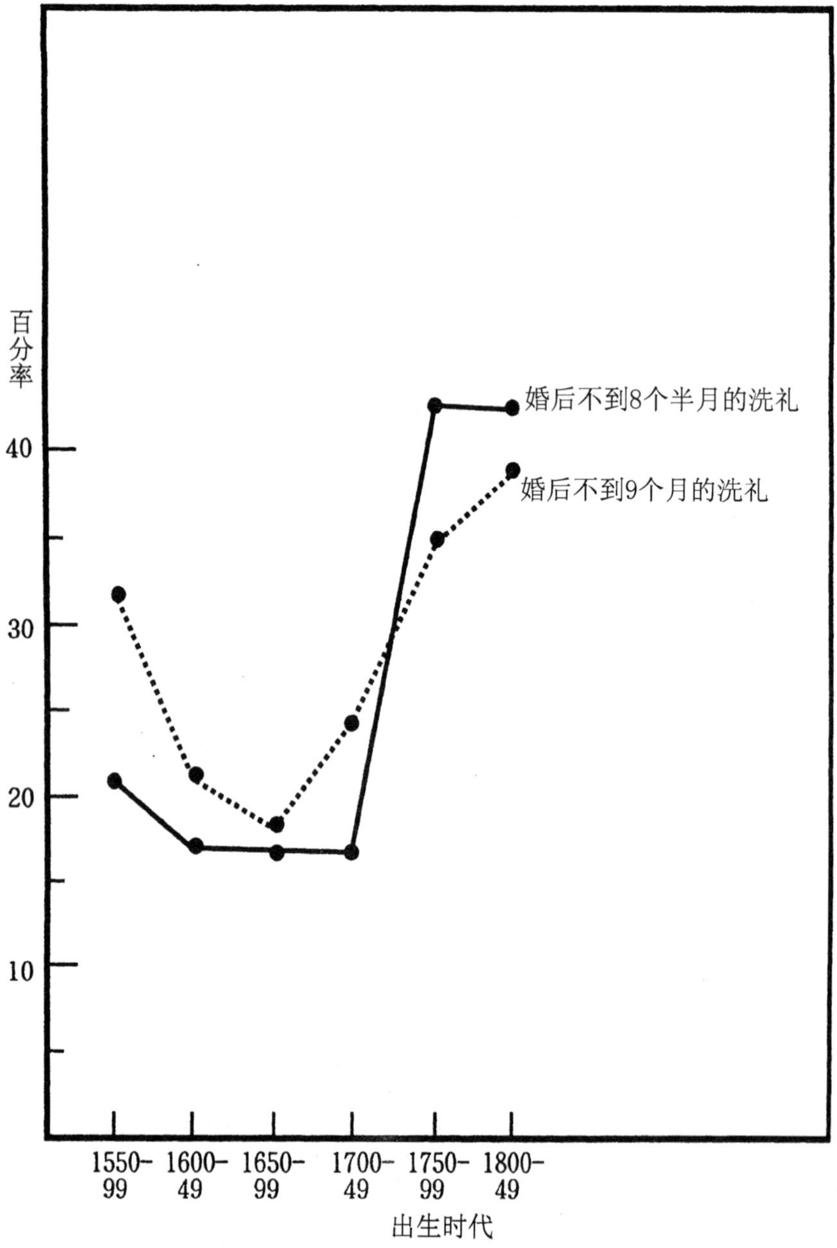

百分率

40

30

20

10

婚后不到8个半月的洗礼

婚后不到9个月的洗礼

1550-99 1600-49 1650-99 1700-49 1750-99 1800-49

出生时代

398

有过性经验。这时是怀孕先于婚姻，而非婚姻先于怀孕。”

法兰西斯·普雷斯指出：“女孩的缺乏贞洁在 18 世纪末伦敦（从最低阶层到小资产拥有者、零售商、工匠阶级）相当普及，且不被视为婚姻障碍。”不过，在他写这段文字时（1820年代），婚前怀孕局限于（位于社会阶层最低层的）雇佣劳动者、计日工、劳工之女。如果普雷斯是对的，那么未婚先孕（及非婚生儿）持续上升至 19 世纪初隐含一社会阶级大幅变动。越来越多下层中产阶级拒绝了无产雇佣劳动者宽松的性道德，但由于后者人数大幅增加，未婚先孕率持续上升。

白金汉郡布列琪里的威廉·柯尔牧师（Reverend William Cole of Bletchley, Buckinghamshire）的日记能为上述的统计增添血肉。在 1766 年这一年他为当地铁匠的儿子施洗，6 个月前他才为这位铁匠和他的新娘证婚；他还为一当地绅士的怀孕女仆和近卫军士兵证婚；另外他曾在一天内为一对情侣证婚、为他们的新生儿施洗并为母亲行入教仪式，后二仪式是在他的私宅完成。从这 490
些故事我们可以看出不少未婚先孕是在婚礼前许久发生，因此与订婚后同居这项习俗之变化无关，而是由社区对婚前性行为的控制崩溃所致。

非婚生儿的证据远不如未婚先孕的证据那样可靠，因为它可能受未婚女性施行避孕、取得堕胎、实行杀婴或为私生子施洗，以及教会在同意为私生子施洗并登记它们为私生子等习惯上之改变影响。数字亦未能记录已婚女性的私生子女。因此，可以确定所有有记录可查的非婚生育率都不足以反映现实。

私生此一婚前怀孕的分类，也能按怀孕状况给与一类型分析。

491 表十一　非婚生育率

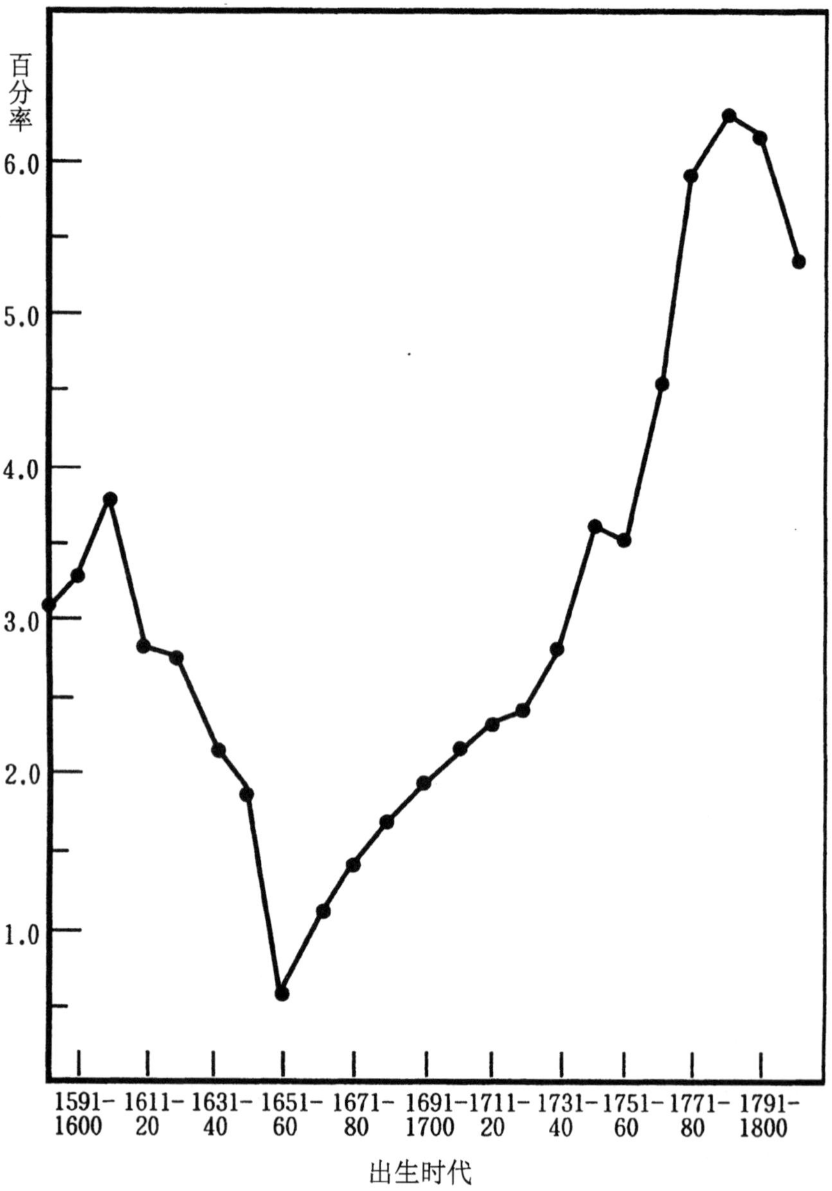

百分率

6.0

5.0

4.0

3.0

2.0

1.0

1591-1600　1611-20　1631-40　1651-60　1671-80　1691-1700　1711-20　1731-40　1751-60　1771-80　1791-1800

出生时代

第一种类型是女孩被仆人或工人或邻居引诱，可能是在婚姻允诺后。当怀孕发生，男人拒绝履行承诺并逃走。第二种类型是女孩（常是一位在雇主家内的女仆）被某高社会地位的人（常是主人或主人的儿子或朋友）引诱。这能在有或无婚姻允诺的情况下发生，女孩因害怕失去工作而同意。在此情形，即使有承诺，也不可能被履行。如果女孩怀孕，她不是被解雇就是被嫁给穷人。第三种且最罕见的类型是怀孕的乱交女性。她易于被社区唾弃。

在伊丽莎白时代，乡下非婚生育率徘徊在 4%以下。不过，1590到1660年间，有记录可查的非婚生育率稳定下降，在1650年代清教势力高涨时期下降到 1.5%。其后它略为上升，但在 1720 年代仍在 2.5%以下。之后起飞，在 1760 年代上升到4.5%，而在 492
1780 年代后上升到逾 6%（表十一）。由于对大部分人口而言平均结婚年龄是 26 到 28 岁，这数据仍在上升，此证据显示在 16 世纪，尤其在 17 世纪，多数男人在性成熟的头 12 到 14 年间必有实行性自制。

虽然有“bundling”、婚前怀孕、私生，结婚年龄推迟意味着在 16 到 18 世纪所有时期，多数下层阶级男人未婚地度过性精力最旺盛时期，因此应处在性挫折状态中。在 16 世纪末 17 世纪初，内化的压制无疑受清教的道德压力鼓励。16 世纪末的占星家西蒙·佛曼（Simon Forman）指出他在 30 岁前未与女人性交，而他的情形可能并不特别。

不过，压制不是唯一解决办法，而要是认为低未婚先孕率必然意味着低性活动量那可就大谬不然。“容忍男性性实验而坚持女性婚前贞操”的双重标准，一旦与“上层阶级的幼子之终身不婚增加，以及年轻男人普遍将结婚延迟到26岁以上”结合，便创造一个部分由妓女的大量增加来纾解的社会及性问题。

多数妓女集中在大城，这对乡下男孩而言意味着长途旅行及所费不赀的花费。据指出1681年时诺里季满是酒馆，“而每一酒馆，他们说，也是一妓院”。另一方面，伊丽莎白时代法律记录显示在村庄也有大量卖淫情形存在。有些穷家处在家中让出一房间给妓女，有些已婚女性则投入卖淫，部分为赚钱，部分可能为欢乐。
493 性因此对乡下单身年轻人而言是很易获得的。妓女在伦敦大量聚集，部分就是为了供应城中二到三万单身学徒的需要（图28）。学徒滥用这些女人，而在17世纪更习惯于在圣灰星期二（Shrove Tuesday）[①]借大闹妓院来扫除性挫折。1668年查理二世的政府强力镇压骚动，结果引起两夜动乱。查理二世不能理解学徒行为的意义。“为什么？为什么他们那时要到妓院去？”他问。

妓女供应量的增加验证了“贞洁和贫穷是不兼容的”的“普雷斯定律”。妓女不只由贫穷滋养，也由穷人阶级的滥交文化滋养。对一些女孩而言，卖身比靠一天做14到16小时裁缝工谋生容易许多。许多女人是由于当了未婚妈妈才去当妓女，非婚生育的增加因此必然提高了妓女的供应量。为上流人士抛弃的情妇也会去当妓女。按笛福在1725年的说法，更多妓女是伦敦年轻女仆阶级的成员，她们由于失业而被迫“卖身或饿死”。“这是我们的街道满是妓女的原因。因此许多妓女到处流浪，从妓院到主人家，从主人家到妓院，颠沛流离。”笛福不赞成这种生活方式，宣称这些女孩“既当不成好妓女也当不成好佣人”。但有关18世纪工作机会的残酷事实是，开放给来自穷家庭未受教育的女孩的唯二工作是当妓女及缝纫女。由于工作不易，这两者经常混淆。

1724 年贝纳・曼德维尔对“抑恶协会”(Society for the Suppression of Vice)提出激烈抗议，这个协会当时非常忙于试图关闭妓院、把妓女赶出街道。他的解决办法是建立政府管制的公娼院， 494
以不同阶段的女孩及房屋迎合不同社会团体，费用从 2 先令 6 便士到 1 畿尼不等。毋须说，他的建议没有人听，他所关心的罪恶随 18 世纪前进而变得越发普及、严重。

值得注意的是，卖淫有等级区分，这在像鲍斯威尔这样的人的日记里清楚浮现。大体分为三级：普通的街头妓女；有自己房间及有绅士客户的应召女郎；有自己住家的受养情妇。1780 年代法兰西斯・普雷斯到一名唤法兰斯先生(Mr France)的伦敦皮裤制造商处当学徒，这人有三个女儿。“长女当街头女郎 7 年；17 岁的幺女有住处，绅士常到那儿拜访；次女……被一艘属于东印度公司的轮船的船长包养，他不在时她以情妇常做的娱乐自娱。”法兰斯的三个女儿因此代表了妓女的三种类型。

贫民的婚内性活动唯一为人所知的事是它因月而异。一每年的“怀孕周期”理论在近代初期于法国和新英格兰被发现。在一不使用避孕用具的社会，此一周期必然反映了已婚夫妇的性活动量的变化。在 3、8、9 月有一怀孕低谷。怀孕高峰期(因此是性活动高峰期)是春天及初夏，从 4 月到 7 月，尤其是 6 月。3 月低谷能由四旬斋期间戒绝性交解释。此低谷在英国比在法国及新英格兰弱的现象显示，英国神职者规范教徒性习惯的力量较弱。晚春和初夏高峰可能是由较暖天气所提供的较大隐私造成。仲夏收获季节的低谷相当令人费解：可能的解释是田里非常重的劳动造成的

体力衰弱，或赴外地劳动造成的家人分离、营养不良（因为食物价
495 格在新的收获季节来临前总是很高）。另一方面，食物价格和怀孕都是在 5、6 月达到高峰，而怀孕周期对镇民和对农人都适用。医生建议在盛暑戒绝性交，但这建议似乎不可能会影响富有精英外的任何人。由于这周期随都市化、现代化逐渐消失，无理由认为这周期支持任何自然女性怀孕周期理论。事实是我们不知道这周期的解释。

17 世纪末到 19 世纪初之间，性表达获得很大自由。与之前的清教时期或之后的福音主义时期相比，17 世纪末到 19 世纪初是个权威很少钳制性欲的时期。17 世纪末，非英国国教派牧师奥立佛·海伍德在看到约克郡的道德堕落时极为惊骇。1673 年他注意到一猥亵大招牌竖立在哈利法克斯到布拉福的大路上；它描写一裸男与裸女在性交中，所有路上旅人都被迫从它之下经过。

在伦敦对猥亵的爱好受到色情业繁荣推助。1773 年精力充沛的伦敦司法行政官约翰·费尔丁爵士（Sir John Fielding）向大陪审团抗议：“猥亵版画及书本这样多足以让厚颜的人脸红。”法兰西斯·普雷斯从消费者观点肯定此抗议。在他 1780 年代的幼年，文具店出售色情。在他常去的一家店，店主罗奇太太（Mrs Roach）“常对客人打开一纸夹；纸夹里有许多猥亵版画；……她鼓励他们看版画……这在别的店也一样”（图 25、26）。色情，一如标准性手册《亚里士多德的杰作》，“那时在每家店公开贩售”。猥亵
496 歌曲在商人举办的宴会里经常被传唱，伦敦街道满是“唱猥亵歌谣”的歌手——其中许多是女性。穷人的两个浪漫英雄典型一种是专门劫持富人，最后以上绞刑台结束生命的拦路强盗；另一种是

身强力壮的运动家，而所有人眼中的最伟大英雄是既是拦路强盗又是运动家的人。这两种人是英雄原型，两种人都违反中产阶级的道德规范。按普雷斯之见，猥亵歌谣是道德改革者由于害怕法国革命在18世纪末领导警察和司法行政官进行色情取缔前，伦敦街道上唯一能听到的歌谣。到1800年，大众对色情的容忍降低，中产阶级道德经由主日学向下传播至贫民。

2. 变化之因

无疑，需要解释的是17、18世纪英国贫民性行为的三阶段转变：先在17世纪初转向婚前守贞；然后在18世纪转向较大性自由，婚前性交大增，怀孕发生后未能结婚的情侣比例也增加。更后来，在18世纪末、19世纪，一波新的性谨慎从下层中产阶级向下传播至贫民，只有社会最低阶层的游民无产者不受影响。

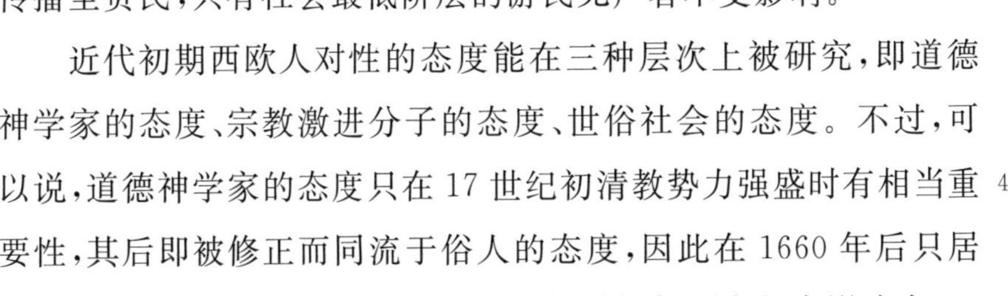

近代初期西欧人对性的态度能在三种层次上被研究，即道德神学家的态度、宗教激进分子的态度、世俗社会的态度。不过，可以说，道德神学家的态度只在17世纪初清教势力强盛时有相当重 497
要性，其后即被修正而同流于俗人的态度，因此在1660年后只居次要。至于宗教激进分子，他们在任何时候都没有很大影响力。

有理由相信，17世纪初英国相当高的性道德标准的主要肇因是清教组织及清教训诲的压力——这压力逐渐影响所有有产阶级，无论是清教徒、英国国教徒或阿米尼乌斯派的人。清教训诲成为广泛接受的社会规训体系的一部分，因此通过社会层级体系向下传播至庶民。举伊丽莎白时代的绅士音乐家托马斯·威索恩为例，他抗拒“婚前引诱他恋慕的年轻寡妇”的意念，因为“我们会挑起上帝的愤怒，因我们的邪恶而申斥我们”。此一说法传达出某种“上帝无所不在”的意念，这在16世纪末17世纪初是相当有力的性钳制力量。这些内化的价值，及它们产生的对逾越的惩罚体系，必然是17世纪初英国低未婚先孕率及低非婚生育率的主要肇因。

不过，17世纪末，上层阶级“压制贫民性热情”的态度明显降低，而贫民自己对性的态度也有转变。此一对性的态度放松的一个可能解释是道德神学的变化，这变化明显地主要影响中、上阶级阅读大众，但也可能经由讲道向下渗透至贫民。

新教神学家长久以来视双方舒适快乐为婚内性行为目标之一。17世纪中叶时，此是从杰里米·泰勒到约翰·弥尔顿每个人的认定。对此目标的合法性的承认为基督教对婚内性行为的态度
498 发展开启一新舞台，连带地也对基督教对婚前性行为的态度发生影响。借由合法化婚姻内为了双方舒适快乐的性行为，新教神学开启性爱与生殖分离的概念。这是神学家最不放在心上的事情，但这成为神圣婚姻概念留给世俗社会的遗产之一。

在放松英国人对于性行为的看法上远为重要的，是1660年后对1650年代政府借军法厉行清教徒反欢乐原则的反动。1650年代时，舞台剧、赛马、斗鸡、五朔节花柱及妓院都遭镇压；酒馆被严格限制数目，通奸可处死刑。结果恰是清教领袖所期望的反面。未制造一新生的神的国度，他们创造一极端怨恨政府干扰他们正常娱乐的社会；一个以嫌恶对待一切宗教狂热的社会，这社会最后拒绝清教对人与自然及神的关系的看法，否定欢乐的罪性。

此一文化变迁在17世纪末、18世纪以三种方式影响贫民的

婚前及婚外性行为。第一种方式是国家和教会对性行为加诸的控制放松；第二种方式是孩子对性行为道德标准的敬意降低；第三种方式是性行为道德标准本身发生变化。由于第一种方式，迄今支配性行为一般做法的严格道德法则如今因宗教及世俗处罚放松而崩溃。由于第二种方式，发展出一严重代沟冲突，孩子拒绝父母的道德法则。由于第三种方式，有中世纪习俗的复兴现象，在此复兴下性交获准在正式订婚后、婚礼前发生。

确实有迹象显示，教堂结婚习俗在复辟后部分崩溃，而当它在 499
1720 年后再被普遍奉行，它似乎不再被视为形成一婚姻的决定性事件。有一件证据显示秘密结婚在 1680 至 1720 年间非常普及：在 1690 年代的格洛斯特郡的提特伯里（Tetbury）小镇，秘密结婚达全部结婚的至少 20%，甚至更多。

变化的关键因此在于道德标准的改变。未婚先孕在 18 世纪末的大幅增加不是由对性行为规范的违反造成，而是由该标准的变化造成。唯私生的增加牵涉到对社会规范的违反。18 世纪，订婚看来好像又成为公认的性关系能开始的时刻，婚礼在后发生，此时新娘常常已怀孕很久。男人的名誉并未因此被破坏，只要他遵守结婚承诺；而女人的名誉也并未因在订婚后、结婚前开始性关系而遭破坏。

另一方面，若男人拒绝履行承诺或逃走，我们可以说两人的名誉在邻人眼中都变得一钱不值：男人是说谎者，女人则不贞洁。如果女人在没有任何允诺的情况下让自己被引诱，她会声名狼藉，但男人却不然，社区关注只限于父亲对私生子的养育是否负起责任，以及孩子是否被教以谋生技艺。私生的增加因此主要代表社区道德标准的转变;私生的增加代表社会瓦解及道德标准的崩溃。

在乡下社区,有经济诱因让即将做父亲的人娶怀孕女性,因
500 为,如一评论者在1804年指出的:“双方都很穷,因此他们必须努力使其子女合法,俾能确保名声,并获得生计。”此经济诱因因1733年通过的一条法律而大为增强。为了纾解教区养育私生子的负担,这条法律明订“社区施压力让任何为母亲指认为私生子之父的男人,负有养育孩子之义务”为合法。这意味着将做父亲的人被迫在婚姻、下狱及付养育费间抉择。这也意味着要是他没有钱,他的婚姻能使他合法从教区取得孩子的养育费。但这条法律在强化男人的结婚动机之际,可能也弱化了女人的(婚前)守贞动机。女人如今有较少理由拒绝男人的性攻势,因为如果她怀孕就持有强迫结婚的利器。如诗人克雷布在1807年所言:

> 在我们的圣坛旁站着一对倒霉新人
> 他们是被强烈热情及一张令状带到那儿(图29)。

1660年后价值转变的最明显特征是道德与法律的逐渐分离。内战前的半世纪,教会法庭已越来越主动涉入操控性行为的努力。性荒淫案件在1595至1635年间增加一倍不止,几乎是法庭处理所有案件的一半。教会法庭加诸私通最普通的处罚形式是羞辱刑,它采“穿白衣,站在教会的会众前或拥挤市场里”形式。另一方
501 面,教会法庭执法的力量是有限的。约半数被控者宁可被逐出教会外也不愿遵守法庭传唤,只小部分被控性逾越的人曾服羞辱刑。面对着顽强反抗的贫穷俗人,内战前的教会法庭因此在抑制性荒

淫上只能发挥有限效用。

在17世纪末发生了态度上的缓慢转变，最终造成私人道德与公共法律的分离。此一转变在道德神学家继续强调贞洁价值（从威廉·劳1728年的《郑重呼吁过虔诚圣洁生活》〔*Serious Call to a Devout and Holy Life*〕到亨利·凡〔Henry Venn〕1763年的《人的完全责任》〔*Complete Duty of Man*〕）下发生。心焦评论者看出道德权威未能压制罪恶的道德危险，并警告“如果教会没有权威足以强制正规生活，文官疏忽、怠惰，大混乱就会在那状况下发生”。但尽管这类文论很受欢迎，它们的读者似乎较多是虔诚的中产阶级而非统治国家的有产精英。18世纪时，教会法庭受理的有关性道德的案件急遽减少。1743年在——约克郡村庄，教区牧师和教会执事都不敢把性违法事件向领班神父报告，因为怕教区居民报复。不只荒淫案件的数目在1660年后显著减少，而且1740年时私通或未婚先孕的羞辱刑几乎完全消失。尽管1770年后有少量私通的公刑发生，未婚先孕的罪行也在1787年被撤销。

在16世纪末17世纪初的英国，教会法庭的不足被治安法官（Justices of the Peace）的热情弥补。防止私生问题长期以来吸引 502
国会的注意，许多国会议员也是治安法官，通过一条条法案试图处理他们相信是道德污染也对社区构成经济负担的事情。在16世纪末17世纪初，治安法官不犹豫用他们的权威来惩罚私通及私生。尤其在英国北部，被判决有私通罪的女人常在最近的市镇被鞭打，“要是犯第二次她会被送到感化院进行劳改教育”。私生案件常受到严厉处分，尽管处分因地且因治安法官而异。1601年兰开夏郡地方法庭处分一私生子的父母，他们在公众前被鞭打，然后

服枷刑，上身赤裸，头上挂一招牌，上书“这两人因私通被处罚”。这种羞辱刑在北部是普通刑罚，虽然它在近伦敦地区已绝迹。

不过，1660 年代后，治安法官不热心监督性行为，也不愿让教士监督。他们忙于处理将私生子的养育费从教区转到父亲的经济问题。羞辱刑不再被设；一旦小孩死亡所有起诉立即停止，1662 及 1733 年的注意只关心孩子养育，而不再关心私通本身的道德性。不过，这并不意味未婚母亲的状况改善。诚然状况还变得更坏，因为教区当局拼命设法让孩子不在他们的教区出生。这方面例子不少，如奥立佛・海伍德在 1662 年记录的例子，其中一正要分娩的怀孕母亲被急速撵出城。在此事例，这女人“被送到城郊，在寒霜及雪中；孩子死亡，女人发狂”。教区当局逼母亲讲出父亲的身份。助产士和几个女人盘问母亲，拒绝帮忙她生产直到她讲出父亲姓名。诚然助产士 1726 年的宣誓加诸此责任在她们身上。

503 怀孕母亲最好能说父亲是某有钱人(图 30)。

未婚怀孕的处罚在 18 世纪因此对母亲和孩子是非常重。前者可能失去工作，可能被送到感化院，最终被逼为娼。由于母亲有隐藏生产的很大动机，小孩可能在头几小时就被谋杀，或被遗弃于街道，死在那儿或被抛到济贫院。

18 世纪婚前怀孕及非婚生育的增加的第二个可能解释不是文化的而是经济的。人类学家告诉我们贞操的价值是与社会阶级及财产拥有权有直接关联。婚前贞操是婚姻游戏中的谈判工具，被用来对抗男性财产及地位权。婚前女性性压制如是被建构入社会体系，因为男人和女人在婚姻市场上是以不同物品谈判，前者是以社经物品，后者是以性物品。性优惠的扣留不给是女人对男人唯一的权力来源，如阿里斯托芬（Aristophanes）在《利希翠坦》（*Lysistrata*）[2]中所指出，这体系服务双方利益，因为男方被保证他是追求新货，而非二手货，而女方则有取得婚姻的有力筹码。婚前女性贞操原则和婚后双重标准因此对资产拥有者（尤其是小资产拥有者）是有效的。由此可推得人口最受性禁制的阶级可能是小资产拥有者，在此阶级中严格的父权概念、对威权国家的极端忠贞，以及极端的性禁制均是常态。穷人则不在此等抑制下，而无产乡下劳工及无产都市劳工阶级的兴起，意味一不重视贞操的阶级兴起。18 世纪的发展——圈地的兴起、田地的合并、家庭手工业[3]的发展、市镇的成长——造成无产乡下劳工及无产都市劳工阶级 504
的大幅扩张。

婚前怀孕的大幅增加的第二个经济解释在于家庭手工业、工厂的扩张，这使年轻情侣得以自力更生。他们因此能反抗父母、社区规范，而投入婚前性行为，知道就算怀孕发生，也没有阻挡早婚的经济障碍。“道德的衰微跟着农业的衰微而来。”一个瑞士观察者在 1801 年这样悲叹。非婚生育的增加是由反抗习俗、规避娶怀孕女孩之责的父亲造成。这可能大半是由（为贫穷所迫拖延婚姻以致拒绝履行婚姻承诺的）乡下无产男性之数目增加造成。许多乡下无产男性为人口压力所迫离开村庄而到市镇找工作，而有越来越多年轻女人也被迫离开家到都市帮佣或进入制衣业。

也有证据显示，有一小群人口，在最低社会阶层，这一小群人口未能遵守传统规范，此乃有私生倾向的少数团体。许多自最低阶层游离出来，成为游民，其渐增的数目在 16 世纪末、17 世纪逐渐引起当局的注意。大群女性沦落伦敦街道，其中一位女性的自白(1603 年在萨瑟克〔Southwark〕因游荡、私生而被逮捕、鞭打)能作为代表。

> 有两私生子女的游民法兰西斯·帕玛,说一叫托马斯·
> 伍德的人,爱德华·沃顿爵士的佣人,是孩子的父亲;而她是
> 在街上生产,离十字钥(Cross Keys)济贫院只有几步路。之
> 505 后它们死亡、被葬在神恩教堂(Gracechurch)街的万圣(All-
> hallows)教区。

18 世纪中晚期,政府准设弃儿医院,这对游民阶层而言是一好消息。既有慈善机构收养,生下私生子的女性当然乐得把孩子抛掉。认为准设弃儿医院政策鼓励乱交、私生的人可能没有错。托马斯·伯纳德(Thomas Bernard)在 1818 年指出“准设弃儿医院对鼓励恶习、增加吾族的死亡率有正面效用”。

我们因此可以下结论,18 世纪末英国私生增加的主要原因不是在于少女从事工作性质的改变(因只有一小群少女到工厂工作),而是在于更多少女不拒绝婚前性行为(起因于不在乎女性贞操的无产者比例增加,且自家庭、社区、教区压力移出的人比例增加)。因此产生一劳工阶级女性对婚前性行为态度之改变;使劳工阶级女性更易受引诱的经济状况的改变;剥夺劳工阶级女性性道德的社会状况的改变,以及使男性引诱者较易拒绝娶怀孕女孩之传统责任的社经状况的改变。

激进分子塞缪尔·班福(Samuel Bamford)④的爱情生活故事能支持此理论。他先与一名叫凯瑟琳的女孩坠入爱河,但她的母

亲说“没有自己的马的人别想娶我女儿”，但班福没有马匹。他然后让一个约克郡女孩怀了孕。这显示女孩“不坚持结婚、满足于把小孩送到教区济贫院”的态度。最后，他娶了另一女孩，但是典礼 506
是在她生出了他俩第一个孩子数月之后。这可能是18世纪末无产青年的典型生活故事，包含私生、婚前怀孕及生产。

家庭及社区对单身女性保护降低的一重要结果是单身女性日益暴露于性剥削。没有父母、亲属、邻居、牧师及舆论的保护，这些女性很容易成为主人引诱的对象，一旦怀孕了就被抛弃。如威廉·艾克顿在1865年指出：“没有比家仆更暴露于性诱惑的女性了，尤其那些在也有男仆服役的家庭中服役的女性……怀孕女性经常被解雇。”“雇用女工人的人总有许多选择、强迫、奸淫、恐吓的机会……他们能在任何时刻解雇她。”怀孕且被遗弃的年轻女性增多，其中许多漂流到疾病充斥、无前途的卖淫业，成为性剥削的受害人，有证据显示婚前怀孕不只与经济弱势、低社会地位相关，也与失学相关。

①圣灰星期二指四旬斋开始之前一日（是日及以前之数日称为忏悔节〔Shrovetide〕，旧俗于此时向神父告解而获赦罪）。

②《利希翠坦》（公元前411）是古希腊剧作家阿里斯托芬（公元前450—前380）的喜剧本。

③家庭手工业（cottage industry）一称乡村工艺，指可在乡村中做的手工，如 507
编织、制陶器、某些种纺织。

④班福（1788—1872），英国织工、诗人及社会改革者，以同情劳工阶级知名，著有《一个激进分子的生活道路》（*Passages in the Life of a Radical*）。

第 六 部

结　　论

第十三章　事实、诠释及19世纪以降的发展 511

个人的肉体可能是家庭的砒霜；对家庭有利的可能对个人和家庭所属的家族有害；对家族有利的可能对家庭和个人有害。

（E. O. Wilson, *Sociobiology: the New Synthesis*, Cambridge, Mass., 1975, p. 4）

1. 变化之事实　1500—1800

近代初期英国的家庭发展能由几项事实说明。首先是非常高 513
的死亡率，尤其是婴幼儿死亡率在30%到50%之间，这影响所有社会阶级，尽管穷人受苦比富人多。在婴幼儿死亡率于18世纪末开始下降之前，家庭时时受死亡的威胁，因为在任何时刻所有孩子都可能被一流行病扫去，使无人继承财产与家族姓氏。年轻成人间的持续高死亡率也意味很少婚姻能比育儿期经久。平均而言，婚姻最多持续20年，因为夫或妻的早死。这意味祖父母的地位在人数上相当少。死亡的无所不在影响了社会所有阶层的情感关系，任何个人所受到的情感关注都不多，尤其婴儿受到的关注更少。一个结果是婴儿被父母疏忽，这进一步减少了婴儿的寿命。这种状况鼓励了“家庭是一群可替换的人”的观念。

其次，此时是一结婚率相当低的社会，其中相当的人口比例（尤其上层阶级的人）从未结婚，而被长子继承制铁律及被在职业中谋生的需要逼出婚姻市场。纵使在贫民中，也有约10%从未结婚，终身是单身汉或老小姐。

再者，西欧和美国有一点是其他社会所未见，就是结婚年龄都
514 推迟到青春期后10年以上，这是所有阶级（除了有产贵族、绅士阶级的男继承人及女儿之外）共有的家庭生活特征。晚婚是由“婚前继承或累积一些资本及家具”的需要造成，涉及性欲高涨时期的严格禁欲。男性成人的性的升华可以解释现代西方男性的军事侵略性、节俭、对辛勤工作的热情以及在企业、知识的成就。女人在25年生殖岁月中有10年自生殖循环撤出，则是人口成长变慢的关键因素。晚婚也意味家户形成倾向连续式而非同时发生式。此加快社会、知识变化，因为结婚者的父母经常已死亡，因此不再能将他们的意志及价值加诸新家户。

家庭在1500到1800年间的转变主要限于两重要身份团体：城镇上层中产阶级和乡下大地主阶级。这两个社会领导阶级提供让有产下层中产阶级及宫廷贵族阶级遵循的模式。

中世纪末，16世纪家庭欢迎来自亲属和社群的帮忙协助。没有家庭隐私感，而配偶家庭内的人际关系，无论是夫妇间的关系或亲子间的关系，都相当冷淡，部分因为死亡无所不在的威胁，部分因为规范媒妁婚姻、女性屈从、小孩受忽视、父母严厉教子的文化模式。养儿方式，尤其是用襁褓包裹婴儿、小孩任由奶妈照顾、用

暴力挫杀小孩的势气，易造成人的特殊心理特征：怀疑他人、易使用暴力、无法发展与别人强烈情感联系。结果是家人间情感冷淡、疏远的家庭类型，而这是和近代初期英国层级分明、威权、好讯问的集体主义社会之基本价值及组织一致的。

16世纪末17世纪初，此一家庭类型因世系忠诚的丧失、亲属 515
关系和扈从关系的衰微、因国家权力的兴起及新教主义的传播而起了变更。最重要的结果是对世系群或庇护人的效忠被对国家或教派的效忠所取代。此削弱了家属及邻居情感网络，并将家族核心自家庭结构中独立出来。此一过程使该核心暴露于它常无法承受的压力，尽管其内部情感凝聚力在稳定增加。此一凝聚力受来自讲道坛及印刷所的宣传激励，使家庭成为整个社会体系的象征，而这社会体系被认为是立基于层级体系、顺从、服从等神授原则。此一对秩序的近乎歇斯底里的需求是因中世纪世界图像多数支柱的崩溃所造成。天主教会的统一教义及组织发现自己被许多敌对的教义、组织结构挑战，神职者作为上帝与人间唯一合法中介的角色被破坏，对老者的知识权威的倚赖受新科学发现威胁。此外，在英国发生一前所未见的社会及地理流动，这流动在上层改变了绅士阶级、专业人员阶级的构成和规模，在下层使数十万人从其传统亲属关系、社群背景脱离出来。16世纪末新教讲道造成大量英国人被基督教化，但同时发生的高度地理流动也使他们受制于尖锐不安全感及焦虑。物质世界较从前任何时候更诡谲难测，魔鬼及其代理人到处都是，但巫术则被斥责为魔鬼伎俩。

在高涨宗教狂热气氛中，救赎的唯一希望被认为在于对异议
分子的无情迫害。叛逆者被吊死且肢解；宗教激进分子及吉普赛 516

人像害虫般被扑灭；巫婆被谴责、处刑、焚烧；孩子被打；妻子被压制。服从论及君权神授论对许多人而言是保证避免政治混乱的唯二理论。对国家而言，对家中丈夫、父亲的服从是对国中君主的服从的典范、保证。然而在新教英国发生了从教会到家庭，从神职者到户长的功能转移。家庭的精神神圣性受到清教徒的强调，新教教会兴起，取代了传统的教区信仰。

吊诡地，尽管婚姻体制在16世纪末变得更神圣，且尽管道德神学家越来越强调夫妇爱和父母爱的重要性，家庭内权力关系却在教会和国家的强烈鼓励下变得越来越威权、父权。此一家庭内独裁主义可见于年轻人间婚前关系（受到父母严格限制、操控）、夫妇关系（妻子服从原则被不断强调）及亲子关系（挫杀孩子的势气被认为是婴幼儿训练的主要目的）之中。

在下层中产阶级及劳工阶级，家事管理中的经济运作决定了责任分配。但休闲活动大半在性别隔离的团体中进行，非常清楚的身份线继续沿性别基础被划分。妇女劳动者身负家户内、外劳动重担，而仍被放在一次等地位。恩格斯“工作带来两性间的平等，妇女的次等性是因她们变为家庭中有闲阶级的产物”的理论未受到历史证据支持。另一方面，无产阶级的孩子有较大配偶选择自由。孩子多半很早离家到别人家当佣人或学徒，因此能自由选择伴侣，甚至在求爱过程中沉迷于某种性实验。他们既不被财产
517 交换的负担拖累，也不倚赖父母对婚姻的同意。

另一方面，由于孩子也是家庭经济单位的一部分，他们可能从幼年起就受到身体及心灵压制。其次，累积家具、劳动资本以建立一独立家户的需要，强迫穷人孩子延迟婚姻直到性成熟后10到

16年。他们在结婚时机、人选上的选择自由因此受到经济考量的严格限制。

核心家庭在中、上层阶级的演化第三阶段开始在17世纪末。它的特征是对核心家庭边界的日益强调，及邻居亲属对核心家庭影响力的逐渐衰微。此必然导致对家庭内内在联结的强调。另一方面，过往向家庭父权体制的发展产生一明显反转。专制君主和父权父亲对社会秩序维持都不再是必要的，如洛克在他对罗伯特·费尔默(在《男家长》中之)立场的抨击中指出。

1700年时，在中产阶级及有产绅士阶级中兴起了一种由情感个人主义原则所激起的新家庭类型，这种家庭形式的特征如下述。亲属关系的力量已衰微，残存的亲属关系日益限于近亲。配偶选择受个人选择决定比受父母意志决定多，且是立基于双方情感及金钱、地位、权力考量。除了在贵族圈，经济考量在婚姻谈判中所占位置变得不如双方情感那样重要；结果是娶女继承人的婚姻变少，亲属分支内的婚姻变少，年轻男人娶年长女人的婚姻变少。丈夫对妻子、父母对孩子的权威随更大自治权被授予家庭单位所有成员而减少。两性间有往更大的法律、教育平等发展的趋势，每个孩子对财产继承的要求权被妥善保护，尽管对长子继承制的强调 518
并无衰退。专业人员、上层中产阶级及绅士阶级家庭变得更以孩子为取向，且有些对养育子女采取娇宠态度。在上层零售商、店主、自耕农及佃农中，越来越多妇女受到良好教育，且自家庭经济的主动参与中撤出。她们忙于监督佣人、照顾小孩、从事提高地位的休闲活动(如参加茶会、牌戏，或造访剧院、巡回图书馆)。尽管这些女人对丈夫的经济倚赖增加，她们被赋予家庭内更大决策权，

且她们日益忙于小孩的养育照顾。

这些女人所采取的生活方式如今被明确定义为一套“有教养”的生活方式。关键是对涉及身体、体液、体味日益私有化的精致行为仪式的服从。刀叉取代手扒、用餐时提供不同餐盘与器具、擤鼻涕时用手帕而不用手指或布、不轻易吐痰、穿睡衣等行为，洗脸盆、手提澡盆、肥皂的进入社会，假发取代虱子充斥的自然发，都是同一演化的征候。男人的古典文学知识，女人的音乐、舞蹈、裁缝知识则是此演化的副产品。如今有一为精英分子而设的西方礼仪文明，由一套广受认知的行为模式所定义。

性如今充斥于婚姻内及婚姻外：妻子和情妇角色合流，性欲从长期宗教牵制中释放而出。在贵族中，男女通奸变得十分普通，而所有阶级的男人都对城市里日益增多的妓女多加利用。在无产贫民（及若干小农、工匠、小零售商）中，婚前性关系变得寻常，未婚先孕升高至 40%，非婚生育率从先前极低比率大大增加。前二者显
519 示父母、牧师、社区对“bundling”旧俗的控制变弱。第三者显示越来越多男人利用他们身为主人的权力或作为工人的身份，取得性欢乐却规避责任。

于是在 18 世纪上层中产阶级和乡下大地主阶级中兴起一新家庭类型：这家庭担负很少实际功能，却担负很大情感重担。这是一较多夫妇取向，而较少亲属、社区取向的家庭类型；受情感、习惯联系束缚较多，受经济、政治合伙关系约束较少；较多道德、宗教精神而较少功利主义；较多自由，较少威权、父权；关心无依无靠者的福祉；较多性自由，较少性压制；较多关心小孩及他们的需要而较少关心成人；较多私人而较少公共；愿能控制生殖，而不愿将生殖

的事交予上帝控制。

当然,这些是趋势而非绝对,且旧习俗及价值残存一段相当长的时间。不过我们可以说,此一新家庭类型在各阶级、各家庭间被广泛采纳。多数特征先在都市中产阶级间扎根,后来及于地主阶级。许多特征直到 19 世纪甚至 20 世纪初才及于贫民。结果与其说是一家庭类型取代另一,还不如说是各家庭类型并存。家庭类型日益增多。

不同阶级受到的新家庭类型的影响不同。大贵族固守媒妁婚姻最久,但是第一个欢迎对性的新态度(视性为人生最高欢乐之一)的阶级;专业人员阶级和中产阶级可能是第一个采纳夫妇爱理想的阶级,但是最后一个将坦白性激情建构入婚姻关系的阶级,上层绅士阶级似乎是创造孩童取向家庭的先锋,然而他们持续容忍 520
英国公立学校生活的野蛮不文。劳工阶级长久以来习惯于分担经济责任的家庭,但是最后一个发展强烈内部情感联系、承认夫妻地位平等,以及对小孩投资爱或钱的阶级。

2. 1640 至 1800 年变化的解释

需要解释的不是结构的变化或经济的变化及社会组织的变化,而是情感的变化。1780 年代的核心家庭内的人对待彼此的方式和他们的曾祖父母在 1600 年代对待家人的方式相当不同,他们对待外人(无论是亲属或邻居)的态度也相当不同。在整个文化体系有一转变,被定义为情感个人主义的成长,此转变的征候与肇因已在第六章中有详细叙述。

如果数据是正确的，如果新家庭类型的发展早在17世纪中叶即开始，且如果头筹是由上层中产阶级及乡下大地主阶级拔得，那对现代家庭演化的若干解释就不可能是正确的。

首先，现代家庭发展的不规律年代及社会阶级性使接受任何有关现代化的社会学理论成为不可能。有许多种现代化理论，但最鞭辟入里者，是由耐斯比（R. Nisbet）所作对一个半世纪作概要观照的社会学论著。他指出在这一个半世纪之间发生了五种传统
521 价值的逐渐崩坏。这五种价值中的第一种是社群意识，它随乡村居民成为浮游都市移民大众而崩坏。移民者远离了亲友联系，因此能自由发展有关贞操、婚前性行为、为爱结婚、个人自主性等等的新价值及意识形态。这种说法似乎很有道理。第二种价值是包围中世纪晚期人的威权及扈从意识。这由向长者脱帽的姿势而被仪式化，并经由不断教导而被内化。存有大链理论——宇宙万物呈阶序式排列理论——使视君主为超级男家长（super-patriarch）、父为小型君主为自然的事。这些价值依耐斯比所述也被16世纪以降的社经政治变迁破坏。不过，事实上，它们在1530到1660年逾一世纪间是被加强来作为对抗混乱的利器，到它们对维持政治稳定变得多余时才消失。

“社会稳定”这项传统价值依耐斯比所述被日增的地理、社会、职业流动破坏。但若我们知道有产阶级的流动在1660年后是呈下降，则此说是有问题的。17世纪末、18世纪，英国城镇里的学徒比例日增，而非日减。都市移民日益从近距离移入。另一方面，越来越多人变得无产，而当18世纪的人口扩张取得动力，越来越多人涌入城镇。在此等阶级中社会瓦解无疑发生，就这方面而言社

会学家是对的。

第四项传统价值，神的概念，无疑被社会的世俗化所破坏。但我们在处理这项变化时必须极其注意年代，鉴于新教（及天主教）
宗教狂热在1550至1650年间上升，及其在1780年后的再兴：世 522
俗化是在这两个宗教狂热间发生的。1650年的英国可能比之前任何时候都不世俗，而在1780年它可能比接下来一世纪都世俗。

耐斯比最后指出传统价值失落，现代人被割离其精神根源，他对自主性和独立的追求是以疏离为代价，这种说法也由于错误的年代及未能分殊阶级而令人质疑。对更大自主性、平等的追求是在18世纪于乡下大地主阶级、上层中产阶级中发生，然而被引入黑暗工厂、马克思理论所称"疏离"状况的是劳工阶级。

鉴于上述年代记录、阶级的错误，现代家庭社会学理论的逻辑显得并不可信。这是直线式历史论错谬百出之又一例——这种理论忽视了社会、知识变化的起伏、忽视了趋势方向的缺乏一致性。尤其，这类理论忽视了身份团体、阶级的差异，因此将社会经验的多样性化约成了在现实生活中根本不存在的一致性。

新家庭类型发展的另一解释是它是工业资本主义的产物。这种解释指出，资本主义社会强调成就、一致性、功能分化及地理流动性，而传统家庭则强调归属、党派意识、扩散(diffuseness)及地理安定性。后者因此必须被修正才能适应前者。恩格斯认为劳资关系的自由契约体系预设了婚姻关系的自由契约体系。他承认新教在培养经济个人主义及个人化道德(personalized morality)上的重要性，但强调是工业化为劳工阶级带来爱的婚姻。在此理论
下他不得不肯定新家庭类型局限于下层阶级，且不同于社会中所 523

有其他公民权，并将有产阶级排除在外。

在此假说中有许多历史错误。主要问题是阶级分析有误。是在地主、专业人员及上层中产阶级中，而非在无产劳工贫民中，个人主义意识形态首先改变了内、外家庭关系的性格。第二个问题是年代纪有误，因为新家庭类型早在工业化开始前就已在新英格兰及英国发展。由于社会阶级分析及年代纪都有误，显然在工业化和现代家庭发展间并无直接关联。第三个问题是有许多证据显示工厂并未弄碎家庭作为一经济单位。恩格斯认为“现代工业家庭建立于妇女的家庭苦役”，而工厂造成家庭生活的解体，因为它将工作逐出家，将夫、妻、孩子分置在不同地点的不同工作。但如今看来18世纪的工业化第一阶段对已婚妇女从事家庭手工业并无多少影响，19世纪的工业化后来阶段则实际将已婚妇女推回入家庭。

可以确定的是，家务、纺织品制造及衣服制造这三项传统女性工作始终是三项最大女性工作直到20世纪初，而家庭在经济、家庭工业、农业乃至早期工厂等领域持续作为制造单位一直到19世纪中叶。再者，工厂是否确实增加已婚妇女家庭外受雇机会是非常有疑问的。有好理由认为在17世纪、18世纪初有非常高比例的已婚妇女参与生产性的劳动，尤其参与农业、小规模的交易、纺织、制作饰带及其他家庭手工业。这类工作多属零工性质，且女性收入只有男性收入的1/3到1/2。但这工作存在，且它有助于减
524 轻经济贫寒家庭一些压力。1690年威廉·佩蒂(William Petty)指出“所有7岁以上女性都要工作，除了最上面的1/10之外”。到1820年代，工业化已进行逾40年，女性在工厂的工作机会才增

加，但仅限于棉业。即使如此，多数这些女性是未婚女性，她们多半一建立家庭就离开工厂；在 1883 年只有 17％是已婚妇女。持续在整个 19 世纪增加的唯一女性工作是渐增的中产阶级的家仆，但这又是一大体局限于未婚女性的工作形式。18、19 世纪的工业化大大增加了已婚女性家庭外工作机会的说法因此是非常有疑问的。如果状况是如此，新家庭类型和工业化社会之间的联系就变得极其细微。

无可否认的是，对在工厂工作的已婚女性而言，工业化对家庭生活的破坏相当大。一份 1833 年的报告指出这些女性有很少或没有机会学习家务，且她们被迫离弃家达很长时间。“年轻母亲每天离开孩子达 12 小时。她不在时谁来照顾孩子？通常是些小女孩或老女人，她们只赚一点点钱，因此服务也好不到哪里去。”但这些是所有已婚女性的一小部分，且其中只有一小部分在工厂工作。

虽然工业革命对已婚女性的工作机会的影响并不十分显著，各地的家庭手工业及工厂业增加了孩子的赚钱潜力。如果孩子从六七岁起能被放入生产性工作，且如果他们的大部分薪水能被父母收编，他们就能从经济负担转成家庭的经济资产——三或四个孩子在外工作能使家庭收入倍增。此对提高生殖率、提高家庭中的营养、提高贫民生活水平的影响几乎是毫无疑问的。但此影响必然 525
限于孩子 6 岁到 21 岁的家庭生活时期，且限于童工法生效前的时期。

迄今并无证据显示此一儿童劳力的使用改变了核心家庭内或亲族间的权力或情感关系。应该指出，父母爱几乎无助于早期工厂的工作运作。如马克思和恩格斯痛苦地指出，小孩在工业化早期阶段于工厂及矿坑受到无情剥削。但同意乃至鼓励此剥削，以从这些黄口小儿中取得经济利益的是他们的父母。

“工业化创造新家庭类型”理论的最后一击，是最近证据强烈显示这两者间的联系远不如先前以为的那样大。不错，核心家庭的独立居住习惯加快了向新工作区地理流动及与亲属关系断裂。可分的财产继承加快了资本流动（尽管长子继承制使幼子离开乡村到城市寻找工作）。核心家庭内较大内部自由增加对新环境及新工作程序的心理适应力。但近来对 19 世纪工业化期间贫民家庭生活的研究，或对 20 世纪后工业（post-industrial）都市社会贫民家庭生活的研究，显示多种家庭类型与工业化并行不悖，亲属关系在工业都市社会仍保持相当紧密。对 19 世纪末 20 世纪初新罕布什尔（New Hampshire）的曼彻斯特最大纺织品工厂的家庭与工作间关系所做的缜密研究显示，在传统家庭结构与现代工厂需要间有一非常紧密的相互联系。在此研究中发现最能为工厂征募、
526 安置、训练一可靠劳动力的，是法属加拿大人的老式大家庭。为因应对劳动力的需求，现代工厂经理与传统家庭男家长联手操控聘雇以适合自身内部需要。在此铁一般的事实下，认为工业化与现代核心家庭的缔造间有绝对关系的说法完全崩溃。

不过，确有证据显示新家庭类型是先与都市中产阶级、专业人员阶级发生关联。就此来看，新家庭类型与资本主义精神（但非与工业化）必有关联。新家庭类型兴起的必要肇因，是早期商业资本主义（先于 15 世纪在法国，继于 17 世纪初在阿姆斯特丹，17 世纪末在伦敦）对贵族阶级、企业家、商人的影响。

在 18 世纪末 19 世纪初发生的，是已被上层中产阶级及地主

阶级采纳的新家庭如今向下扩散到劳工阶级。是主日学校等机构创造一勤勉、节俭、谨严的劳动力。与父母呈游离关系但聚集于家庭附近，这是每一企业家的理想。此一新家庭类型在理论上完全配合当时经济变迁。

这不是说工业化对家庭结构完全没有影响。诚如马克思在《资本论》(*Capital*)第一卷中所指出的，早期工业化确实破坏了紧密家庭生活。因此现代家庭对现代工厂的适应远比现代工厂对现代家庭的适应要多。这里要说的是此关系并非一简单关系，现代家庭的多数特征在工业化之前即已出现，且在未受工业化影响的
社会团体中出现，而即使受工业化影响的社会团体也有不同反应 527
方式。此外，唯才主义的，而非世袭、亲属取向的聘雇及升迁体系，对现代工厂的有效运作并非不重要，这从日本人的例子可看出。唯当唯才主义在聘雇、升迁决定中变得至高无上，传统、早期现代家庭结构的一个非常重要面向才会消失。但近来研究显示即使在聘雇体系十分公平的社会，也存在一十分根深蒂固的阶级偏见，这偏见为精英家庭子女保留精英位置，而某些行业、职业也有父传子的倾向。

向新家庭类型发展的另一解释是一个半世纪前由亚力克西斯·托克维尔(Alexis de Tocqueville)[①]作成。彼时(1835年)他测量前工业美国的情况，对他而言，变化的关键是他所谓“民主精神”，也就是本书中所谓个人主义精神。写于父权体制在维多利亚时代的复兴前，他指出“在我们的时代家庭成员对待彼此的方式与过去完全不同：父子间的距离已缩短，父亲权威，即使未被毁灭，也已受损”。这儿他用的词汇与约翰逊博士60年前论及英国时所用

的相同。他也注意到家庭成员间私下沟通的情感性格的显著改变、法律责任的改变，及年轻人早早摆脱父母控制。托克维尔发现这转变在英、美两个盎格鲁-撒克逊社会特别显著，原因正在于独立精神。他相信独立精神是一大文化变迁的结果，由新教培养而由自治权增强。“自由然后被政治习惯及宗教见解注入家庭圈。”他没有提到的，第一是一个大规模、独立、自信的中产阶级之庞大影响；第二是中产阶级与乡下大地主阶级的文化同质型，因为许多
528 前者是后者的幼子。此二者对解释为何新家庭类型首先发生在英国、新英格兰是绝对必要的。

3. 1800 年后家庭类型

历史变迁不是一单行道，即使在西方在过去五百年，连续的直线发展也只在科技领域发生。向孤立核心家庭、较大个人自主性的发展，及对情感联系的强调并未从 16 世纪到 20 世纪走向一稳定道路。就性态度及权力关系而言，我们能大致定出“从压制到开放再从开放再到压制”的庞大、神秘、非宗教性的摆动。在英国一父权体制，规训惩罚时代从 1530 延续到 1670 年，在 1650 年代到达顶点。此逐渐让位于一个人主义及自由开放年代(盛行于 1670 到 1790 年的上层中产、上层阶级间)。家庭演化的下一阶段的特征是道德改革、父亲权威、性压制的强烈复苏，这从 1770 年起在中产阶级中蓄积力量，并持续逾一世纪。

此第二波道德再生、性压制的肇因似乎非常类似于造成第一波道德再生、性压制的肇因。有一社会政治危机感，社会层级体系

及政治秩序整个结构在危殆中的恐惧。在第一阶段恐惧是对宗教战争和农民暴动的恐惧。如今恐惧是，在1789年法国大革命的启示下，工业都市的贫苦大众在血腥革命中奋起。其次，两敌对宗 529
派，英国国教及不信仰国教者，在争夺人民的忠贞。在16世纪，是英国国教徒与清教徒的竞争，如今是信福音主义者与卫理公会教徒的竞争。在这两种情形，双方都强调父权体制与服从，及压制性欲。

不过，有若干特征是维多利亚时代中下层等阶级(middle-lower-class)家庭所特有。首先，它是历史上第一个既持久又亲密的家庭类型。孩童死亡率已明显下降，年轻成人死亡率亦明显下降，因此小孩如今常常活下来，而较少婚姻因死亡而提前结束。此外，把小孩送到他人处寄养的做法不再那样普及，除了把儿子送到公立寄宿学校的人增多。在此较持久的单位内，发展出对妻、儿的压制和对他们的道德福祉的强烈情感及宗教关切的结合。收服女性和压制孩子的性及自主冲动，发生在所有成员的情感生活几乎完全会聚在核心家庭疆界内的情境。此一家庭类型的心理动力很妥切地被描述为“爆炸亲密”(explosive intimacy)。

在此压制的第二阶段(在1800到1860年间到达顶点)后，风潮又逐渐转向。从那时起发展出第二次且远更强烈的自由开放阶段，在1870年代的中产阶级间缓慢开始，在1890年代及于社会精英；然后，在1920年代及1960、1970年代，首次及于人口所有阶层。家庭对工作聘雇的影响力已随着唯才主义抬头而衰微。父母在儿女婚姻选择的决定的影响力已几乎消失。父权权力——丈夫对妻子、父亲对儿女的权力——已被严重侵蚀。爱今已成为配偶

530 选择的唯一广被接受的动机。经由婚姻取得性及情感满足已成为普遍渴望；婚前性行为已变得日益普遍，而这一方面拜避孕技术的大幅进步之赐，一方面得感谢对避孕、堕胎的态度之转变。这阶段也具有“离婚率提高”、“两愿结婚（consensual unions）数量增加”、“男女公开要求自由性表达、性满足”、“对待子女日益宽大”、“女性要求在生活所有领域享受与男性平等”等特征。在此最后阶段，现代药物在几乎消灭孩童及年轻成人死亡率的惊人成功，业已改变了家庭生活的整个发展。孩童不再死亡，在他们身上加诸深刻情感及在他们教育上大笔投资是值得的，而他们的数目必然必须被避孕限制。年轻成人如今很少自然死亡，结果情感成了可能在一起逾 50 年的人的必要联系，而离婚成了联系崩溃时的必要安全阀。婚姻如今是高风险事业。

4. 结语：家庭变迁及历史发展

中、上阶级圈的家庭变迁的关键是，社会组织各个层级（从个人到国家）代表的利益、价值彼此之间竞争的胜负消长。家庭从 16 世纪初到 17 世纪末的演化业已忠实地反映这些不同利益、价值间竞争的胜负变化。最早的状况是亲属取得在国家、核心家庭
531 及个人之上的优先性：“家族”的利益被视为至高无上。在 16 世纪、17 世纪初，国家和教会开始维护自身要求权，破坏亲属权威并强化核心家庭中的父权体制。个人持续被期望把个人意志置于别人的利益与期望下，尽管（最终有助造成对个人自主性的承认的）若干意念已在清教道德神学及政治、心理学理论中萌芽。同时，学

校正接收许多迄今由家庭和亲属执行的社会化功能，结果是将童年及青少年时期孤立成一特殊的、日益延长的社会责任延缓履行期。18世纪末时，个人的快乐，他对自我满足的追求，是被看成与公共利益、核心家庭、男家长、亲属、教会、国家一样重要。19世纪，家庭的利益、男家长、学校、宗教、国家再次得势了一阵子，直到情感个人主义在20世纪再次取得优势。

由于家庭变迁依存于此利益、价值的永恒斗争，认为有直线式发展这回事是完全错误的。无理由认为情感个人主义的最终产品——即1950到1975年间的自我中心的、向内转的、情感深挚的、性解放的、孩童取向的家庭类型——会是永远。这变化之因在于利益、意念的无穷斗争，历史记录显示家庭演化道路相当不规律，家庭演化对不同阶级影响不同，家庭演化现正蒙受压力，家庭演化的地理分布非常有限等情形中可以看出。过去四百年来唯一稳定直线变化似乎是对孩子日益关心，尽管他们所受的实际待遇是循环地摆荡于娇宠与压制之间。

亦无任何理由认为在20世纪末出现的家庭必定比之前的家 532
庭类型更有益于个人快乐或公共利益。情感个人主义是一缺乏任何在生物学、人类学或社会学资料坚固基础的理论。诚如菲力普·斯莱特(Philip Slater)所指出："'人开始是分离的个人，然后将自己与别人连结起来'的概念，是物种史上自我神秘化的最炫目例子之一。"作为一理想，它已制造出数个不幸结果及许多好结果。否则我们能如何解释在18、20世纪中、上阶级间向个人主义家庭类型的两发展，是由在清教、维多利亚时代的二父权体制世纪前导且隔开的奇特事实？为何西方社会的领导阶层至少两次发现情感

个人主义家庭类型不适合于它们的需要且与它们的价值不相容?

无疑,变化本身有负面及正面特征。首先,权力是一种零和游戏,因此妻子、小孩日增的自主性意味先前给予年长男性的尊敬与威权减少,年长男性的身份地位必然降低。再者,亲属关系的衰退剥夺了妻子许多外在协助,而这些协助是她过去在遭遇家庭生活困难时可得到的。她如今缺乏婚姻发生冲突时的支持以及婚姻发生严重失和时的劝告:她的生活变得较孤立、沉闷,而孩子由于缺乏亲戚分担养育教育重担而成长较慢;她的生活在孩子离家后变得较空虚且缺乏社经功能。此外,对世系群及祖先敬意的衰退、“自己是血缘、财产、传统传递的受托人”观念的衰退,造成自我定
533 位不易,而孩子延迟进入成人生活更改变了童年的性质,并创造了“如何处理大群有成人冲动却无成人责任的青春期孩童”问题。最后,18 世纪末、20 世纪末许多中、上阶级家户高度娇宠的育儿方式,产生了大群纪律差且社会适应不良的孩子,他们成长为需索无度的成人。有些在终身的游手好闲中浪费生命,有些最终在福音主义里找到生命方向。

情感关系的分配,一如权力的分配,也是种零和游戏,尽管情感,不同于权力,会随时间改变量。高度个人化的、精神取向的家庭是以自过往富足、统合的社区生活退出为代价所获得。“隐私和共同生活是正相反的需要,无法同时被极大化。”因此中、上阶级减少他们对乡村慈善的自发贡献,而增加他们与贫民的身体、社会、文化距离。他们退到自己公园墙后或别墅内的世界。任何对边界意识问题(problem of boundary awareness)的解决有其优点与缺点。对外在亲属或社群最适宜的适应,只能经由对核心家庭内内

在情感联系加诸若干限制来达成。反之，最适宜的内部整合只能借牺牲若干与外在社会网络良好统合来达成。

个人主义的、孩子取向的核心家庭在西方的兴起因此绝不总是一件好事。此一强烈情感、性欲联系不是永远的，纵使这是过去三百年来西方社会在走的大体方向。今日父母能期望在孩子离家后存活二三十年，孩子数目在急速减少，有小孩、出外工作的母亲人数在急速增加。父母的分开的工作逐渐使他们远离家也远离对彼此的倚赖。此外，同侪团体在孩子的社会生活中已几乎和家庭 534
一样重要。因此有可能，一种新的、结构较松的、情感较淡的、更暂时性的家庭类型已被加到现有的家庭类型中。挫折的、寂寞的家庭主妇、占有欲过强的母亲以及子对父的俄狄浦斯情结可能是一属于特殊时、地、社会阶级的短暂现象。再者，历史记录显示此一极端性自由阶段延续很久而不产生强烈反挫的可能性并不很大。

反讽的是，正在此若干思想家预告（立基于夫妻的性、情感、生殖需要的完全满足的）完美婚姻来临的时候，婚姻崩溃的比率（由离婚率可得知）正在快速上升。正在此若干思想家预告（建基于尼尔〔A. S. Neill〕的娇宠理论的）完美亲子关系来临的时候，许多美国和英国年轻人正对孩子失去兴趣且选择不生孩子。当他们生下孩子，他们若不是不娇宠地对待孩子，就是趁早把孩子扔到育儿中心。历史之轮再度旋转。

150年前，在家庭变成现在的样子之前，托克维尔审慎评估人类的得失："我不知道社会是否由此转变得益，但我倾向相信个人是此转变的受益者。我认为随着礼俗和法律变得较民主，父子关系变得较亲密、较深情……血缘联系似乎随着社会联系变松而拉紧。”这般对情感个人主义兴起的结果的审慎乐观判断似乎极能符合有关家庭演化的混乱、不一致证据。无论这转变是好是坏，它无疑是曾发生的最重要转变之一，不仅在人类生活的最私人层面，而且在社会组织层面。它是地理上、历史上、社会上一最有限、最不
535 寻常的现象，我们对它在未来的存活及散布没有很多信心。

①托克维尔（1805—1859），法国政治家、作家。他在1835年到美国的一趟公务之旅产生了《美国的民主》（*Democracy in America*），政治文学的经典之一。托克维尔相信政治民主和社会自由将取代欧洲的贵族体制，他分析美国在力图拥有自由和民主上的成败，认为可作为欧洲借镜。

索引

（索引页码即本书边码）

图书在版编目(CIP)数据

英国的家庭、性与婚姻:1500-1800/(英)劳伦斯·斯通著;刁筱华译.—北京:商务印书馆,2017
(汉译世界学术名著丛书:120年纪念版:珍藏本)
ISBN 978-7-100-14572-5

Ⅰ.①英… Ⅱ.①劳… ②刁… Ⅲ.①家庭—历史—英国—1500-1800②婚姻制度—历史—英国—1500-1800
Ⅳ.①D756.181

中国版本图书馆CIP数据核字(2017)第153300号

汉译世界学术名著丛书
(120年纪念版·珍藏本)
英国的家庭、性与婚姻
1500—1800
〔英〕劳伦斯·斯通 著
刁筱华 译

商 务 印 书 馆 出 版
(北京王府井大街36号 邮政编码100710)
商 务 印 书 馆 发 行
北京中科印刷有限公司印刷
ISBN 978-7-100-14572-5

2017年12月第1版 开本710×1000 1/16
2017年12月北京第1次印刷 印张29½ 插页8
定价:258.00元